国家社科基金重点项目结项成果

JIANCHI HE WANSHAN
nongcun jiben jingying zhidu yanjiu

坚持和完善
农村基本经营制度研究

蒋永穆　赵苏丹　等◎著

科学出版社
北京

内 容 简 介

本书结合新时代的社会主要矛盾，以及新时代党和国家的重大历史使命，从理论和实践上系统解决以下核心问题：从学理上阐释“坚持”与“完善”两者之间的内在逻辑统一关系，构建起一个坚持和完善我国农村基本经营制度的总体框架，包括目标、基本原则、基本思路和评价指标体系等构成要素。在此基础上，从历史经验、现实依据、国际镜鉴三个维度分别论证了坚持和完善我国农村基本经营制度的必要性，同时设计了完善农村基本经营制度的实现路径。

本书适用于哲学社会科学工作者，尤其是研究“三农”问题的理论与实践工作者阅读，以期共同推动中国农村经济社会制度变迁的纵深研究，为中国特色社会主义制度变革和创新提供更多理论依据和决策支持。

图书在版编目（CIP）数据

坚持和完善农村基本经营制度研究 / 蒋永穆，赵苏丹等著. —北京：科学出版社，2022.5

ISBN 978-7-03-071184-7

Ⅰ. ①坚…　Ⅱ. ①蒋…　Ⅲ. ①农村经济-经济制度-研究-中国　Ⅳ. ①F321

中国版本图书馆 CIP 数据核字（2021）第 266310 号

责任编辑：刘英红 / 责任校对：贾娜娜
责任印制：张　伟 / 封面设计：无极书装

科 学 出 版 社 出版
北京东黄城根北街 16 号
邮政编码：100717
http://www.sciencep.com

北京虎彩文化传播有限公司印刷

科学出版社发行　各地新华书店经销

*

2022 年 5 月第　一　版　开本：720 × 1000　1/16
2022 年 5 月第一次印刷　印张：24 1/4
字数：486 000

定价：238.00 元

（如有印装质量问题，我社负责调换）

前　　言

农村基本经营制度是党的各项农村政策的基石，其全面贯彻落实，对我国农村和农业发展具有决定性意义。改革开放以来，我们牢牢坚持“以家庭承包经营为基础、统分结合”的双层经营体制，不仅极大地促进了农业和农村的发展，而且为我国社会主义现代化建设做出了重要贡献。但是，随着市场经济的发展及改革开放的逐步深入，我国的国情和农情发生了一系列重大变化，这些变化对我国农村基本经营制度提出了巨大挑战。近年来，国内外学者在农村基本经营制度的研究方面取得了丰富的成果，为我国农村基本经营制度的创新和完善提供了有益的理论和经验支持。但是，这些研究仍然存在很多不足，不仅尚未从理论上权威和系统地解释农村基本经营制度的科学内涵，而且未能充分论证坚持我国农村基本经营制度的必要性及依据，还没有厘清和阐释“坚持”和“完善”农村基本经营制度之间的辩证统一关系并提出系统、可操作性强的实现路径和建议，远不能适应理论及现实需要。本书立足于这一背景，将坚持和完善农村基本经营制度作为研究主题，主要对其科学内涵、总体框架、坚持依据、完善路径、保障措施等问题进行了重点研究。

本书立足于我国进入经济发展新常态、农业经营格局发生重大变化、农村基本经营制度面临矛盾等背景，通过系统梳理马克思主义经济学、西方经济学，以及中国特色社会主义理论体系中关于农村基本经营制度的思想与实践，从学理上阐释“坚持”与“完善”两者之间的内在逻辑统一关系，构建起一个坚持和完善我国农村基本经营制度的总体框架，包括目标、基本原则、基本思路和评价指标体系等构成要素。在此基础上，从历史经验、现实依据、国际镜鉴三个维度分别论证了坚持和完善我国农村基本经营制度的必要性，同时设计了完善农村基本经营制度的路径，并相应提出了具体的突破重点和保障措施。本书的基本内容及主要观点如下。

第一章，导论。介绍本书的研究背景及意义、研究对象界定、研究思路与逻辑框架、研究方法，并介绍研究的创新之处。

第二章，梳理了坚持和完善农村基本经营制度的相关思想。本书从人类的思想宝库马克思主义经济学出发，合理借鉴西方经济学理论和思想，充分结合中国特色社会主义理论与实践，从农村基本经营制度的构成要素——农地产权制度、农业经营主体、农业经营方式三个方面深度挖掘相关理论与思想，探寻我国农村基本经营制度演进的逻辑起点，为进一步勾画完整的农村基本经营制度演进脉络、坚持和完善农村基本经营制度提供理论依据。

第三章，构建了坚持和完善农村基本经营制度的总体框架。在明确中国农村基本经营制度科学内涵和构成要素的前提下，构建了坚持和完善农村基本经营制度的总体框架：第一，从经济学和其他学科视角对坚持和完善农村基本经营制度的逻辑统一关系进行了理论阐释；第二，分析了坚持和完善农村基本经营制度的目标——农业增效、农民增收和农村繁荣；第三，论述了坚持和完善农村基本经营制度遵循的基本原则——公平与效率相结合、政府与市场相结合、自上而下与自下而上相结合、统筹兼顾与重点推进相结合、个体利益与整体利益相结合；第四，提出了坚持农村基本经营制度的基本思路，应坚持农村土地的集体所有、坚持家庭经营的基础性地位和坚持分散经营与统一经营相结合；第五，明确了完善农村基本经营制度的基本思路：积极推进农地“三权分置”改革、加快培育新型农业经营主体和大力加强农业统一经营；第六，研究了坚持和完善农村基本经营制度的动态统一的实现基础、实现形式和实现保障；第七，提出了坚持和完善农村基本经营制度的评价指标体系。

第四章，从历史演变与经验出发，论证了坚持农村基本经营制度的历史依据。首先，梳理了改革开放前农村经营制度的演变进程，并从中总结了历史经验与教训；其次，根据对中国农业发展历史的分析和总结，将现阶段农村基本经营制度的历史演变划分为三个阶段：第一个阶段是农村基本经营制度的初步形成时期（20 世纪 70 年代末—80 年代中后期），第二个阶段是农村基本经营制度的正式确立时期（20 世纪 80 年代末—90 年代末），第三个阶段是农村基本经营制度的发展与完善时期（21 世纪初至今）；再次，从学术价值和实践成效两个方面对现阶段农村基本经营制度进行了成效评价；最后，得出农村基本经营制度演变的历史经验：始终坚持解放发展农村生产力为第一要义，始终符合渐进式改革的思路和要求，始终坚持明晰权能的基本方向和始终围绕关键环节进行重点突破。

第五章，从国情与农情出发，阐明了坚持农村基本经营制度的现实依据。首先，在阐述我国社会主义制度本质规定性的基础上，明确坚持农村基本经营制度是其内在要求；其次，在深刻分析中国现阶段国情的基础上，论证坚持农村基本经营制度是其必然要求；最后，在进行文献收集和实地调研的基础上，说明坚持农村基本经营制度具有广泛的农民认同基础。

第六章，从国际经验和现实挑战出发，揭示了完善农村基本经营制度的客观必然。首先，归纳了世界主要农业经营制度模式，总结了国际经验与启示，指出完善农村基本经营制度是顺应世界农业发展趋势的必然选择；其次，在分析我国当前农业竞争力、农民收入、生态环境、城乡发展现状的前提下，论证了完善农村基本经营制度是破解农业竞争力低问题、农民增收难问题、生态环境硬约束问题和城乡发展不平衡问题的必然选择。

第七章，论述了完善农村基本经营制度的基本路径一：积极推进农地“三权分置”改革。首先，揭示了农地“三权分置”的政策背景、意义及争议、制度内涵，完善其理论构架；其次，针对农地集体所有权的落实、农户承包权的稳定与承包经营权的退出、农地经营权的放活三个重点，分别研究了其各自存在的现实困境和实践案例；最后，综合讨论了农地“三权分置”的风险及防范保障机制的构建。

第八章，阐述了完善农村基本经营制度的基本路径二：加快培育新型农业经营主体。首先，分析了新型农业经营主体的内涵、分类、特征与农业经营主体分化的理论基础；其次，对当前新型农业经营主体发展过程中存在的问题进行了剖析：一是各类经营主体之间互动不充分，二是经营规模不够合理，三是利益联结机制不够紧密，四是新型农业经营主体发展质量有待提高；最后，针对以上问题提出了相应的对策建议，如引导新型农业经营主体多元融合发展、适度规模经营、完善利益分享机制和提高发展质量。

第九章，分析了完善农村基本经营制度的基本路径三：统一经营组织化与社会化。本书从实现统一经营组织化与社会化的四个重点——发展壮大农村集体经济、构建紧密型的统一经营利益联结方式、构建多元化社会化服务方式和构建多元化社会化服务模式出发，分别阐述了其现实意义、存在的问题及相应的政策建议。

第十章，提出了坚持和完善农村基本经营制度的保障措施。主要包括：大力加强物质条件的改善，加大农业科技创新和推广力度，建立健全要素机制，完善农村社会保障体系，加强农村基本经营制度的法制建设和改善党的领导。

本书的主要观点及创新之处主要表现在以下几个方面。

（1）清晰界定了农村基本经营制度的科学内涵。学术界对农村基本经营制度的既有解释还主要停留在对其进行文件解读式的概念说明层面，尚未触及其实质。本书从理论上将农村基本经营制度解构为三大要素——农地产权制度、农业经营主体和农业经营方式，以此为基础对农村基本经营制度的科学内涵进行了深入解读，同时，揭示了我国农村基本经营制度质的规定性——农地产权制度层面的集体所有制规定性、农业经营主体层面的家庭经营基础性和农业经营方式层面的统分结合规定性。

（2）系统梳理了坚持和完善农村基本经营制度的相关思想。本书从农村基本经营制度的构成要素——农地产权制度、农业经营主体、农业经营方式三个方面深度挖掘马克思主义经济学、西方经济学中的相关理论与思想，特别是系统梳理了以毛泽东、邓小平、江泽民、胡锦涛和习近平为代表的中国共产党人在将马克思主义基本理论与中国农村实践相结合的过程中，对农地所有制、农业经营组织和统一经营等思想的发展和丰富。

（3）厘清了“坚持”和“完善”农村基本经营制度之间的辩证统一关系。一直以来，学术界和实践部门对“坚持”和“完善”农村基本经营制度之间的关系存在混同和割裂。对此，本书从哲学、数学、生物学和经济学等多学科视角出发，得到了分析“坚持”和“完善”辩证关系的方法论启示：第一，应以联系的眼光看待“坚持”和“完善”，“坚持”是“完善”的前提，“完善”是“坚持”的发展。第二，应以整体的视角对待“坚持”和“完善”，因为“坚持”和“完善”具有相互渗透性。第三，应以发展的方法处理“坚持”和“完善”，因为“坚持”和“完善”具有循序渐进性。

（4）提出了坚持和完善农村基本经营制度动态统一的实现方式。坚持和完善农村基本经营制度的动态统一不仅具有坚实的实证基础，还具有完备的实现方式——农村基本经营制度的多元化实现形式。根据农村基本经营制度的三个构成要素，本书将各地不同的实现形式总结为四种基本类型：高度集体型、合作经营型、统一服务型和承包经营型。农村基本经营制度的多元化实现形式是我国农村基本经营制度强大发展韧性的最佳体现，也是坚持和完善农村基本经营制度在现实中的动态统一。

（5）构建了坚持和完善农村基本经营制度的总体框架。本书初步构建了一个包含理论阐释、目标、基本原则、基本思路、实现路径和评价指标体系在内的坚持和完善农村基本经营制度的总体框架，即：坚持和完善农村基本经营制度的逻辑统一关系具有坚实的理论基础；坚持和完善农村基本经营制度具有统一的目标——农业增效、农民增收和农村繁荣；坚持和完善农村基本经营制度遵循共同的基本原则——公平与效率相结合、政府与市场相结合、自上而下与自下而上相结合、统筹兼顾与重点推进相结合、个体利益与整体利益相结合；同时，提出了坚持和完善农村基本经营制度的内涵和基本思路；阐释了坚持和完善农村基本经营制度的动态统一的实现基础、实现形式和实现保障；最后，提出了评价坚持和完善农村基本经营制度的指标体系。

（6）从历史经验、现实依据和国际镜鉴的角度出发，论证了坚持和完善农村基本经营制度的依据。首先，从历史角度出发，论证了坚持农村基本经营制度的重大学术价值和突出实践成效，总结了农村基本经营制度的演变经验，即始终坚持解放发展农村生产力为第一要义、始终符合渐进式改革的思路和要求、始终坚持明晰权能的基本方向、始终围绕关键环节进行重点突破。其次，从国情与农情出发，阐明了坚持农村基本经营制度是社会主义制度本质规定性的内在要求，是适应中国国情的必然要求，具有广泛的农民认同基础。最后，从国际经验和现实挑战出发，阐明了完善农村基本经营制度的客观必然。完善农村基本经营制度既是顺应世界农业发展趋势的必然选择，也是破解当前农业竞争力低问题、农民增收难问题、生态环境硬约束问题、城乡发展不平衡问题的必然选择。

（7）论述了完善农村基本经营制度的三大基本路径：积极推进农地“三权分置”改革，加快培育新型农业经营主体和实现统一经营组织化与社会化。首先，深入研究了农地“三权分置”的制度内涵，完善其理论构架。其次，研究了落实所有权、稳定承办权和放活经营权的现实困境和可供参考的实践模式与经验。再次，揭示了当前新型农业经营主体发展过程中存在的现实问题，提出了相应的政策建议。最后，阐述了实现统一经营组织化与社会化的重点：发展壮大农村集体经济、构建统一经营利益联结方式、构建多元化社会化服务方式和构建多元化社会化服务模式。

本书是 2014 年度国家社会科学基金重点项目“坚持和完善农村基本经营制度研究”（14AZD029）的最终研究成果。该研究成果 2018 年经同行专家认真鉴定，全国哲学社会科学工作办公室验收，获得“优秀”结项等级。同时，该研究成果入选全国哲学社会科学工作办公室编辑出版的《国家社科基金项目优秀成果选介汇编》（第一辑），该辑是为了更好地宣传和推介国家社会科学基金项目成果，从 2017 年到 2018 年国家社会科学基金项目鉴定为优秀等级的 450 项成果中选介的 166 项，以基础研究为主，涉及 21 个学科，供全国读者参考。

本书受四川大学国家领军人才培育项目、“双一流”建设项目的大力支持。本书是集体智慧的结晶，四川大学经济学院、马克思主义学院、公共管理学院和四川农业大学经济管理学院的师生参与了项目的研究和本书的编写。蒋永穆主持了全书内容的设计、组织和统稿工作，赵苏丹参与了书稿的写作和统稿工作，刘润秋、杨锦秀、刘畅、杨少垒、周宇晗、王瑞、纪志耿、余超参与了书稿的写作和协调工作，龚瑶、蒋佩伦、黄志兵、蒋健、张石英、李佳佳、何媛、祝林林、豆小磊、赵灵林、薛蔚然、叶紫、邓康侯、刘尧晨、李璇等参与了部分章节的写作和修订工作。同时，本书在编撰过程中得到了四川大学社会科学研究处、科学出版社的支持和帮助，在此谨致谢意。

农村基本经营制度的研究，是一个内容丰富、体系庞杂的研究课题，本书的研究只是一次有益的尝试和探索。随着农村基本经营制度实践的不断深入，对农村基本经营制度的理论研究也将不断发展。同时，本书在研究过程中难免存在不足，恳请各位专家和读者予以批评、指正。希望本书的出版能够激发更多学者研究“农村基本经营制度”的热情和动力，推动“三农”问题的理论提升、实践创新、经验推广。团队将一如既往地关注“三农”问题，始终牢记并努力践行初心，在前进的道路上不断思考、不断创新，力争在新时代乡村振兴中积淀出更丰硕的研究成果。

目　录

第1章 导　论

1.1 研究背景及意义

农村基本经营制度是党的各项农村政策的基石，是我国农村治理体系的重要构成内容，其全面贯彻落实，对我国农村和农业发展具有决定性意义。改革开放以来，我们牢牢坚持“以家庭承包经营为基础、统分结合”的双层经营制度，不仅促进了农业和农村的发展，还实现了“苍生俱温饱”的历史夙愿，同时农业、农村的发展也为我国城市和工业发展提供了大量原材料，促进了我国社会主义现代化建设。但是，随着市场经济的发展和改革开放的逐步深入，我国的国情和农情发生了一系列重大变化。这些变化不仅对我国农村基本经营制度提出了巨大挑战，还为农村基本经营制度的改革提供了新的机遇。因此，在我国进入经济发展新常态及由基本生存危机向可持续发展阶段转变的新时期，我们有必要重新审视当前我国国情和农情发生的新变化，以及其对农村基本经营制度带来的新挑战和新要求①，以进一步坚持和完善农村基本经营制度。

1.1.1 我国经济发展进入新常态

2013年以来，我国经济发展进入新常态，这意味着我国经济发展阶段、经济结构、经济制度环境都发生了重大变化。农业作为国民经济的基础性、战略性产业，也必然受到深远影响。因此，经济发展阶段的变化要求我们对农村基本经营制度的运行背景做出重新审视。

---

① 蒋永穆. 积极探索农村基本经营制度的多种实现形式[J]. 社会科学辑刊，2017，(3).

1. 我国经济新常态的新特征和新要求

中国经济经历了四十多年的高速增长，正经历增速换档期，步入新的中高速运行轨道，进入经济新常态。新常态具有新的阶段性特征，是我国经济发展迈向更高水平的必经阶段。从整体上看，中国经济新常态主要包括以下几个特征。

第一，经济增长速度由高速转换为中高速。在过去四十多年中，我国经历了典型的后发追赶型经济增长，1978 年至 2011 年的年均增速高达 9.78%。[①]现在我国追赶型增长进程还没有结束，只是由于我国经济基本面发生变化，传统增长动力减弱，面临增长阶段的转换。这一时期，我国经济增长率将在 6%～8%的中高位运行，但即便是中高速，其速度和增量在全球主要经济体中也名列前茅。[②]

第二，产业结构由中低端向中高端转换。在经济新常态下，经济结构不断优化升级，第三产业消费需求逐步成为主体。2013 年，中国产业结构出现历史性变化：我国第三产业增加值占国内生产总值（gross domestic product，GDP）比重达 46.1%，首次超过第二产业。[③]2016 年，这一比例攀升至 51.6%，比上年提高 1.4 个百分点，继续高于第二产业 11.8 个百分点。[④]2016 年最终消费支出对 GDP 增长的贡献率为 64.6%[⑤]，战略性新兴产业、高技术制造业发展势头良好，高技术产业增加值增长 10.8%，比规模以上工业高 4.8 个百分点。[⑥]这些数据显示，中国经济结构正发生深刻变化，质量更好、结构更优。

第三，增长动力由要素驱动、投资驱动向创新驱动转换。旧的增长动力的主要特征是，经济增长主要来自资源、资本和劳动力的粗放式投入，技术进步在其中的作用不够突出。但我国资源、劳动力价格逐年上涨，从前那种以低要素成本为主要动力的经济增长方式已无法持续，今后必须以科技创新为主要发展动力。也就是说，经济增长主要依靠资源、资本和劳动力的集约利用，技术进步将在经济增长中占据越来越重要的地位。[⑦]

在新常态下，我国经济发展面临的内外部条件发生着深刻变化，蕴含着许多新挑战和新风险。具体表现为：首先，制造业产能过剩，资产重组与结构调整不可避免，这将进一步引起产业间的更替、企业被淘汰、员工不得不转岗。其次，

---

① 国家行政学院经济学教研部. 中国经济新方位[M]. 北京：人民出版社，2017：178.

② 张军扩. 促进经济增长阶段平稳转换[N]. 人民日报，2015-7-13.

③ 李伟. 新常态下，以创新加快培育经济增长新动力[J]. 中国发展观察，2015，(1).

④ 国家统计局. 第三产业增加值占 GDP 比重 54.1%[EB/OL]. 中华人民共和国国家统计局，2016-7-15，http://www.stats.gov.cn/tjsj/ndsj/.

⑤ 国家统计局. 2016 年国民经济实现“十三五”良好开局[J]. 中国物流与采购，2017，(5).

⑥ 国家统计局. 2016 年最终消费支出对经济增长贡献率超六成[EB/OL]. 中华人民共和国国家统计局，2017-2-15，http://finance.sina.com.cn/stock/t/2017-02-15/doc-ifyamkra7567337.shtml.

⑦ 李伟. 新常态下，以创新加快培育经济增长新动力[J]. 中国发展观察，2015，(1).

地方政府债务及“影子银行”等也带来了许多隐患，这些隐患向财政及金融领域汇聚。同时，在经济进入中等收入阶段后，政治及社会等其他方面的问题与矛盾将更为凸显，人们对公平、正义等领域要求更高，政治诉求也在逐渐提升，并且长期存在的腐败、贫富差距问题、食品安全问题等，都存在引发社会动荡的可能。以上这些都是我们在新常态下所必须面对和妥善处理的挑战。①

这些条件的变化、挑战和风险的积累，对新时期的发展提出了新的更高要求，具体包括：未来的发展既要注重物质财富的增长，更要注重社会的进步；既要注重财富创造的结果，更要注重财富创造的过程；既要保持一定的增长速度，更要注重增长的集约性；既要注重经济的效率，更要注重社会的公平；既要注重当代人的发展，更要注重为子孙后代留下广阔的发展空间。②总之，深刻认识新常态，积极适应新常态，正确引领新常态，努力把握好新机遇，是我国较长时期内经济发展应遵循的大逻辑。

2. 经济新常态下农业发展的新变化

现阶段，中国经济发展进入新常态，对各行各业的发展都将产生深远影响，具体来说，可以概括为以下几个方面。

经济增速和财政收入增速的双放缓对农业发展提出新挑战。经济发展进入新常态，现代农业发展的宏观环境也将面临趋紧态势。中国经济增长率从高速增长转到中高速增长，对社会总需求和财政收入都会有影响。在这样的情况下，如何尽力提升农业劳动生产率和优化资源配置，将成为农业现代化发展的重要内容。③一方面，在财政收入增长减缓的情况下，如何继续强化农业基础地位，保持国家对农业的支持力度，是必须破解的一个重大课题；另一方面，如何保证农产品供给、保持和增加市场需求、促进农民收入稳步增长，推进城乡一体化发展，是我们必须完成的历史任务。

经济发展变化对农业的趋势性变化产生影响。一是需求结构发生变化，从农业看，我国居民对农产品的需求已跨越对数量的追求，步入对数量及质量共同重视的新时期，如何适应农产品消费结构升级，保证农产品供给的数量及质量，是必须解决好的一个重大问题；二是供给模式发生变化，自我国加入世界贸易组织后，供给模式依靠国际和国内两个市场、双重资源，农产品进口数量明显增长，我国农产品市场受国际影响的程度不断加深，如何充分利用国内外双市场、双资源，提高农业竞争力，获取更多竞争主动权，是我们必须面临的重大挑战；三是资源功能发生变化，近年来，随着生态文明理念的深入，农业除了承担农产品的

① 李伟. 深刻理解新常态推动经济发展迈上新台阶[N]. 中国经济时报，2015-1-26.

② 李伟. 新常态下，以创新加快培育经济增长新动力[J]. 中国发展观察，2015，(1).

③ 张红宇. 牢牢把握现代农业发展新常态[J]. 中国农村金融，2015，(4).

供给功能之外，还要在生产过程中始终体现资源节约和环境友好，以及承担保护生态环境、实现旅游休闲及传承文化等诸多功能，如何克服资源环境约束，保障农产品供给、保持农业可持续发展，是必须破解的重大难题。[①]

1.1.2　我国农业经营格局发生重大转变

除了我国经济社会发展进入新阶段给农业带来的影响之外，农业在自身的发展过程中也经历着重大的格局转变。

1. 农业发展中面临的新挑战

改革开放以来，我国农业发展取得了举世瞩目的成绩，尤其从2003年开始，粮食产量实现“十二连增”，农民收入较快增长，农村社会和谐稳定。当前，农业发展环境与条件已发生重大改变，面临许多全新的挑战。

第一，农产品供求关系结构性短缺、重要农产品有效供给的压力增大。随着中国人口总量不断增长、消费结构转型升级和工业用途不断拓宽，农产品需求总量存在着刚性增长的态势，我国农产品供求紧平衡的特征明显。据《中国农村发展报告2020》的测算数据，到2025年末，我国有可能出现1.3亿吨左右的粮食缺口，其中谷物（三大主粮）缺口约为2 500万吨。[②]

第二，农产品国际市场竞争力不足、农业比较效益低的问题突出。近年来，国际农产品市场竞争加剧对我国农产品产生较大冲击。据农业农村部市场与信息化司数据，国内大豆、猪肉、牛肉、羊肉等农产品的批发价或到港价已比进口农产品到岸税后价高出 10%～50%。国际小麦、玉米、棉花、糖、大米的价格持续走低，与国内农产品相比竞争力明显。据海关总署数据，2016年的大豆进口量达到8 391万吨，较2015年增幅为2.7%，再创历史纪录[③]；2016年中国进口谷物及谷物粉为2 199万吨，进口金额达57.05亿美元[④]。由此可见，国际国内农产品市场价格倒挂现象日益凸显，国际竞争愈发激烈。[⑤]同时，受物质成本、土地租金、人工费用上涨的影响，我国主要农产品生产的经济成本越来越高，而农产品市场

---

① 张红宇. 把握新常态下农业发展的趋势性变化[N]. 人民日报，2015-3-16.

② 温源. 《中国农村发展报告 2020》发布[EB/OL]. 光明网，2020-8-18，https://m.gmw.cn/baijia/2020-08/18/34098668.html.

③ 中国海关. 2016 年大豆进出口数据[EB/OL]. 中华人民共和国海关总署，2017-2-9，http://www.customs.gov.cn/publish/portal0/.

④ 中国海关. 2016 年中国谷物及谷物粉进口量[EB/OL]. 中华人民共和国海关总署，2017-2-27，http://www.customs.gov.cn/publish/portal0/.

⑤ 张红宇. 牢牢把握现代农业发展新常态[J]. 中国农村金融，2015，（4）.

价格并未同步上涨，农业比较效益低的问题依然严峻。

第三，农业劳动力结构性短缺现象日益加剧。随着农村大量青壮年劳动力持续向城市及非农就业转移，农业劳动力结构性短缺态势日益加剧，主要表现在三个方面：一是农户的兼业化。由于经营农业的比较效益低，多数农户家庭仅在短时间内进行农业经营，甚至不再专门从事农业。2012 年农业部[①]数据显示，我国农业兼业户和非农业兼业户分别占农户总数的 17.9%和 8.5%[②]，说明农民已不再以务农为主。二是农业副业化。统计数据显示，农业对农民纯收入的贡献比重明显降低，从 1985 年的 75%降至 2015 年的 39%。[③]三是劳动力弱质化。随着农村青壮年劳动力的转移，农业劳动力表现出低文化、老龄化的特征，结构性短缺明显。根据本书课题组的调研数据[④]，60 岁及以上的农业劳动力超过 30%，而 40 岁以下的农业劳动力不足 20%。可以说，当前农户不以农为主、农民不以农为生、农业劳动力素质低、新生代农民工务农意愿淡薄。[⑤]

2. 农业发展中面临的新机遇

在看到经济新常态与农业发展新阶段带来的新挑战的同时，我们也不应忽略农业发展过程中包含的新机遇。

第一，工业化、信息化、城镇化对农业现代化的支撑带动作用更为有力。“四化”同步已成为我国新时期现代化发展的战略思路：工业化进程的快速推进不仅为传统农业的改造提供了先进的生产要素和现代管理手段，加快了农村产业结构调整的进程，还促进农业向集约化和规模化发展，减轻了农业劳动力的就业压力；信息化加快发展为改造传统农业提供了重要的技术支撑，通过运用现代信息技术，全面提高农业质量，转变农业发展方式，实现农业可持续发展；城镇化加速推进为城乡统筹、不断夯实农业基础、实现城乡要素平等交换和公共资源均衡配置创造了条件，利用城镇二、三产业的辐射作用向农村渗透，有助于构建现代农业产

---

① 2018 年，农业部改建为农业农村部。

② 农业部经管司、经管总站研究组. 构建新型农业经营体系 稳步推进适度规模经营[J]. 毛泽东邓小平理论研究，2013，(6).

③ 国务院发展研究中心农村经济研究部课题组. 稳定与完善农村基本经营制度研究[M]. 北京：中国发展出版社，2013.

④ 为客观深入地了解我国坚持与完善农村基本经营制度中的真实情况和问题，本书课题组于 2016 年对国内部分农村地区开展了实地调研，通过召开座谈会、进行实地访谈和发放调查问卷等形式，掌握了当前农业农村发展中面临的一系列新形势和新挑战。问卷内容涉及家庭成员情况、生产经营情况、土地流转、技术及服务、基本经营制度认同度、新型农业经营主体情况等板块。本次调查共计完成 257 份有效问卷，涉及 858 个家庭成员样本信息，551 名农村劳动力样本信息，340 名从事农业生产的劳动力样本信息。

⑤ 陈泳. 难题与破解：农村土地“三权分置”的实现路径探析[J]. 福建论坛（人文社会科学版），2017，(10).

业体系，同时增强农业市场竞争能力。[①]我国工业化已整体进入中后阶段，2015年的工业增加值已占当年GDP的40.9%；2015年，我国信息化发展指数达72.5%[②]；城镇化进程也不断加快，2016年常住人口城镇化率达57.4%。工业化、信息化、城镇化的快速发展对改造传统农业的牵引能力大大增强。

第二，技术变革为农业发展提供了强大动力。农业现代化离不开先进科技的有力支撑。一方面，生产技术处于快速发展和不断升级的阶段，生态农业和绿色农业理念及相关技术得到普及，构成了传统农业向现代农业转型升级的坚强基础。另一方面，信息技术的利用广泛增加，其改造效应不断显现。"互联网+农业"已初见成效，并且在未来会得到更加充分的发展，农业生产、经营、销售等环节也将迎来重大的创新和突破。首先，相较于过去城乡二元结构中城乡相对隔离的状态，现在互联网让城乡得以更好的沟通，甚至是站在同一起点上，使城乡一体化发展成为可能。其次，通过网络技术，农产品和农民快速进入市场，流通加速，流通成本降低，运输和存储成本降低，农产品销路更畅，所以很多地方特产现在也越来越有市场了。最后，农民受教育程度低这个短板，一定程度上被移动互联技术弥补，移动端口让农民对信息的了解更便捷，智能技术的应用也给农民的种植养殖能力带来极大提升。[③]

第三，农村改革的全面深化为农业现代化发展提供了新的活力。党的十八大报告提出，要坚持和完善农村基本经营制度，构建新型农业经营体系。[④]在这样的精神指导下，我国农业农村各方面的体制改革和机制创新迎来了全新活力。例如，在深化农村土地制度改革方面，适时推出了农地"三权分置"改革，使农村土地产权关系进一步明确，更好地实现各类主体的合法权益，同时也有利于土地资源的优化，促进多种形式适度规模经营的发展。[⑤]在推进农村集体产权制度改革方面，为适应健全社会主义市场经济体制新要求，盘活农村集体资产，增强集体经济发展活力，提出了探索农村集体所有制有效实现形式，创新农村集体经济运行机制，保护农民集体资产权益，以调动农民发展现代农业的积极性。[⑥]在农业供给侧结构性改革方面，为克服农业主要的结构性矛盾，强调要优化农业产业体系、生产体系、经营体系，以增加农民收入，保障有效供给，提高农业供给质量。可见，创新发展、深化改革再度成为我国农业农村经济发展的主旋律。

---

① 冯献，李宁辉，郭静利."四化同步"背景下我国农业现代化建设的发展思路与对策建议[J]. 农业现代化研究，2014，（1）.

② 国务院."十三五"国家信息化规划[EB/OL]. 中华人民共和国中央人民政府，2016-12-27，http://www.gov.cn/zhengce/content/2016-12/27/content_5153411.htm.

③ 韩长赋. 中国农业怎么搞？机遇在哪里？前景如何？[J]. 中国农业信息，2017，（8）.

④ 中共中央文献研究室. 十八大以来重要文献选编（上）[M]. 北京：中央文献出版社，2014：18.

⑤ 中办国办印发《关于完善农村土地所有权承包权经营权分置办法的意见》[J]. 农村工作通讯，2016，（21）.

⑥ 中共中央国务院关于稳步推进农村集体产权制度改革的意见[N]. 人民日报，2016-12-30.

1.1.3 农村基本经营制度面临六大矛盾

在我国经济社会发展进入新常态和农业经营格局发生重大转变的背景下，对农业发展中的新挑战，当前的农村基本经营制度无法全面应对和解决；对农业发展中的新机遇，当前的农村基本经营制度无法完全把握和运用，由此产生了一定的不适应性，其弊端和缺陷在这一条件下就开始凸显出来，与农村经济社会发展产生了尖锐的矛盾。这些矛盾主要表现为以下几点。

第一，家庭经营和适度规模经营之间的矛盾。家庭经营是我国农村基本经营制度的基础。[①]长期以来，我们发挥家庭经营的优势，极大地解放了我国农村生产力。但是，这一制度也造成农户经营规模狭小，农村土地的封闭性、凝固性使用，这与现代农业发展所要求的规模经营之间出现了矛盾。数据显示，目前全国有2.29亿户承包农户，户均耕地7.5亩[②]，只有美国的1/400、欧盟的1/40。我国农业经营不仅户均耕地规模小，而且地块细碎化，这对农业现代化存在着不利影响，如难以取得规模效应，限制对科技和机械的需求，抵抗风险能力弱，生产过程难以标准化，和大市场对接困难，并且往往造成“同步振荡”。[③]

第二，家庭经营与农民增收之间的矛盾。增加农民收入一直是我国“三农”政策的核心目标之一。但是，就我国目前农业和农村发展的情况看，农户家庭经营呈现分工协作严重滞后的状态，“小而全、小而散”的格局明显，这种经营方式往往难以利用分工协作的优势来增进农业的规模经济和范围经济，或者促进农业的节本增效和降低风险，从而导致农业生产成本较高，农业经营效益低、竞争力弱，农户从农业生产中获得的收入有限。2015年，人均工资性收入在农民人均可支配收入中的比重已达到40.3%，与人均经营性收入的39.4%基本持平，农业经营对农民增收乏力的趋势逐步显露。

第三，家庭经营与农村生态环境保护之间的矛盾。近年来，随着科学发展观的贯彻落实，以及关于建设环境友好型、资源节约型社会等概念的提出，生态文明理念逐步深入人心，全社会的环境保护意识不断增强，原来长期被人们忽视的农村生态环境保护问题逐步成为社会关注的问题。实际上，我国长期坚持的以家庭为基础的经营制度在一定程度上不利于农村生态环境的保护。由于在农业生产和经营的过程中，农民往往只从微观目标出发，注重农业增产增效等目标，而不

---

① 佚名. 深化农村改革需把握好几对关系[J]. 农村经营管理，2017，(10).

② 1亩约等于666.67平方米。

③ 杜鹰. 认真学习党的十八大精神，贯彻落实中央决策部署，进一步做好新时期的“三农”工作——在全国发展改革系统农村经济工作会议上的讲话（摘要）[J]. 中国经贸导刊，2013，(6).

太关注生态环境保护等宏观问题，这就导致农民大量使用化肥、农药及地膜等农业投入品，污染农村生态环境，或者对土地进行掠夺式经营，破坏土壤结构和肥力。农民只从产量出发的经营行为无疑会对我国农村生态环境保护带来严峻挑战。

第四，统一经营与社会化服务滞后之间的矛盾。建设完善的社会化服务体系实现统一经营，使广大分散农户享受服务规模经济是发展现代农业的必然要求。同时，现代物质装备条件的改善、先进科学技术的推广、现代农业体系的构建、现代经营形式的创新、现代发展理念的形成和新型职业农民的培养，都离不开完备的农业社会化服务体系。但现阶段，我国的农业社会化服务体系远无法满足现代农业发展的要求，公共服务组织不健全，公益性服务能力有待提高；农业专业合作社的凝聚力和服务能力有待进一步提升；龙头企业与其他经营主体的利益联结机制不完善，带动能力不够强；经营性服务组织运行不够规范，服务针对性需进一步提高；各类服务主体之间也缺乏合作与协调。因此，我国农业社会化服务体系建设滞后的现状导致我国农业统一经营缺乏必要的保障，两者之间的矛盾不断加剧。

第五，统一经营与农村集体经济薄弱之间的矛盾。统一经营的实现要求农村集体经济组织有一定的经济实力作保障，同时发挥其自身的服务功能，为统一经营奠定牢固的基础。但是，2006 年税费改革以来，随着村提留的取消，我们在减轻农民负担的同时，实际上也取消了农村建设中要实现“统”的功能的内生资源。在此背景下，我国农村集体经济组织的发展出现了十分艰难的局面，多数农村集体经济组织不仅没有任何积累，而且部分集体经济组织承担了繁重的债务。根据农业农村部对全国 58.7 万个村集体经济组织的统计数据，2013 年无经营收益的村占全国村集体总数的 54.5%，有收益的村占全国村集体总数的 26.7%，其中年收益 10 万元以上的村仅占全国村集体总数的 7.8%。[①]农村集体经济组织实力薄弱的现实导致农村基层建设无法持续有效推进，也无法对统一经营提供必要的服务，我国农业统一经营的实现缺乏牢固的基础。

第六，家庭经营与统一经营之间配合不协调的矛盾。家庭经营和统一经营是我国农村基本经营制度两个不可分割的部分，其中家庭经营是基础，统一经营是家庭经营的保障[②]，两者相互促进、相互协调。从我国四十多年的实践来看，受我国特殊国情和农情的影响，我们在家庭经营层面坚持得很好，家庭经营也具备十分牢固的基础。但是，在统一经营层面，我们还十分欠缺，尤其是农村集体经济组织实力薄弱、社会化服务体系建设滞后、农业专业合作组织发展不足等问题十分突出，这就导致我们在统一经营层面缺乏保障和基础，也导致家庭经营

---

① 郭庆海. 当前农村改革的若干重大问题[J]. 当代经济研究，2015,（2）.

② 佚名. 深化农村改革需把握好几对关系[J]. 农村经营管理，2017,（10）.

的发展受到一定影响，农户无法享受到专业化、社会化的统一服务，以及农村集体经济组织的有力保障。因此，要进一步坚持和完善我国农村基本经营制度，必须在新形势下妥善处理和协调好家庭经营与统一经营的关系，促进二者良性发展。

1.2 研究对象界定

本书的研究对象是农村基本经营制度，研究内容是我国农村基本经营制度的坚持依据与完善方向，这就需要对相关基本概念做出正确、科学地说明和阐释，以明确研究主题。

1.2.1 制度与经营制度

1. 制度

关于制度的含义，马克思主义经典作家、西方经济学家及国内经济学者都有过详细论述。

马克思主义经济学理论认为，制度的本质就是“在社会分工协作体系中不同集团、阶层和阶级之间的利益关系”[①]。完整的社会制度由经济基础和上层建筑两个层次构成，由于制度最初来自物质生产条件，然后才上升为法律。因此，对制度的研究，首先要理解作为整个社会制度基础的生产力及与之相适应的生产关系，然后才能对建立在这个基础上的道德和法律等上层建筑做出合理说明。其中，生产资料所有制处于基础地位，具有导向性作用。

不同于马克思的社会发展理论，制度学派的早期代表人物康芒斯将制度解释为“集体行动控制个人行动”[②]。诺贝尔经济学奖得主诺思指出，制度由“正式的成文规则以及那些作为正式规则之基础与补充的典型的非成文行为准则所组成”[③]。柯武刚、史漫飞认为：“制度在这里被定义为由人制定的规则。它们抑制着人际交往中可能出现的任意行为和机会主义行为。”[④]此外，舒尔茨将制度定义

① 丰子义. 发展的反思与探索：马克思社会发展理论的当代阐释[M]. 北京：中国人民大学出版社，2006：93.
② 康芒斯 J R. 制度经济学（上册）[M]. 赵睿译. 北京：商务印书馆，1962：58.
③ 诺思 D C. 制度、制度变迁与经济绩效[M]. 杭行译. 上海：格致出版社，2016：4.
④ 柯武刚，史漫飞. 制度经济学：社会秩序与公共政策[M]. 韩朝华译. 北京：商务印书馆，2000：32.

为“一种行为规则，这些规则涉及社会、政治及经济行为”①。尽管制度经济学家们从不同的角度给制度下过多种定义（表 1-1），但基本的共识是，制度涉及社会、政治和经济等人类社会的各个方面，是集体行动控制个人行动的一系列行动准则或规范，包括一定社会形态的全部规则、守法秩序和行为道德、伦理规范，其作用是合理约束片面追求个体福利最大化或者效应最大化的个人行为，规范人们的相互关系。②

表1-1　不同学派学者关于制度的定义

学者	制度的定义
马克思	制度的本质就是“在社会分工协作体系中不同集团、阶层和阶级之间的利益关系”。完整的社会制度是由经济基础和上层建筑两个层次构成
康芒斯	制度是“集体行动控制个人行动”
诺思	制度由“正式的成文规则以及那些作为正式规则之基础与补充的典型的非成文行为准则所组成”
舒尔茨	制度是“一种行为规则，这些规则涉及社会、政治及经济行为”
柯武刚、史漫飞	“制度在这里被定义为由人制定的规则。它们抑制着人际交往中可能出现的任意行为和机会主义行为”

2. 经营制度

根据《辞海》对“经营”一词的解释，经营有“经管办理经济事业”之意，如经营商业。③在《现代汉语词典》中，“经营”是指筹划、组织并管理。④《诗经·大雅·灵台》中有“经始灵台，经之营之，庶民攻之，不日成之”之说，经营为经度营造之意，引申为规划、筹划的意思。⑤

对经营这一概念的理解，至少包含以下几个问题：一是经营的本质。经营是一种实践活动。在经济领域中，经营是经济主体将各种生产要素合理组织、协调起来，进行物质财富生产与再生产的动态经济活动。二是经营的范围。经营活动是一个不断重复和不断更新的生产与再生产过程，包括产品生产、分配、交换和消费四个相互联系的环节或领域。三是经营的目标。经营具有一定的明确目标，其目标不一定是单一的目标。一般来讲，以实现经营主体的收益最大化和社会效益的最优化为目的。

结合前文对“制度”与“经营”概念的理解，经营制度的定义可以表述为：

① 舒尔茨 T W. 制度与人的经济价值的不断提高[M]//科斯 R H，等. 财产权利与制度变迁：产权学派与新制度学派译文集. 刘守英，等译. 上海：格致出版社，2014：176.

② 孔祥智. 农业经济学[M]. 北京：中国人民大学出版社，2014：68.

③ 辞海编辑委员会. 辞海（第 6 版）[M]. 上海：上海辞书出版社，2009：36.

④ 中国社会科学院语言研究所词典编辑室. 现代汉语词典[M]. 北京：商务印书馆，1996：145.

⑤ 王松茂. 中华古汉语大词典[M]. 长春：吉林文史出版社，1996：156.

经营制度是在一定的经济环境与技术条件下，经济主体为实现其明确目标，以一定的形式将各种生产要素合理组织和协调起来，而遵守的一系列行为规则或者合约安排的集合。

1.2.2　农村基本经营制度的定义

我国现行农村基本经营制度是 20 世纪 70 年代末起农村改革的产物，并被表述为“把以家庭联产承包为主的责任制、统分结合的双层经营体制，作为我国乡村集体经济组织的一项基本制度长期稳定下来，并不断充实完善”①；1993 年 3 月，以家庭联产承包为主的责任制和统分结合的双层经营体制，作为农村经济的一项基本制度载入了《中华人民共和国宪法》，通过国家根本大法予以确认；现阶段，我国农村基本经营制度以农村土地农民集体所有制为根基、以农民对集体土地的长久承包权制度为前提，文件表述为“以家庭承包经营为基础、统分结合的双层经营体制，是适应社会主义市场经济体制、符合农业生产特点的农村基本经营制度，是党的农村政策的基石，必须毫不动摇地坚持”②。

根据笔者所掌握的文献，学术界对农村基本经营制度尚无权威、系统的定义，既有解释还主要停留在对其进行文件解读式的概念说明层面，尚未触及其实质（表 1-2）。

表1-2　学术界对我国农村基本经营制度内涵定义一览

作者	年份	主要观点
孙中华	2009	家庭承包经营是双层经营体制的基础，统一经营是双层经营体制不可或缺的组成部分，家庭经营与统一经营是密不可分的有机整体
张德元	2012	坚持主要生产资料公有制，即农村土地公有制，以家庭承包经营为基础和实行统分结合、双层经营体制
陈锡文	2013	我国的农村基本经营制度包含三重内容：一是农村土地农民集体所有；二是集体土地承包到户实行家庭经营；三是一家一户办不了、办不好、办起来不经济的事情通过多种形式的统一经营去解决
米运生、罗必良、曾泽莹	2015	坚持“农村土地的集体所有”，稳定“家庭经营的主体地位”和“农民土地的用益物权”，完善“市场主导的社会服务”
谭小芍	2015	第一，坚持农村基本经营制度的关键是坚持土地农民集体所有；第二，必须坚持家庭经营在农业中的基础性地位；第三，坚持稳定土地承包关系是维护农民土地承包经营权的根本

要界定一个比较科学的农村基本经营制度的定义，首先应对“基本制度”一

① 中共中央文献研究室. 十三大以来重要文献选编（下）[M]. 北京：人民出版社，1993：1762.

② 中共中央文献研究室. 十七大以来重要文献选编（上）[M]. 北京：中央文献出版社，2009：674.

词做出理论解释。《辞海》收录的“基本”一词包含三种解释：一是根本，亦指作根本的、主要的，如基本矛盾、基本经验；二是大体上。[①]此处采用第一种解释。据此，我们视“基本制度”为最根本、最核心、最首要的制度，它是其他制度的初始，派生出其他各项制度或决定其他制度。具体而言，农村基本经营制度的“基本性”特征主要体现在以下几点。

第一，从制度内核看，农村基本经营制度涵盖了农村社会生产关系的基础部分，影响着农业生产发展、农民收入和几亿中国农民的命运。农业生产具有经济再生产和自然再生产交织的特性，其最本质的特点是基于土地的生产经营活动。土地是农业最基本的生产资料。农业制度变迁史表明，农地分配和围绕农地的利益冲突与政治经济权力的分配和利益现实是高度吻合的。因此，农地产权制度，尤其是农地所有制，作为农村经济制度体系和农业发展的基础制度，一直是农村变革的核心问题。农村基本经营制度首先以农地产权这一基础性制度为根基，通过对农地产权配置、激励、约束、分配等基础问题的协调与处理，获得相应的农地生产率。农业生产总是在一定的农地所有制下进行，与特定的农地产权制度相适应而形成一定的农业生产经营方式，将各种农村生产要素有效组合，以解决农地经营、使用、组织、分配等运行问题。因此，农村基本经营制度是建立在农地产权基础上的农业经营制度，是农村社会生产力进步的主要运行载体，也是农地所有、使用、经营等各种经济关系的总和。

第二，从基础地位看，农村基本经营制度是国家根本制度的基础部分，是党在农村一系列基本政策的核心和农村经济的一项基本制度，是“党的农村政策的基石”。这一制度不仅决定国家基本制度的性质，影响国家和农民的关系与政权稳定，而且决定着农业生产经营发展的一切主要方面和主要过程，影响农业生产发展，从根本上约束和支撑农业生产经营组织、农业积累分配制度、服务与保障制度、农村市场经济制度等诸多制度的正常运行。在中国的政治和经济决策中，农村基本经营制度具有举足轻重的地位，受到高度重视。

第三，从历史稳定性看，农村基本经营制度决定着农村其他制度的产生、发展和变迁过程，以及制度改革的选择方向。在一个较长的历史时期内，农村基本经营制度的运行受到一定的社会秩序、宏观经济环境的制约，保持基本不变，长期不动摇。当然，随着实践的发展，农村基本经营制度需要不断进行完善与修补，但其总的发展趋势是在一定的历史背景下相对长久稳定。农村其他制度的创新、完善及未来走向，都应当在农村基本经营制度的基础上进行。当前，我国农地产权制度的变迁，必须始终坚持农地农民集体所有制，不能削弱，更不能突破农村基本经营制度的底线。农业经营制度作为微观经济主体的行为规则，在物质利益

① 辞海编辑委员会. 辞海（第6版）[M]. 上海：上海辞书出版社，2009：225.

和自我价值的追求中，其变革和调整相对比较活跃，但也必须重视稳定土地承包关系，始终坚持家庭经营的基础性地位。

基于上述理论阐释，农村基本经营制度的定义可以这样表述：在一定社会秩序和宏观经济环境制约下，农业经营主体围绕着土地这一基本生产资料的占有、使用、收益、处分所演化出的各种经济关系的总和，以及以此农地经济关系为基础，实现与其他农业生产资源优化配置的一系列运行、管理、分配和积累制度及与该农业经营方式相适应的组织制度。

1.2.3　农村基本经营制度的构成要素

从上述定义得出结论，农村基本经营制度主要由农地产权制度、农业经营主体和农业经营方式三大要素构成。

1. *农地产权制度层面*

在农村经济制度中，处于核心地位的是农村土地制度。[①]农村土地制度的核心是农地所有制，主要解决农村土地的所有权如何分配、使用权如何配置及收益如何分配等产权问题。其中，所有制是劳动者和土地的关系，表明劳动者是否是生产条件的所有者、以何种方式成为所有者。马克思曾指出，无产阶级夺取政权以后，“一开始就应当促进土地私有制向集体所有制的过渡，让农民自己通过经济的道路来实现这种过渡”[②]。这一理论指导着中国农村土地制度的变革，以所有制为逻辑起点。一方面，在经济学的概念中，所有权概念最能反映国家权力配置状况，土地所有制的属性能够从生产力、生产关系、意识形态等方面体现一个国家的社会性质；另一方面，土地所有制决定了农民与土地结合的具体方式和经济绩效。

土地所有制可以是私有制，也可以是公有制，公有制还可以采取国有制和集体所有制形式。在不同的所有制下，劳动者个人利益与土地等生产关系的结合方式不同，在其他生产要素不改变的情况下，产生了不同的经济绩效和利益格局。

现阶段，农地集体所有制是我国社会主义基本经济制度的主要组成部分，是我国农村制度有别于世界其他国家和地区的独特的制度安排，是农村基本经营制度的“魂”，必将坚定不移地坚持下去。在土地所有制确定不变的基础上，提高土地和劳动的利用率则是实现农业产值增长的重要环节。因此，农村土地产权进一步细分和优化，农民土地产权的赋予、界定和执行问题，是农村土地制度创新的

---

① 本书所称“农村土地制度”不包括城市土地和农村建设用地、宅基地等非农用地制度。

② 中共中央马克思恩格斯列宁斯大林著作编译局. 马克思恩格斯全集（第 18 卷）[M]. 北京：人民出版社，1964：695.

突破口。

2. 农业经营主体层面

农业是通过人类劳动去实现并强化植物、动物、微生物的自然再生产来获取农产品的社会物质生产部门。土地不仅是基本生产资料，也是农业劳动对象，农业经营主要围绕土地而展开。农业经营制度以农地产权制度为基础，进一步阐明在农地产权配置下，农业生产力怎样发展的问题，其基本功能是激励劳动者，提高农业效益。农业经营制度必须以农地所有制为前提，只有在解决了农地这种最重要的生产资料的所有关系的基础上，经营主体的创新和经营方式的探索才具有实质意义。农业经营制度属于农业生产关系范畴，是农地所有制的有效实现方式，其核心是农业劳动者和农业生产资料结合的社会方式，解决的是“谁来经营农业”“怎样经营农业”的问题，包括农业经营主体和农业经营方式两大内容。

农业经营主体，是指对农业生产经营活动进行组织、管理、实施与协调的个人或组织，如普通农户、专业大户、家庭农场、农民专业合作社、农村集体经济组织、农业企业等，农业经营组织各具特色、各有优势，有各自的适应性和发展空间。

在我国，我们强调以农户家庭为基础形成各类农业经营主体。事实上，其他农业经营主体的形成都离不开农户家庭这一基础组织：专业大户与家庭农场就属于家庭经营的发展形式，家庭仍然是其基本决策单元。农民专业合作社本质上也是在家庭承包经营的基础上，各农户社员为了农业生产中的共同利益组合在一起的经济联合体。农业企业则要在家庭经营的基础上，通过建立契约和制度，与农户通过土地流转等合作与联合的方式来开展生产和经营。

3. 农业经营方式层面

农业经营方式，是指经营主体进行农业生产经营活动的具体方式，包括经营主体为对农业各生产要素在不同层次、不同空间进行合理有效配置的生产、经营、分配方式，其目的是使各种潜在的生产能力转化为有效的社会生产力，追求经济效益，提高劳动生产率。在经济发展的不同历史阶段，甚至同一历史阶段的不同时期，农业经营方式都是不一样的。

农业经营方式的不同很大程度上取决于农业经营主体的不同。普通农户、专业大户、家庭农场以家庭组织为基础，采用家庭经营的方式；农业企业属于企业组织形式，以契约和制度为基础，采用公司经营的方式；农村集体经济组织以集体村庄为基础，形成生产经营集合体，采取集体经营的方式，生产项目和经济活动由集体统一经营和统一管理；农民专业合作社从本质上来说，可以称作是一种以产业为依托、市场为导向、品牌为纽带、产权联合为手段，合作购买生产资料和进行农产品运销，举办农业信贷，合作利用生产设备和共同完成某些生产活动的合作经营方式。

虽然我们采取的是多种经营方式并存的农业经营方式格局，但从总体上来讲，我国农业经营的表现方式可以高度概括为在“分散经营”的基础上与“统一经营”相结合的双层经营格局。因为无论是合作经营、企业经营中的哪一种经营方式，都是以农户家庭为基础，作为家庭经营的补充和拓展形式，本质上都属于分散经营，都需要通过合作与联合实现统一经营。

1.3 现有研究综述

学术界对我国农业经营制度相关问题的研究较早，国内外学者都对该制度及各构成要素做了相关研究，成果极为丰富。

1.3.1 国外代表性观点评述

中国农村基本经营制度是根据我国特殊的国情和农情创造出来的、符合我国基本情况的独特经营制度，与其他国家通用的农业发展模式都不相同，因此，国外针对“中国农村基本经营制度”的专门研究较少。但学者们对农村基本经营制度的三个构成要素展开了较为全面的研究，代表性观点如下。

1. 关于农地产权制度的探讨

关于农村土地制度创新方向的探讨。韩国学者장호준认为，在中国农村土地产权制度改革的过程中，农地使用权的创新已被制度化确定下来，作为不断解决家庭承包经营制内在弊端的有效机制。中央政府当前的政策脉络是，要在农地过度集中、保护农民土地权益、维持农村土地集体所有三者之间维持一种平衡，而以市场机制为导向的土地使用权流转改革应是实现这一目的的关键机制。[①]

① 장호준. Rural land tenure system reform in post-reform China—On the institution of market-led transfer of land use rights[J]. Journal of Sinology and China Studies，2011，Vol. 52.

关于农村土地流转的探讨。学者们从农村土地流转的地位与作用、影响因素、存在障碍、主要原因及应对策略等多个方面展开了研究。K. Macours 等运用委托–代理模型分析了流出方的决策行为模式。在该模式中，流出方将考虑土地会被流失到流入方的风险，以及合同约束力随着社会关系疏离而降低的风险。结果显示，土地产权的不稳定将导致土地租赁市场转向人情关系市场，极大地限制租赁市场的规模和流入方的可选择性，造成较高的效率成本。模拟结果还表明，提高土地产权稳定性将使土地租赁成交量提高 21%，因而提高土地产权稳定性对流入方和流出方都有裨益。①

对现有农村土地产权制度改革的探讨。学者们首先对农村土地使用权的稳定性进行了研究。C. C. Krusekopf 梳理了中央政府的土地政策，运用数据分析了中国不同地区土地使用权的稳定性和土地市场的发展情况，发现在地方层面土地使用政策具有巨大的异质性，在此基础上探索了不同的村庄特征，以理解土地再分配的影响因素。②J. K. S. Kung 提出，虽然村庄内部经常由于人口增减而进行频繁的土地再分配，这往往被认为是损害土地使用稳定性的行为，但对多数村庄的实际调查结果却无法证实这一看法。原因在于，首先，土地再分配从总体上来说并不频繁且仅限于特定范围内，反而会增强农民经营同一地块的预期。其次，村庄的土地资源禀赋和非农收入机会会有效降低土地再分配的交易成本。③

接着，学者们对农村土地制度对农业生产投入和生产效率的影响进行了研究。K. Mullan 等研究了中国不完整的农村土地产权制度对农村劳动力转移决策的影响，以及土地承包周期不稳定对土地租金的影响。④

总体来说，目前国外学者对我国农村土地产权制度的研究已从简单的对土地所有制优劣的比较，转向了更深入、更细节的研究，如土地流转的发展情况、模式评价及效益分析，土地制度创新滞后的原因、应坚持的方向，土地再分配及使用权稳定性的影响因素及其实际考察，以及农村土地产权制度对农业生产经营效率、农民收入增长、农村社会发展的影响的研究。这种转变表明，国外学者对我国农地产权制度的研究更加实用和深入，能够为我国农地产权制度的创新和完善

---

① Macours K，de Janvry A，Sadoulet E. Insecurity of property rights and social matching in the tenancy market[J]. European Economic Review，2010，Vol. 54.

② Krusekopf C C. Diversity in land-tenure arrangements under the household responsibility system in China[J]. China Economic Review，2002，Vol. 13.

③ Kung J K S. Common property rights and land reallocations in rural China：Evidence from a village survey[J]. World Development，2000，Vol. 28.

④ Mullan K，Grosjean P，Kontoleon A. Land tenure arrangements and rural-urban migration in China[J]. World Development，2011，Vol. 39.

提供理论和经验支持。

2. 关于农业经营主体的探讨

国外的农业经营主体主要是家庭农场和农业企业，因而以何种农业经营主体为主导实现农业现代化、家庭农业处于何种地位及工商资本投资农业等议题在很长时间内都是农业领域的关注重点。

同时，也有大量学者反对将农户家庭与发展现代农业对立起来，他们认为农业现代化并非必须由法人或公司替代农户家庭进行农业经营。例如，J. 鲍雅朴和L. 道欧曾指出，在欧洲、美国及全球其他许多地区，农业的主导形式都是家庭农场，其原因有三：一是社会心理对家庭农场的生存能力产生影响，二是由于政策或在政策中反映的社会观念的影响，三是农业存在使用劳动力的代价。[①]M. Parlinska 和 A. Parlinska 运用描述、比较和统计的方法，从组织数量、经营面积和经济作用等角度分析了家庭农场在欧盟国家农业中的地位和特征，认为农户家庭是欧洲最常见的经营组织，并且在欧盟占有重要地位，有助于农村地区的经济社会和环境可持续发展。[②]

此外，学者们也对小农场与大农场的特点和经营效率比较展开了研究。Catherine Fred 通过研究指出，小农场普遍贫穷而劳动力富足，大农场普遍富裕而劳动力稀缺，但小农场的生产效率往往比大农场低。大农场在抵御自然及市场风险、取得贷款及政策支持等诸多方面都有较大优势，这使其比小农场的生产效率更高。[③]

总的来说，国外学者对农业经营主体的探讨主要集中在家庭农场和农业企业的比较上，对家庭农场和农业企业在发展生产力、保障粮食安全和实现农业现代化等方面的地位和作用有所争论，得出的结论也不一样。在家庭农场内部，学者们主要探讨小农场和大农场在劳动生产率、农民收入水平上的差异。普遍的认识是，小农场在农业经营的某些方面仍然具有优势，但大农场在抵抗风险、提高收入等方面优于小农场。这些研究成果有利于我们更加清楚地认识农户家庭在现代农业中的定位及其未来的发展方向。

3. 关于农业经营方式的探讨

在国外，学者们对家庭经营、公司经营、合作经营、集体经营等具体经营方式分别进行了研究。家庭经营方面，C. Gras 指出，家庭经营仍然在全球范围内占

---

① 鲍雅朴 J，道欧 L. 荷兰农业的勃兴[M]. 北京：中国农业科学技术出版社，2003：153.

② Parlinska M, Parlinska A. Characteristic of family farming in the European Union[J]. Economic Science for Rural Development，2015，No.38.

③ 转引自沈志群. 中国农村土地制度创新研究综述[J]. 现代经济探讨，2009，(3).

据主导地位，并且不同地区的家庭经营都采取了越来越多样化的形式。研究发现全球范围内都在经历着家庭经营的分化，越来越多的家庭经营者获得了企业家职能且深度融入全球化。[①]公司经营方面，S. Weller 等通过对农业企业进行问卷调查，研究了农业经营在何种情况下会采取公司经营的方式，其影响因素包括农户家庭构成、农民年龄情况和经营面积规模等。[②]K. C. Park 研究了中国农业产业化及合作经营的相关理论与实践，考察了合作经营的存在形式、经营问题及其改善措施。[③]集体经营方面，V. Milovanovic 和 L. Smutka 认为，集体经营可能面临的最大障碍在于金融方面和经营规模的选择，该规模应适用成本节约型机械对劳动密集型机械的替代。同时，他们强调集体经营的形成与发展特别离不开政府的支持。[④]

此外，学者们还对近年来我国各地的农业经营方式创新进行了关注。韩国学者장호준对股份合作制、联耕联种制、土地托管制等多种方式进行了分析，认为它们都是在特定条件下的经营方式创新，旨在达到规模经济。[⑤]

总体看来，国外学者对我国农业经营方式的研究开展较早，内容也比较全面，既涉及农业生产经营方式及其效率的改进、农业生产经营方式的变迁理论及路径、农业生产经营方式的选择依据及发展方向，也对家庭经营、公司经营、合作经营、集体经营等具体经营方式的不同方面进行了研究，对许多中国特色农业经营方式的创新形式也有所涉及。可以说，国外的相关研究对我国农业经营方式的发展提供了基础性理论支撑和借鉴性实践经验，但对我国各经营方式间的合作与联合形式，以及如何实现分散经营和统一经营的有机结合等方面的研究还不够深入。

1.3.2 国内代表性观点评述

我国对农村基本经营制度的研究开展较早，也取得了许多丰富的成果，本书

① Gras C. Changing patterns in family farming：The case of the Pampa region，Argentina[J]. Journal of Agrarian Change，2009，Vol. 9.

② Weller S，Smith E F，Pritchard B. Family or enterprise? What shapes the business structures of Australian farming?[J]. Australian Geographer，2013，Vol. 44.

③ Kyong Cheol Park. Theory and practice of China's cooperatives since the post-socialism：A case of PengLai city wine producing areas，Shandong province，China[J]. The Journal of Modern China Studies，2013，Vol. 14.

④ Milovanovic V，Smutka L. Establishing food security for Bangladesh's rural poor through sustainable collective farming practices[C]//Agrarian Perspectives XXIV：Global Agribusiness and The Rural Economy. Prague，2015：282-291.

⑤ 장호준. Rural land tenure system reform in post-reform China-On the institution of market-led transfer of land use rights[J]. Journal of Sinology and China Studies，2011，Vol. 52.

将从农村基本经营制度本身及其三个构成要素这四个层面分别进行阐述。

1. 关于农村基本经营制度的研究

首先，学者们回顾了我国农村基本经营制度的变迁，他们从理论到实证都做了大量分析。刘笑萍认为中国农村基本经营制度和结构的演变历史，其实就是以不同时期生产关系的不断调整来适应不同时期生产力发展水平的演变史。[①]赵光元等则认为我国农村基本经营制度的变迁过程中既有强制性变迁因素，也有诱致性变迁因素。[②]

其次，学者们对理论界与实践界围绕着农村基本经营制度进行的各种争论做出了明确回答。针对部分人认为农村基本经营制度"不合时宜"、应予以渐进替代，甚至全盘否定的观点，学者们对坚持农村基本经营制度的必要性进行了一定论证。韩俊明确指出，农村基本经营制度应坚持不动摇，创新农村的经营体制不能跑偏。[③]谭小芍也认为农村基本经营制度在农村改革大潮中经受住了考验，符合农业生产特点、符合农民群众意愿。[④]李尚蒲和罗必良则通过探讨家庭经营的适应性问题和统分结合的必要性问题，论证了稳定我国农村基本经营制度的依据。[⑤]翟涛等则从家庭分散经营和集体统一经营的联动，工业化、城镇化和农业现代化的牵动及农业产业化经营的带动三个方面论述了我国农村基本经营制度的制度潜力，侧面论证了坚持我国农村基本经营制度的必要性。[⑥]

当然，学者们也普遍认同，我国农村基本经营制度需要不断完善和创新，才能保持活力，承担农村经济发展和社会进步的重任。韩长赋强调，不断完善农村基本经营制度是为了解决未来"谁来种地"的突出问题和"怎么种地"的重要问题。[⑦]刘同山和孔祥智指出，近年来我国农村基本经营制度的问题凸显：一是农村土地细碎化程度日益严重，集体经济组织"统"的职能弱化，经营制度的固有缺陷亟待修补；二是随着工业化、城镇化加快，经营制度需要进一步完善。[⑧]张德元则从制度异化的角度出发，指出农村基本经营制度在其实施过程中已经发生了主体异化、组织异化和机制异化。要稳定和完善农村

① 刘笑萍. 论我国农村基本经营制度的演变与创新[J]. 经济地理，2009,（2）.

② 赵光元，张文兵，张德元. 中国农村基本经营制度的历史与逻辑——从家庭经营制、合作制、人民公社制到统分结合双层经营制的变迁轨迹与转换关联[J]. 学术界，2011,（4）.

③ 韩俊. 城镇化不能建立在剥夺农民土地的基础之上[EB/OL]. 新华网，2013-1-20，http://finance.chinanews.com/cj/2013/01-20/4503626.shtml.

④ 谭小芍. 坚持和完善农村基本经营制度的新思考[J]. 农业经济，2015,（11）.

⑤ 李尚蒲，罗必良. 农地调整的内在机理及其影响因素分析[J]. 中国农村经济，2015,（3）.

⑥ 翟涛，胡俊，孙哲，等. 我国农村基本经营制度的制度潜力与实现路径[J]. 农业经济，2016,（2）.

⑦ 韩长赋. 科学把握农业农村发展新形势[J]. 求是，2013,（7）.

⑧ 刘同山，孔祥智. 新时期农村基本经营制度的问题、对策及发展态势[J]. 农业经济与管理，2013,（5）.

基本经营制度，必须从培育现代农民、提高农民组织化程度、重构农民间的利益联结机制三方面着手，通过外部力量的介入对农村基本经营制度的异化进行矫正。[①]

可见，我国学者对农村基本经营制度的整体研究较为系统和全面，对该制度的认识较为客观和深刻，同时也对农村基本经营制度的一些重大问题进行了有益讨论，为本书的研究提供了较为扎实的前期基础。但是，现有研究也存在着一定不足，如对农村基本经营制度的内涵认识还基本停留在中央文件的解读层面，尚未触及实质，没有权威和系统的定义，也未能构建起一个经济学理论框架，需要我们从学理上进行突破。同时，理论界对坚持我国农村基本经营制度的必要性及其依据的论证也不够充分和完整，对于各方的质疑，我们亟须从历史、现实及国际经验等视角给予清楚的回答。此外，关于“坚持”和“完善”之间的辩证统一关系研究存在较大空缺，两者之间相互补充、相互实现的原理和路径也没有提出来，这些都需要我们从理论上将其厘清。

2. 关于农地产权制度的研究

农村土地制度是我国农村基本经营制度的制度内核，社会各界针对农村土地产权制度中重大问题的争论也一直没有停止过。

首先，学者们围绕农村土地私有化展开了争论。主张农村土地私有化的原因主要有如下几点：一是土地私有化能提高农民收入，让农民变得富有。[②]二是土地私有化有利于实现现代化。土地私有产权制度的建立，是建立市场经济和实现“现代化”的必要条件。[③]

反对农村土地私有化的学者认为：我国的现实国情决定了土地私有化不可能让大部分农民而只有城镇周边农民可以通过卖地致富，这反而会导致新的两极分化；土地私有化也不利于保障国家粮食安全和坚持社会主义方向；土地私有化会使中国农民丧失生存和就业底线，危害社会稳定。[④]也有学者从制度成本和收益的角度出发，认为农地私有化在实践操作上是一个经济、社会和政治成本极高而收益极低的选择。[⑤]

同时，学者们围绕农村土地国有化改革展开了探讨。国有化主张派否定了冒进的私有化，他们认为应逐步改革和推行农地国有化。刘成玉主张全民所有或国

---

① 张德元. 农村基本经营制度的异化及其根源[J]. 华南农业大学学报（社会科学版），2012，（1）.

② 杨小凯. 中国土地所有权私有化的意义[EB/OL]. 爱思想网，2001-4-12，http://www.aisixiang.com/data/425.html.

③ 姜栋，胡碧霞. 中国农村集体土地产权制度改革研究综述[J]. 生产力研究，2013，（5）.

④ 简新华. 中国农地制度和经营方式创新研究——兼评中国土地私有化[J]. 政治经济学评论，2013，（1）.

⑤ 钟水映，李春香. 农地私有化的神话与迷思[J]. 马克思主义研究，2012，（2）.

有基础上的土地使用权永佃制。[①]李维庆认为，农村土地国有化不仅有利于明晰和稳定农地产权，还有利于提高政府对土地资源的规划和管理能力。[②]董栓成认为，中国特色的“国有永佃制”是更有效的公有产权载体创新。[③]实行土地国有化，不一定会遇到很大阻力，因此，农村土地制度改革应以土地国有化为大方向，构建好以公（国）有为导向的多形式土地产权。[④]

反对农村土地国有化的学者认为：农地国有化不符合现有的农业生产力发展水平；农地国有化将使政府面临无偿收归和合理补偿的两难选择；农地国有租佃制下土地使用权配置在未来将会面临难题。[⑤]土地国有制的制度操作成本高，国家所有权需要在农村确定代理人，因土地用途不同，代理关系的交易成本也会存在差异；在耕地上可能发生很高的代理成本，从而造成效率损失。[⑥]

在对农村土地所有制形式的讨论中，有相当一部分学者主张保留现有集体土地所有制。其代表性观点有：土地私有化、国有化改革将会使交易费用异常高昂，而在现有的制度框架内赋予农民有效、明确而完整的土地产权，则容易为广大农民所接受且便于实施。[⑦]徐美银和钱忠好也指出，在保持农村土地集体所有制的前提下，进一步完善家庭承包责任制是一定时期内我国农地制度改革的最佳方案。[⑧]

除了对农村土地集体所有制的肯定，学者们也分析了现有农村土地制度存在的问题[⑨]，认为应进一步深化农村土地产权制度改革。其中，农地“三权分置”改革是理论界与实践界讨论的热点。学者们首先从实践角度提出了农村土地“三权分置”改革的必要性和合理性。张毅等指出，农村土地承包经营权二次分离有强烈的社会诉求和深厚的实践基础。[⑩]甘藏春认为，承包经营权所具有的社会保障功能要求稳定，限制流转；承包经营权作为用益物权，必须按照市场经济的原则流转交易。由此，农村土地必须实行“三权分置”的改革。[⑪]

---

① 刘成玉. 耕地保护视野的土地产权治理“困境”及至我国粮食安全[J]. 改革，2011，(12).

② 李维庆. 我国农村土地产权制度的残缺及变革方向[J]. 中州学刊，2007，(5).

③ 董栓成. 农地产权载体创新研究：基于委托—代理视角[J]. 中国软科学，2010，(4).

④ 李济广. 土地国有制与经济发展、社会平等和生态文明[J]. 社会科学，2013，(1).

⑤ 刘刚，王辉. 城乡一体化发展与农村集体土地所有制改革[J]. 理论与改革，2015，(2).

⑥ 党国英. 当前中国农村土地制度改革的现状与问题[J]. 华中师范大学学报（人文社会科学版），2005，(4).

⑦ 刘荣材. 关于我国农村土地产权制度改革与创新的探讨[J]. 经济体制改革，2007，(1).

⑧ 徐美银，钱忠好. 我国农地制度变迁的内在逻辑[J]. 江苏社会科学，2009，(3).

⑨ 叶兴庆. 从“两权分离”到“三权分离”——我国农地产权制度的过去与未来[J]. 中国党政干部论坛，2014，(6).

⑩ 张毅，张红，毕宝德. 农地的“三权分置”及改革问题：政策轨迹、文本分析与产权重构[J]. 中国软科学，2016，(3).

⑪ 转引自朱道林，王健，林瑞瑞. 中国农村土地制度改革探讨——中国土地政策与法律研究圆桌论坛（2014）观点综述[J]. 中国土地科学，2014，(9).

当然，关于农村土地“三权分置”改革，学者们所持的观点褒贬不一。对农村土地“三权分置”改革的意义和价值，韩长赋指出，“三权分置”是我国农村改革的又一次重大创新，是农村基本经营制度的自我完善。[①]对“三权分置”改革的质疑则多存在于法学逻辑和制度运行层面。刘守英认为仅仅在“三权分置”上做文章，难以解决中国农村发展面临的制度问题。[②]陈小君指出，“三权分置”改革是人为地将法律关系复杂化。[③]

对“三权分置”下所有权、承包权、经营权的权利性质及权能内容，学术界可谓充满争议，众说纷纭。关于土地承包权所属性质的争议，主要集中于“成员权说”[④]和“物权说”[⑤]上；关于土地经营权所属性质的争议，主要集中于“物权说”[⑥]及“债权说”[⑦]上。除此之外，所有权、承包权、经营权各自的权能边界在何处、具体应包含哪些权能内容等问题也引起了广泛探讨。[⑧]

对农村土地“三权分置”改革的具体实践，学术界从不同角度进行了一定的研究。具体包括：“三权分置”改革在实践过程中要处理的问题、面临的障碍[⑨]和潜在的风险[⑩]，“三权分置”的实践形式[⑪]、实现形式[⑫]与路径[⑬]，实施“三权分置”改革的对策建议及相应措施[⑭]。

---

① 韩长赋. 土地“三权分置”是中国农村改革的又一次重大创新[J]. 农村工作通讯，2016，(3).

② 刘守英. 以“三权分置”重构农地权利体系[J]. 农村经营管理，2016，(11).

③ 陈小君. 我国农村土地法律制度变革的思路与框架——十八届三中全会《决定》相关内容解读[J]. 法学研究，2014，(4).

④ 刘俊. 土地承包经营权性质探讨[J]. 现代法学，2007，(2)；申惠文. 法学视角中的农村土地三权分离改革[J]. 中国土地科学，2015，(3).

⑤ 郜永昌. 论农村土地登记治理功能及其实现[J]. 西北农林科技大学学报（社会科学版），2013，(4)；冯华，陈仁泽. 中农办主任陈锡文：农村土地制度改革底线不能突破[J]. 农家参谋（种业大观），2013，(12).

⑥ 潘俊. 农村土地“三权分置”：权利内容与风险防范[J]. 中州学刊，2014，(11)；蔡立东，姜楠. 承包权与经营权分置的法构造[J]. 法学研究，2015，(3).

⑦ 李伟伟. “三权分置”中土地经营权的性质及权能[J]. 中国党政干部论坛，2016，(5)；陶钟太朗，杨遂全. 农村土地经营权认知与物权塑造——从既有法制到未来立法[J]. 南京农业大学学报（社会科学版），2015，(2).

⑧ 李国强. 论农地流转中“三权分置”的法律关系[J]. 法律科学（西北政法大学学报），2015，(6)；张红宇. 三权分离、多元经营与制度创新——我国农地制度创新的一个基本框架与现实关注[J]. 南方农业，2014，(2)；陈朝兵. 农村土地“三权分置”：功能作用、权能划分与制度构建[J]. 中国人口·资源与环境，2016，(4)；普金霞. 农村土地三权分离法律思考——基于权能分割和成员权视角[J]. 人民论坛，2015，(26).

⑨ 陈金涛，刘文君. 农村土地“三权分置”的制度设计与实现路径探析[J]. 求实，2016，(1).

⑩ 潘俊. 农村土地“三权分置”：权利内容与风险防范[J]. 中州学刊，2014，(11)；宋志红. 农村土地“三权分置”改革：风险防范与法治保障[J]. 经济研究参考，2015，(24).

⑪ 韩长赋. 土地“三权分置”是中国农村改革的又一次重大创新[J]. 农村工作通讯，2016，(3).

⑫ 杨继瑞，薛晓. 农地“三权分离”：经济上实现形式的思考及对策[J]. 农村经济，2015，(10).

⑬ 潘俊. 农村土地承包权和经营权分离的实现路径[J]. 南京农业大学学报（社会科学版），2015，(4).

⑭ 康涌泉. 三权分离新型农地制度对农业生产力的释放作用分析[J]. 河南社会科学，2014，(10)；何立，罗帅. 农地产权“两权分离”到“三权分离”——基于新制度经济学视角的解读[J]. 农村经济，2015，(5).

可见，国内学术界围绕农村土地产权制度已开展了广泛的讨论，进行了多方面的分析、阐释与探索，也取得了较为丰富的成果。总体来说，理论界和实践界一直存在农村土地私有化和国有化的声音，而许多学者都对此做出了明确回答，并进行了原因剖析，大部分人认为应继续坚持我国农村土地集体所有制。在此过程中，学者们也正视了我国农村土地制度的弊端和不足之处，提出了相应的改革思路，特别是对农地“三权分置”理论上和实践中的重大问题进行了全面系统的分析。但是，学术界没有将农地产权制度的分析置于坚持和完善农村基本经营制度的视角下进行，也没有将农地产权制度与农业经营主体和农业经营方式等农村改革的重要内容有机联动地结合在一起，这些都是本书需要具体和深入研究的重要方面。

3. 关于农业经营主体的研究

农业经营主体可大致分为普通农户、专业大户、家庭农场、农民专业合作社、农业企业等。现阶段，理论界对各农业经营主体的分类研究和整体分析可谓不胜枚举。

对农户家庭，理论界的探讨主要集中在农户家庭能否实现农业现代化的问题上。有些学者认为农户家庭和农业现代化之间存在矛盾，原因可归纳为三个方面：第一，农户经营规模细小、土地分割细碎，这种小块土地格局制约了现代化生产的进行。①第二，小农经营缺乏吸收技术进步的动力。普通农户对农业生产难以进行科学经营管理，造成农业固定资产的重复购置和低效率使用，并严重阻碍农业科技的推广应用。②第三，“小生产、大市场”的问题。普通农户无论是面对市场还是维持基本生产条件都过于弱小③，农户在进入市场时，交易成本高、风险大④。对以上问题，部分学者提出了不同看法：第一，土地细碎化的原因不是农户家庭经营造成的，人地比例过高才是根本原因。⑤第二，普通农户并不排斥应用先进农业科技，通过购买适宜的农业机械或社会化的农业机械服务，也能达到较高的机械化水平和使用效率。⑥第三，“小生产、大市场”并非严格规范的经济学命题，

① 卫龙宝，储德平，徐广彤，等. 中国特色农业现代化道路进程中的主要矛盾与对策[J]. 农业现代化研究，2009，(2).

② 蒋和平. 中国特色农业现代化应走什么道路[J]. 经济学家，2009，(10).

③ 贺雪峰. 简论中国式小农经济[J]. 人民论坛，2011，(23).

④ 杜志雄，王新志. 中国农业基本经营制度变革的理论思考[J]. 理论探讨，2013，(4).

⑤ 钟甫宁，王兴稳. 现阶段农地流转市场能减轻土地细碎化程度吗？——来自江苏兴化和黑龙江宾县的初步证据[J]. 农业经济问题，2010，(1).

⑥ 长子中. 浅析稳定家庭承包经营与适度规模经营的关系[J]. 中国经贸导刊，2011，(20).

并不能代表农户和市场之间的不对称性。[①]

对于其他农业经营主体，学术界的研究主要集中在各经营主体的功能定位、形成条件及演变趋势、发展问题及对策等方面。关于家庭农场，高强等对其的定义、特征及类型进行了梳理与归纳，并对其产生的诱因条件、制度安排与影响进行了探讨。[②]对于农民合作社，杜鹰认为，要允许多种形式并存，多样化发展，同时，也要注意向规模化方面引导。[③]关于公司、企业的定位，陈锡文表示，应当支持和鼓励它们为农业提供产前、产中和产后社会化服务。[④]孔祥智指出，未来中国农业现代化主体的格局可能是：以专业农户为基础，以专业大户或家庭农场为引领，以农民合作社为中介，以农业企业为龙头。[⑤]

从农业经营主体的总体发展上来看，有学者指出，各类农业经营主体的结构变化趋势受当地自然禀赋、经济发展和土地流转情况的影响。[⑥]多类农业经营主体共存于农村市场的格局已逐步形成，发展我国新型农业经营主体，需用“统分”结合方式，在“统”的层面强调主体间分工协作、功能互补，在“分”的层面注重单个主体功能的有效释放。[⑦]

学者们着重对新型农业经营主体的发展困境及解决措施进行了研究。楼栋和孔祥智提出，现阶段新型农业经营主体形成受到经营土地规模小、技术利用水平低、资本密集度低等内部障碍和各项政策缺乏协调性、市场拉力弱等外部障碍的限制。[⑧]对此，张照新和赵海认为培育新型农业经营主体，要加强土地流转服务，加快发展政策性农业保险，加大对新型农业经营主体的扶持力度，有序推进农业转移人口市民化，加强新型经营主体人才队伍建设。[⑨]张扬则提出从加强组织领导、加大金融扶持、优化农技服务、完善基建配套等方面来培育新型农业经营主体。[⑩]

---

① 蒋中一. 农民的土地承包权不可轻易动摇[J]. 中国税务，2002，(5).

② 高强，刘同山，孔祥智. 家庭农场的制度解析：特征、发生机制与效应[J]. 经济学家，2013，(6).

③ 杜鹰. 认真学习党的十八大精神，贯彻落实中央决策部署，进一步做好新时期的“三农”工作——在全国发展改革系统农村经济工作会议上的讲话（摘要）[J]. 中国经贸导刊，2013，(6).

④ 陈锡文. 当前我国农村改革发展面临的几个重大问题[J]. 农业经济问题，2013，(1).

⑤ 孔祥智. 现行农村基本经营制度下农业现代化的主体研究[J]. 新视野，2014，(1).

⑥ 于亢亢，朱信凯，王浩. 现代农业经营主体的变化趋势与动因——基于全国范围县级问卷调查的分析[J]. 中国农村经济，2012，(10).

⑦ 江维国. 我国新型农业经营主体的功能定位及战略思考[J]. 北方园艺，2014，(13).

⑧ 楼栋，孔祥智. 新型农业经营主体的多维发展形式和现实观照[J]. 改革，2013，(2).

⑨ 张照新，赵海. 新型农业经营主体的困境摆脱及其体制机制创新[J]. 改革，2013，(2).

⑩ 张扬. 试论我国新型农业经营主体形成的条件与路径——基于农业要素集聚的视角分析[J]. 当代经济科学，2014，(3).

总体来看，理论界对农业经营主体的分类研究比较充分，研究视角也不仅限于各主体的内涵定义、绩效比较、功能定位及培育路径上，还能以农业经营主体为整体研究对象，运用聚类、方差等多种统计及计量分析方法解释其结构变化趋势及内在动因，可谓比较完善。但仍然存在一些不足，没有强调农户家庭在各农业经营主体中的地位，如对农户家庭在农业经营中的基础性地位的依据论述不够充分翔实，农户家庭的基础性地位如何体现与实现等问题仍有待进一步解决。

4. 关于农业经营方式的研究

目前学术界关于农业经营方式的研究主要集中在经营方式的变迁历程及动因、分类与效率比较、变革方向与路径等几个方面。

关于农业经营方式的变迁历程及动因，吴菊安和祁春节认为农业经营方式是随着农业经营环境的变化而变化的，其中农业制度是诱因，技术变迁是关键，组织形式是核心。中国的农业经营方式变迁历程为：以家庭承包为基础的双层经营方式—农业产业化的经营方式—农业现代化的经营方式。①

在各类农业经营方式的分类与效率比较方面，冯道杰和程恩富将农业经营方式按照劳动要素主导地位分为了亲资本化和亲劳动化两种。农业企业、家庭雇工农场、资本雇工农场等，属于亲资本化农业经营方式；家庭经营、合作经营和集体经营等依靠劳动者自身联合与合作的为亲劳动化农业经营方式。②李远东认为，农场制经营是比小农户式的生产作业更为有效的农业经营方式。③李谷成对小规模的农业运营方式是否更为有效进行了验证，得到了否定的结论。④

关于农业经营方式的变革方向与路径，学者们普遍认为，适度规模经营将是未来中国农业经营方式演变的必然趋势。⑤廖祖君和郭晓鸣提出了以农业企业为龙头、农民专业合作社为载体、家庭农户为单元的混合一体化“公司+合作社+农户”的经营方式。⑥罗必良和李玉勤探索了“合作社+地方政府+职业经理人+服务超市”

① 吴菊安，祁春节. 农业经营方式的理论与方法：一个文献综述[J]. 世界农业，2016,（10）.

② 冯道杰，程恩富. 不同农业经营体系的构建与分散型村庄的未来[J]. 中州学刊，2015,（1）.

③ 李远东. 中国农业生产方式根本性变革的实现途径——农场制[J]. 云南财经大学学报，2009,（3）.

④ 李谷成. 技术效率、技术进步与中国农业生产率增长[J]. 经济评论，2009,（1）.

⑤ 吴菊安，祁春节. 农业经营方式的理论与方法：一个文献综述[J]. 世界农业，2016,（10）.

⑥ 廖祖君，郭晓鸣. 中国农业经营组织体系演变的逻辑与方向：一个产业链整合的分析框架[J]. 中国农村经济，2015,（2）.

的农业共营制，认为其有可能是破解我国农业经营方式转型的重要突破口，昭示着农业经营体制机制创新的重要方向。①

学术界也对统一经营进行了有益探讨。学者们首先明确了现代双层经营体制中“统”的内涵发生了变化，更加丰富：“统一经营”不再是指统一产权、统一经营、统一分配的高度统一经营形式，而是转变为为分散经营提供统一的社会化服务。②作为统一经营的重要组织载体，学者们对集体经济组织的职能进行了重新定位。彭海红认为，如果把村（组）集体经济组织作为社会化服务体系的一个层次，就不能仅强调其服务功能，还必须正视其作为生产资料所有者的决策、管理、协调、资产积累的重要职能，发展壮大集体经济实力。③

与此同时，学者们对规模经营实现路径的认识也进行了深化。他们认为，不仅可以通过土地使用权的流转和集中，形成规模较大的家庭农场；还可以通过一定的产前、产中和产后联合，实现经营规模的扩大。④将家庭经营卷入分工活动，农业规模经济性的获得可以从土地规模经济转向农业的服务规模经济。⑤从而，构建社会化服务体系也成为统一经营的重要方面。农业社会化服务体系建设与“农业规模化、组织化”是一体两面、相辅相成的。⑥接着，学者们指出了当前农业社会化服务体系存在的不足，并相应提出了构建路径。⑦

通过对已有研究的梳理，不难发现，现有关于农业经营方式的研究成果颇丰。既有对改革开放以来农业经营方式的变迁过程及动因分析，又有对家庭经营、公司经营等不同经营方式的效率评价与比较，也有对各地不同适度规模经营方式创新的关注和研究，还有对统一经营的内涵深化和完善路径的探讨。但是，对于各农业经营方式如何实现有效合作与联合，分散经营和统一经营如何实现相互协调、相互促进，学术界还缺乏翔实和深入的研究。

---

① 罗必良，李玉勤. 农业经营制度：制度底线、性质辨识与创新空间——基于“农村家庭经营制度研讨会”的思考[J]. 农业经济问题，2014，(1).

② 张晓山. 创新农业基本经营制度 发展现代农业[J]. 经济纵横，2007，(1).

③ 彭海红. 我国农村基本经营制度改革与反思[J]. 农业经济，2012，(7).

④ 柯炳生. 正确认识和处理发展现代农业中的若干问题[J]. 中国农村经济，2007，(9).

⑤ 罗必良，李玉勤. 农业经营制度：制度底线、性质辨识与创新空间——基于“农村家庭经营制度研讨会”的思考[J]. 农业经济问题，2014，(1).

⑥ 姜明伦，何安华，楼栋，等. 我国农业农村发展的阶段性特征、发展趋势及对策研究[J]. 经济学家，2012，(9).

⑦ 关锐捷. 构建新型农业社会化服务体系初探[J]. 农业经济问题，2012，(4)；宋洪远. 新型农业社会化服务体系建设研究[J]. 中国流通经济，2010，(6).

1.3.3 国内代表性文献计量分析

本部分主要研究目的是基于中国期刊考察中国农村基本经营制度的研究现状，因此主要关注国内公开发表在期刊上的文献，相关专著、硕博士学位论文、会议论文均不在本书考察之列。本书选定中国学术期刊网络出版总库（Chinese Academic Journal Network Publishing Database，CAJD）作为文献检索来源。[①]

1. 发文概况

截至 2021 年 12 月底，在 CAJD 中以"农村基本经营制度"为主题、其他为默认设置的条件下检索，得到文献 575 篇，发表年度分布情况如图 1-1 所示。可以发现，2009 年、2014 年和 2018 年左右为三个明显的波峰。梳理当时背景，2009 年的波峰应当是在 2005 年取消农业税后，学界讨论渐趋热烈的结果，并于 2010 年开始降温，符合某个主题正常的倒 U 形发文规律；2014 年的波峰应该是因为 2013 年中央一号文件指出"围绕现代农业建设，充分发挥农村基本经营制度的优越性"，再次将农村基本经营制度的研究推向热点；2018 年前后小高峰的形成，与 2017 年习近平总书记在党的十九大报告中提出"保持土地承包关系稳定并长久不变，第二轮土地承包到期后再延长三十年"[②]密切相关。

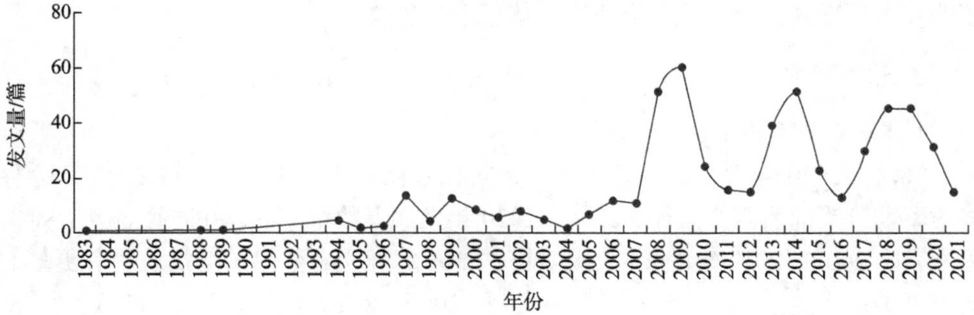

图 1-1　文献发表年度分布情况

资料来源：根据知网期刊文献资料整理所得

① CAJD 是具有全球影响力的连续动态更新的中国学术期刊全文数据库，是国家知识基础设施（National Knowledge Infrastructure，CNKI）工程的重要组成部分。

② 习近平. 习近平谈治国理政（第 3 卷）[M]. 北京：外文出版社，2020：25.

为了更加精准地研究所发文献中高水平文章的概况，我们将检索条件更改为：期刊来源为“核心期刊”和“中文社会科学引文索引（Chinese Social Sciences Citation Index，CSSCI）”[①]，主题为“农村基本经营制度”[②]，匹配模式是“精确”；其他为默认设置。检索得到文献 122 篇，我们发现 2005 年以前关于农村基本经营制度的文献较少，如 2000～2005 年的发文量分别为 3 篇、3 篇、2 篇、2 篇、0 篇、3 篇，尤其是 2004 年的篇数为 0 篇，不难发现此时农村基本经营制度的研究还比较冷门。2006 年之后发文数量有了总体上升，这可能与 2005 年国家取消农业税、各界对“三农”问题更加重视有关。同时，考虑到分析被引频次时时滞的影响，本书将检索年份设置为“2006～2020 年”[③]。首先，我们对文献进行处理。剔除文件、会议通知、快讯等共计 5 篇，余 117 篇。即最后进行文献计量分析的样本量为 117 篇（表 1-3）。

表1-3　重点文献情况概览

文献数/篇	总被引数/次	总下载数/次	篇均被引数/次	篇均下载数/次
117	2 082	85 321	17.79	729.24

资料来源：根据知网期刊文献资料整理所得

2006～2020 年，以“农村基本经营制度”为主题的年发文数量为 3 篇至 11 篇，共计 117 篇，年均发文量 7.3 篇。总体来说，我国研究农村基本经营制度的高质量文献还不够丰富。将 2006～2020 年以 2013 年为界分为前后两个阶段[④]，前七年即 2006～2012 年发文量为 44 篇，后七年即 2014～2020 年发文量为 64 篇，表明在考察期内，该领域研究热度总体呈上升趋势。

2. 谁在研究

1）作者群情况

2006～2020 年发文者数量（不合并同姓名者）共 177 人次，以 2013 年为界将考察期分为前后两个阶段，2014～2020 年发文者数量（不合并同姓名者）从 97 人次，比 2006～2012 年的 64 人次增长 51.56%，发文者数量的增加表明有更多的研究人员加入这一队伍。合并同姓名者后，2006～2020 年发文者共 142 人。另外，

① 期刊来源选择核心期刊和 CSSCI 来源期刊是因为这两类刊物属于社会科学研究领域比较权威的刊物，可以代表这个领域的较高水平研究。

② CAJD 对主题的检索是在题名、关键词、摘要三项元数据的内容中进行检索。题名、关键词、摘要可视为一篇文献的核心信息，可以保证对相关文献较高的覆盖率。

③ 检索日期是 2021 年 12 月 18 日，共检得原始文献 154 篇。从具体元数据来看，篇名、作者姓名、作者机构、关键词、发文年份、基金、刊名等套录于 CAJD。作者信息（包括出生年份、职称信息、地区）、引用信息（被引频次、下载频次）从数据库或者原文中手工摘录。

④ 在分段统计中扣除 2013 年，后文类似处理相同。

从被引文章情况来看，2014～2020年所发表文章目前被引次数累计为1 026次，比2006～2012年的786次高出30.53%，考虑到时滞，随着时间的推移，这一差距可能进一步扩大，这意味着不仅研究队伍规模在扩大、文献绝对量在增多，并且平均影响力也在上升。

2）核心作者情况

某学科的核心作者一般指该作者是该学科高产作者。①普赖斯定律是确定高产作者的常用方法。本书借鉴普赖斯定律参考文献被引用次数，采用如下方法确定核心作者：取该领域发文量大于等于2篇并排除篇均被引频次小于1的作者，确定其为核心作者。用这种方法获取了19名核心作者（表1-4）。

表1-4　2006～2020年农村基本经营制度研究的核心作者

序号	姓名	作者单位（原单位）	发文数量/篇
1	孔祥智	中国人民大学	10
2	陈锡文	中央农村工作领导小组办公室	6
3	张晓山	中国社会科学院	6
4	蒋永穆	四川大学	5
5	徐祥临	中共中央党校	3
6	张德元	安徽大学	3
7	许经勇	厦门大学	2
8	郑新立	中共中央政策研究室	2
9	王立胜	中国社会科学院	2
10	苑鹏	中国社会科学院	2
11	罗必良	华南农业大学	2
12	李玉勤	中国农业科学院	2
13	高圣平	中国人民大学	2
14	钟真	中国人民大学	2
15	刘同山	中国人民大学	2
16	周振	中国人民大学/中国宏观经济研究院	2
17	赵苏丹	四川大学	2
18	郑淋议	浙江大学	2
19	郑力文	中国人民大学	2

资料来源：根据知网期刊文献资料整理所得

① 在所考察的文献中，有不少是合著文献，这就涉及同一篇文献在不同作者、不同机构、不同地区的合理分配问题。目前常用的合著文献权数的分配方法有取一分配法、划一分配法、等量分配法、等级分配法、比例分配法和等级-比例分配法等。为了全面考察作者情况，本书采用划一分配法，即在计算合著文献数量及其被引频次时，每个作者的权数均为1。（各类方法具体介绍详见：娄策群. 社会科学评价的文献计量理论与方法[M]. 武汉：华中师范大学出版社，1999：149.）

（1）核心作者学术职称分布。从文章中或网络上可以准确获取核心作者发文时期职称信息的有 18 人，扣除高级行政官员 1 人，有 17 人的职称信息计入本书统计范围。其中，教授/研究员 11 人，占 64.71%；副教授 1 人，占 5.88%；发文时为博士研究生的共 5 人①，占 29.41%。这意味着，尽管教授/研究员这类具有较高学术地位的群体是研究农村基本经营制度最主要的群体，但以博士研究生为代表的新生研究力量逐渐走上这一领域研究的舞台，形成了后继有人的良好局面。

（2）核心作者发文情况。这 19 名作者 2006～2020 年共发文 59 篇，人均发文 3.11 篇，累计被引 1 684 次，篇均被引 28.54 次，比考察期内所有文献样本篇均被引 17.79 次高出 60.43%，表明核心作者发文质量高于总体水平。

（3）核心作者机构分布。19 人中，有 2 人是交叉背景，既是政府官员，也在普通高校兼职任教。此外，12 人为高校背景、3 人就职于中国社会科学院、1 人就职于中共中央党校、1 人就职于中国农业科学院。这说明农村基本经营制度是政府、高校、社科院系统等各界都很关注的一个课题。其中，核心作者最多的高校是中国人民大学，有 6 人。此外，中国社会科学院有 3 人，四川大学有 2 人。

（4）核心作者地区分布。19 人中，有 13 人来自北京②，2 人来自四川，安徽、浙江、福建、广东各 1 人。北京是当之无愧的研究农村基本经营制度的高地，而四川也是研究农村基本经营制度的重要阵地。

3. 在哪里发表

2006～2020 年，刊载农村基本经营制度研究文献的期刊共 65 种。具体来看，2006～2020 年，发文最多的为《农村经济》，10 篇，占样本文献总量的 8.55%（图 1-2）。其次为《农业经济问题》，发文量为 6 篇。《农业经济》《中国党政干部论坛》发文量并列第三，各发文 5 篇。此外，《中国农村经济》《当代经济研究》《改革》《求是》各发文 4 篇。以上 8 种刊物发文量共 42 篇，占 65 种期刊发文总量的 35.90%，可谓是农村基本经营制度相关研究的主要发文阵地。

① 本书以核心作者发文时的身份进行统计。部分核心作者发文时为博士研究生，目前已毕业，并取得了副教授或副研究员职称，如四川大学赵苏丹、中国人民大学刘同山等。也有部分核心作者在不同文章中身份情况发生了变化，如周振的身份从中国人民大学博士研究生转换为中国宏观经济研究院研究人员，本书按照其发表第一篇该相关主题文献时的身份进行统计。

② 此处的地区指核心作者的工作省份或求学省份。

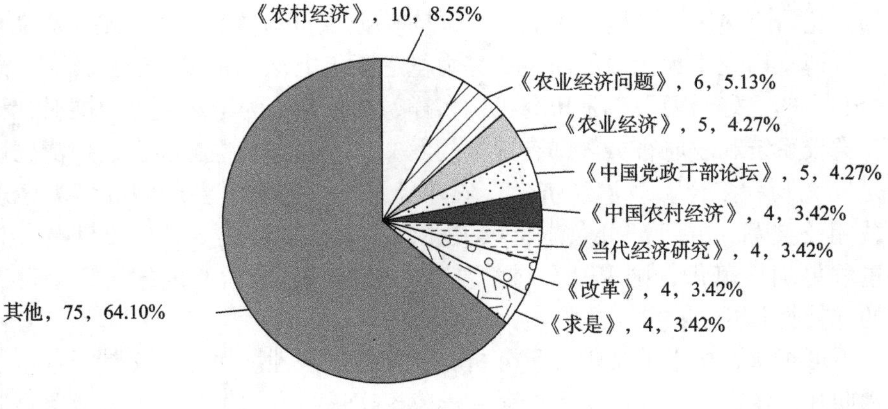

图 1-2 文献来源分布

资料来源：根据知网期刊文献资料整理所得

2006～2020年累计被引频次最多刊物的是《农业经济问题》，251次，占65种期刊被引总量的12.06%；其次是《中国农村经济》，为231次，占被引总量的11.10%；其他期刊中被引频次在100次以上的有《人民论坛》《中国农村观察》《政治经济学评论》《改革》。从篇均被引频次来看，《法学研究》篇均被引69次，位居第一；其次是《中国农村观察》位列第二，为61次。此外，《政治经济学评论》《经济研究参考》《中国农村经济》《人民论坛》《农业经济问题》《教学与研究》《社会科学研究》篇均被引频次在35次以上。《农业经济问题》发文6篇，篇均被引频次为41.83次，说明该刊所刊载的基本经营制度相关主题文章质量普遍较高。

4. 基金支持

在117篇高质量文献中，有50篇有基金支持，占比42.74%。其中，21篇有两项或两项以上基金支持。国家社会科学基金和国家自然科学基金是资助资金的主要来源，其中，受国家社会科学基金支持的有19篇，受国家自然科学基金支持的有8篇，二者之和为27篇，占有基金支持的高质量论文的一半以上，表明该领域研究进程趋于规范化。

5. 结论

本书运用文献计量分析法研究了2006～2020年以“农村基本经营制度”为主题的国内核心期刊文献。分析表明，2006年以来，中国的农村基本经营制度研究具有如下几个特点：一是与中央政策文件的政策紧密相连，突出表现在国家取消农业税、2013年中央一号文件重提“充分发挥农村基本经营制度的优越性”和2017年党的十九大上习近平总书记宣布“第二轮土地承包到期后再延长三十年”后引起的三轮研究热潮。二是形成了一支以教授/研究员为核心的高水平研究队伍，同时，以博士研究生为代表的新生研究力量逐渐走上这一领域的研究舞台，形成了后继有人的良好局面。三是研究机构多样，高校系统为绝对主力，同时社科院系统、党校系统和政府官员等都有连续的发文，说明这个主题能引起广泛的讨论。四是发文刊物多样，政治经济学、农业经济学、法学、管理学等多类杂志均有刊载相关文章，并且部分杂志持续关注该主题，发文数量多且质量高。五是研究进程更加规范化，国家社会科学基金在农村基本经营制度的研究上发挥了较强的支持性作用。

不可否认，本书的文献计量分析有一定的局限性。例如，文献样本主要来自学术期刊，没有对会议论文、专著和学位论文进行专门考察，不可避免会遗漏一些重要研究成果。但总的来说，通过上述分析，可以对国内农村基本经营制度的相关研究有一个总体概览，为后续研究打下基础。

1.4 研究思路与逻辑框架

1.4.1 总体思路

本书沿着“背景透析—理论溯源—框架构建—现实突破—路径设计—措施保障”的总体思路展开研究。即：立足于我国进入经济发展新常态、农业经营格局发生重大变化、农村基本经营制度面临矛盾等背景，通过系统梳理马克思主义经济学、西方经济学，以及中国特色社会主义理论中关于农村基本经营制度的思想与实践，从学理上阐释“坚持”与“完善”两者之间的内在逻辑统一关系，构建起一个坚持和完善我国农村基本经营制度的总体框架，包括目标、基本原则、基本思路和评价指标体系等构成要素。在此基础上，从历史经验、现实依据、国际镜鉴三个维度分别论证了坚持和完善我国农村基本经营制度的必要性，同时设计了完善农村基本经营制度的实现路径，并相应提出了具体的突破重点和保障措施（图 1-3）。

1.4.2 研究视角

本书在研究视角上，一是深刻把握和系统分析了我国经济社会形势发生的新

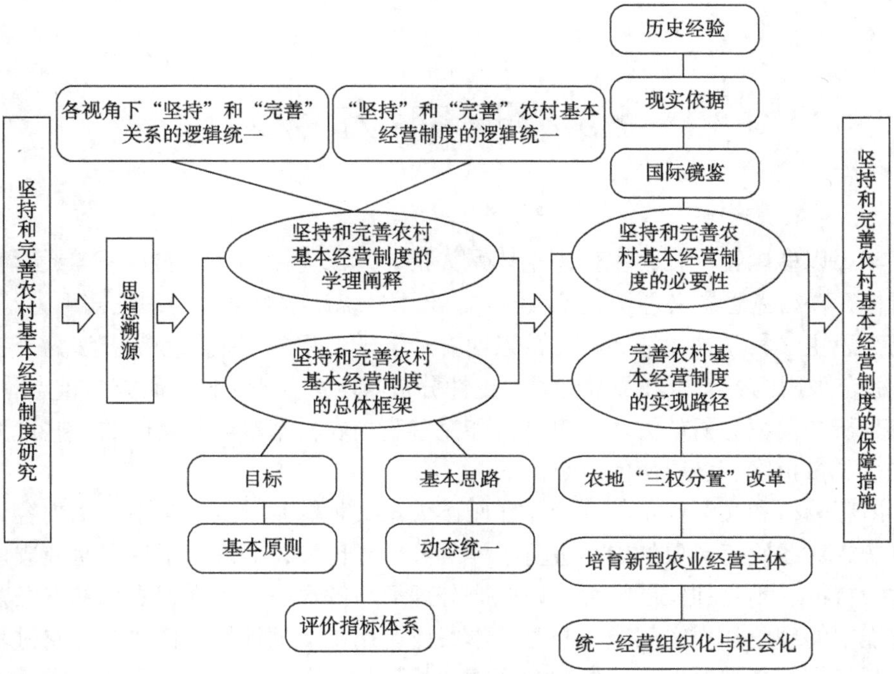

图 1-3 本书的逻辑框架图

变化，以及我国农村基本经营制度出现的新矛盾；二是辩证分析了“坚持”农村基本经营制度和“完善”农村基本经营制度的关系；三是构建了坚持和完善农村基本经营制度的目标和基本思路；四是提出了完善农村基本经营制度的实现路径。在以上四大研究视角下，课题组从历史、现实及国际经验相结合，理论和现实相结合等方面进行综合研究，力图回答坚持和完善农村基本经营制度的部分关键问题。

1.4.3 研究路径

本书遵循“总—分—总”的研究框架和“由此及彼、由表及里”的认识路线，先研究坚持和完善农村基本经营制度的理论基础，并建立坚持和完善农村基本经营制度的总体分析框架，然后重点分析坚持农村基本经营制度的理论依据，以及完善农村基本经营制度的几大关键问题，最后从总体上提出坚持和完善农村基本经营制度的保障措施。这样的研究路径和逻辑框架，层层递进，逐渐深入，较好地实现了重点突出和统筹兼顾的目的。

1.5 研究方法

本书以中国特色社会主义理论体系为指导，以坚持和完善农村基本经营制度为目标，以马克思主义理论、经济学、社会学、统计学等学科的理论知识为基础，以马克思主义科学抽象法为核心，以西方经济学的相关理论和分析方法为分析工具，综合采用内容分析和文献计量、定性分析与定量分析、整体研究与重点分析、系统分析与模型分析的方法，对坚持和完善我国农村基本经营制度的一些重大问题进行了多角度、多层面的研究。

内容分析和文献计量相结合。在阅读大量文献的基础上，本书采用内容分析的方法，对各研究对象的内容进行了详尽分析和比较，提炼出了现有研究成果的共性、特征、不足和发展趋势，以此充分理解与解释坚持和完善农村基本经营制度过程中的理论和现实问题。同时，本书还运用了文献计量分析法，对农村基本经营制度相关文献的作者、机构和刊物的数量与分布结构进行了研究，进而总结出现有研究成果的结构和规律，从而使本书的研究更具科学性和依据性。

定性分析与定量分析相结合。本书对“坚持”和“完善”农村基本经营制度的逻辑统一关系和农村基本经营制度的总体框架进行了定性分析，对基本问题进行了整体把握，并联系历史经验、现实实际，对四川、山东、河南等农业大省的农户、农村基层干部、政府相关管理人员进行访谈和问卷调研，获取了第一手数据，还通过案例调查、统计数据对坚持和完善农村基本经营制度中的关键问题进行了更有针对性的定量分析，为本书的研究提供实证支撑。

整体研究与重点分析相结合。本书对世界各国家、各地区关于农村经营制度的共性特征、共性模式、共性规律的分析属于整体研究的部分。结合我国实际及不同区域的实际，提出完善我国农村基本经营制度的实现路径和重点领域则属于重点分析的范围。

系统分析法。本书在进行研究的过程中，将农村基本经营制度作为一个系统，对该系统要素进行综合分析，找出坚持和完善农村基本经营制度的主要思路与实现路径。

模型分析法。本书建立了一个对坚持和完善农村基本经营制度情况进行评价的指标体系，采取频度统计法确定了农业整体发展水平、农村土地流转、农村社会化服务体系评价中的多项可量化的具体指标。然后在初步提出评价指标的基础上，通过德尔菲法再结合主成分分析方法，以每项指标的方差贡献率确定其各自权重及取值范围。最后采用灰色关联分析评价法中的三角白化权函数评价模型研究评价指标体系，从而为我国坚持和完善农村基本经营制度进行有效的评价。

1.6 本书的创新

本书的主要观点及创新之处主要表现在以下几个方面。

（1）清晰界定了农村基本经营制度的科学内涵。学术界对农村基本经营制度的既有解释还主要停留在对其进行文件解读式的概念说明层面，尚未触及其实质。本书从理论上将农村基本经营制度解构为三大要素——农地产权制度、农业经营主体和农业经营方式，以此为基础对农村基本经营制度的科学内涵进行了深入解读，同时，揭示了我国农村基本经营制度质的规定性——农地产权制度层面的集体所有制规定性、农业经营主体层面的家庭经营基础性和农业经营方式层面的统分结合规定性。

（2）系统梳理了坚持和完善农村基本经营制度的相关思想。本书从农村基本经营制度的构成要素——农地产权制度、农业经营主体、农业经营方式三个方面深度挖掘马克思主义经济学、西方经济学中的相关理论与思想，特别是系统梳理了以毛泽东、邓小平、江泽民、胡锦涛和习近平为代表的中国共产党人在将马克思主义基本理论与中国农村实践相结合的过程中，对农地所有制、农业经营组织和统一经营等思想的发展和丰富。

（3）厘清了“坚持”和“完善”农村基本经营制度之间的辩证统一关系。一直以来，学术界和实践部门对“坚持”和“完善”农村基本经营制度之间的关系存在混同和割裂。对此，本书从哲学、数学、生物学和经济学等多学科视角出发，得到了分析“坚持”和“完善”辩证关系的方法论启示：第一，应以联系的眼光看待“坚持”和“完善”，“坚持”是“完善”的前提，“完善”是“坚持”的发展。第二，应以整体的视角对待“坚持”和“完善”，因为“坚持”和“完善”具有相互渗透性。第三，应以发展的方法处理“坚持”和“完善”，因为“坚持”和“完善”具有循序渐进性。

（4）提出了坚持和完善农村基本经营制度动态统一的实现方式。坚持和完善农村基本经营制度的动态统一不仅具有坚实的实证基础，还具有完备的实现方式——农村基本经营制度的多元化实现形式。根据农村基本经营制度的三个构成要素，本书将各地不同的实现形式总结为四种基本类型：高度集体型、合作经营型、统一服务型和承包经营型。农村基本经营制度的多元化实现形式是我国农村基本经营制度强大发展韧性的最佳体现，也是坚持和完善农村基本经营制度在现实中的动态统一。

（5）构建了坚持和完善农村基本经营制度的总体框架。本书初步构建了一个包含理论阐释、目标、基本原则、基本思路、实现路径和评价指标体系在内的坚持和完善农村基本经营制度的总体框架，即：坚持和完善农村基本经营制度的逻辑统一关系具有坚实的理论基础；坚持和完善农村基本经营制度具有统一的目标——农业增效、农民增收和农村繁荣；坚持和完善农村基本经营制度遵循共同的基本原则——公平与效率相结合、政府与市场相结合、自上而下与自下而上相结合、统筹兼顾与重点推进相结合、个体利益与整体利益相结合；同时，提出了坚持和完善农村基本经营制度的内涵和基本思路；阐释了坚持和完善农村基本经营制度的动态统一的实现基础、实现形式和实现保障；最后，提出了评价坚持和完善农村基本经营制度的指标体系。

（6）从历史经验、现实依据和国际镜鉴的角度出发，论证了坚持和完善农村基本经营制度的依据。首先，从历史的角度出发，论证了坚持农村基本经营制度的重大学术价值和突出实践成效，总结了农村基本经营制度的演变经验，即始终坚持解放发展农村生产力为第一要义、始终符合渐进式改革的思路和要求、始终坚持明晰权能的基本方向、始终围绕关键环节进行重点突破。其次，从国情与农情出发，阐明了坚持农村基本经营制度是社会主义制度本质规定性的内在要求，是适应中国国情的必然要求，具备广泛的农民认同基础。最后，从国际经验和现实挑战出发，阐明了完善农村基本经营制度的客观必然。完善农村基本经营制度既是顺应世界农业发展趋势的必然选择，也是破解当前农业竞争力低问题、农民增收难问题、生态环境硬约束问题、城乡发展不平衡问题的必然选择。

（7）论述了完善农村基本经营制度的三大基本路径：积极推进农地“三权分置”改革，加快培育新型农业经营主体和实现统一经营组织化与社会化。首先，深入研究了农地“三权分置”的制度内涵，完善其理论构架。其次，研究了落实所有权、稳定承办权和放活经营权的现实困境和可供参考的实践模式与经验。再次，揭示了当前新型农业经营主体发展过程中存在的现实问题，提出了相应的对策建议。最后，阐述了实现统一经营组织化与社会化的重点：发展壮大农村集体经济、构建统一经营利益联结方式、构建多元化社会化服务方式和服务模式。

第 2 章　坚持和完善农村基本经营制度的相关思想

我国农村基本经营制度的确立和发展，具有深厚的理论基础和思想渊源。要深入分析中华人民共和国成立以后的农村基本经营制度，首先必须追根溯源，深入研究既往文献，探寻前人的经济理论与思想，找到我国农村基本经营制度演进的逻辑起点，为进一步勾画完整的农村基本经营制度演进脉络、坚持和完善农村基本经营制度提供理论依据。

2.1　马克思主义经济学中的相关思想

作为人类思想宝库的马克思主义经济学，其蕴含着丰富的农村基本经营制度思想。虽然在马克思主义经典作家的著作中，没有集中、专门地分析农村基本经营制度的理论，但在其丰富的经济文献中，农地所有制理论、小农经济改造理论及农业合作化、集体化理论，最能体现农村基本经营制度的思想来源和理论基础。鉴于此，本节主要论述马克思主义经济学的伟大创始人——马克思和恩格斯，其在苏联的发展——列宁和斯大林，以及第二国际理论家等经典作家在上述三方面的主要思想。

2.1.1　农村土地所有制思想

1. 马克思、恩格斯的农村土地所有制理论："国家占有"到"集体所有"

马克思说："'土地，就是生命'……土地成了人们追求的重要目标。人民只有唯一的一种选择：或是不惜任何代价租得土地，或是饿死。”[①]恩格斯也强调：“土地是我们的一切，是我们生存的首要条件。”[②]这两句话高度概括了土地的重要性。因此，古今中外，对土地问题的研究，不仅重视人地关系问题，而且重视以土地为客体的人与人的关系问题。

社会主义农业，是生产资料公有制基础上的合理大农业。与资产阶级经济学家提出的土地国有化主张不同，马克思、恩格斯把土地国有化的农业社会主义改造，作为从根本上改变资本主义生产方式的一种革命性措施。马克思和恩格斯在1850年3月起草的《中央委员会告共产主义者同盟书》中提出土地国有的主张：“工人为了农村无产阶级的利益和自身的利益，一定要反对这种意图。他们必须要求把没收过来的封建地产变为国有财产，变成工人移民区，由联合起来的农村无产阶级利用大规模农业的一切优点来进行耕种。这样一来，在资产阶级所有制关系发生动摇的情况下，公有制的原则立刻就会获得巩固的基础。”[③]因此，废除土地所有制，实施土地国有化政策，是对农业进行社会主义改造的首要问题。马克思在《论土地国有化》一文中提到：“土地国有化将彻底改变劳动和资本的关系，并最终消灭工业和农业中的资本主义生产方式”[④]，他还指出“生产资料的全国性的集中将成为由自由平等的生产者的各联合体所构成的社会的全国性的基础”[⑤]。但是，实行土地国有化的经济条件，只能是在大土地所有制占优势的国家和地区，因为“一切现代方法，如灌溉、排水、蒸汽犁、化学处理等等，应当在农业中广泛采用。但是，我们所具有的科学知识，我们所拥有的耕作技术手段，如机器等，如果不实行大规模的耕作，就不能有效地加以利用”[⑥]。

对于土地国有化的措施，马克思和恩格斯强调除了国家没收地租的做法外，国家还可以用赎买甚至无偿占有的方式，把土地收归国有。1894年，恩格斯在《法德农民问题》一文中明确指出：“只有对于大土地占有制，事情才十分简单。这里摆在我们面前的是毫无掩饰的资本主义企业，因此也就不应该有任何迟疑。这里

---

① 中共中央马克思恩格斯列宁斯大林著作编译局. 马克思恩格斯全集（第16卷）[M]. 北京：人民出版社，1964：514.

② 中共中央马克思恩格斯列宁斯大林著作编译局. 马克思恩格斯选集（第1卷）[M]. 北京：人民出版社，2012：31.

③ 中共中央马克思恩格斯列宁斯大林著作编译局. 马克思恩格斯选集（第1卷）[M]. 北京：人民出版社，2012：562.

④ 中共中央马克思恩格斯列宁斯大林著作编译局. 马克思恩格斯选集（第3卷）[M]. 北京：人民出版社，2012：178.

⑤ 中共中央马克思恩格斯列宁斯大林著作编译局. 马克思恩格斯选集（第3卷）[M]. 北京：人民出版社，2012：178.

⑥ 中共中央马克思恩格斯列宁斯大林著作编译局. 马克思恩格斯选集（第3卷）[M]. 北京：人民出版社，2012：176.

我们面对的是人数众多的农村无产者，因而我们的任务很清楚。我们的党一旦掌握了国家政权，就应该干脆地剥夺大土地占有者，就像剥夺工厂主一样。”[①]他接着又说：“这些农业合作社的范例，将说服最后一些可能仍在反抗着的小块土地农民乃至某些大农相信大规模合作企业的优越性。”[②]这些做法实质上是对土地所有权的剥夺。无产阶级只能剥夺剥削者，不能剥夺劳动者。在小农大量存在的国家和地区，马克思和恩格斯认识到无产阶级要想把广大的劳动农民吸引到自己这边来，就不能把土地收归国有，剥夺农民。由于小农要维护自己的土地，不愿交出土地，所以马克思和恩格斯对原来的土地国有化主张进行调整：大地产收归国有，小块土地所有者要向集体所有制过渡。马克思在《巴枯宁“国家制度和无政府状态”一书摘要》中，已经改变了原来土地一律国有化的主张。马克思认为：“凡是农民作为私有者大批存在的地方，凡是像在西欧大陆各国那样农民甚至多少还占多数的地方，凡是农民没有消失，没有像在英国那样为农业短工取代的地方，就会发生下列情况：或者农民会阻碍和断送一切工人革命，就像法国迄今所发生的那样，或者无产阶级（因为有产农民不属于无产阶级；甚至从他们的状况来看已属于无产阶级的时候，他们也认为自己不属于无产阶级）将以政府的身份采取措施，直接改善农民的状况，从而把他们吸引到革命中来；这些措施，一开始就应当促进土地的私有制向集体所有制过渡，让农民自己通过经济的道路来实现这种过渡。”[③]他还提到在促进农民向集体所有制过渡时，一方面不能得罪农民，不能盲目采取诸如宣布废除继承权或废除农民所有权等激进措施；另一方面要防止简单地把大地产转交给农民以扩大小块土地的办法来巩固小土地私有制。这些论述表明，马克思和恩格斯已经改变了早期的看法。[④]马克思在 1880 年所写的《法国工人党纲领导言》中，对“集体所有制”做过如下说明：“生产者只有在占有生产资料之后才能获得自由；生产资料属于生产者只有两种方式：①个体占有方式，这种方式从来没有作为普遍现象而存在，并且日益为工业进步所排斥；②集体占有方式，资本主义社会本身的发展为这种方式创造了物质的和精神的因素。”[⑤]这个说明没有界定集体的范围，但生产资料通过集体形式由生产者占有的含义非常明确。集体所有制是介于小土地私有制与国有制之间的一种所有制形式。马克思

① 中共中央马克思恩格斯列宁斯大林著作编译局. 马克思恩格斯选集（第 4 卷）[M]. 北京：人民出版社，2012：374.

② 中共中央马克思恩格斯列宁斯大林著作编译局. 马克思恩格斯选集（第 4 卷）[M]. 北京：人民出版社，2012：375.

③ 中共中央马克思恩格斯列宁斯大林著作编译局. 马克思恩格斯选集（第 3 卷）[M]. 北京：人民出版社，2012：338.

④ 王贵宸. 中国农村合作经济史[M]. 太原：山西经济出版社，2006：114-116.

⑤ 中共中央马克思恩格斯列宁斯大林著作编译局. 马克思恩格斯全集（第 19 卷）[M]. 北京：人民出版社，1963：264.

还指出："在集体所有制下，所谓的人民意志就会消失，而让位于合作社的真正意志。"[①]将集体所有制的实现形式设定为合作社。

2. 列宁的土地国有化思想

列宁是第一个将马克思、恩格斯的小农改造思想付诸实践的人。他在《俄国资本主义的发展》《土地问题和"马克思的批评家"》《社会民主党在1905～1907年俄国第一次革命中的土地纲领》等著作中，提出土地国有化的基本思想。

土地问题是俄国民主革命中的根本问题，只有把马克思主义关于土地问题的原理与俄国革命实践相结合，才能解决这一问题。列宁认为，土地占有上的矛盾是俄国土地问题的关键所在，也是农村社会矛盾的焦点，以及农民斗争的基础。他提出土地国有化纲领就是为了消灭土地私有制。"土地问题是俄国资产阶级革命的根本问题，它决定了这场革命的民族特点。"[②]列宁在分析俄国土地国有化与政治变革的关系时指出："俄国革命只有作为农民土地革命才能获得胜利，而土地革命不实行土地国有化是不能全部完成其历史使命的。"[③]在列宁看来，无产阶级要想获得农民对社会主义的认同和拥护，必须通过经济政策最大限度地满足农民阶级的利益需求。正因为如此，1917年10月26日（俄历），在列宁领导下的全俄工兵代表苏维埃第二次代表大会通过的《土地法令》就是首先解决农民的土地问题，废除土地的地主所有制，彻底铲除了封建制度和农奴制度在土地占有制方面的残余。

列宁主张实行最彻底、最坚决的土地国有化纲领，认为无产阶级的土地国有化，是走向社会主义的一个步骤。他在1917年11月5日发表的《答复农民的问题》一文中阐述了使土地成为全民的共同财产的观点："地主的全部土地完全交给农民代表苏维埃支配。乡土地委员会必须立刻将地主的全部土地收归自己支配，实行严格的计算，维持良好的秩序，严格保护从前属于地主的财产，这些财产现在已成为全民的财产，因此人民自己应当加以保护。"[④]用这种最简单、最直接的方式来赢得农民对苏维埃政权的拥护和支持。列宁强调，"我们布尔什维克要帮助农民抛弃小资产阶级口号，使他们能尽量迅速、尽量容易地从这种口号过渡到社会主义口号"[⑤]。因此，土地国有并不等于就是社会主义，只是为农民的社会主义转化创造了条件。苏联实行土地国有，是列宁从本国的实际情况出发，用马克思

① 中共中央马克思恩格斯列宁斯大林著作编译局. 马克思恩格斯全集（第18卷）[M]. 北京：人民出版社，1964：699.

② 中共中央马克思恩格斯列宁斯大林著作编译局. 列宁选集（第1卷）[M]. 北京：人民出版社，2012：779.

③ 中共中央马克思恩格斯列宁斯大林著作编译局. 列宁选集（第1卷）[M]. 北京：人民出版社，2012：783.

④ 列宁. 列宁全集（第33卷）[M]. 北京：人民出版社，1985：64.

⑤ 中共中央马克思恩格斯列宁斯大林著作编译局. 列宁选集（第3卷）[M]. 北京：人民出版社，2012：666.

主义原理同本国具体实践相结合的范例。

2.1.2　农业经营主体思想

马克思、恩格斯一直坚信，农民和工人一样，同为资本主义体制下被资本家夺取利润的牺牲品。他们辩证地看待小农的保守性、分散性、狭隘性等特征，提出改造小农、保护小农、维护小农利益的“革命策略”，以及主张在社会主义阶段对小农进行改造的重要理论。

1. 小农是一种落后的生产方式

马克思和恩格斯认为小农是一种落后的生产方式，主张用社会主义大生产取代小农生产。恩格斯在《法德农民问题》中指出，“小农，是指小块土地的所有者或租佃者——尤其是所有者，这块土地既不大于他以自己全家的力量通常所能耕种的限度，也不小于足以让他养家糊口的限度”①。这是迄今为止对“小农经济形态”进行的最完整、最严密、最准确的科学界定，显示出富有弹性的理论解释力和时代包容性。小农经济在人类社会历史中能够长期存在，说明它有很强的坚韧性，一方面由于小农是农业生产者，只要得到土地使用就能生存；另一方面由于农业生产可以进行再生产的自我补偿，所以小农经济能够在技术落后的自然经济条件下进行自给自足的生产活动。但是，个体小农经济具有规模小、分散、自给自足、生产条件落后的特点，所以在资本主义社会，“我们的小农，同过了时的生产方式的任何残余一样，在不可挽回地走向灭亡。他们是未来的无产者”②。

马克思和恩格斯先后对小农经济的弱点做过详细的分析和论述，具体包括：第一，小农经济是孤立、隔绝的自给自足经济。在小农经济存在的条件下，农户所从事的农业生产，差不多都是为了自己消费，生产的产品绝大部分是为了满足自己的需要。马克思在《路易·波拿巴的雾月十八日》一文的第七部分中说：“小农人数众多，他们的生活条件相同，但是彼此间并没有发生多种多样的关系。他们的生产方式不是使他们互相交往，而是使他们互相隔离。这种隔离状态由于法国的交通不便和农民的贫困而更为加强了。他们进行生产的地盘，即小块土地，不容许在耕作时进行分工，应用科学，因而也就没有多种多样的发展，没有各种不同的才能，没有丰富的社会关系。每一个农户差不多都是自给自足的，都是直

① 中共中央马克思恩格斯列宁斯大林著作编译局. 马克思恩格斯选集（第 4 卷）[M]. 北京：人民出版社，2012：358.

② 中共中央马克思恩格斯列宁斯大林著作编译局. 马克思恩格斯选集（第 4 卷）[M]. 北京：人民出版社，2012：359.

接生产自己的大部分消费品，因而他们取得生活资料多半是靠与自然交换，而不是靠与社会交往。”[①]他还深刻剖析了小农缺乏组织联系的缺点，“一小块土地，一个农民和一个家庭；旁边是另一小块土地，另一个农民和另一个家庭。一批这样的单位就形成一个村子；一批这样的村子就形成一个省。这样，法国国民的广大群众，便是由一些同名数简单相加而形成的，就像一袋马铃薯是由袋中的一个个马铃薯汇集而成的那样”[②]。第二，小农经济排斥生产力的发展，与社会化大生产不相容。由于小农经济占有的土地面积少，生产规模较小，经营项目属于“小而全”，从而限制和阻碍了先进的科学技术在农业中的应用；排斥任何劳动分工和协作；农业生产不能朝着商品化、专业化、社会化及现代化的方向发展。马克思指出，小农是“以土地和其他生产资料的分散为前提的。它既排斥生产资料的积聚，也排斥协作，排斥同一生产过程内部的分工，排斥对自然的社会统治和社会调节，排斥社会生产力的自由发展”[③]。第三，在资本主义生产方式下，小农经济的生产条件日益恶化，机器大工业的发展造成了消灭小农经济的物质手段。在资本主义制度下，小农经济在竞争中一直处于劣势。为了在竞争中求生存，小农既要经常挨饿，又得延长劳动时间，就算他们的基本生活需求已经远远低于工人，但劳动紧张程度仍然超过了工人。在正常年景亦难进行扩大再生产，如果遇上天灾人祸，不仅谈不上扩大再生产，就是简单再生产亦难维持。“对小农来说，只要死一头母牛，他就不能按原有的规模来重新开始他的再生产。”[④]随着资本主义大农业的发展，大农场主阶层这一新的产业资本家及大土地所有者这一纯粹食利者阶层诞生了，农业工人陷入了双重剥削的境地。马克思认为：“生产条件日趋恶化和生产资料日益昂贵是小块土地所有制的必然规律。”[⑤]最终会被历史所淘汰，“它的正常的补充物即农村家庭工业，由于大工业的发展而被消灭；处在这种耕作下的土地逐渐贫瘠和地力枯竭；公有地为大土地所有者所霸占；作为种植园经营的大农业或以资本主义方式经营的大农业加入竞争。农业上的各种改良一方面降低了土地产品的价格，另一方面要求较大的投资和更多的物质生产条件，这些也促进了上述土地所有权的灭亡”[⑥]。

---

① 马克思. 路易·波拿巴的雾月十八日[M]. 北京：人民出版社，2001：104.

② 马克思. 路易·波拿巴的雾月十八日[M]. 北京：人民出版社，2001：105.

③ 中共中央马克思恩格斯列宁斯大林著作编译局. 马克思恩格斯文集（第5卷）[M]. 北京：人民出版社，2009：872.

④ 中共中央马克思恩格斯列宁斯大林著作编译局. 马克思恩格斯文集（第7卷）[M]. 北京：人民出版社，2009：678.

⑤ 中共中央马克思恩格斯列宁斯大林著作编译局. 马克思恩格斯全集（第25卷）[M]. 北京：人民出版社，1974：910.

⑥ 中共中央马克思恩格斯列宁斯大林著作编译局. 马克思恩格斯文集（第7卷）[M]. 北京：人民出版社，2009：912.

2. 改造小农经济的原则和方法

个体小农的二重性：既是劳动者，又是私有者，这决定了小农经济可以走资本主义农业的发展道路，也可以走社会主义农业现代化道路。马克思、恩格斯明确提出，个体小农经济的唯一出路是在无产阶级取得政权后，走农业合作化的道路，实现农业的社会主义改造。对农民的改造不仅是农民利益的要求，而且是农业现代化、社会主义经济建设的要求。马克思、恩格斯提出了一系列改造小农的原则。一是绝不能剥夺小农的原则。恩格斯强调，在一切小农占优势的国家，“违反小农的意志”，任何变革都是不可能的。对待小农，不能加速小农的灭亡，不能用强力剥夺小农，只能“把他们的私人生产和私人占有变为合作社的生产和占有”①。马克思主义认为，对于小农的剥夺，就等于把无产阶级的同盟军赶到敌人的阵营中去。二是坚持自愿原则。马克思说：“让农民自己通过经济的道路来实现这种过渡；但是不能采取得罪农民的措施。”②恩格斯也认为“我们将竭力设法使他们的命运较为过得去一些，如果他们下了决心，就使他们易于过渡到合作社，如果他们还不能下这个决心，那就甚至给他们一些时间，让他们在自己的小块土地上考虑考虑这个问题”③。三是坚持教育的原则。要正确处理好引导与自愿的关系，不能用任何强迫的手段，“这里主要的是使农民理解，我们要挽救和保全他们的房产和田产，只有把它们变成合作社的占有和合作社的生产才能做到。正是以个人占有为条件的个体经济，使农民走向灭亡。如果他们要坚持自己的个体经济，那么他们就必然要丧失房屋和家园，大规模的资本主义经济将排挤掉他们陈旧的生产方式”④。四是采用国家帮助和示范的方法。恩格斯指出，“我们对于小农的任务，首先是把他们的私人生产和私人占有变为合作社的生产和占有，不是采用暴力，而是通过示范和为此提供社会帮助”⑤。农民保守、务实，只有从事实上认识到某事物的好处，才会相信和接受这一事物。“这些农业合作社的范例，将说服最后一些可能仍在反抗着的小块土地农民乃至某些大农相信大规模合作企业的优越性。”⑥

① 中共中央马克思恩格斯列宁斯大林著作编译局. 马克思恩格斯选集（第 4 卷）[M]. 北京：人民出版社，2012：370.

② 中共中央马克思恩格斯列宁斯大林著作编译局. 马克思恩格斯选集（第 3 卷）[M]. 北京：人民出版社，2012：338.

③ 中共中央马克思恩格斯列宁斯大林著作编译局. 马克思恩格斯选集（第 4 卷）[M]. 北京：人民出版社，2012：372.

④ 中共中央马克思恩格斯列宁斯大林著作编译局. 马克思恩格斯选集（第 4 卷）[M]. 北京：人民出版社，2012：371.

⑤ 中共中央马克思恩格斯列宁斯大林著作编译局. 马克思恩格斯选集（第 4 卷）[M]. 北京：人民出版社，2012：370.

⑥ 中共中央马克思恩格斯列宁斯大林著作编译局. 马克思恩格斯选集（第 4 卷）[M]. 北京：人民出版社，2012：375.

3. 改造小农的途径

马克思、恩格斯认为，合作社是由个体劳动者联合组织起来的一种互助互利的经济组织形式，它是社会主义农业改造和农业现代化的最好载体。恩格斯说："至于在向完全的共产主义经济过渡时，我们必须大规模地采用合作生产作为中间环节，这一点马克思和我从来没有怀疑过。但事情必须这样来处理，使社会（即首先是国家）保持对生产资料的所有权，这样合作社的特殊利益就不可能压过全社会的整个利益。"[①]这些合作社，通过实施社会化大生产，取得了规模经济效益，对农业社会主义改造具有重要意义。1894 年，恩格斯发表《法德农民问题》一文，标志着马克思恩格斯农业合作社理论的成熟。恩格斯在该文中提出，在推进农业合作化道路的过程中，应针对不同的对象采取不同的态度与措施。

首先，对资本主义大土地所有者，要没收其土地，实现土地国有，但仍然请原有的雇工组织合作社（或者合作农场）进行生产。恩格斯指出，"我们的党一旦掌握了国家政权，就应该干脆地剥夺大土地占有者，就像剥夺工厂主一样。这一剥夺是否要用赎买来实行，这大半不取决于我们，而取决于我们取得政权时的情况，尤其是也取决于大土地占有者先生们自己的态度""我们将把这样归还给社会的大地产，在社会监督下，转交给现在就已经耕种着这些土地并将组织成合作社的农业工人使用"[②]。把合作社作为改造资本主义农业的一种组织形式，也是未来向共产主义过渡的中间形式。

其次，合作社是改造小农经济的主要形式。通过合作社，把小农生产资料的私人占有变为联合占有，把分散的个体生产改变为集体的、社会化生产。"建议把各个农户联合为合作社，以便在这种合作社内越来越多地消除对雇佣劳动的剥削，并把这些合作社逐渐变成一个全国大生产合作社的拥有同等权利和义务的组成部分。"[③]小农的合作社是集体占有、共同耕种、农民联合起来的大片土地的农业生产合作社，是将个人利益和集体利益有效结合在一起的社会主义性质的经济。恩格斯指出，合作社可以通过增加耕种面积和从事副业经营两种方式扩大生产规模，"把各小块土地结合起来并且在全部结合起来的土地上进行大规模经营的话，一部分过去使用的劳动力就会变为多余的；劳动的这种节省也就是大规模经营的主要优点之一。要给这些劳动力找到工作，可以用两种方法：或是从邻近的大田庄中另拨出一些田地给农民合作社支配，或是给这些农民以资金和机会去从事工业

① 中共中央马克思恩格斯列宁斯大林著作编译局. 马克思恩格斯选集（第 4 卷）[M]. 北京：人民出版社，2012：581.

② 中共中央马克思恩格斯列宁斯大林著作编译局. 马克思恩格斯选集（第 4 卷）[M]. 北京：人民出版社，2012：375.

③ 中共中央马克思恩格斯列宁斯大林著作编译局. 马克思恩格斯选集（第 4 卷）[M]. 北京：人民出版社，2012：374.

性的副业，尽可能并且主要是供自己使用”[①]。合作社的形式是动态演进的，“在这两种情况下，他们的经济地位都会有所改善，并且这同时会保证总的社会领导机构有必要的影响，以便逐渐把农民合作社转变为更高级的形式，使整个合作社及其社员个人的权利和义务跟整个社会其他部门的权利和义务处于平等的地位”[②]。各合作社组成全国大生产合作社。当各等级的合作社拥有的权利与义务达到相等时，农民集体所有制会消亡，进入整个社会共同占有生产资料的时期。

2.1.3　农业经营方式思想

把农民的小生产转变为大生产，是马克思主义农民理论的重要内容。但是面对资本主义发展出现的各种新情况，各国社会主义者对小生产是否必然被大生产所取代、小生产与大生产的优越性等问题进行的争论和思考，是马克思主义理论中关于农业经营方式思想的重要财富。

1. 马克思的分工理论

马克思在研究分工起源的相关问题时认为，分工最开始的出现是“在家庭内部，随后在氏族内部，由于性别和年龄的差别，也就是在纯生理的基础上产生了一种自然的分工”[③]。在相关的著作和理论中，马克思还提到“生产工具的积聚和分工是彼此不可分割的”[④]。从中我们还可以看出，分工和生产力密不可分，互为因果。在人类或者某个民族的发展进程中，其生产力水平主要体现在分工的先进程度上。社会中所出现的新的类型的生产力，都会引起社会的分工和发展。[⑤]因此，从马克思的相关理论中可以看出，生产力和分工相辅相成，共同发展，分工的社会属性逐渐取代了分工的自然属性。

马克思所阐述的分工是特定历史阶段的社会化分工，即在一定生产力水平和一定所有制下的分工，它并不是一个抽象的观念性的概念，而是具体历史环境下生产关系的一种表现形式。一般说来，分工分为社会化分工和组织内部分工，社

① 中共中央马克思恩格斯列宁斯大林著作编译局. 马克思恩格斯选集（第 4 卷）[M]. 北京：人民出版社，2012：370.

② 中共中央马克思恩格斯列宁斯大林著作编译局. 马克思恩格斯文集（第 4 卷）[M]. 北京：人民出版社，2009：525.

③ 马克思. 资本论（第 1 卷）[M]. 北京：人民出版社，2018：407.

④ 中共中央马克思恩格斯列宁斯大林著作编译局. 马克思恩格斯选集（第 1 卷）[M]. 北京：人民出版社，2012：246.

⑤ 中共中央马克思恩格斯列宁斯大林著作编译局. 马克思恩格斯选集（第 4 卷）[M]. 北京：人民出版社，2012：404.

会化分工程度的高低是社会生产力发展的重要标志。组织内部分工是经济体内部的具体劳动分工与生产协作，而社会化分工是独立产业部门间的劳动分工与生产协作；组织内部分工主要以生产资料集中在某个生产具体产品的经济体中为前提，而社会化分工以生产资料分散在互不依赖的商品生产者之间为前提。随着科学技术的进步，组织内部分工不断转化为社会化分工，而社会化分工的发展又带动经济体内部专业化和新的内部分工的产生。

马克思对分工理论内涵的界定，既具有非常重要的承上启下的意义，又具有非常强的逻辑性。伴随着整个社会生产方式的变革，服务劳动从属于分工体系，其在分工体系中的作用与地位也在不断得到提升。这一点在《资本论》等著作中得到了充分的体现：在原始社会的发展过程中，服务业是分工体系的产物。随着生产力的不断提高，原始社会中除了普通的劳动者之外还逐渐出现了“首领”，起到法官、警官和税吏的作用；出现了会计，用于记载收入及其他事情；出现了教师，用于教授儿童各项知识和生存本领等。[①]除此之外，马克思提出，出现在社会内部的分工与目前常见的工厂里的分工虽然存在紧密的关系和很多共同之处，但是两者存在本质上的差别，并且两者相互存在、共同发展。[②]马克思认为，“第一类分工是社会劳动分成不同的劳动部门；第二类分工是在生产某个商品时发生的分工，因而不是社会内部的分工，而是同一个工厂内部的社会分工”[③]。因此，在传统领域工作的人开始向新的劳动岗位进行转移，这就进一步提高了独立劳动者的比例。但是这些脱离了传统工作领域的人员，会因为分工而变得畸形，不得不在低一级的领域寻找就业机会。[④]随着生产力的快速发展，尤其是现在机器的大量出现，社会内部的分工越来越细，部门的数量也在不断增加，这样一方面促进了劳动生产效率的提高，另一方面会逐渐产生新的产业进而促进整个社会生产力的发展。

马克思的社会分工理论是农业社会化服务体系建立的重要理论依据之一。农业、工业和第三产业的分工是经济社会发展的产物，由其行业劳作的方式和产品产出过程的不同而加以分类。在整个农业生产的全过程中，随着社会和经济发展对农业提出的更高要求来看，需要农业为社会提供更为丰富的产品、高效的生产，这些要求和目的的实现要求农业转变传统的、小农式的生产作业方式，提倡借鉴和应用工业生产的作业方式，采用社会化大生产的作业方式，对整个农业生产流程进行重新设计和分工，鼓励每个环节实行专业化的生产方式以提高效率和效益，

---

① 马克思. 资本论（第 1 卷）[M]. 北京：人民出版社，2018：432.

② 马克思. 资本论（第 1 卷）[M]. 北京：人民出版社，2018：426.

③ 中共中央马克思恩格斯列宁斯大林著作编译局. 马克思恩格斯全集（第 47 卷）[M]. 北京：人民出版社，1979：305.

④ 马克思. 资本论（第 1 卷）[M]. 北京：人民出版社，2018：482-483.

这是整个农业生产发展的必然趋势。因此，建立新型农业社会化服务体系就成为特定历史阶段的必然选择。

2. 第二国际理论家关于农业问题的争论

恩格斯在《法德农民问题》中坚持认为保护农民的措施不能够也不应该有损于社会主义的原则和目标。因此，在社会主义阶段要对农民进行改造，把农民的小生产转变为大生产。卡尔·考茨基在《土地问题》一书中对恩格斯的观点进行了进一步的经济学强化和补充论证。考茨基详细论证了大生产优于小生产的理论。他强调，在小农方面，与大生产抗衡的力量只是“劳动者最大的勤劳和努力和小农业经营者之极低的需要”[①]。他运用一系列数据和事实说明，从各方面看，小生产都不是大生产的对手，马克思主义的原理同样适用于农业。[②]考茨基同时指出，大生产并不是越大越好，而是受劳动力、工具、时间、资金各方面水平的限制。区分大生产与小生产的，不应是土地面积的大小，而应是它的集约化程度、资本有机构成的程度。[③]针对农业中不适用“小规模生产必然消亡”的观点，考茨基认为，大规模企业在技术改良、机器使用、牲畜饲养、劳动分工等方面，均具有挤垮小规模企业的优势。第一，在技术变革方面，“和所有资本已经控制的领域一样，在农业领域，结果也是一场技术革命，一场旧的生产状态的彻底变革，一场仍在继续的变革”，“这种大规模企业从一开始就致力于尽可能地提高劳动生产率（即用最少的劳动投入获得最多的产品），在技术上已经远远优越于一代人以前的小规模企业”。[④]第二，面对农业容易遭受的天灾，大规模企业的核心特征是运用科学知识来抑制自然力，通过灌溉和排水装置来抵消旱涝的负面效应。而在技术水平不足以防范灾难的情况下，拥有大笔资金的大规模企业还可以通过保险来抵消损失。第三，在牲畜饲养方面，大规模企业完全有能力加速牲畜的成熟周期，同时也足以取得改良物种的饲养结果。第四，在市场竞争条件下，小规模企业不再完全独立于市场之外，其对市场的依赖性增强，而生存能力不足，“作为一个商品生产者，小农处于比任何其他生产者都更不利的处境上”[⑤]。考茨基通过充足的论证，进一步支持了马克思农业集中生产的观点，比较深刻地阐明了农业生产发展的特殊规律及其与工业发展进程的辩证统一关系，对马克思主义有所发展。[⑥]

① 考茨基 K. 土地问题[M]. 岑纪译. 北京：商务印书馆，1936：151.

② 王长江. 考茨基和德国社会民主党的土地问题争论[J]. 国际共运史研究资料，1986，(3).

③ 王长江. 考茨基和德国社会民主党的土地问题争论[J]. 国际共运史研究资料，1986，(3).

④ 考茨基 K. 小规模农业企业的竞争力[M]//何增科，周凡. 农业的政治经济分析. 重庆：重庆出版社，2008：144.

⑤ 考茨基 K. 小规模农业企业的竞争力[M]//何增科，周凡. 农业的政治经济分析. 重庆：重庆出版社，2008：152.

⑥ 王长江. 考茨基和德国社会民主党的土地问题争论[J]. 国际共运史研究资料，1986，(3).

爱德华·大卫是著名的第二国际理论家，他分析了农业经济与工业经济的差异，认为社会民主党“大规模企业在经济上优于小规模企业”的观点在农业领域“还没有从事实上得到适当的证明”①。大卫在《农业经济与工业经济的差异》一文中，从三个方面探讨了大规模企业与小规模企业的经济优势对比。第一，在生产的人力和设备方面，“农业中只是偶尔地使用无技术的劳动力，而且这给大规模企业和小规模企业带来的利害是相当的。因此，大规模企业的付费劳动力并不比小规模企业的更便宜”②。再加上大规模企业完全不可能实施持续的监督，而小农户是为了自己的利益在耕作，所以“为自己工作在农业中比在工业中具有更大的优势”③。无论是农畜力、机器，还是工具、原料、土地，大卫认为“大规模农业企业和小规模农业企业的代价是一样昂贵的”④。第二，就生产过程而言，农业与工业的差异更加显著。“因为农业生产过程是一个自然的过程，完全排除了人的意志范围的干扰，它不可能被随意地加速或重复。”所以，“农业的生产节奏在大规模企业和小规模企业中是一样的”⑤。第三，在产品的价值实现阶段，工业和农业的重要差异进一步证明了小规模企业的有利优势。小农户的全部产品有极大部分是为个人需要而生产的，这就避免了对商品生产的依赖，免受竞争的风险和困难。同时，农产品是大众消费的必需品，这就保证了小农的农产品无须开辟足够大的市场，一个小康之家就足够了。针对考茨基等的质疑⑥，大卫在《小规模农业企业竞争力问题》一文中再次强调，鉴于农业经济演变的独特性，“在现有的人力物力条件下，以及（只有）在其他类似的条件下（土地价值同等、相邻、没有债务重担、适于农场建筑、在特殊技能方面具备同等水平的智力和培训、在既定的政治有机体内具有同等有利的运输位置）”，“农业中的小规模企业可以更好地与大规模企业竞争”⑦。

大卫关于小规模农业企业竞争力的观点，得到了一些第二国际理论家的支持。

---

① 大卫 E. 小规模农业企业竞争力问题[M]//何增科，周凡. 农业的政治经济分析. 重庆：重庆出版社，2008：157.

② 大卫 E. 农业经济与工业经济的差异[M]//何增科，周凡. 农业的政治经济分析. 重庆：重庆出版社，2008：134.

③ 大卫 E. 农业经济与工业经济的差异[M]//何增科，周凡. 农业的政治经济分析. 重庆：重庆出版社，2008：135.

④ 大卫 E. 农业经济与工业经济的差异[M]//何增科，周凡. 农业的政治经济分析. 重庆：重庆出版社，2008：135.

⑤ 大卫 E. 农业经济与工业经济的差异[M]//何增科，周凡. 农业的政治经济分析. 重庆：重庆出版社，2008：138-139.

⑥ 考茨基 K. 小规模农业企业的竞争力[M]//何增科，周凡. 农业的政治经济分析. 重庆：重庆出版社，2008：142-173.

⑦ 大卫 E. 小规模农业企业竞争力问题[M]//何增科，周凡. 农业的政治经济分析. 重庆：重庆出版社，2008：158.

例如，保罗·恩斯特针对考茨基所总结的大规模企业的优势，逐一进行了讨论。第一，在固定资本和流动资本的投入方面，根据马克思的级差地租理论，就目前的条件来讲，“生产价格不断下降，额外资本的生产率也不断下降”，大量土地闲置、排灌等措施搁置，使大规模企业的资本优势很难发挥。同时，“小块土地的地价高于大块土地”[①]，小块土地更加有利可图，因此，小地产具有更好的竞争力。第二，改良农畜品种并不是大规模企业的一个优势，“我们改良的动物品种是在小农场培育的，在那里，小农场主对个别动物有一种更强烈的兴趣”[②]。第三，在初级产品的深加工方面，恩斯特通过对比大农业家和面包销售协会的谷物价格与面包价格平行加价，发现如果乡下人开了小麦面包店，他们的生意会更好，因为小规模企业的面包烘烤费实际上比大规模企业的面包烘烤费更便宜。第四，“考茨基的第四点关于通过更智能化的劳动应用、劳动分工及更优化的组织等来提高劳动生产率的观点遇到了很多阻碍”。因为，“无论在什么地方，劳动者的主动性是最重要的，在任由工人充分发挥自主性方面，小土地主做得最出色”。[③]由此可见，大规模企业在这一方面也并没有优势可言。

实际上，关于农业小生产是否一定会被大生产取代，以及两者中何者更为优越的问题，在恩格斯去世后一直是一个持续争论的问题。直到今天，这个问题仍然是一个没有达成普遍共识的有争议的农业经济学问题。[④]

3. 列宁的共耕制设想和合作制理论

作为马克思主义的继承者和创新者，列宁充分认识到资本主义制度下小生产者必然破产的历史命运。在列宁的著作中，有很多是论述小农历史命运和苏联小农改造的。他认为：“小农所以能在一切资本主义社会中存在，并不是由于农业中的小生产技术高超，而是由于小农把自己的需要降到低于雇佣工人的需要水平，而在劳动紧张的程度上则大大超过雇佣工人。”[⑤]由于小农经济生产条件恶劣、生产技术落后，“在现代资本主义国家的环境中，小农的自然经济只能苟延残喘并慢慢地在痛楚中死去，绝对不会有什么繁荣”[⑥]。土地国有化，使农民拥有了私人的

---

① 恩斯特 P. 小规模农业企业竞争力问题[M]//何增科，周凡. 农业的政治经济分析. 重庆：重庆出版社，2008：178.

② 恩斯特 P. 小规模农业企业竞争力问题[M]//何增科，周凡. 农业的政治经济分析. 重庆：重庆出版社，2008：174.

③ 恩斯特 P. 小规模农业企业竞争力问题[M]//何增科，周凡. 农业的政治经济分析. 重庆：重庆出版社，2008：177.

④ 周凡. 激进政治视域中的农业与农民问题[M]//何增科，周凡. 农业的政治经济分析. 重庆：重庆出版社，2008：32.

⑤ 列宁. 列宁全集（第 3 卷）[M]. 北京：人民出版社，2013：7.

⑥ 列宁. 列宁全集（第 5 卷）[M]. 北京：人民出版社，2013：238.

土地使用权和经营权，土地小块分散经营的状况并未改变。“在土地平分这个要求中，把小农生产普遍化和永久化的空想是反动的。”[①]列宁认为，“没有农业工人苏维埃领导下的共同耕作，就无法使全部土地归劳动者使用”[②]，“如果我们仍然依靠小经济来生活，即使我们是自由土地上的自由公民，也不免要灭亡的”[③]。

在新经济政策实施前，列宁提出的农业社会主义改造途径和形式是共耕制。1918 年 12 月，列宁明确地说：“只有共耕制才是一条真正可靠、真正能使农民群众更快地过上文明生活、真正能使他们同其他公民处在平等地位的出路……现在这样向共耕制过渡是正确的，具有真正社会主义的规模。”[④]共耕制以全部生产资料（包括土地）公有为基础，实行大规模的集中劳动和集体经营，劳动产品统一分配。共耕制主要有三种形式：一是农业公社，指一切生产资料和个人资料，包括生活资料统归公有，并且按人平均分配。这种形式大多是在原地主和庄园主的土地上，利用原有的牲畜、农具，由原有的贫苦农民和农业工人自发地建立起来，数量较少。二是农业劳动组合，土地和基本生产资料均归公有，劳动者集中劳动，按劳动日分配产品，同时允许个人从事少量的副业，这种形式也为数不多。三是共耕社，指劳动者共同使用土地，集中劳动，耕畜和农具仍为农民私有，生产所得除纳税和扣还社里的种子、化肥等的费用外，全部归农户所有。

要引导千百万农民从小农经济过渡到共耕制，列宁主张坚持自愿原则，“由个体小农经济过渡到共耕制，是千百万人生活中一场触及生活方式最深处的大变革，只有经过长期的努力才能完成，只有到人们非改变自己生活不可的时候才能实现”[⑤]。他认为“在这里企图用法令和命令来实行共耕制是极端荒谬的”[⑥]，“只有那些由农民自己自由发起的、经他们实际检验确有好处的联合才是有价值的”[⑦]。但是，共耕制的实践并没有达到预定要求，各种组织生产费用远远高于全体农户的平均水平，农业劳动生产率没有明显提高，为国家提供的余粮大大低于全国农民向国家提供余粮的平均水平。到 1920 年，参加共耕制组织的农民仅占全国农户总数的 0.5%。共耕制的实践让列宁认识到“集体农庄的问题并非当务之急”[⑧]，进行共耕制集体农庄的试验是“做了许多蠢事”，“这种试验也起了不好的作用”[⑨]。从此，列宁在发挥农民建设社会主义的积极性及引导农民走社会主义的

① 列宁. 列宁全集（第 6 卷）[M]. 北京：人民出版社，2013：310.
② 列宁. 列宁全集（第 30 卷）[M]. 北京：人民出版社，2017：154.
③ 斯大林. 斯大林选集（下卷）[M]. 北京：人民出版社，1979：259.
④ 列宁. 列宁全集（第 35 卷）[M]. 北京：人民出版社，2017：357.
⑤ 列宁. 列宁全集（第 35 卷）[M]. 北京：人民出版社，2017：353.
⑥ 列宁. 列宁全集（第 35 卷）[M]. 北京：人民出版社，2017：140.
⑦ 列宁. 列宁全集（第 36 卷）[M]. 北京：人民出版社，2017：197.
⑧ 列宁. 列宁全集（第 40 卷）[M]. 北京：人民出版社，2017：180.
⑨ 中共中央马克思恩格斯列宁斯大林著作编译局. 列宁选集（第 4 卷）[M]. 北京：人民出版社，1995：481.

道路等方面，展开了新的探索，逐渐形成了战略性的转变。从 1921 年春天以后，他工作的重点由共耕制转向合作制。

列宁认识到，本国农业是以小农经济为主导的传统农业，广大农民在心理和习惯上不会立即接受集体化，但社会主义的发展方向又要求逐步改造小农，实现社会化大生产。正是如此，在新经济政策条件下，在小农经济有所发展又必须改造的现实中，产生了具有重大意义的合作社。1917 年 12 月，列宁亲自起草了消费合作社的法令草案，要使全体居民联合成一个统一的受无产阶级领导的合作社。在列宁的最初考虑中，合作社具有重要的直接过渡意义，是一种使全体居民步入社会主义的普遍形式，涉及生产、交换、分配、消费等环节的合作。列宁在其 1923 年 1 月所著的《论合作社》一文中，又提出了新的看法："在生产资料公有制的条件下，在无产阶级对资产阶级取得了阶级胜利的条件下，文明的合作社工作者的制度就是社会主义的制度。"①此时，列宁已不再将合作社视为向社会主义过渡的中间环节，而是社会主义制度本身的发展。

在社会主义农业发展思路中，列宁探索出一条实现农业的社会主义改造的最佳途径，这就是"以商品经济为纽带，以农民自觉自愿为前提、合作互助为基础，从建立供销合作社与消费合作社入手，逐步建立生产合作社，最终把千百万个体小农引上社会主义道路的主张"②。第一，合作社与商品市场有密切的关系，"现在我们发现了私人利益即私人买卖的利益与国家对这种利益的检查监督相结合的合适程度，发现了私人利益服从共同利益的合适程度，而这是过去许许多多社会主义者碰到的绊脚石"③。在无产阶级掌握政权和支配着一切大的生产资料的条件下，新经济政策和私人买卖的发展必然导致合作社的发展。第二，推行简便易行、自觉自愿的原则。列宁指出："在采用尽可能使农民感到简便易行和容易接受的方法过渡到新制度方面，这种合作社具有多么重大的意义。"④正是基于这样的思考，列宁放弃了原来的共耕制设想，而提出利用以前遗留下来的并为广大农民所熟悉和乐于接受的合作社，作为无产阶级吸引农民的形式。完全通过典型示范，不搞强迫命令，"善于找出我们对合作化的'奖励'方式"⑤，采用经济力量吸引农民加入合作社。"奖励参加合作社流转的农民，这种方式无疑是正确的，但同时应当检查农民参加的情况，检查参加的自觉性及其质量——这就是问题的关键所在。"⑥第三，政府大力扶持和支持合作社。布尔什维克党和国家应该"在经济、财政、银行方

① 中共中央马克思恩格斯列宁斯大林著作编译局. 列宁选集（第 4 卷）[M]. 北京：人民出版社，1995：805.
② 罗文东. 中国特色社会主义理论体系新论[M]. 北京：人民出版社，2008：68.
③ 列宁. 列宁全集（第 43 卷）[M]. 北京：人民出版社，1987：366.
④ 中共中央马克思恩格斯列宁斯大林著作编译局. 列宁选集（第 4 卷）[M]. 北京：人民出版社，1995：768.
⑤ 列宁. 列宁全集（第 43 卷）[M]. 北京：人民出版社，2017：369.
⑥ 中共中央马克思恩格斯列宁斯大林著作编译局. 列宁选集（第 4 卷）[M]. 北京：人民出版社，1995：803.

面给合作社以种种优惠”[①]为建立和发展合作社提供必要的物质基础，发挥合作化的优越性。第四，列宁认为加强对农民的文化教育，是提高劳动生产率的重要条件。“完全合作化这一条件本身就包含有农民（正是人数众多的农民）的文化水平的问题，就是说，没有一场文化革命，要完全合作化是不可能的。”[②]要将农民培养为新型劳动者，“教育、训练和培养出全面发展的和受到全面训练的人，即会做一切工作的人”[③]。

列宁的合作制理论是对马克思、恩格斯的农民合作理论的丰富和发展，第一次天才地解决了在一个小农经济占优势的经济落后国家中，无产阶级夺权以后，对农业实行社会主义改造的具体原则、方法和途径。这一思想是小农经济占优势的落后国家在无产阶级专政后进行社会主义建设，实行农业社会主义改造的理论指南。

4. 斯大林的农业集体化思想

斯大林也完全赞成对小农经济的改造。从促进国家工业化顺利实现的角度看，他认为小农经济“大部分不仅不能实现逐年扩大的再生产，相反地，连简单再生产也很少有可能实现。如果农业基础是这样一种既不能实现扩大再生产而又在我国国民经济中占优势的小农经济，那么能不能加速推进我国社会主义化的工业呢？不，不能”[④]。社会主义建设也不能建立在“最巨大最统一的社会主义工业基础上和最分散最落后的农民小商品经济基础上”[⑤]。同时，斯大林认为个体私有制经济每时都产生着资本主义和资产阶级，“所以，要巩固苏维埃制度并使我国社会主义建设获得胜利，单是工业社会化是完全不够的。为此还必须从工业社会主义化进到整个农业社会主义化”[⑥]。最后，斯大林指出小农经济的经营方式不能使广大农民摆脱贫困和落后。如果不把分散的农户联合起来，如果“不把它们移到公共耕种制的轨道上来，便无法切实向前推进农业强度和机器化使我国农业在发展速度方面赶上例如加拿大一类的资本主义国家。”[⑦]

1927 年底到 1928 年初，苏联政府收购粮食时遇到了前所未有的困难。斯大林认为粮食危机的原因是落后的农业满足不了迅速发展的工业的需要，以及小农

① 中共中央马克思恩格斯列宁斯大林著作编译局. 列宁选集（第 4 卷）[M]. 北京：人民出版社，1995：770.

② 中共中央马克思恩格斯列宁斯大林著作编译局. 列宁选集（第 4 卷）[M]. 北京：人民出版社，1995：773.

③ 中共中央马克思恩格斯列宁斯大林著作编译局. 列宁选集（第 4 卷）[M]. 北京：人民出版社，1995：159.

④ 斯大林. 斯大林选集（下卷）[M]. 北京：人民出版社，1979：227.

⑤ 斯大林. 斯大林选集（下卷）[M]. 北京：人民出版社，1979：227.

⑥ 中国农村发展研究中心，中国农业科学院农业经济研究所选编组. 马克思、恩格斯、列宁、斯大林、毛泽东关于农业若干问题的部分论述[M]. 北京：人民出版社，1983：476.

⑦ 斯大林. 在联共（布）第十五次代表大会上关于中央委员会政治工作的总结报告[M]. 李成译. 北京：人民出版社，1953：34.

经济的落后，包括富农对苏维埃政权的破坏。他认为，要改造落后的小农经济，“出路何在呢？出路就在于使农业成为大农业，使农业能实行积累和实现扩大再生产。从而改造国民经济的农业基础”，“就是在农业中培植集体农庄和国营农场，结果是使小农经济联合成为以技术和科学装备起来的集体大经济，这种经济有可能向前发展，因为它能够实现扩大再生产”①。斯大林认为，“不实行集体化，便不能把我国引上建成社会主义经济基础的康庄大道，便不能使千百万劳动农民摆脱贫困愚昧的状况”②。

作为列宁后继者的斯大林，在继承列宁关于“改造小农经济，实现农业合作化”思想的同时，他提出了自己独特的农业集体化思想。这不仅对苏联有很深的影响，而且对东欧各国和中国产生了极为深刻的影响。

斯大林将集体农庄看作“整个合作社运动不可分割的组成部分，也是列宁的合作社计划不可分割的组成部分”③。他认为，低级形式的合作社——供销合作社和消费合作社，在农业集体化初期发挥了很大的作用：它是城乡、工农密切结合的桥梁；免除了剥削、保护了自身利益；逐渐培养了集体劳动的习惯和管理集体事务的能力。但是要实现农业的社会主义改造和现代化建设，就要提高到合作社的高级形式——集体农庄。1929年底，斯大林把苏维埃政党的总路线确定为农业集体化的特殊形式即用消灭富农的办法实现全盘集体化，他说：“在目前时期，把个体小农经济联合并改造为大规模集体经济这一任务应该作为党在农村中的基本任务。”④

1934年，斯大林在联共（布）第十七次代表大会的报告中指出：“劳动组合在目前条件下是集体农庄运动唯一正确的形式”⑤，而不能采取劳动协作社和农业公社。他进一步指出：“现在我们应当采取的方针不是建立公社，而是建立作为集体农庄建设的主要形式的农业劳动组合；决不能容许跳过农业劳动组合而径直成立公社。”⑥这是因为：第一，共耕制是建立在小农经济基础上的，现在苏维埃制度不能建立小农经济，当然不会采取共耕社的形式；第二，至于要排除农业公社，是因为农业公社“不仅把生产资料公有化，而且把每个社员的生活也公共化了。就是说，公社社员和劳动组合成员不同，他们没有私有的家禽、小家畜、奶牛、谷物和宅旁园地。这就是说，在公社中，与其说是照顾到社员的个人生活利益，

① 斯大林. 斯大林选集（下卷）[M]. 北京：人民出版社，1979：213.

② 中国农村发展研究中心，中国农业科学院农业经济研究所选编组. 马克思、恩格斯、列宁、斯大林、毛泽东关于农业若干问题的部分论述[M]. 北京：人民出版社，1959：37.

③ 斯大林. 斯大林选集（下卷）[M]. 北京：人民出版社，1979：62.

④ 陈之骅. 苏联史纲（1917～1937）（下册）[M]. 北京：人民出版社，1991：510.

⑤ 斯大林. 斯大林选集（下卷）[M]. 北京：人民出版社，1979：346.

⑥ 斯大林. 斯大林选集（下卷）[M]. 北京：人民出版社，1979：251.

把它和公共利益结合起来，不如说是为了达到小资产阶级的平均主义而用公共利益把社员的个人利益压抑下去了。很明显，这是公社的最大弱点”①。

1930 年，斯大林在《答集体农庄庄园的同志们》中提出了全盘集体化应坚持的三大原则：一是农民自愿原则。不能采取强迫的手段，而要运用说服和示范的办法，通过具体事实和经验，让农民看到集体农庄比小农经济更具优越性，以此引导农民自愿走集体化道路。“必须根据自愿原则，用说服农民，使他们相信公共的集体经济比个体经济优越的方法把他们引上集体经济的轨道。”②然而，在过渡到集体农庄的过程中，斯大林违背了自愿原则，采取强迫命令剥夺农民的办法，并从物质上消灭一切可能反对他计划的人，用了短短三年多时间就基本实现了全盘集体化。二是因地制宜原则。各地应根据不同的经济结构、文化水平等因素，采取不同的速度和方法，分期分批实行全盘集体化，具体可分为三个地区：北高加索、伏尔加河中下游地区；中央黑土区和乌克兰、西伯利亚、乌拉尔等产粮区；其余地区。③三是必须抓住中心环节原则。当时集体农庄建设的主要形式应是农业劳动组合，而不能直接采取劳动协作社和农业公社的形式。正确确定中心环节，就能打开集体化的局面，否则集体化运动就要处处碰壁。到 1937 年农业全盘集体化运动结束时，除了民族区域集体农庄的形式保持多样性外，集体农庄已经“农业劳动组合”化了。

集体农庄的第一步骤就是消灭农业生产中的不公平现象，即“当时富农日益富裕，日益上升，而贫农则日益贫困和破产，遭受富农的盘剥”④。打破富农盘剥，消除紊乱现象，把所有贫农吸收到集体农庄里，并在集体农庄里给他们提供生活保障，“把他们提高到中农的水平，使他们能够使用集体农庄的土地，享受对集体农庄的优待，使用拖拉机和各种农业机器”⑤。“第二步就是要使全体集体农庄庄员成为生活富裕的人。”⑥斯大林认为：“我们只要改进机器和拖拉机的使用，只要改进土地的耕种，就能做到使我们的产量增加一两倍。而这就完全足以使全体集体农庄庄员成为生活富裕的集体农庄土地上的劳动者了。”⑦

斯大林的集体化思想发展了马克思主义农业合作化思想，认为集体农庄是社会主义农业发展中出现的新经济组织。在这一思想的领导下，苏联农业全盘集体化运动实现了农业社会主义改造的目的，建立了苏联社会主义大农业的生产组

① 斯大林. 斯大林选集（下卷）[M]. 北京：人民出版社，1979：333.
② 斯大林. 斯大林选集（下卷）[M]. 北京：人民出版社，1979：247.
③ 程恩富，周肇光，陶友之. 马克思主义经济思想史（经典作家卷）[M]. 上海：东方出版中心，2006：244.
④ 斯大林. 斯大林全集（第 13 卷）[M]. 北京：人民出版社，1956：221.
⑤ 斯大林. 斯大林全集（第 13 卷）[M]. 北京：人民出版社，1956：221.
⑥ 斯大林. 斯大林全集（第 13 卷）[M]. 北京：人民出版社，1956：222.
⑦ 斯大林. 斯大林全集（第 13 卷）[M]. 北京：人民出版社，1956：222.

织体系，形成了合作社集体农庄所有制的制度框架，对后来东欧和中国的农业发展产生了深远影响。

2.2　西方经济学中的相关思想

西方经济学关于农村基本经营制度的相关研究浩如烟海，对我国农村基本经营制度思想产生直接影响的理论主要有西方现代产权理论、传统农业改造理论、西方合作经济理论，以及分工理论、交易费用理论。

2.2.1　西方农地产权思想

西方现代产权理论是20世纪30年代以来，以科斯为代表的西方经济学家承袭了新古典经济学的研究方法，以交易成本为基础，以科斯定律为基本原则而形成的。产权经济学派从产权结构或产权制度研究资源配置效率，通过合理界定、变更产权安排，创造或维持交易费用低、资源配置效率高的产权制度。

1. *产权与产权界定*

现代西方产权经济学的核心概念是“产权”，这是所有制度规则中对人们的行为影响最为重要的因素。对产权下定义非常困难，西方学者的表述也各有不同。其中，被广泛引用的是德姆塞茨的定义：“产权是一种社会工具，其重要性就在于事实上它们能帮助一个人形成他与其他人进行交易时的合理预期。”[①]他进一步指出：“产权包括一个人或其他人受益或受损的权利”；“产权的一个主要功能是导引人们实现将外部性较大地内在化的激励”[②]。另一位著名产权经济学者阿尔钦给产权的定义是：“产权是一个社会所强制实施的选择一种经济品的使用的权利。”[③]他认为，“私有产权是对必然发生的不相容的使用权进行选择的权利的分配。它们不是对可能的使用所施加的人为的或强制性限制，而是对这些使用进行选择时的排

① 德姆塞茨H. 关于产权的理论[M]//科斯R H，等. 财产权利与制度变迁：产权学派与新制度学派译文集. 刘守英，等译. 上海：格致出版社，2014：71.

② 德姆塞茨H. 关于产权的理论[M]//科斯R H，等. 财产权利与制度变迁：产权学派与新制度学派译文集. 刘守英，等译. 上海：格致出版社，2014：71.

③ 阿尔钦 A A. 产权：一个经典注释[M]//科斯R H，等. 财产权利与制度变迁：产权学派与新制度学派译文集. 刘守英，等译. 上海：格致出版社，2014：121.

他性权利分配”[①]。菲吕博腾和平乔维奇通过文献梳理，认为较为通行的产权制度可以描述为：“一系列用来确定每个人相对于稀缺资源使用时的地位的经济和社会关系。”[②]因此，产权并不是指一般的物质实体，而是一种行为关系，该关系建立在人们对物的使用所引起的相互认可的基础之上。

产权的基本内容包括行为主体对资源的使用权、转让权及收益权。[③]张五常进一步明确指出，产权包括四种权利：“一是所有权，二是使用权，三是收入权，四是转让权。”[④]产权不是一种而是一组权利，其外延远远大于所有权，产权结构非常复杂。“权利束常常附着在一种有形的物品或服务上”，德姆塞茨认为，“提出权利束构成的形成与结合的问题比经济学家所共同探讨的问题更为重要”[⑤]。产权具有“可分割性”“可分离性”“可让渡性”，对一项财产的权利总是一组权利，其中每一项权利都可以独立出来，不同组的产权可以重组。对企业而言，“它是各个合作性所有者的资源通过合约所形成的相关的集合”[⑥]。基于产权的可分性，公司得以呈现出大规模积聚足够财富的优势；基于产权的可让渡性，企业特有的资源决策权利得以通过市场交换实现价值。因此，现代公司“依赖于有限责任增进了私有产权各部分的可让渡性和可分性，它并没有损害或削弱私有产权的有效性，‘分割’作为一种控制和协调的方式使得私有产权能实施有效的生产‘专门化’”[⑦]。

正因为产权表现的权利和权利结构，影响着人们的生产、积累和投资行为，产权的界定就显得特别重要。“在行动中某些权利可能显得比其他权利更为重要。排他性和可让渡性就是其中的两种。”[⑧]因此，产权“权能是否完整，主要可以从所有者对它具有的排他性和可转让性来衡量。如果权利所有者对他所拥有的权利有排他的使用权、收入的独享权和自由的转让权，就称他所拥有的产

---

① 阿尔钦 AA. 产权：一个经典注释[M]//科斯 R H，等. 财产权利与制度变迁：产权学派与新制度学派译文集. 刘守英，等译. 上海：格致出版社，2014：121-122.

② 菲吕博腾 E G，平乔维奇 S. 产权与经济理论：近期文献的一个综述[M]//科斯 R H，等. 财产权利与制度变迁：产权学派与新制度学派译文集. 刘守英，等译. 上海：格致出版社，2014：148.

③ Cheung S N S. The structure of a contract and the theory of a non-exclusive resource[J]. Journal of Law and Economics，1970，Vol. 13.

④ 张五常. 经济解释卷四：制度的选择[M]. 北京：中信出版社，2015：158.

⑤ 德姆塞茨 H. 关于产权的理论[M]//科斯 R H，等. 财产权利与制度变迁：产权学派与新制度学派译文集. 刘守英，等译. 上海：格致出版社，2014：70.

⑥ 阿尔钦 AA. 产权：一个经典注释[M]//科斯 R H，等. 财产权利与制度变迁：产权学派与新制度学派译文集. 刘守英，等译. 上海：格致出版社，2014：123.

⑦ 阿尔钦 AA. 产权：一个经典注释[M]//科斯 R H，等. 财产权利与制度变迁：产权学派与新制度学派译文集. 刘守英，等译. 上海：格致出版社，2014：125.

⑧ 德姆塞茨 H. 一个研究所有制的框架[M]//科斯 R H，等. 财产权利与制度变迁：产权学派与新制度学派译文集. 刘守英，等译. 上海：格致出版社，2014：137.

权是完整的。如果这些方面的权能受到限制或禁止，就称为产权的残缺”[①]。“所有权的残缺可以被理解为是对那些用来确定‘完整的’所有制的权利束中的一些私有权的删除”[②]，而导致这种残缺的原因，德姆塞茨认为“是因为一些代理者（如国家）获得了允许其他人改变所有制安排的权利”[③]。

2. 产权理论的应用：企业制度和土地制度

对产权的基本内涵做出基本界定后，经济学家开始运用产权理论分析与之相关的重要经济活动和制度特征。产权理论的重要应用领域是对企业制度的分析和对土地制度安排的分析。

在企业制度方面，科斯认为，市场上交易费用的存在，使企业这种可以大大节约这些费用的组织形式得以产生。他指出：“采用一种替代性的经济组织形式能以低于利用市场时的成本而达到同样的结果，这将使产值增加。正如我多年前所指出的，企业就是作为通过市场交易来组织生产的替代物而出现的。”[④]科斯进一步解释了企业利用“产权”这一生产要素的好处，即能够让企业组织的交易成本降低，这是“企业要获得所有各方面的合法权利，活动的重新安排不是用契约对权利进行调整的结果，而是作为如何使用权利的行政决定的结果”[⑤]。正是这种内部组织资源的比较优势，使企业的产生成为必然。阿尔钦和德姆塞茨试图将这一理论向前推进一步，他们追加引入团队生产、团队组织计量产出的困难及偷懒问题等要素，用以解释“为什么一个控制监督者的人有权利获得剩余，也在于我们后边所讨论的公司、合伙经营和利润分享制的含义”[⑥]。通过分析，他们认为企业本质上是一种合约结构，“它拥有：①联合投入的生产；②几个投入所有者；③所有联合投入的合约所共有的是一个团体；④与任何投入合约进行再谈判的权利，在谈判时可独立于与其他投入所有者的合约；⑤剩余索取权；⑥出售这一集中的

① 科斯 R H，等. 财产权利与制度变迁：产权学派与新制度学派译文集[M]. 刘守英，等译. 上海：格致出版社，2014：4.

② 德姆塞茨 H. 一个研究所有制的框架[M]//科斯 R H，等. 财产权利与制度变迁：产权学派与新制度学派译文集. 刘守英，等译. 上海：格致出版社，2014：137.

③ 德姆塞茨 H. 一个研究所有制的框架[M]//科斯 R H，等. 财产权利与制度变迁：产权学派与新制度学派译文集. 刘守英，等译. 上海：格致出版社，2014：137.

④ 科斯 R H. 社会成本问题[M]//科斯 R H，等. 财产权利与制度变迁：产权学派与新制度学派译文集. 刘守英，等译. 上海：格致出版社，2014：15.

⑤ 科斯 R H. 社会成本问题[M]//科斯 R H，等. 财产权利与制度变迁：产权学派与新制度学派译文集. 刘守英，等译. 上海：格致出版社，2014：16.

⑥ 阿尔钦 A A，德姆塞茨 H. 生产信息费用与经济组织[M]//科斯 R H，等. 财产权利与制度变迁：产权学派与新制度学派译文集. 刘守英，等译. 上海：格致出版社，2014：52.

合约的剩余索取权的权利"①。这一权利结构使企业作为一种增进团队生产的有效组织的方式而产生，更经济地减少了偷懒的发生。

在土地制度安排方面，张五常应用产权方法和交易费用方法，对土地租约安排与资源配置效率的关系进行了分析。农业中有固定租约、分成合约和工资合约这三种主要的合约形式，为什么会出现这三种合约形式？分成合约是否会导致无效率的资源配置？张五常通过分析得出，"只要产权是排他的和可以转让的，这些安排就不存在不同的资源配置效率"②。其理由是，只要产权明确，地主和佃农就会根据市场状况来谈判，一方面，如果佃农给予土地所有者的土地报酬的年租金率低于利息率，则"土地所有者可能会进行适当的调整，把土地租给其他的佃农，从而选择一个不同的合约安排；他也可能直接出卖土地所有权。另一方面，如果合约的安排使佃农的分成收入低于他的可供选择的收入，则其他的土地所有者会出高价获得他的服务"③。既然地主与佃农之间是通过谈判达成合约条款的，因而不存在佃农的激励减少的问题。要清楚解释在同样的私有产权制度下为什么会选择不同的合约安排这一问题，张五常引入了交易费用和风险，通过建立一个选择理论方法来解释不同合约行为。从交易费用看，分成合约因地主和佃农的谈判而达成合约条款，其交易费用一般高于固定租约和工资合约。但是从风险分析，分成合约的收成是在地主与佃农之间分配，风险由双方共同承担，而固定租约的风险由佃农承担，工资合约的风险由地主承担，因此，分成合约的风险要低于后两种。由此得出，不同地区农业合约的选择，是由每一合约的交易费用和其分担风险的能力来决定的。

2.2.2 农业经营主体思想

农户是农民生产、生活、交往的基本组织单元，是迄今为止最古老、最基本的集经济与社会功能于一体的单位和组织。农户理论对发展中国家农村经济的发展具有重大的现实意义。在农户经济研究方面，基于研究对象不同，研究方法和所处历史阶段不同，西方经济学经典理论提出不一样的传统农业改造思路。本节主要介绍以恰亚诺夫为代表的组织—生产学派和以西奥多 · W. 舒尔茨为代表的

---

① 阿尔钦 A A，德姆塞茨 H. 生产信息费用与经济组织[M]//科斯 R H，等. 财产权利与制度变迁：产权学派与新制度学派译文集. 刘守英，等译. 上海：格致出版社，2014：63.

② 张五常. 私有产权与分成租佃[M]//科斯 R H，等. 财产权利与制度变迁：产权学派与新制度学派译文集. 刘守英，等译. 上海：格致出版社，2014：96.

③ 张五常. 私有产权与分成租佃[M]//科斯 R H，等. 财产权利与制度变迁：产权学派与新制度学派译文集. 刘守英，等译. 上海：格致出版社，2014：94.

理性小农学派的主要观点，以及合作社理论。

1. 恰亚诺夫的传统农业改造理论

组织—生产学派产生于 20 世纪 20 年代末，其杰出代表人物是俄国农业经济学家恰亚诺夫，他的代表作是《农民经济组织》。这本书主要论述了农民家庭农场内部结构与生产组织特征，是前资本主义时期农民经济的微观经济学著作。

恰亚诺夫认为，"俄国以及现代世界许多国家大量存在的家庭经济单位（包括农业与手工业者家庭），有其特殊的经济活动动因与获利概念……劳动家庭经济单位类型是与奴隶制、农奴制、资本主义，以及共产主义各类经济并列的一种独立的经济关系类型（不是指经济形态）。这种劳动家庭经济单位不使用雇佣工资劳动，完全依靠家庭成员从事生产，以满足自身消费为目的"①。基于此，恰亚诺夫首次提出家庭经济单位的劳动—消费均衡公式。他认为，从每一新增收入满足家庭需求的消费意义和为获得它所花费劳动的辛苦程度这两个角度，可以认识家庭的每一新增收入。他指出："家庭农场的劳动者对劳动能力的开发受到家庭消费需求的推动，当消费需求出现增长，农民劳动自我开发的程度亦随之加深。另一方面，劳动能力的耗费又受到劳动本身辛苦程度的制约。同收益相比较，劳动越艰苦，生活水平就会越低；尽管即使要达到这种低等的生活水平农民家庭也往往必须付出巨大的努力，但低到一定程度，它就会放弃从事该种艰苦的劳作。"②因此，一旦需求达到基本满足，家庭便缺乏进一步消耗劳动的意愿。换句话说："农民劳动自我开发的程度靠需求满足程度和劳动艰苦程度之间的某种关系来确定"③，小农的最优化选择是自身消费满足与劳动辛苦程度之间的均衡，而非成本收益间的比较，从这一点来看，小农经济是保守的、落后的、非理性的和低效率的。

小农在合作的基础上推进一体化经营，是恰亚诺夫改造小农的基本观点。恰亚诺夫认为，小农天生具有缺陷，"我们必须寄希望于劳动农场通过合作组织形式加强自己的经济实力，从而能够抵御大型资本主义的农场，维护住自己的地位，就像它从前所做的一样"④。他把一体化分为横向一体化和纵向一体化，小农生产的出路只能是建立在合作基础上的纵向一体化。"农民农场一体化的最主要形式只能是纵向一体化，并且只能采用合作制形式，这是因为，只有以这样的形式，它才能同农业生产有机地结合起来……合作集体化的道路乃是在我国目前条件下将大农场的成分、工业化和国家计划引入农民经济活动的唯一可行的途径。这意味着要循序渐进并不急不躁地将一些部门从单个农场中分离出来，并用更高的社会

① 徐建青. 恰亚诺夫《农民经济理论》简介[J]. 中国经济史研究，1988，(4).

② 恰亚诺夫. 农民经济组织[M]. 萧正洪译. 北京：中央编译出版社，1996：53.

③ 恰亚诺夫. 农民经济组织[M]. 萧正洪译. 北京：中央编译出版社，1996：53.

④ 恰亚诺夫. 农民经济组织[M]. 萧正洪译. 北京：中央编译出版社，1996：256.

化大企业形式将其组织起来。”[①]恰亚诺夫认为纵向一体化还有助于克服小农的无序，将家庭农场与国家计划联系起来。他说：“应当通过合作社联合组织和合作社联合会体系努力使每一个农民农场与国家资本主义的中央机构建立起直接的联系，以此把每一个农民农场汇入计划经济的主流。”[②]恰亚诺夫的劳动—消费均衡论和纵向一体化改造思想，是以 19 世纪末 20 世纪初俄国农村农民家庭农场为理论原型的，发展了劳动农民经济的理论，代表了农业经济思想的一个转折，对发展中国家解决农民问题有一定参考意义。

2. 舒尔茨的传统农业改造理论

理性小农学派的代表人物是美国经济学家舒尔茨，其代表作有《人力资本投资》（1961 年）、《改造传统农业》（1964 年）、《经济增长与农业》（1968 年）等。舒尔茨在《改造传统农业》一书中，将“如何把弱小的传统农业改造成为一个高生产效率的经济部门”作为关注的中心问题。在回答这一问题时，他研究了传统农业的基本特征，由此提出了“理性小农”的假设，具有“经济人”的一切特点。

舒尔茨认为，传统农业是一个经济概念，应从经济本身入手对其进行分析，不能过多地以非经济特征为依据。他说：“完全以农民世代使用的各种生产要素为基础的农业可以称之为传统农业。”[③]从经济分析的视角看，“传统农业应该被作为一种特殊类型的经济均衡状态”[④]。这种均衡状态的特点是：传统的技术状况和生产要素长期不变；人们缺乏更新和增加生产要素的动力；传统生产要素的供给和需求处于长期均衡状态。也就是说，“传统农业实际是一种生产方式长期没有发生变动而基本维持简单再生产的长期停滞的小农经济”[⑤]。为了更详细地说明传统农业的特征，舒尔茨在驳斥“传统农业生产要素效率低”的过程中，明确提出：“在传统农业中，生产要素配置效率低下的情况是比较少见的。”[⑥]他提出“理性小农”的假设，认为传统农业中的农民并不愚昧，“所种植的谷物的配合，耕种的次数与深度的大小，播种、灌溉和收割的时间，手工工具、灌溉渠道、役畜与简单设备的配合——这一切都很好地考虑到了边际成本和收益”[⑦]，因此，农民“在配置当前生产中他们所拥有的要素时是很有效率的”[⑧]。同时，农民对市场价格的变动能

① 恰亚诺夫. 农民经济组织[M]. 萧正洪译. 北京：中央编译出版社，1996：268.
② 恰亚诺夫. 农民经济组织[M]. 萧正洪译. 北京：中央编译出版社，1996：269.
③ 舒尔茨 T W. 改造传统农业[M]. 北京：商务印书馆，2017：4.
④ 舒尔茨 T W. 改造传统农业[M]. 北京：商务印书馆，2017：26.
⑤ 梁小民. 舒尔茨及其《改造传统农业》[J]. 世界经济，1985，（11）.
⑥ 舒尔茨 T W. 改造传统农业[M]. 北京：商务印书馆，2017：33.
⑦ 舒尔茨 T W. 改造传统农业[M]. 北京：商务印书馆，2017：34.
⑧ 舒尔茨 T W. 改造传统农业[M]. 北京：商务印书馆，2017：38.

做出迅速且正确的反应，“在他们看来，每一个便士都要计较”[①]。舒尔茨认为：“人民是文盲这一事实并不意味着，他们在配置自己所拥有的要素时对边际成本和收益所决定的标准反应迟钝。”[②]传统农业之所以贫穷，“是因为经济所依靠的要素在现有条件下无法生产得更多。反过来说，在这些简单化的条件下，所看到的贫穷状况并不是要素配置有什么明显的低效率而造成的”[③]。S. 波普金进一步深化了舒尔茨的理性小农观。在《理性的小农》（1979 年）中，波普金提出中心假设——农户是理性的个人或家庭福利的最大化者，并指明“我所指的理性意味着，个人根据他们的偏好和价值观评估他们选择的后果，然后做出他认为能够最大化他的期望效用的选择”。学术界把舒尔茨和波普金的相近观点，概括为“舒尔茨—波普金命题”。

基于理性小农的认识，舒尔茨认为传统农业是“贫穷而有效率”的，传统农业之所以增长缓慢，不能成为经济增长的源泉，是因为“社会所依靠的生产要素是昂贵的经济增长源泉”[④]。舒尔茨把引进新的生产要素作为改造传统农业的关键，这一新的生产要素就是“技术变化”，“技术状态不仅在变化，而且成为增加实际收入的重要变量”[⑤]。新的生产要素无法自动产生，必须依靠国家对农业生产的公共投资，同时，需要建立一个完善的市场机制、一个公平的租佃制度，以及保证农民引进新的生产要素的能力。舒尔茨强调，增长的关键“主要取决于农民学会有效地使用现代农业要素”[⑥]，而农民这种能力的获得不是免费的，需要向农民投资，这些投资就是“人力资本投资”。在一环扣一环的逻辑推论中，舒尔茨最终得出结论：使改造传统农业“成为可能的知识是一种资本的形式，这种资本需要投资——不仅对体现了部分知识的物质投入品投资，而且重要的是向农民投资”[⑦]。舒尔茨的理性小农理论和人力资本改造论，是不同于集体化和工业化改造传统农业的另外一条道路，对改造当今中国小农有一定现实价值。

3. *罗虚代尔经典合作社思想*

英国的罗虚代尔公平先锋社是世界上第一个成功经营的合作社，被称为“合作社之母”。1844 年 10 月，在曼彻斯特附近的罗虚代尔镇，28 位法兰绒工人发起成立了一个消费合作社——罗虚代尔公平先锋社。这个社设立的目的是“设法使

① 舒尔茨 T W. 改造传统农业[M]. 北京：商务印书馆，2017：39.
② 舒尔茨 T W. 改造传统农业[M]. 北京：商务印书馆，2017：44.
③ 舒尔茨 T W. 改造传统农业[M]. 北京：商务印书馆，2017：43.
④ 舒尔茨 T W. 改造传统农业[M]. 北京：商务印书馆，2017：83.
⑤ 舒尔茨 T W. 改造传统农业[M]. 北京：商务印书馆，2017：117.
⑥ 舒尔茨 T W. 改造传统农业[M]. 北京：商务印书馆，2017：151.
⑦ 舒尔茨 T W. 改造传统农业[M]. 北京：商务印书馆，2017：175.

社员获得经济的利益，改进他们家庭及社会的生活”，设立的方法为“集得若干资本，分为若干股，每股一镑，这些资本，集有成数，则用以实现下列计划：设立一个商店，销售食物衣服等；建筑房屋，以便愿意改善家庭及社会生活的社员迁入居住；设立工厂，生产货物，合作社应决定生产某种货物，最适于使那些失业或减薪的社员得到工作；为使社员生活格外安全起见，购买或租些田园，凡是失业的社员及薪资太少的社员均可耕种；发展生产、改善分配、促进教育，建立政治中立化的自助合作社；设立戒酒会，提倡戒酒”[①]。罗虚代尔公平先锋社制定了流传至今的办社原则：资本由社员筹集，给予一定利息；职员由社员投票选举，无论股金多少，每人一票，不得代理；男女社员权利一律平等；卖出商品不得短斤少两；现金交易，永不赊账；社员在社内或在普通商店购物有绝对自由权，不得强迫；不仅社员可以来社购物，大众都可以来社购物；社员分配余利，依购物多寡为比例；每年的余利在分配前，应先提出若干，作为公积金和教育基金。[②]罗虚代尔原则从解决社会弱势群体实际困难出发，着眼于为社员谋取个人利益，同时，倡导团结互助、诚实信用的集体主义道德准则，发扬社员民主管理的积极性，为克服社会的不公平、消除资本与劳动的矛盾做出了有益贡献，成为世界各国合作运动的普遍参照模式。

由于罗虚代尔公平先锋社是消费合作社，它所制定的一些原则与做法不适合其他种类的合作社。国际合作社联盟根据合作事业发展的需要，几经修改，最终将罗虚代尔原则修改为国际通用的“合作原则”，包括自愿和开放的社员原则，社员民主管理原则，社员经济参与原则，自主和自立的原则，教育、培训和信息的原则，合作社间的合作原则和关心社区的原则。

4. 美国合作社思想学派

19 世纪 70 年代，罗虚代尔原则式的合作思想已传入美国，但是因为受美国特有的社会、经济和人文背景的影响，这些思想被逐步改良，在美国实现了本土化。美国合作社思想学派既不同于蕴含着与当时社会大变革相适应的哲学思维的欧洲合作社思想学派，也不同于当时将合作社作为政治活动工具的社会主义国家。源自空想社会主义的近代经典合作社思想在美国社会得到不断演绎和发展。合作社不再被看作是一种重新分配收入与财富，消除或协调劳动与资本、生产者与消费者利益冲突的手段，而是作为一种经济组织，普遍被认为是资本主义体系的一个组成部分。[③]合作社思想从理想主义转向实用主义，人们发现合作社的经济价值功能远远大于其承载的社会改造理想。萨皮罗从农业在市场竞争中的弱势地位出

① 张曼茵. 中国近代合作化思想研究[M]. 上海：上海书店出版社，2010：35.

② Gide C. 英国合作运动史[M]. 吴克刚译. 北京：商务印书馆，1931：52-57.

③ 陈婉玲. 合作社思想的源流与嬗变——基于合作社法思想基础的历史考察[J]. 华东政法大学学报，2008，(4).

发，主张农业应当实行合法垄断，国家给予合作社各种优惠政策、自上而下地组建各种专业合作社，建立中央集中控制的体制，使各种专业合作社在各自的农产品市场上占据较大的份额。与萨皮罗的“合法垄断论”相反，艾德温·诺斯提出了“竞争尺度论”。他反对农业生产和销售领域的垄断，反对通过政府自上而下地建立合作社，反对通过政府的支持和援助来加强合作社的地位。他认为应该自下而上地、在坚持社员自愿原则的基础上建立合作社。合作社应该实行民主管理，通过建立合作社来达到市场均衡，促进竞争，从而达到整个经济的效率最大化和市场的稳定与繁荣。

2.2.3　农业经营方式思想

劳动农民为了维护自己的利益，按照特定的原则而组织的产前、产中、产后各种合作经济组织，是资本主义登上历史舞台，特别是在 18 世纪 70 年代产业革命以后出现的。西方学者关于农业社会化服务体系的研究始于分工理论、交易费用理论。

1. 分工理论

1）古典分工理论

亚当·斯密（Adam Smith）和亨利·法约尔（Henri Fayof）的分工理论是古典分工理论中比较具有代表性的理论。亚当·斯密的《国富论》（*The Wealth of Nations*）详细地论述了分工理论。他指出，社会分工是导致劳动生产力提高及工人技术更加熟练的最根本的原因。关于通过分工协作所带来的工作效率的提高，亚当·斯密做了较为系统的分析。他认为主要有三个方面的原因，首先，随着劳动者对工作熟练程度的增加，其工作量也会相应增加；其次，协作分工可以大大地节省由一种工作转到另一种工作所损失的时间，相应的效益也会大大地提高；最后，分工的产生导致了机械的出现，而机械的使用使劳动得以简化和节省。分工让人们往往更加关注某一领域中的单一事物，可以减少或避免人们注意力的分散，劳动者会把更多的时间和精力用于工作的改进，如去寻找更加简单和便捷的方式去完成工作。[①]亨利·法约尔则认为劳动分工属于自然规律的具体表现，并且提出采取劳动分工后进行相同的工作可以取得更多的成果。该原则对技术类工作和涉及要求具备多种类型能力的工作都适用，造成的结果是工作职能的进一步专业化和权力的进一步分散。

---

① 斯密 A. 国富论[M]. 郭大力，王亚南译. 北京：商务印书馆，1972：89-90.

2）阿尔弗雷德·马歇尔、杨格对古典分工理论的深化

阿尔弗雷德·马歇尔（Alfred Marshall）认为土地与人类的作用在生产上的表现具有非常明显的区别，土地的作用通常呈现报酬递减的趋势，但是人类在生产过程中，主要通过劳动、资本和组织等手段，使报酬呈现递增的趋势。其中，因为分工往往离不开组织，所以马歇尔对分工的作用——组织表现出的报酬递增作用非常看重。他觉得，通过对组织的不断完善和发展，能够促使生产获得报酬递增。例如，可以采取将特定的工业集中在一个区域内，充分利用公开的信息、现有的技术、熟练的工人及其他资源，促使外部经济的产生进而实现报酬递增。另外，企业也可以通过大力引进先进的设备技术、更为廉价和优质的原材料，实现内部经济上的报酬递增。

杨格对亚当·斯密的分工理论进行了全面的深化和发展，进一步阐释了分工对经济的增长和发展的促进作用。其主要内容有：一是报酬递增是分工的结果；二是分工和市场规模相互限制；三是分工利用迂回生产方式。①杨格认为，现代劳动分工采用迂回生产方式，也就是在原材料和最终产品间的中间环节越来越多，扩大生产规模不再是简单的重复，同时伴随着科学技术变革、生产方式改进等带来的更有效率的扩张。杨格的分工理论全面深入地揭示了劳动分工、迂回生产、产业分工、市场规模扩大与技术进步之间的关系，超越了亚当·斯密的分工受市场范围限制的思想，揭示了劳动分工、市场规模、技术进步与规模经济之间的动态关系。

3）杨小凯分工理论的发展

在研究的过程中，杨小凯创造性地提出利用超边际分析法进行分析，得出收益递增产生于劳动分工，并且随着分工的存在而存在的结论。另外，他还认为收益递增既是市场的内在机制，也是市场效率的真正来源。②除杨小凯之外，国内外其他一些专家学者也对分工理论进行了深入研究，如科斯、威廉姆森、德姆塞茨、张五常等，他们分别从交易成本和制度变迁等方面进行分析，对分工理论的发展有着巨大的推动作用。

4）新制度经济学的分工理论

以诺斯为代表的新制度经济学派认为制度创新可以降低交易费用、提高交易效率、促进分工。制度变迁就是从均衡到不均衡又回到均衡的一个过程。在现有制度运行出现障碍时，新制度的建立就有了可能。制度安排的功能在于通过规则界定交易主体间的相互关系，减少不确定性和交易费用，使交易活动中的潜在收益成为现实。从分工理论的发展过程看，分工可以提高劳动效率，提高专业化水

---

① 转引自任保平. 马克思经济学与西方经济学分工理论比较研究[J]. 经济纵横，2008，（3）：8-12.

② 杨小凯. 经济学原理[M]. 北京：中国社会科学出版社，1998：166.

平，从而降低生产成本；分工可延伸生产和流通环节；分工同时促进了企业间、产业间的协作。

随着全球科技的进一步发展，许多新的技术、能源、材料都获得了广泛应用。另外，计算机和互联网技术的应用也使分工与协作更加深入和广泛。目前广泛进行的国际分工、产业分工，就是社会生产力发展过程中的产物，也是分工超越国界的结果，还是生产社会化向国际化发展的必然趋势。当前的分工理论认为，随着全球市场的进一步完善及国际贸易的进一步扩大，社会中的分工将更加细化，这样能够促进社会生产率的提高，以及市场产品种类的增加。此外，通信、交通、能源、生物等高新技术的发展，为国际分工奠定了必要的物质基础。在现代，即便是科学技术非常先进的国家也无法生产出所需的全部产品，只有参与国际市场和全球经济，利用自身的条件和资源参与分工和协作，才能够实现优势互补，获取收益，还能够在经济全球化中获得充分发展。

全球农业发达的国家的农业生产过程都已经高度社会化，农业生产过程划分得十分专业和精细，保证了农业在因产业特性适合农场经营的状况下依然能够进行大规模生产。目前，我国已进入后工业化时代，城市反哺农村和工业反哺农业的时机已经成熟，要进一步提高生产力水平和促进农业发展就必须实现农业生产的分工协作。同时，农业的市场发育及产业化经营，既可以促进农业分化和专业化，也能够促使农业与下游产业深度协作与融合，因此分工理论有利于我国农业市场化和产业化的建设与发展。

2. 交易费用理论

1）经典交易费用理论

20 世纪 30 年代，科斯针对企业性质的研究提出了交易费用理论，并通过威廉姆森发展、完善，形成了 20 世纪重大经济理论成果，该理论进一步发展和完善了古典经济学。

交易，指人与人之间的交互行动。在“看不见的手”的理论中，亚当·斯密将交易视为市场最基本的经济活动，市场正是通过“经济人”之间的交易，自动实现资源的优化配置，达到整个社会资源的“帕累托最优”。因此，在古典经济学中，交易本身没有再被进行分析。然而科斯在研究企业存在的必要性时，却提出了交易本身需要消耗成本，也就是“经济人”之间的交互行动会不可避免地产生一定的成本，即所谓的交易费用。科斯认为该费用在人与人交往的过程中普遍存在，并且提出从狭义上可以将交易费用看作是达成契约及保证契约执行的费用。在日常的人际交往和经济活动中，需要通过合作实现一定的经济利益，然而在合作的过程中必然会存在利益分配问题，是否能够处理好这一问题关系合作的成败。目前普遍采用谈判、协商的方式来达成合作，但是在此过程中需要一定的成本，并且不同合约的形式和成本也不一样，其作用和效果也会有所差异，如通过常见的市场交易和企业形式所达成的契约与合作就会存在很大的差异。因此关于在何种情况下应该采取哪种合约形式的问题，科斯提出，在合约效果完全一致的前提下应该采取成本更低的形式。[①]威廉姆森在此基础上进一步发展了交易费用理论。他在自己的两部专著——《市场与等级结构》（1975 年）和《资本主义的经济组织》（1985 年）中对交易费用做了完整系统的论述，对如何产生和增加的原因做了较为详细的分析，证实了市场经济的属性导致了交易费用的增加，从而确立了交易费用论的地位。

威廉姆森把交易费用增加的原因主要归结为四个方面：①人的理性有限。按照古典经济理论中关于"经济人"的假定，在实际生活中，人们传播信息的能力、传播信息的效率及个人对信息的理解能力是否正确这些因素，都会影响人们所做决策的合理性，因此人的理性是有限的。人们只有在信息足够充足的条件下，通过付出更多的交易费用，才能提高理性的程度。②机会主义的存在。机会主义主要是指人们在日常相互交往的经济活动中，总是倾向于朝着有利于自己利益的方向去做，甚至不惜牺牲他人利益来达到自己的利益最大化。机会主义的存在使市场交易显得更加复杂，人们在交易过程中不但要确保自己利益的最大化，还要通过公证、索赔、防伪等方式来防止交易过程中侵权行为的发生，从而导致交易费用也会不断增加。③不确定性。现实活动中存在很多不确定因素，一个国家政策法规的变动、市场价格的变化、宏观经济环境的变化等都会造成很多的不确定性。不确定性是绝对的、常见的。不确定性增加了交易的风险。一般说来，合同中不确定的因素越多，越有可能会导致更高的交易费用。④厂商的数目过少会导致机会主义无法避免。在一个充分竞争的市场机制中，买卖商品的人都很多，有更多的选择。如果对交易感到不满意，人们还会有更多的选择，而不会依赖单独的厂商。但如果厂商数目过少，就会出现垄断，人们的选择面很窄，在相互交易的过程中即使遭遇到对自身不利的情况也无法进行其他选择，这样机会主义和因为机会主义而导致交易成本的增加也就不可避免。[②]

从前文的论述中，我们可以总结出：在市场经济条件下，交易费用的存在是客观的，如果出现市场失灵，交易费用还会增加，从而在一定程度上影响整个市场机制作用的发挥，最终影响"帕累托最优"的实现。因此，在对古典经济学的研究中，人们的研究方向逐渐转向研究如何在市场经济中降低相互间的交易费用的问题。

---

① 科斯 R H. 企业、市场与法律[M]. 盛洪，陈郁译. 上海：上海三联书店，1990：1-32.

② 威廉姆森. 交易费用经济学：契约关系的规制[M]. 上海：上海三联书店，1996：40-62.

为此，科斯提出了以下假说：关于企业与市场，既有不同点，又有共同点，是两种可以相互替代的制度安排。发生在市场上的各种交易一般由商品的价格来协调，在企业中则是把很多本来属于市场的交易“内化了”。企业在劳动力市场所付出的人工工资的差异性，会使整个社会的劳动力在企业中的不同岗位进行分配，起到资源配置的作用，也就体现出企业中的资源配置由市场这只看不见的手在指挥。劳动者一旦成为企业的员工，在岗位的安排、调配上受劳动力市场工资变化的影响就会相对小一些，而主要受企业需要的调配，这是企业与市场所不同的地方。在企业内部，主要是行政命令和组织指挥在起作用，而不是价格机制。对企业的这种由行政命令取代市场的自组织的现象，科斯主要是从交易费用的角度进行了解释。企业主要是一种通过行政命令、层层指挥和员工的服从来进行企业各种资源分配的层级组织。用企业这种组织形式来取代市场，可以节约交易费用。企业中的交易费用主要体现在企业与员工的签约、谈判、监督合约的履行等费用上。除此之外，促进信息产业的积极发展也可以降低交易费用，但要注意信息产业所存在的不确定性和机会主义。但即便如此，市场也不可能被企业的这种制度安排所取代。科斯和威廉姆森就企业和市场的边界问题做了如下解释：企业组织的运行不可避免会发生费用，组织规模越大，费用就越高；当以企业的形式扩展到代替市场所节约的交易费用小于组织费用时，企业这种形式就不再是经济的了，这时候的组织规模便不再适合扩大。

张五常在此基础上深化和发展了交易费用理论，分析了要素市场与中间产品市场的关系。他提出，企业这种形式的出现主要是由于中间产品在市场中的交易费用比用来生产这种中间产品的要素生产费用高。企业的出现并不是取代市场，而是以企业的形式来组织分工，用更加高效的形式来代替市场，即“一种契约形式取代另一种契约形式”，并且“当产品市场中交易（定价）费用的节省与正在形成的‘要素市场’中代理费用（也是交易费用）的增加在边际上相等时，即达到了均衡”①。但张五常同时也认为客观世界是复杂多变的，企业的契约形式呈现出多种多样。他所指的均衡并不能完全准确地决定企业的规模，只是决定要素市场契约代替产品市场契约的范围，企业的规模还要受企业内部与外部诸多因素的影响和制约。②

从上述分析中我们可以看出，交易费用是伴随着市场的产生而出现的，只要有市场的存在，交易费用就会存在。市场的出现促进了社会资源的优化配置，但同时也不可避免地产生了交易费用。在我国农村多年实行的家庭承包经营制度，在某些方面起了非常积极的作用，但同时也使我国农村农户生产经营总体上呈现

① 张五常. 企业的契约性质[M]. 上海：上海三联书店，1996：65-89.

② 张五常. 交易费用风险规避与合约安排的选择[M]. 上海：上海三联书店，1994：19-34.

出规模既小又分散，各种与之相关的市场交易成本极高的特点。通过发展农业产业化，适当扩大农户的生产、经营规模，既可以实现农产品与市场的顺利对接，促进农产品的有序交易①，解决小生产与大市场之间的矛盾，又可以促进农户了解各种信息，降低交易成本，提高农户的科学文化素质，进而增加农业产业化经营的效益。

2）交易费用产业组织理论

20 世纪 70 年代后期，科斯、威廉姆森、克劳福德、克莱因、哈特等学者，将交易费用分析方法应用于产业组织领域，开创了交易费用产业组织理论这一崭新的理论体系。交易费用产业组织理论以交易为基本的分析单元，把交易费用作为研究的核心，在交易费用降低的框架下，对企业和市场组织进行经济学分析。其主要内容包括“交易、契约与治理相匹配”的理论分析框架与从交易费用视角理解的纵向一体化理论。威廉姆森开创性地提出了“交易、契约与治理相匹配”的理论分析框架。他把经济组织作为研究的对象，认为在这个组织中，人属于“契约人”，“有限理性”和“机会主义倾向”是其主要的行为特征表现。“有限理性”指人的理性受诸多因素限制，无法真正做到完全理性；“机会主义倾向”指“人只要能够利己就不惜损人”，这是交易费用所产生的根源之一。人的机会主义使市场交易的复杂性增加了，交易的双方在保护自身利益的同时，还要随时预防被对方欺诈和算计。威廉姆森认为所有的经济活动都能被看作是一种交易，这些交易又都可以被看作是一种契约。由于人的有限理性和机会主义倾向，以及由于资产的专用性带来的契约不完备，因而不同交易需要不同的契约，不同的契约适用于不同交易。在双方交易经常发生时，设置一个专门的治理机构是可行的，但如果这种交易并没有经常发生，设置专门的治理机构就会产生很高的成本。契约分为古典契约、新古典契约和关系性契约，它们分别对应市场、混合形式与科层这三种治理结构。资产专用性的契约是不存在的，哪怕其交易频繁地发生、非常的不确定，都是需要通过市场来完成的古典契约。资产专用性程度比较高、经常发生和很不确定的交易是关系性契约，主要通过科层来完成。介于古典契约和关系性契约之间的是新古典契约，其主要是通过除了市场和科层之外的混合形式来完成的。

交易费用产业组织理论对纵向一体化问题的研究主要体现在两个方面：一是研究企业和市场的替代关系，二是从资产专用性的角度研究纵向一体化的动机。关于企业和市场的替代关系，其主要观点是：企业这种形式作为市场价格机制的替代物，可以直接促进市场定价成本的下降，也可以理解为企业在某种程度上是节约市场交易费用的间接定价机制。科斯关于企业和市场的观点是企业与市场在

① 沈雅琴. 长期土地承租合约下农业产业化及其绩效的经济学研究[D]. 上海：复旦大学博士学位论文，2004：20.

一定情况下是可以相互替代的两种机制。企业这种形式的出现节约了以市场方式进行的交易费用，但若是在企业内部进行的交易数量过多，就会导致管理的边际成本出现递增。他认为企业的最优边界就是市场交易所产生的边际成本与企业内部交易的边际成本刚好相等。①张五常从契约的角度进一步对科斯的企业观进行了拓展。他指出企业一方面表现为市场关系，另一方面其存在也是为了节约交易成本。企业与市场是契约的两种表现形式，企业对市场的代替也就是"一种要素契约对一种产品契约的替代"②。关于资产的专用性，威廉姆森认为在生产成本和治理成本之和最小化时，合理的组织边界会出现，而资产专用性所产生的交易费用可以确定企业的边界。纵向一体化的动机主要是为了防止资产专用性引发出交易的不稳定性。具有高度专用性的资产适合于在企业的内部进行经常交易，若采用市场机制，将会面临很大风险。

交易费用产业组织理论促进了产业组织理论的新发展，对企业与产业发展有重要的指导意义。同时，该理论也存在一些缺陷：现代企业规模越来越大，其基础是市场规模的扩大，但仅依据交易费用来确定企业与市场的选择过于片面；同时，交易费用只是成本构成的一个要素，生产成本在成本构成中所占的比例在很多时候要超过交易成本，因此将交易成本与生产成本并列分析是不恰当的。德姆塞茨指出：在企业利益动机方面，过分关注避免交易成本过高，往往会导致一些更重要的、决定性的原因被我们忽略。③另外，"契约人"假设忽略了社会、政治和法律等环境的影响和作用，就会导致脱离现实。

2.3　中国关于农村基本经营制度的思想

解决农民问题，安定农业经济，始终是中国共产党人和马克思主义学者关注、讨论与实践的时代话题。以毛泽东、邓小平、江泽民、胡锦涛和习近平为代表的中国共产党人高举马克思主义伟大旗帜，将其基本理论与中国农村具体实践紧密结合，实现了马克思主义的中国化，促使农地所有制、农业经营组织和统一经营等方面的思想不断发展丰富。

---

① Coase R H. The nature of the firm[J]. Economica，1937，Vol. 4.

② Cheung S N S. The contractual nature of the firm[J]. Journal of Law and Economics，1983，Vol. 26.

③ 德姆塞茨 H. 所有权、控制与企业[M]. 段毅才，等译. 北京：经济科学出版社，1999：188.

2.3.1 农村土地所有制思想

中国的农村土地问题是一个历史性的课题，是解释中国整个农村经济发展与转轨的基础性问题。土地是农业生产中最基本的生产资料，农村经济关系主要表现为土地的占有关系。中国共产党人对农村土地的认识，经历了三次大转折，其中隐含的内在逻辑是，早期片面追求农地的公有化程度，所有权与使用权高度合一；后来逐步认识到从土地等生产资料的产权中可以分离出所有权和使用权，实现两权分离，所有权归集体公有，使用权以农民承包经营的方式归农户使用；后期为提高土地生产要素的市场化配置，将承包经营权再度分置为承包权与经营权，承包权归农户享有，经营权合法流转。

1. 土地改革思想

土地改革的基本任务是重新分配农村土地的所有权、占有权、支配权和使用权，彻底废除封建地主土地所有制，使农民获得土地，实现土地与农业劳动者的直接结合。中国共产党领导的中国革命根据中国农村的实际情况，始终将土地改革作为重要内容予以坚持，形成了一套土地改革的理论。

早在1925年的四届二中全会上，党就提出了农民土地问题，但那时它只是党的一个“最终目标”，而不是现实实践纲领。到“文化大革命”后期，农民有获得土地的强烈要求。这就要求中国共产党适应形势的需要，领导农民开展土地革命。[①]毛泽东在1927年4月19日和5月30日国民党中央土地委员会第一次和第二次扩大会议上比较全面地阐述了解决农民土地问题的意义，具体包括四个方面：第一，使农民得解放，废除地主及一切压迫阶级的剥削和压迫；第二，增加生产；第三，保护革命；第四，解决财政困难。[②]解决农民土地问题，从一开始就被赋予了发展生产力的经济意义和确保革命成功的政治意义。但是对于分配的土地归谁所有这一根本的地权形态问题，党的正确认识与解决思路却经历了一个长期过程。经过曲折的革命时期，中国共产党逐渐丰富了土地斗争的经验，改进了土地改革的思想和政策，将马克思主义创造性地运用到中国实际情况中，对孙中山提出的“耕者有其田”思想进行了新的诠释。毛泽东在《新民主主义论》中明确指出：“没收地主的土地，分配给无地和少地的农民，实行中山先生‘耕者有其田’的口号，扫除农村中的封建关系，把土地变为农民的私产。农村的富农经济，也是

① 武力，郑有贵. 中国共产党“三农”思想政策史（1921～2013年）[M]. 北京：中国时代经济出版社，2013：44.

② 顾龙生. 毛泽东经济年谱[M]. 北京：中共中央党校出版社，1993：40-41.

容许其存在的。这就是‘平均地权’的方针。这个方针的正确的口号，就是‘耕者有其田’。在这个阶段上，一般地还不是建立社会主义的农业，但在‘耕者有其田’的基础上所发展起来的各种合作经济，也具有社会主义的因素。”[①]中国共产党改变了孙中山土地国有化的思想，将土地改革的目标最终确定为农民所有制。1928 年，中共六大通过的《土地问题决议案》，较全面地分析了中国的土地关系及其特点，指出中国农村的半封建土地关系是地主剥削农民的根本方式，因此农民的土地革命，仍旧是中国革命现阶段的主要内容。[②]只有在中国共产党的领导下，才能解决农民土地问题，“因为共产党是中国唯一革命的政党，他是主张以革命的手段，把所有封建地主、豪绅、军阀、官僚、以及其他大私有主的土地，无论自己经营或出租，一概无任何代价的没收，被没收土地，经过苏维埃，由贫农、中农实行分配……这是最革命的最彻底的土地政纲”[③]。土地革命开始贯彻土地归农民所有的新政策，极大地调动了农民支持、参加革命的热情。1937 年西安事变以后，中国共产党为了争取爱国的地主参加抗日民族统一战线，改变了没收地主土地、分配给无地和少地农民的政策，转而实行减租减息的基本土地政策。

抗日战争胜利后，封建主义与人民大众的矛盾开始突出，土地改革成为内战时期中国共产党在解放区最大的经济改革运动。1946 年上半年，新、老解放区的农民强烈要求解决土地所有权问题。中国共产党经过反复研究，决定由刘少奇综合大家的意见，起草中共中央《关于土地问题的指示》，即历史上著名的“五四指示”。“五四指示”的基本精神就是坚决批准农民的土地要求，主要解决农民的土地所有权问题。允许农民采用多种方式获得土地，如减租后，地主自愿出卖土地，佃农以优先权购得此种土地；或者佃农以佃权交换土地；或者地主出卖土地给农民来清偿负欠。“五四指示”虽然没有明确宣布废除一切封建土地制度和消灭地主经济，但体现了中国共产党实现“耕者有其田”的民主革命纲领，还反映了党在解决土地问题上策略的灵活性。

1947 年下半年，中国共产党针对“五四指示”中不够彻底的内容，以及新形势下土地改革的方针、政策进行了广泛讨论。1947 年 8 月，《中国土地法大纲》（以下简称《大纲》）经过党内充分讨论并一致通过，于 10 月 10 日公布实施。《大纲》集中体现了当时中国共产党关于土地改革的思想和政策，直接提出“废除一切地主的土地所有权”“废除一切祠堂、庙宇、寺院、学校、机关及团体的土地所有权”

① 毛泽东. 毛泽东选集（第 2 卷）[M]. 北京：人民出版社，1991：678.

② 武力，郑有贵. 中国共产党“三农”思想政策史（1921～2013 年）[M]. 北京：中国时代经济出版社，2013：59-60.

③ 中国社会科学院经济研究所中国现代经济史组. 第一、二次国内革命战争时期土地斗争史料选编[M]. 北京：人民出版社，1981：645.

"废除一切乡村中在土地制度改革以前的债务"①的改革目标，彻底消灭封建制度。共产党采用按人口平均分配一切土地的分地原则，简单迅速地团结了 80%以上的农民，也符合农民的平均主义思想。《大纲》从法律层面正式承认了农民土地所有制，农民因此享有土地所有权、占有权、使用权和收益权等较为完整的土地产权。此后，毛泽东进一步明确了土地改革的重大历史意义。他说："如果我们能够普遍地彻底地解决土地问题，我们就获得了足以战胜一切敌人的最基本的条件。"②没收封建阶级的土地归农民所有，成为新民主主义革命的三大经济纲领之一。解放战争时期的土地改革运动，为中华人民共和国建立后的土地改革积累了实践经验，奠定了理论和政策基础。

1949 年以后，《中国人民政治协商会议共同纲领》以新民主主义即人民民主主义为中华人民共和国建国的政治基础；中国共产党继续推行农村土地改革，消灭封建地主土地所有制，实行"耕者有其田"。1950 年 6 月，《中华人民共和国土地改革法》第一条规定了土地改革的目的和宗旨："废除地主阶级封建剥削的土地所有制，实行农民的土地所有制，借以解放农村生产力，发展农业生产，为新中国的工业化开辟道路。"③1954 年《中华人民共和国宪法》第八条规定："国家依照法律保护农民的土地所有权和其他生产资料所有权。"土地改革的完成为发展农村经济，支援工业化建设做出了积极贡献，极大地解放了生产力。以一家一户为单位，农地和其他生产资料由家庭所有，家庭成员共同参加劳动，农产品为家庭成员共同所有。农民拥有的产权完整，包括农地的所有权、占有权、使用权和收益权。产权边界界定清楚，收益权归农民独享，实现了生产资料与劳动力的直接结合，个体劳动的积极性得到有效发挥，产生了明显的激励效应。政治方面，土地改革满足了农民政治上的渴望，党和政府在农村的政权基础得以巩固和扩大。经济方面，农民成为土地和其他生产资料的所有者，这大大提高了他们的生产积极性，促进了农业生产的迅速恢复和发展。检索这一农地产权结构变化的思想根源，不仅有经济学中土地与劳动力生产要素的结合原理的合理支撑，更包含了国家政治意志强制性铸入土地产权变迁的结果。这是一场伟大的经济、社会和政治变革，具有深远的历史意义。

2. 农村土地集体所有制理论

"三级所有，队为基础"的三级集体所有制是中国共产党在马克思所有制理论中国化道路上艰辛探索的理论成果。

---

① 杨青. 中国土地法大纲[EB/OL]. 中国法院网. 2016-6-11，http://http://www.chinacourt.org/article/detail/2016/06/id/1941699.shtml.

② 毛泽东. 毛泽东选集（第 4 卷）[M]. 北京：人民出版社，1991：1252.

③ 白永秀，任保平，何爱平，等. 中国共产党经济思想 90 年[M]. 北京：人民出版社，2011：267.

在人民公社所有制阶段，公有化程度进一步提高，集体经济组织规模扩大，一切土地、耕畜、农具及公共财产都无偿收归公社所有，土地的各项产权权能高度集中于“政社合一”的人民公社，公社内部实行绝对公平的供给制分配。这一极度超前的制度安排，是中国共产党“消灭私有制”的美好愿景和空想社会主义的大胆实践。面对由此带来的灾难性后果，中共中央及时转变观念、调整思路，在维系人民公社制度框架的前提下大幅度修补公社所有制的弊端，将“集体”这一组织形式界定为人民公社、生产大队、生产队的三级单位。1961 年，中共中央统一了公社三级单位的名称：“作为基本核算单位的管理区和生产队，以后一律改名为生产大队”“原名生产小队，以后一律改名为生产队”[①]。1961 年 10 月 7 日《关于农村基本核算单位问题给各中央局，各省、市、区党委的指示》认为：“就大多数的情况来说，以生产队为基本核算单位，是比较好的。它最大的好处，是可以改变生产的基本单位是生产队、而统一分配单位却是生产大队的不合理状态，解决集体经济中长期以来存在的这种生产和分配不相适应的矛盾。”[②]在 1962 年 1 月七千人大会的讨论以后，中共中央于当年 2 月 13 日正式发出《关于改变农村人民公社基本核算单位问题的指示》，将基本核算单位下放到生产队，这是调整我国农村生产关系的一个重要政策，“三级所有，队为基础”的人民公社所有制正式确立。基本核算单位下放到规模只有二三十户的生产队，是对人民公社“一大二公”模式的重大突破。经过两次调整，公社一级的劳动力、生产资料和财产等所有权范围缩小，使用权也受到更多限制，公社一级的职责更大意义上属于协调、组织的范畴。公社本身拥有的生产资料大大减少，只保留极少量分割有困难，不适宜下放到生产大队、生产队管理和使用的部分生产资料的所有权。同时，公社对全社范围内的生产资料、劳动力和其他物资等的使用权也受到限制。基本丧失了生产经营职能的人民公社，变成农村的基层政权。生产大队一级对劳动力、生产资料和财务的所有权、使用权范围也非常小，主要负责对生产队的生产经营活动做协助和督促工作，不是一个完整的生产经营单位。生产队是人民公社中的基本核算单位，拥有生产要素所有权与支配权。“生产队范围内的土地，都归生产队所有”，未经县级以上人民委员会的审查和批准，任何单位和个人不得占用生产队的土地；“生产队范围内的劳动力，都由生产队支配”，未经生产队的社员同意，公社和生产大队不许抽调。[③]重新作为基本核算单位的生产队，其规模实际上相当于 1956

---

① 中华人民共和国国家农业委员会办公厅. 农业集体化重要文件汇编（1958～1981）[G]. 北京：中共中央党校出版社，1981：452.

② 中华人民共和国国家农业委员会办公厅. 农业集体化重要文件汇编（1958～1981）[G]. 北京：中共中央党校出版社，1981：634.

③ 中华人民共和国国家农业委员会办公厅. 农业集体化重要文件汇编（1958～1981）[G]. 北京：中共中央党校出版社，1981：635.

年以前的初级社；重新明确归生产队所有的土地、耕畜和工具，在几年前本来也就是属于这些生产队的。但是，生产队享有的所有权是不完整的，“生产队范围内的土地，都归生产队所有。生产队所有的土地，包括社员的自留地、自留山、宅基地等等，一律不准出租和买卖”[①]。生产队作为不完全的农地所有者和经营使用者，对农地的经营是严格按照国家的计划进行的，农地的收益也必须先完成国家的征购、派购任务。这说明生产队对最主要的生产资料土地，没有最终的处分权和完全的占有权。

人民公社建立了“三级所有，队为基础”的集体所有制，体现出我国集体所有制经济的特点在于集体经济组织是独立的所有者，拥有土地等生产资料的所有权及生产、分配和交换的自主权，同时集体经济利益与全社会范围的利益相结合，彰显出集体所有制的公有制经济属性。我国农地集体所有制理论的形成，是马克思主义所有制理论中国化的第一次历史性飞跃。理论上具有“部分劳动群众共同所有”的所有制特点，劳动者自愿互利、人人平等的法律特征，集体经济组织土地联合、资金联合、劳动联合的经济特征，以及社会主义公有制性质的政治特征。我国集体所有制思想是伴随着中国共产党在中国建设社会主义的伟大实践而逐步产生与发展的，具有与时俱进的理论品质。它指导我国农村开始了集体所有制的社会主义道路探索，也必将在实践的检验中不断修正、丰富与完善。

3. 土地集体所有制理论的创新：从两权分离到三权分离

土地是最重要的农业生产资料，以家庭联产承包为主的农地产权制度实现了对农地所有制的深刻变革。过去我国经济学理论一再论证，社会主义的公有制只能由单一的全民所有制和集体所有制来实现，而农地的集体所有制则只能由集体统一经营，不能由家庭分散经营。这一理论误区限制了我国农地产权理论的发展，也限制了农业合作经济的改革思路。

20 世纪 80 年代改革开放的实施，突破了六七十年代所形成的农地所有制理论框架。我国家庭联产承包责任制由最初农民承包土地、农具等生产资料模式发展为承包土地模式，均没有改变基本生产资料集体所有的性质。1982 年 1 月中共中央一号文件《全国农村工作会议纪要》明确指出：“目前实行的各种责任制，包括小段包工定额计酬，专业承包联产计酬，联产到劳，包产到户、到组，包干到户、到组，等等，都是社会主义集体经济的生产责任制。”从性质上将家庭联产承包责任制确定为集体经济，是农地集体所有制的制度创新而非制度颠覆。家庭联产承包责任制将土地的使用权从集体所有权中分离出来，农民集体享有农地所有

① 中华人民共和国国家农业委员会办公厅. 农业集体化重要文件汇编（1958～1981）[G]. 北京：中共中央党校出版社，1981：634.

权，农户家庭享有以占有、支配、使用为内容的承包经营权，集体的土地收益权与农户的土地收益权通过承包关系捆绑在一起，农户拥有农地产出的大部分劳动产品的剩余控制权和剩余索取权。获得对生产资料的经营权与使用权的农民，也获得了对自身劳动力的所有权，可以根据生产需要自主决策，这实现了劳动者与生产资料的直接结合，农民的生产积极性空前高涨。

家庭联产承包责任制的优越性在实施的前几年获得了爆发；但随着农村经济的迅速发展，原有制度缺陷逐渐暴露："其一是农户对承包使用土地的期限预期不足，对预期净收益的顾虑不能形成有效的农业投入和积累机制，影响土地产出效率；其二是土地使用权属不充分，无法在更大范围内实现土地的流转，影响资源配置效率。"①鉴于此，中国共产党的农地思想越来越向强化产权保护和农地市场化的方向演进，在总结世界农业规模经营演进路径的基础上，结合中国农村土地家庭承包经营制的基本国情与农情，构建具有中国特色的农业规模经营道路。其主要思路是，在坚持农地集体所有、稳定农地承包关系的基础上，通过流转土地经营权形成土地集中连片的适度规模经营。1990 年 3 月 3 日，邓小平以战略家的眼光，提出了农业的"两个飞跃"："中国社会主义农业的改革和发展，从长远的观点看，要有两个飞跃。第一个飞跃，是废除人民公社，实行家庭联产承包为主的责任制。这是一个很大的前进，要长期坚持不变。第二个飞跃，是适应科学种田和生产社会化的需要，发展适度规模经营，发展集体经济，这是又一个很大的前进，当然这是很长的过程。"②其中，"第二个飞跃"思想为我国农村土地制度改革指明了方向，为农地承包经营权流转制度的构建与完善奠定了思想基础。江泽民继承了邓小平的农地产权改革思想，进一步提出允许农民的土地承包经营权按照自愿、有偿原则依法流转，逐步发展多种形式的农地适度规模经营。党中央更新农地产权制度的思想不断被重申和完善。2008 年 9 月 30 日，胡锦涛在安徽小岗村调研时再次强调，不仅现有土地承包关系要保持稳定并长久不变，还要赋予农民更加充分而有保障的土地承包经营权。同时，要根据农民的意愿，允许农民以多种形式流转土地承包经营权，发展适度规模经营。③随着各地土地流转实践的推进，农地承包权和经营权的主体日趋分离，承包经营权的分权设置亟须创新。

随着农地流转的实践探索，党中央愈发重视土地承包经营权流转的规范化、制度化建设，力求在理论上继续创新，推动农村生产力进一步发展。十八大以来，习近平同志对农村基本经营制度的坚持和完善问题给予了高度重视。他在武汉农

① 张红宇. 中国农村的土地制度变迁[M]. 北京：中国农业出版社，2002：81.
② 邓小平. 邓小平文选（第 3 卷）[M]. 北京：人民出版社，1993：355.
③ 张晓山，李周. 中国农村发展道路[M]. 北京：经济管理出版社，2013：6-7.

村综合产权交易所考察的过程中，就明确强调，深化农村改革，完善农村基本经营制度，必须研究农村土地所有权、承包权、经营权之间的关系。2013 年 12 月 23 日，习近平在中央农村工作会议上的讲话再次重申："现有农村土地承包关系保持稳定并长久不变，这是维护农民土地承包经营权的关键。任何组织和个人都不得剥夺和非法限制农民承包土地的权利。要强化对土地承包经营权的物权保护，完善土地承包经营权权能，依法保障农民对承包地占有、使用、收益、流转及承包经营权抵押、担保权利。"[①]决策层和学术界开始产生所有权、承包权、经营权"三权分离"的新观点，主张在稳定现行农地制度和利益格局的基础上，进一步界定和明晰所有、占有、使用、收益等各项权能在不同主体间的分布，这是对现有农地制度的发扬和优化。[②]土地承包权是农户最重要的财产权利，是农村集体经济组织成员生来享有的一种土地福利。经营权则是具体对土地的耕作权和收益权，是狭义的使用权。农民探索土地报酬最大化的条件是将经营权进行流转，以获得相应的土地租金。保留土地的社会保障功能，转移土地的生产要素功能，提高了农地资源配置效率。这为稀缺农地资源在更大范围内优化配置创造了有利条件，保障和实现农民对土地财产权利的同时，有利于发展土地规模经营，实现了家庭经营集约化，为坚持和完善我国农村基本经营制度提供了牢固的理论基础。

2.3.2 农业经营主体思想

1. 1949 年以前农业合作化思想

在改造小农的问题上，早期中国共产党直接接受了列宁的合作制思想，以及斯大林的集体农庄理论。毛泽东深刻地认识到中国农村经济是小农的汪洋大海，几千年延续下来，已经形成了根深蒂固的小农经济。毛泽东在 1927 年发表的《湖南农民运动考察报告》中，通过调查，发现合作社对广大农民意义重大，并将合作社运动作为报告中强调的第十三件大事。他说："合作社，特别是消费、贩卖、信用三种合作社，确是农民所需要的。他们买进货物要受商人的剥削，卖出农产要受商人的勒抑，钱米借贷要受重利盘剥者的剥削，他们很迫切地要解决这三个问题。"[③]中央苏区在劳动力、耕畜、农具严重不足的情况下，经过毛泽东的多次调查研究，普遍推广劳动互助。1934 年 1 月，毛泽东在江西瑞金召开的第二次全国工农兵代表大会的报告中指出，发展合作社是经济建设的中心之一。劳动互

① 中共中央文献研究室. 十八大以来重要文献选编（上）[G]. 北京：中央文献出版社，2014：669.
② 张红宇. 农业规模经营与农村土地制度创新[J]. 中国农村发现，2013,（2）.
③ 毛泽东. 毛泽东选集（第 1 卷）[M]. 北京：人民出版社，1991：40.

助方面，“劳动互助社和耕田队的组织”以解决劳动力问题，“组织犁牛合作社，动员一切无牛人家自动地合股买牛共同使用”，以解决耕畜问题。[①]合作社事业的现状是，“发展得最盛的是消费合作社和粮食合作社，其次是生产合作社。信用合作社的活动刚才开始”[②]。在此基础上，毛泽东提倡“尽可能地发展国营经济和大规模地发展合作社经济”[③]。抗日战争期间，毛泽东号召大力发展各种形式的合作社，以解决抗日根据地面临的困难。毛泽东将边区发展合作社看成是“第二次革命”。他认为边区发展生产合作社，把劳动力组织起来，提高了群众生产的积极性，提高了劳动效率，大大发展了生产，是生产上的重大突破。“这样的改革，生产工具根本没有变化，生产的成果也不是归公而是归私的，但人与人的生产关系变化了，这就是生产制度上的革命，这是第二个革命。”[④]

毛泽东将列宁和斯大林改造小农的思想作为其合作化思想的理论来源，他说：“在农民群众方面，几千年来都是个体经济，一家一户就是一个生产单位，这种分散的个体生产，就是封建统治的经济基础，而使农民自己陷于永远的穷苦。克服这种状况的唯一办法，就是逐渐地集体化；而达到集体化的唯一道路，依据列宁所说，就是经过合作社。”[⑤]毛泽东指出，“目前我们在经济上组织群众的最重要形式，就是合作社”。他还对合作社的进一步发展做出设想：“在边区，我们现在已经组织了许多的农民合作社，不过这些在目前还是一种初级形式的合作社，还要经过若干发展阶段，才会在将来发展为苏联式的被称为集体农庄的那种合作社。”[⑥]这一设想得到了刘少奇的支持和拥护，“无疑问的，中国的农业也是可以经过合作社的道路逐步前进到社会主义的”[⑦]。

毛泽东认为合作社是为群众服务的组织，是否加入合作社也应当尊重群众的选择。毛泽东坚持入社自愿、进退自由的原则，“我们要的是努力宣传，说服群众，按照具体的环境、具体地表现出来的群众情绪，去发展合作社”[⑧]。

解放战争时期，各解放区在家庭经营基础上的产前、产后合作社，特别是供销合作社有了比较大的发展。刘少奇将合作社主要分为：第一是消费合作社，第二是农民、独立的小手工业者及家庭手工业劳动者的供销合作社，第三是农业或工业的生产合作社。他主张适度优先发展流通合作社，“在目前时期，我们应该注意

① 毛泽东. 毛泽东选集（第 1 卷）[M]. 北京：人民出版社，1991：132.

② 毛泽东. 毛泽东选集（第 1 卷）[M]. 北京：人民出版社，1991：133.

③ 毛泽东. 毛泽东选集（第 1 卷）[M]. 北京：人民出版社，1991：134.

④ 杨德寿. 中国供销合作社史料选编（第 2 辑）[G]. 北京：中国财政经济出版社，1990：334.

⑤ 毛泽东. 毛泽东选集（第 3 卷）[M]. 北京：人民出版社，1991：931.

⑥ 毛泽东. 毛泽东选集（第 3 卷）[M]. 北京：人民出版社，1991：157.

⑦ 中共中央文献研究室，中华全国供销合作社总社. 刘少奇论合作社经济[M]. 北京：中国财政经济出版社，1987：32.

⑧ 毛泽东. 毛泽东选集（第 1 卷）[M]. 北京：人民出版社，1991：125.

去普遍地组织农业中的劳动互助与手工业中小型的生产合作社，但是我们尤其应该注意去普遍地组织消费合作社与供销合作社”[①]。张闻天也高度重视供销合作社的发展。他指出：“我们的同志应当了解供销合作社事业的巨大重要性，而不应有重农轻商的观点。应当了解在小商品经济的范围内，商业是可以控制农业甚至破坏农业的。只有合理的商业的发展，才能使农业有合理的发展，而这种合理的商业就是供销合作社。”[②]在当时看来，供销合作社可以成为连接小生产与国家之间的桥梁和纽带，因此，发展合作社必须遵守从流通合作到生产合作的规律。这些关于流通合作社的认识，对在今天的市场经济条件下，发展各种专业性的合作经济组织仍然具有重要的启示意义。

2. 1949 年以后农业集体经济思想

中华人民共和国成立后，我国在农业合作化过程中，对合作制与集体所有制开始做出一定程度的区分。随着改造小农经济思想的进一步发展，根据 1953 年底毛泽东的决定，党的合作化中心由发展互助组改为发展合作社，我们把合作经济称为“半社会主义性质的”经济：“初级阶段的合作社属于半社会主义的性质。在这个阶段，合作社已经有一部分公有的生产资料；对于社员交来统一使用的土地和别的生产资料，在一定的期间还保留社员的所有权，并且给社员以适当的报酬。”[③]社会主义改造完成后，借鉴苏联集体农庄模式，中国共产党人主张建立更高级的组织形式以适应农业生产和工业化目标的实现，把“半社会主义的合作社”过渡到“完全社会主义的合作社”。1954 年《中华人民共和国宪法》规定：“中华人民共和国的生产资料所有制现在主要有下列各种：国家所有制，即全民所有制；合作社所有制，即劳动群众集体所有制；个体劳动者所有制；资本家所有制。”可见，劳动群众集体所有制的主体是合作社，集体所有制的概念是在合作社概念的基础上提出的，我国农村集体所有制的建立是通过合作化运动实现的。

中华人民共和国成立后，以毛泽东为代表的一方主张加快农业合作化的步伐，通过生产关系的变革来促进农业生产力的发展，迅速实现向社会主义的过渡。另一方是以邓子恢等为代表，主张农业合作化应稳步进行，在一定时期内应允许个体经济的存在。讨论逐步上升到意识形态的重大分歧与争论，最终主流意识形态决定了农村基本经营制度变迁的基本方向，全党接受了毛泽东的观点，从而促使 20 世纪 50 年代中期以后农业合作化步伐迅速加快。短短几个月，我国农村就一

① 中共中央文献研究室，中华全国供销合作社总社. 刘少奇论合作社经济[M]. 北京：中国财政经济出版社，1987：32.

② 邓力群. 邓力群自述[M]. 北京：人民出版社，2015：149-150.

③ 中华人民共和国国家农业委员会办公厅. 农业集体化重要文件汇编（1949～1957）[G]. 北京：中共中央党校出版社，1981：480.

举实现了高级形式的合作化，生产资料的农民集体所有制随之建立。1956 年《高级农业生产合作社示范章程》把高级社界定为“我国劳动农民在共产党和人民政府的领导和帮助下，在自愿和互利的基础上组织起来的社会主义的集体经济组织”。[①]在高级社中，生产劳动高度组织化、集体化。高级社实行“统一经营、分级管理”的经营模式，采用集体生产方式，社员集体占有、集体劳动、共同经营集体所有的土地等生产资料，实现了劳动者同集体所有生产资料的结合。在合作经济的这一发展过程中，对高级农业生产合作社才称集体经济；对临时互助组、常年互助组和初级农业生产合作社都只称合作经济，不称集体经济。[②]可见，与合作经济相比，集体经济在生产资料所有制、农业的组织方式、劳动成果的分配方式等方面均发生了重大变化，实现了我国农业经营组织的深刻转变。

为了完成 1957 年冬到 1958 年春中央提出的农业大幅增产目标，各地农村大力开展农田水利等农业基础设施建设，中央开始考虑新的农业生产组织形式问题。1958 年，中共中央通过了《关于在农村建立人民公社问题的决议》，人民公社化运动迅速在全国广泛开展，致使我国农村集体经济组织规模进一步扩大、公有化程度进一步提高。就在“一大二公”的人民公社普遍建立后，中共中央即发现其中存在不少问题，毛泽东提出在大量调查研究工作的基础上，调整人民公社基本核算单位。经过各地调查、讨论，听取和搜集各种意见，他认为实行以生产队为基本核算单位“至少三十年为宜”。这反映出当时毛泽东的一个重要思想，即不能频繁变动生产关系，而应当较长期地稳定下来。[③]在毛泽东的领导和推动下，人民公社最终确定为以生产队（小队）为基本核算单位，实行以生产队为基础的三级集体所有制。毛泽东对集体经济组织给予了厚望。他强调人民公社的发展“为我国人民指出了农村逐步工业化的道路，农业中的集体所有制逐步过渡到全民所有制的道路”[④]。在毛泽东的集体经济组织思想中，人民公社在政府的指挥下，集中人力、物力、财力和其他资源，充分发挥集体的优越性，完成农业对工业的养育与支持，并保证了农村发展的社会主义方向。集体经济组织在大规模的水利灌溉设施的修建，大规模的农田基本建设，以及农业科技的推广与农业机械的使用等方面具有显著的优势，使我国农业生产条件出现了前所未有的巨大变化，在长达二十多年的实践中，保障了国家对农业的高积累及农村社会的稳定和进步。

① 张宏儒，长弓，筱平. 中华人民共和国大事典（1949～1988）[M]. 北京：东方出版社，1989：144.

② 黄道霞. 集体所有制与合作制——对马列主义经典作家有关论述的考证[J]. 经济研究，1984，（1）.

③ 杜润生. 当代中国的农业合作制（上）[M]. 北京：当代中国出版社，2002：626.

④ 中央档案馆，中共中央文献研究室. 中共中央文件选集（一九四九年十月～一九六六年五月）（第 29 册）[M]. 北京：人民出版社，2013：324.

3. 家庭承包责任理论

家庭承包责任制在不改变集体经济性质的前提下，重塑农业的微观组织结构，确立家庭在农业生产组织中的基础地位。

改革开放初期，长期的低效率及经济短缺与食品匮乏，令亿万农民强烈要求按照中国农村的实际情况来发展社会主义农业。在高度集中的农业生产经营形式中，农民创造和自发推广了“包产到户”和“包干到户”等生产责任制。邓小平在十一届三中全会上做出《解放思想，实事求是，团结一致向前看》的讲话。在谈到农村经济发展的新思路时，他强调要实行按劳分配，尊重农民的民主权利：“为国家创造财富多，个人的收入就应该多一些，集体的福利就应该搞得好一些。”①这对摆脱人民公社平均主义，开创多种形式的责任制具有指导作用。1979年“包产到户”成为方向之争的关键时刻，邓小平以他长期丰富的实践经验、务实精神和对马克思主义的深刻理解，果断地给予支持。他在《关于农村政策问题》的谈话中，对“包产到户”问题做出分析，肯定了“包产到户”和“包干到户”的经验，明确了包产到户同集体经济的关系，指出低水平的集体化会发展到高水平的集体化，强调要从具体条件出发，不要只讲一种办法。②邓小平指出：“农村政策放宽以后，一些适宜搞包产到户的地方搞了包产到户，效果很好，变化很快。安徽肥西县绝大多数生产队搞了包产到户，增产幅度很大。‘凤阳花鼓’中唱的那个凤阳县，绝大多数生产队搞了大包干，也是一年翻身，改变面貌。有的同志担心，这样搞会不会影响集体经济。我看这种担心是不必要的。”③根据邓小平的会议指示精神，若干省区相继放宽政策，采取措施支持包产到户的发展。最终，1982年中共中央一号文件第一次明确了包产到户、包干到户的社会主义性质，正式提出“联产承包制”这一概念。此后，中央连续四年出台一号文件，依据我国人多地少、生产力水平低、农民有精耕细作传统等基本国情，遵守农户家庭经营广泛适宜性的客观规律，赋予家庭联产承包责任制合法地位，建立起家庭联产承包责任制。

邓小平不仅推广家庭联产承包责任制，还对其完善和发展给予理论指导和科学总结。20 世纪 80 年代中后期，粮、棉、油、糖等大宗农产品大幅度减产，并且现实生活中较为普遍地存在重家庭经营、轻统一经营的倾向，以及对双层经营中的集体经济有认识上的误区，由此再次引发了家庭承包经营是否适应现代农业发展要求的争论。邓小平“两个飞跃”思想为家庭联产承包责任制的下一步发展指明了道路。“第一个飞跃”的实现，如前文所述，离不开邓小平的坚定支持。正

---

① 邓小平. 邓小平文选（第 2 卷）[M]. 北京：人民出版社，1994：146.

② 杜润生. 当代中国的农业合作制（下）[M]. 北京：当代中国出版社，2002：31-32.

③ 邓小平. 邓小平文选（第 2 卷）[M]. 北京：人民出版社，1994：315.

是邓小平同志的适时表态，才使全国性的大争论得以平息，家庭联产承包责任制得以生根发芽，人民公社制最终被取代。在农村改革中建立起来的统分结合经营模式，主要发挥实际效用的还是家庭经营，集体经营的实力不强，组织涣散，农业始终没有摆脱一家一户的小生产状态。但家庭的经济功能，一定会随着社会生产的分工与专业化，出现分解和变化。面对家庭联产承包责任制推行的巨大成功，以及逐渐暴露的缺点，邓小平深刻认识到，家庭联产承包责任制必须坚定不移地保持下去，但是其农户家庭个体经营的格局则应不断完善和发展，于是他提出“第二个飞跃”，即农村改革的总方向是发展适度规模经营，发展集体经济。

1992 年 7 月，邓小平再次阐发了“两个飞跃”思想的内容，尤其强调“在一定的条件下，走集体化集约化的道路是必要的”。但是不能操之过急，“条件成熟了，农民自愿，也不要去阻碍”，“现在土地是公有的。要提高机械化程度，利用科学技术发展成果，一家一户是做不到的。特别是高科技成果的应用，有的要超过村的界线，甚至超过区的界线。仅靠双手劳动，仅是一家一户的耕作，不向集体化集约化经济发展，农业现代化的实现是不可能的。就是过一百年二百年，最终还是要走这条路”①。在“第二个飞跃”的实现过程中，应注意三个问题：第一，家庭承包经营是我国农业的基本经营制度，适度规模经营的推行必须以此为基础，不能否定“第一个飞跃”形成的根基。第二，适度规模经营的实现，集体经济的发展是一个长期过程，有一个量的积累，不能一蹴而就，必须具备合适的条件，即邓小平提出的农业生产机械化，农产品的商品化、市场化，农业经营的产业化，农民的知识化，科学种田和生产的社会化等诸多条件。②第三，集体经济的发展并不是要走过去吃“大锅饭”的老路，而是要在共同富裕的基本目标下，探索公有制经济不同的实现形式，推动集体经济在更高水平上的快速、健康发展。

邓小平的“两个飞跃”思想是在我国“三农”问题面临新情况、新形势的时候产生的，是农村改革和发展的总体纲领，体现着生产关系适应生产力发展要求的基本原理，具有重大的理论意义和实践意义。“第一个飞跃”是对家庭联产承包责任制历史作用的充分肯定，是针对当时理论和实践对家庭承包的责难做出的矫正，明确了联产承包责任制的“低水平集体化”性质，提出了“长期坚持不变”的策略思想；“第二个飞跃”则体现了对“统分结合”中“统”的正确认识，扫清了集体经营层次的理论误区，指明了我国农业发展的根本方向和最终出路是发展集体经济，引导农民走共同富裕的道路。

江泽民坚持并继承了邓小平家庭承包经营和发展集体经济的农村改革思想，将家庭承包经营制度作为一项必须长期坚持的政策。1990 年 6 月，江泽民在农村

---

① 中共中央文献研究室. 邓小平年谱 1975～1997（下册）[M]. 北京：中央文献出版社，2004：1349-1350.

② 陈爱玉. 邓小平关于农业的“两个飞跃”思想与实践[M]. 北京：人民出版社，2009：205.

工作座谈会上充分肯定了邓小平“两个飞跃”思想所指明的改革方向。他强调以家庭承包为主的联产承包责任制是集体经济的新的经营形式，是一个成功的伟大实践。农村改革还要继续深化，总的方向是“发展集体经济，引导农民走共同富裕的道路”①。为了解决农民担心政策会变、人心不稳的问题，江泽民一直强调要稳定和完善我国统分结合的双层经营体制。1998 年 9 月，他在安徽考察时指出：“稳定家庭承包经营，核心是要稳定土地承包关系。土地是农业最基本的生产资料，也是农民最可靠的社会保障。长期稳定农村土地承包关系，既是发展农业生产力的客观要求，也是稳定农村社会的一项带根本性的措施。中央关于土地承包的政策是非常明确的，就是承包期再延长三十年不变。而且三十年以后也没有必要再变。”②1998 年 10 月，江泽民在十五届三中全会闭幕式上要求：“要坚定不移地贯彻土地承包期再延长三十年的政策，同时抓紧制定确保农村土地承包关系长期稳定的法律法规，赋予农民长期而有保障的土地使用权。”③这些论述，让农民吃了“定心丸”，对稳定民心、稳定农业起到了重要作用。江泽民再三强调家庭承包经营的稳定性，其根本原因在于家庭经营符合农业产业特征的本质内在需求，适应了农业精耕细作的产业特点，很好地解决了农民的物质利益问题。

与此同时，习近平在担任中共宁德地委书记期间，围绕闽东地区如何脱贫致富这一主题，就家庭联产承包责任制的发展与完善提出了富有创见的观点。1990 年 4 月，他在与《福建论坛》记者的交谈中，提出闽东要走一条发展大农业的路子，重新肯定和认识了家庭联产承包责任制。习近平指出，“一方面是摆正‘统’与‘分’的关系。所谓‘分’，就是以家庭为主要的生产经营单位，充分发挥劳动者个人在农业生产中的积极性；所谓‘统’，就是以基层农村组织为依托，帮助农民解决一家一户解决不了的问题。所以从本质上说，‘统’与‘分’是相互关系的，不是相互排斥的”“正是这种‘统’与‘分’的结合，构成了目前农村有中国特色的社会主义经营体制的基本形式”④。在辩证分析了“统”与“分”都是进一步解放农村生产力的核心要素以后，习近平又指出：“另一方面就是如何继续稳定、完善、发展乡村合作经济组织的双层经营体制。家庭承包制包括家庭经营和集体统一经营两个层次。这两个层次，既有相互不可替代的作用和特点，又是一个相互不可分离的有机整体。忽视任何一个层次的作用，都不能充分发挥双层经营体制的整体效益。”⑤“统”的层面，习近平专门分析了集体经济出现弱化现象的原因，

① 佚名. 要继续稳定和完善以家庭承包为主的联产承包责任制[N]. 人民日报，1990-6-26.

② 江泽民. 江泽民文选（第 2 卷）[M]. 北京：人民出版社，2006：213.

③ 中共中央文献研究室. 中共十三届四中全会以来历次全国代表大会中央全会重要文献选编[G]. 北京：中央文献出版社，2002：564-565.

④ 习近平. 摆脱贫困[M]. 福州：福建人民出版社，2018：182.

⑤ 习近平. 摆脱贫困[M]. 福州：福建人民出版社，2018：182-183.

"一些农村在实行家庭联产承包制时，没有很好地理解统一经营和'归大堆'的区别，放松了'统'这一方面，需要统的没有统起来，不该分的却分了，其结果是原有的'大一统'变成了'分光吃净'，从一个极端走向另一个极端"①。因此，在扶贫中应当注意增强乡村两级集体经济实力，积极探索发展农村集体经济实力的具体形式和路子，建立健全积累与投入机制，综合运用各种支持政策帮助集体经济发展壮大。习近平对邓小平"两个飞跃"的论述进行了深入阐述，既认识到家庭联产承包责任制在农村改革中取得的巨大成功，又清醒地分析了小生产规模、农民短期行为等弊端，提出了"坚持前提下的完善，稳定基础上的调整"作为妥善解决矛盾的基本原则，为家庭联产承包责任制的发展指明了正确方向。

家庭联产承包责任制是中国农民的伟大创造，是以邓小平为核心的党的第二代领导集体在指导中国农村改革中取得的伟大成果。党中央曾评价道："联产承包制采取了统一经营与分散经营相结合的原则，使集体优越性和个人积极性同时得到发挥。这一制度的进一步完善和发展，必将使农业社会主义合作化的具体道路更加符合我国的实际。这是在党的领导下我国农民的伟大创造，是马克思主义农业合作化理论在我国实践中的新发展。"②

2.3.3　农业经营方式思想

农业社会化服务是农业现代化的产物，是发展社会主义市场经济下农村经济体制的重要支撑。从历史发展的角度梳理农业社会化服务概念，"农业社会化"最早是在资本主义制度下发展起来的，列宁将其含义确定为"许多分散的生产过程融合成一个社会生产过程"，而"农业社会化服务"这个概念是中国提出的。③其实，我国早在 20 世纪 50 年代就已相继确立了农业、林业、农技、农机、水利、气象等国家经济技术部门，以及供销合作社、信用合作社等服务组织，形成了以各部门纵向科层制管理为主的服务网络。④但这时的服务网络还不是现代意义上的农业社会化服务。随着家庭承包经营制度的发展，1983 年个别地方开始出现农业服务公司，并提出"一体化服务""系列化服务"等概念，到 1985 年理论与实际工作者明确使用了"社会化服务"这个概念。⑤1991 年国务院 134 号文件对农业

① 习近平. 摆脱贫困[M]. 福州：福建人民出版社，2018：192-193.

② 中共中央国务院关于"三农"工作的一号文件汇编（1982～2014）[G]. 北京：人民出版社，2014：20.

③ 列宁. 列宁全集（第 1 卷）[M]. 北京：人民出版社，2013：145.

④ 郁大海. 我国农业社会化服务体系改革创新研究[J]. 农业经济，2010，(1).

⑤ 武力，郑有贵. 中国共产党"三农"思想政策史（1921～2013 年）[M]. 北京：中国时代经济出版社，2013：483.

社会化服务做出权威解释，将其定义为“包括专业经济技术部门、乡村合作经济组织和社会其他方面为农林牧副渔各业发展所提供的服务”①。学术界对农业社会化服务的内涵及外延进行了全面研究，高强、孔祥智等学者通过对我国农业社会化服务体系演进轨迹的分析，结合相关政策，将农业社会化服务体系定义为“在家庭承包经营的基础上，为农业产前、产中、产后各个环节提供服务的各类机构和个人所形成的网络与组织系统，包括物资供应、生产服务、技术服务、信息服务、金融服务、保险服务，以及农产品的包装、运输、加工、贮藏、销售等内容”，并指出其建设的方向是“主体多元化、服务专业化、运行市场化”，充分发挥公共服务机构的作用，构建公益性与经营性服务相结合、专项服务与综合服务相协调的新型农业社会化服务体系。②

社会化服务可以满足农户与农业有关部门（如农资工业、商业、科技、信贷等）的关系，可把农户分散的小生产引导并融合于社会化大生产，可把农户的分散经济纳入整个国民经济生产、交换、分配、消费的大轨道。③江泽民充分认识到社会化服务体系有利于解决“小生产与大市场”的矛盾，实现小规模经营与大市场的有效对接。1996 年 6 月，他在河南考察农业和农村工作时指出：“要大力发展农业的社会化服务体系，发展贸、工、农一体化的产业化经营方式，引导农民发展各种新的联合与合作，逐步建立和发展连接农户与市场的各种必要的中介组织。”④由于家庭承包经营的内部专业分工程度较低，农业社会化服务属于社会内分工，可以有效弥补企业内分工退化留下的空缺。⑤1998 年 9 月，江泽民在安徽考察工作时再次指出：“深化农村经济体制改革，总的目标是建立以家庭承包经营为基础，以农业社会化服务体系、农产品市场体系和国家对农业的支持保护体系为支撑，适应发展社会主义市场经济要求的农村经济体制。”⑥江泽民这一论述被中共十五届三中全会通过的《中共中央关于农业和农村工作若干重大问题的决定》纳入正式文件。他还明确提出了把建设农业社会化服务体系作为构建农村经济体制三大支撑体系之一的要求。

进入 21 世纪以来，中国农村跨入全面建设小康社会的历史新时期。重视农业社会化服务体系在深化我国农村改革、推进基本经营制度中的重要作用，是我们党中央领导集体一以贯之的战略思想。2003 年 1 月，胡锦涛在中央农村工作会议上指出，深化农村改革的一个突出重点，就是要“根据需要发展农产品行业协会

① 韩俊. 新中国 70 年农村发展与制度变迁[M]. 北京：人民出版社，2019：114.
② 高强，孔祥智. 我国农业社会化服务体系演进轨迹与政策匹配：1978～2013 年[J]. 改革，2013,（4）.
③ 周诚. 论我国农业合作经济的体制改革[J]. 中国人民大学学报，1991,（1）.
④ 中共中央文献研究室. 江泽民思想年编（1989～2008）[M]. 北京：中央文献出版社，2010：241.
⑤ 龚道广. 农业社会化服务的一般理论及其对农户选择的应用分析[J]. 中国农村观察，2000,（6）.
⑥ 中共中央文献研究室. 江泽民思想年编（1989～2008）[M]. 北京：中央文献出版社，2010：352.

和农民专业合作组织，建立健全农业社会化服务体系，提高农民进入市场的组织化程度”[①]。农业社会化服务在农村市场经济建立和完善的过程中，主要通过提供公益性服务与经营性服务，大力推广农业科技和实现社会分工来发挥重要支撑作用。胡锦涛非常重视科技兴农，在纪念中国科学技术协会成立50周年大会上还专门强调了农业专业技术协会在组织农民、培训农民、发展经济等方面的重要作用。他指出促进经济增长“由主要依靠增加物质资源消耗向主要依靠科技进步、劳动者素质提高、管理创新转变”[②]。农村专业技术协会的成立有利于促进农业技术的推广与应用，提高农业生产水平，为农户提供产品质量、成本、品牌和营销等方面的各种服务，增强其市场竞争力。在中央领导人的高度重视下，2004～2007年连续四个中央一号文件，都对深化农业科技推广体系改革和建设做出明确部署，提出通过公益性服务与经营性服务相结合的方法，完善农技推广的社会化服务机制。[③]随着农业产业结构调整向纵深推进，农业社会化服务体系需要继续创新和改革，构建覆盖全程、综合配套、便捷高效的新型农业社会化服务体系的思想正在形成。农业社会化服务体系的范围进一步扩大。中央一号文件逐步对“农民专业合作社”“农村金融服务”“基层农业公共服务”“基层水利服务体系”等做出部署，要求加强气象服务、水利服务、农业信息服务、土地流转服务等新兴服务领域的供给能力，培育生产要素服务市场。[④]新型农业社会化服务体系的建立，有利于强化双层经营中“统”的功能，把分散生产经营变为相互联结、共同行动的合作生产、联合经营[⑤]，突破了统一经营仅依靠农村集体经济组织单一集中经营农业的理论框架。

早在20世纪90年代，习近平就深刻认识到农业社会化服务能够有力地克服农户分散经营的不足，帮助农户面对市场。他曾高屋建瓴地指出：“服务于大农业不应该是随意性的，而必须有一定的制度加以保证；服务手段不应该是简单化的，而必须是配套的。”[⑥]他将建立社会化服务体系，视为大农业重大突破的关键要素，追其原因，进入市场的农民“不仅要求在生产过程中提供耕、耙、播、收、植保、灌溉、技术指导以及农药、化肥、柴油、良种等生产资料供应方面更多更好的服务，而且要求在产前、产中、产后从信息、信贷、加工、运输、储藏等方面提供系统的服务。要通过走社会化服务体系的路子，实现农业适度规模经营来促进大

---

① 中共中央文献研究室. 十六大以来重要文献选编（上）[G]. 北京：中央文献出版社，2005：117.

② 胡锦涛. 在纪念中国科协成立50周年大会上的讲话[M]. 北京：人民出版社，2008：14.

③ 高强，孔祥智. 我国农业社会化服务体系演进轨迹与政策匹配：1978～2013年[J]. 改革，2014，(4).

④ 高强，孔祥智. 我国农业社会化服务体系演进轨迹与政策匹配：1978～2013年[J]. 改革，2014，(4).

⑤ 孔祥智，徐珍源，史冰清. 当前我国农业社会化服务体系的现状、问题和对策研究[J]. 江汉论坛，2009，(5).

⑥ 习近平. 摆脱贫困[M]. 福州：福建人民出版社，2018：189.

农业的进程；通过传统的农技服务，完善社会化服务体系的内容”[①]。21 世纪以来，习近平更加注重农村经营方式发生重大改变后，农村基本经营制度中“统一经营”层面的创新发展。2013 年 12 月，习近平在中央农村工作会议上提出“加快构建以农户家庭经营为基础、合作与联合为纽带、社会化服务为支撑的立体式复合型现代农业经营体系”，其中，“合作与联合”“社会化服务”就是对“统一经营”层面新内涵的高度概括。这些年，在粮食等大田作物的生产上，适度规模经营的家庭农场，加上比较完备的农业社会化服务体系，形成了耕种收靠社会化服务、日常田间管理靠家庭成员的经营样式。[②]2015 年 12 月，习近平在农村经济工作会议上发表讲话时，继续强调了社会化服务对家庭经营的补充、帮助、联合作用：“家庭经营在相当时期内仍是农业生产的基本力量，要通过周到便利的社会化服务，把农户经营引入现代农业发展轨道。”[③]社会化服务一方面通过公益性服务的社会化，弥补农业公共产品的供应不足，另一方面又以市场服务为导向，为农户经营提供代耕、代种、代收，以及对病虫害统防、统治和粮食收获后的烘干、储藏等全程或“菜单式”服务。[④]农业社会化服务体系围绕农业再生产的各个环节，与若干的家庭经营形成利益共同体，大大增强了农户家庭的市场竞争力。“这种农户加社会化服务的农业经营形式，看似一家一户的耕地经营规模变化不大，但它却明显扩大了农业生产各主要作业环节的服务规模，为农户小规模经营条件下实现现代农业技术和装备的大规模应用开了先河，表现出了相当强的适应性和生命力，实现了坚持、完善农业基本经营制度和推进农业现代化的有机结合，也是符合我国社会转型阶段农业经营体系创新要求的一种有效形式。”[⑤]

---

① 习近平. 摆脱贫困[M]. 福州：福建人民出版社，2018：189.

② 中共中央文献研究室. 十八大以来重要文献选编（上）[G]. 北京：中央文献出版社，2014：669.

③ 中共中央办公厅、国务院办公厅印发《深化农村改革综合性实施方案》[EB/OL]. 新华网，2015-11-02，http://www.xinhuanet.com//politics/2015-11/02/c_1117016978_2.htm.

④ 陈锡文. 适应经济发展新常态 加快转变农业发展方式——学习贯彻习近平总书记在中央经济工作会议上的重要讲话精神[J]. 求是，2015，（6）.

⑤ 陈锡文. 适应经济发展新常态 加快转变农业发展方式——学习贯彻习近平总书记在中央经济工作会议上的重要讲话精神[J]. 求是，2015，（6）.

第3章　坚持和完善农村基本经营制度的总体框架

目前学术界对坚持和完善农村基本经营制度的研究虽然很多，但是不太系统，也缺乏学理性。因此，有必要在明确中国农村基本经营制度科学内涵和构成要素的前提下，构建一个包含理论阐释、目标、基本原则、基本思路、实现路径和评价指标体系在内的坚持和完善农村基本经营制度的总体框架。

3.1　坚持和完善农村基本经营制度的理论阐释

长期以来，对于我国农村基本经营制度，不管是中央文件还是学术界都习惯将“坚持”和“完善”两者并列使用。实际上，“坚持”和“完善”二者之间不仅存在深刻的辩证关系，还蕴含着丰富的哲学思想、数学基础、生物学启示和经济学原理；并且“坚持”和“完善”二者间的这种辩证统一关系可以在我国农村基本经营制度上得到充分体现。

3.1.1　其他学科视角下“坚持”和“完善”关系的逻辑统一

为准确认识“坚持”和“完善”的辩证关系，我们要从自然科学、人文科学和社会科学等多学科中充分汲取养分，在哲学、数学和生物学等多学科的视角下全面展开讨论。

1. 哲学视角下"坚持"和"完善"的逻辑统一

哲学是人类精神领域的特殊部门，是系统化和理论化的世界观。在哲学视角下研究"坚持"和"完善"的逻辑统一，其实就是研究世界是否发展、为何发展、如何发展的基本问题。

1）形而上学的偏颇："坚持"等同于绝对静止

正确地理解"坚持"的科学含义及其存在的合理性与必要性，是科学阐述"坚持"与"完善"两者之间辩证关系的基础。从一般意义上理解"坚持"，即是"坚决保持住某一事物"或"将某一事物持续进行下去"，那么应该如何看待对事物的坚持，这种坚持是绝对静止状态还是相对静止状态，这涉及哲学上形而上学和辩证法的对立。

形而上学的方法主张静止地看待问题。在它看来，自然和社会都是静止不动、一成不变的，如果说有变化，那么也只是数量的增减和位置的移动，并无性质上的根本变化；一个事物永远只能产生同一事物，而不能转化为性质不同的另一事物。

这种观点在科学研究和实际生活中均有着种种表现。17～18 世纪时欧洲的自然科学家们认为太阳系中行星运行的轨道是永远不变的，恒星的位置也是永远固定的，地球从它被"创造"出来的时候就一成不变地保持原状：大陆、海洋、山岭、河流、气候、土壤及动植物的种类等，都是从来如此、永远如此的。同时，在培根和洛克将自然科学中分门别类的研究方法移植到哲学中后，"产生了想把一切都归结为机械运动的狂热"[①]，使这一时期的唯物论具有机械论的性质：霍布斯把一切事物都归结为物体，一切运动都归结于机械运动。

那么，如果机械、绝对化地理解"坚持"，认为"坚持"就是保持事物固定的、僵硬的、一成不变的状态，那么就会陷入"僵死的、平庸的、枯燥的"形而上学的泥沼，这种思维方式"一跨入广阔的研究领域，就会碰到极为惊人的变故……它每一次迟早都要达到一个界限，一超过这个界限，它就会变成片面的、狭隘的、抽象的，并且陷入无法解决的矛盾，因为它看到一个一个的事物，忘了它们互相间的联系；看到它们的存在，忘记它们的生成和消逝；看到它们的静止，忘记它们的运动；因为它只见树木，不见森林"[②]，并且会"堵塞了自己从了解部分到了解整体、到洞察普遍联系的道路"[③]。

① 恩格斯. 自然辩证法[M]. 北京：人民出版社，2018：154.

② 中共中央马克思恩格斯列宁斯大林著作编译局. 马克思恩格斯选集（第 3 卷）[M]. 北京：人民出版社，2012：396-397.

③ 中共中央马克思恩格斯列宁斯大林著作编译局. 马克思恩格斯全集（第 20 卷）[M]. 北京：人民出版社，1971：385.

辩证法同形而上学相反，主张发展地看问题。在它看来，事物都有其产生、发展与灭亡的历史进程，若是不能将事物看作是不断发展中的过程，而将其视作一成不变的东西，那么就什么事物也理解不了。辩证法认为，发展是事物矛盾运动的过程，该过程中蕴含着旧事物的消灭与新事物的产生。

虽然唯物辩证法强调，“没有运动的物质和没有物质的运动一样，是不可想象的”[①]，但也不否认静止。它认为，绝对地运动着的事物也具有相对地静止的一面，主要表现在如下两种情形中。

第一，事物虽然无时无刻不在运动，但是某一具体事物在某种场合下可以不具有某种特定的运动形态。在这种情况下，事物在这一方面就表现出静止的面貌。第二，事物虽然无时无刻不在运动，但是事物的运动并不是在任何情况下都会引起事物的质的变化。当事物的运动还没有引起事物的质的变化时，某一事物仍然是某一事物。在这种情况下，这个事物就显出静止的面貌。

不过，承认运动的绝对性和静止的相对性是否就意味着要摒弃对一切事物、状态、过程的“坚持”？答案是否定的，因为静止并不是单纯消极和保守的因素，而是事物存在和发展的不可缺少的条件。

首先，正因为事物有相对静止的一面，事物才成为具有确定性质和确定形态的事物，才可能存在和发展，才可能被人们认识和利用。如果只有运动，没有任何静止，一切变成倏忽即逝的、没有任何确定性的、不可捉摸的东西，那么任何事物的存在和发展都将成为不可能，人们认识和利用事物也将成为不可能。

其次，正因为事物有相对静止的一面，它才能够在自己存在的时期为抵抗旧事物的复辟提供条件，为过渡到更高级的新事物准备前提。例如，巩固无产阶级专政和社会主义制度，就为防止资本主义复辟提供了条件，也为过渡到共产主义的高级阶段准备着前提。如果没有社会主义时期相对的稳定性，就不能达到这样的目的。

最后，正因为事物有相对静止的一面，事物的运动才成为可以衡量和计算的东西。恩格斯说：“运动应当以它的对立面即静止作为自己的度量”[②]，说的正是这种情形。[③]

由此可见，科学地理解“坚持”的含义，不应当将其局限、抽象地看作是保持事物所固有的某种形态，并错误、片面地将其理解为僵死的、一成不变的绝对

① 中共中央马克思恩格斯列宁斯大林著作编译局. 马克思恩格斯选集（第3卷）[M]. 北京：人民出版社，2012：436.

② 中共中央马克思恩格斯列宁斯大林著作编译局. 马克思恩格斯选集（第3卷）[M]. 北京：人民出版社，2012：438.

③ 李达. 唯物辩证法大纲[M]. 北京：人民出版社，2014：146.

静止，而应当将其理解为事物存在和发展的前提、被认识和利用的载体，理解为抵抗旧事物复辟的条件、新事物产生前的过渡阶段，理解为绝对运动的对立统一面——相对静止。

2）辩证法的矫正："坚持"和"完善"的对立统一

"坚持"和"完善"是事物发展过程中无法回避的两面，它们是对立面的斗争与统一，包含着现存事物的"自己运动""向对立面转化""旧东西的消灭和新东西的产生"等一系列现象，蕴含着深刻的对立统一、量变质变及肯定否定规律。

（1）"坚持"和"完善"关系中的对立统一规律。

矛盾存在于一切过程中。与其他所有事物一样，"坚持"和"完善"的关系其实就是两者内部矛盾诸方面的关系，它们既对立又统一。

第一，矛盾的普遍性与特殊性决定了"坚持"并不意味着不"完善"。

首先，矛盾的普遍性是说，每一事物在其全部发展过程中存在着自始至终的矛盾运动，而事物运动的根本原因就是事物内部的矛盾。正是由于矛盾时时存在，我们在理解"坚持"和"完善"两者间的关系时，要始终坚持矛盾分析方法。例如，在"坚持"我国社会主义性质的同时，是否该承认社会主义社会中还存在矛盾？矛盾还是不是社会发展的动力？党和国家是否要正确地认识和处理这些矛盾？如果不承认我们所"坚持"的社会形态和制度中仍然存在着矛盾，就会在实际矛盾面前束手束脚、陷入被动，失去"完善"事物的动力。

其次，为了正确地观察、处理"坚持"和"完善"之间的关系，还要懂得矛盾的特殊性，即同一物质运动形式在不同的发展过程及发展阶段中所包含的矛盾各具特点。虽然过程的矛盾始终存在，但是矛盾的情况及尖锐程度在不同的发展阶段中有所不同：有的激化了，有的缓和了，有的暂时解决了，有的发生了。例如，在改革开放初期，由于我国实行的是人民公社制度，农业面临着"大锅饭"、平均主义和农民自主经营权、生产积极性之间的矛盾，这一矛盾通过建立起现行农村基本经营制度而得到有效解决。但随着我国工业化、城镇化、市场化、信息化的推进，又出现了农业生产的商品化、社会化和半自然经济、分散化之间的矛盾，这意味着在"坚持"农村基本经营制度的同时，也需要根据其发展过程与阶段的矛盾特殊性做到与时俱进、不断"完善"。

第二，主要矛盾和次要矛盾决定了"完善"并不意味着不"坚持"。

任何事物的内部都包含着矛盾，复杂的事物包含着多种矛盾。有些事物的主要矛盾在这个事物的全部发展过程中的地位是不起变化的①；有些事物在其全部发展过程中，根本矛盾虽然不会改变，但在其各个不同的发展阶段上，主要矛盾

① 陈又星. 企业变革比较研究[D]. 成都：西南财经大学博士学位论文，2003：23.

却是可以改变的。在观察和处理任何客观过程的时候，要全力找出它的主要矛盾，分清矛盾的两个方面哪一方面是主要的，哪一方面是次要的。

"坚持"就是根据矛盾的主要方面决定事物的性质，只要取得支配地位的矛盾的主要方面不发生改变，该事物的性质就应由这一主要矛盾规定下来并贯彻下去，这样才能正确地决定工作中心和工作秩序，抓住事物的"纲""中心环节""关键问题"。而"完善"所代表的次要矛盾不是对主要矛盾的否定和颠倒，而是主要矛盾得以顺利解决的必要条件之一。

以土地所有制为例，有人认为现行农村土地集体所有制与规模经营、农民增收之间存在着尖锐的矛盾，必须建立土地私有产权制度，才能建立市场经济和实现现代化。这种观点混同了主要矛盾和次要矛盾。在社会主义初级阶段，我国社会的主要矛盾没有变，决定了我们的根本任务是集中力量发展社会生产力，这就要坚持以社会主义公有制为主体、多种所有制经济共同发展的基本经济制度，继续实行农村土地集体所有制。土地规模经营及农民增收等次要矛盾不涉及基本经济制度的变更及颠覆，可以通过制定具体的路径及政策加以"完善"。也就是说，"完善"是围绕"坚持"这一中心工作而同时开展的其他方面的工作，是为解决好主要矛盾做的必要准备。

由此可见，"坚持"和"完善"虽然是两个矛盾的部分，但在一定条件下存在转化关系，"坚持"并不意味着不"完善"，"完善"也并不意味着不"坚持"。

（2）"坚持"和"完善"关系中的量变质变规律。

"坚持"和"完善"的关系中也包含着量变质变规律。"坚持"是事物处在量变之中和质变之前所呈现出来的相对静止的状态，"完善"则是量变过程中的部分质变和质变过程中量的扩张。

当事物在"坚持"的状态时，意味着其内部的矛盾双方还未达到主次矛盾易位的阶段，还保持着质的相对稳定性。当事物在"完善"的状态时，意味着事物内部的矛盾因素相互斗争，它们的力量对比由于斗争而不断地消长，产生了质变和量变的相互渗透。在量变的过程中有部分的质变，在质变的过程中也有量的扩张，经过量变到质变和由质变到量变的过程，"坚持"和"完善"的阶段相互更替，事物实现由低到高的无限发展过程。

（3）"坚持"和"完善"的肯定否定规律。

马克思说，辩证法"对现存事物的肯定的理解中同时包含对现存事物的否定的理解"[①]，也就是说，任何事物内部都包含着肯定因素和否定因素。

"坚持"和"完善"的关系中也包含肯定与否定这两种互相对立的因素："坚持"主要源于肯定因素，这种因素对事物性质起决定性作用，代表事物的正面，

① 马克思. 资本论（第1卷）[M]. 北京：人民出版社，2018：22.

促进事物发展。但不可否认的是，经过一段时间后，事物的肯定因素会逐渐衍生出一些阻碍发展的力量。“完善”主要来源于否定因素，这种因素促使这一事物变成新事物。当事物的肯定因素占据矛盾主要方面时，该事物就持续存在，这是“坚持”事物所处的肯定阶段；当事物的否定因素不断壮大并占据矛盾主要方面时，事物会变成新事物，这就是“完善”事物的否定阶段。事物的否定因素在事物发展的全过程中是推动发展的新生力量。这种力量愈趋壮大，最终否定旧事物而产生新事物。这时事物就前进了一步，实现了“完善”的过程。

这样，通过“坚持”和“完善”的不断交替，事物内部的肯定因素和否定因素不断地斗争，使事物通过肯定、否定、再肯定、再否定的道路，波浪式地向前发展。①

2. 数学视角下“坚持”和“完善”的逻辑统一

数学是用抽象的量化方法研究世间数量关系和空间形式（即“数”与“形”）的一门科学。“数学”一词，源自古希腊语的 *μάθημα*（*máthēma*），意为学习、学问、科学。古希腊学者视其为“学问的基础”。数学同哲学一样，既不属于物理、化学之类的自然科学，也不属于政治、经济之类的社会科学，而是一门居于两者之上的具有辅助性质的基础科学。数学研究过程中所蕴含的思想和方法，对认识客观世界起着先导作用。例如，爱因斯坦的相对论发展受到整体微分几何的强烈影响。由于数学具有高度的抽象性和严密的逻辑性、应用的广泛性与描述的精确性，以及研究对象的多样性与内部的统一性，因此，许多科学领域往往伴随着数学思想的发展而创新。同理，我们可以从数学的角度来进一步认识“坚持”与“完善”的逻辑统一。

1）选择突变理论的理论依据

在自然界和人类社会活动中，事物的变化进程存在两种截然不同的形式：一是连续光滑的变化现象，如国民经济的增长、四季相互更替等；二是在连续光滑的变化过程中发生突然的跃迁现象，如胚胎的变异、山体的塌方、桥梁的崩塌、地震、经济危机等。

对前一种连续光滑的变化现象，数学界有着大量的研究，其核心方法是 17 世纪由英国科学家牛顿（Newton，1643—1727）和德国数学家莱布尼茨（Leibniz，1646—1716）同时创立的微积分理论。随着微积分理论不断地丰富和发展，自然科学和社会经济生活中大量的问题得以轻松突破。例如，电磁学中的麦克斯韦方程组、西方经济学中的边际概念等重大理论就是运用微积分理论建立起来的。

① 李达. 掌握辩证规律反对形而上学——《唯物辩证法大纲》一书选刊[J]. 社会科学战线，1978，（1）.

以微积分理论为基础所建立的数学模型有着一定的局限性，它只能描述连续光滑变化的现象，反映在坐标轴上的变化曲线或曲面必须是光滑的。而对于连续光滑变化过程中发生的突然跃迁现象，它所反映在坐标轴上的变化曲线或曲面并不是光滑的。因此，微积分在处理这种变化过程时就显得无能为力。而随之诞生的突变理论就是试图用数学模型来解决这种变化过程。1968 年，法国数学家勒内 · 托姆（René Thom，1923—2002）发表了关于突变理论的第一篇学术论文——《生物学中的拓扑模型》。随后在《结构稳定性[①]和形态发生学》（1972 年）中，他全面介绍了突变理论及方法，并提出了一系列不连续突变现象的数学模型。简单地说突变理论就是研究从一种稳定组态跃迁到另一种稳定组态的规律。

如果把连续的稳定组态看作是“坚持”的过程，把在某个阶段发生的不连续组态看作是“完善”的过程，那么“坚持”和“完善”之间的变化过程就可以用突变模型来描述了。

2）“坚持”和“完善”在突变理论中的数学内涵

勒内 · 托姆的突变理论把研究对象限定于连续稳定的过程在某个阶段发生了不连续的飞跃，而不是那种处处连续的稳定组态或实质上本身就不稳定的组态。勒内 · 托姆在他的书中用控制变量的连续变化来刻画系统稳定的连续过程，并且状态变量几乎处处连续变化；用在整个过程中的少数临界点上发生的突变来刻画系统的飞跃行为。也就是说，在勒内 · 托姆的突变理论中，他把系统的外部条件作为控制变量，看作是对整个系统的一个输入，而把系统自身的变化状态看成是系统对外的一个输出，将输出作为输入的映射函数。突变就是在外部条件即控制变量连续变化时函数发生的一个飞跃，是系统状态发生的一个突变飞跃。通过整个系统控制变量的连续渐变，在稳定系统状态下发生不连续的飞跃，就将变化的系统外部原因与系统内部的自身原因结合了起来。[②]

结构稳定性是勒内 · 托姆突变理论的基础，是用数学中的拓扑知识来定义的。假定有一个含有 m 个连续变化的参数函数族，把它们看成是 m 维空间中的坐标，并且每个函数都可以用这个 m 维空间中的点来表示。记 P 点的函数是 f_p，Q 点的函数是 f_q，若 Q 点位于 P 点的邻域内，并且 f_p 与 f_q 具有相同的形式，那么称 f_p 为函数族的一个结构稳定的函数。

根据勒内 · 托姆的突变理论所研究的对象，我们可以把连续的稳定组态看作是“坚持”的过程，把在某个阶段发生的不连续组态（飞跃）看作是“完善”的

① 结构稳定性是数学中的一个拓扑概念，是指事物的运动状态不为能量函数的微小扰动所改变，它在数学上的结构是稳定的。

② 蒲子嘉. 基于突变理论的财险公司财务风险度量[D]. 上沙：湖南大学硕士学位论文，2011：35.

过程，显然“完善”的过程是发生在总的“坚持”过程中。

突变理论在描述“坚持”的时候，总离不开“完善”；在描述“完善”的时候，也总脱离不了“坚持”。假定任意一个系统每时每刻的状态都可以由给定的n个变量$(x_1,x_2,\cdots,x_n)$的值来定义，并且这个系统受到m个独立变量$(y_1,y_2,\cdots,y_m)$的控制，也就是说这 m 个独立的变量值确定了$x_i(i=1,2,\cdots,n)$的取值。在突变理论中将x_i称作内部变量，表示“完善”过程；将y_i称作外部变量，表示影响内部变量变化的条件，即是控制内部变量的。这就表明了“坚持”是由无数个变量的值构成的连续性稳定系统，“完善”则是不连续性系统，它是由n个变量的值来确定，并且由m个独立变量来控制的。

3）“坚持”和“完善”在突变理论中的逻辑统一

齐曼突变机械模型（图 3-1）是英国数学家 E. C. 齐曼（E. C. Zeeman，1925—2016）于 1969 年发明的。它是众多研究突变理论模型中的一种，描述了一个连续的稳定系统（坚持）是如何发生不连续突跳（完善）的过程。齐曼突变机械是将直径为 1 个单位长度且质量可忽略不计的圆盘固定安装在一个光滑平板上，并让圆盘可以绕转轴O自由转动，然后将两根长为 2 个单位长度且质量可忽略不计的橡皮筋的一端都固定在圆盘边缘Q点上，一根橡皮筋的另一端固定在R点（距圆心为 2 个单位长度）上，另一根橡皮筋的余下一端为自由端P。如果在齐曼突变机械中缓慢地移动自由端P，使其顺着圆盘的轨迹移动，那么当P的位置发生微弱变化时，齐曼突变机械的响应也几乎总是平稳连续的渐变，但依然会在极少数时刻发生突跳。实验显示，当自由端P移动到某些特别的位置（突变点）时，圆盘会急剧地从一个状态跳跃到另一个状态（即控制点的微小变化引起 OQ 与 OR 之间的夹角θ的不连续的、跳跃式的变化）。这就是齐曼突变机械的突变，这个突变是发生在渐变的过程中。如果我们标出发生突跳时P的位置，就会形成四角星形的轮廓线$ADBC$。具体来说，当自由端P在$ADBC$以外时，P的每一位置仅决定圆盘的唯一状态；而当自由端P在$ADBC$以内时，P的同一位置可能引起圆盘两个不同的状态：当P从上方平稳地进入四角星形并接近内点I时，圆盘会平稳地移动到一个状态；而当P从下方平稳地进入四角星形并接近同一内点I时，圆盘会进入另一个状态，然后让整个机械继续平稳地连续响应。这也就是突变理论所说的：事物总是由渐变（坚持）到突变（完善），然后再由突变（完善）到渐变（坚持），并且一直按照这个规律不断循环，促使其由低级不断地向高级发展。也就是说，坚持是有层次的，从坚持到完善是一个逐渐递进的过程，只有当坚持达到一定程度时，此时进行的完善方能引起系统的飞跃。因此，坚持是完善的准备，完善是坚持的结果。

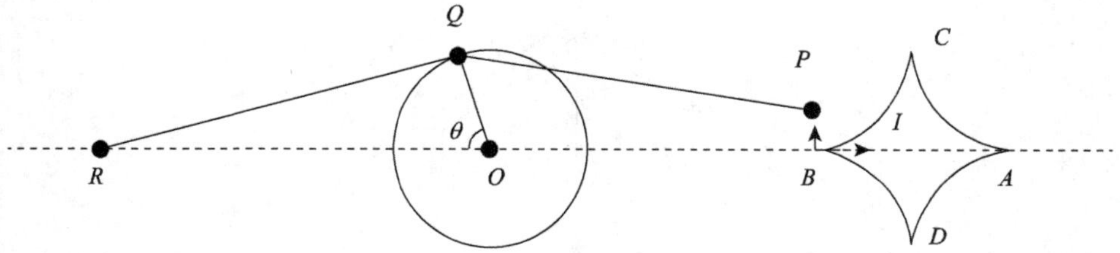

图 3-1　齐曼突变机械模型

资料来源：齐曼 E C. 突变理论[J]. 科学译刊，1978，（2）

欧拉（Euler）拱模型也是众多研究突变理论模型中的一种，它是由两根 1 个单位长度、一端可以自由支撑且质量忽略不计的杆构成，两杆的顶端用一个弹性系数为 k 且质量忽略不计的弹簧相连接。当没有外力作用于弹簧时，两杆间的角度始终保持为 π。若在两杆顶端接触点向下施加一个重量为 g 的载荷，在两杆自由端同时作用一个大小为 f 的水平方向压缩力（图 3-2），那么此时整个欧拉拱系统的总能量是 $V(\theta)=2k\theta^2+g\sin\theta-2f(1-\cos\theta)$。当 g=0 时，此时两杆接触点载荷为 0，由平衡位置条件 $V'(\theta)=0$ 得到 $2k\theta=f\sin\theta$。当 $f\leqslant 2k$ 时，得到唯一解 $\theta=0$，此时平衡位置处于稳定状态；当 $f>2k$ 时，方程存在两个一正一负的解，此时两杆会出现弯曲变化，系统处于非稳定状态。也就是说当欧拉拱模型被作用一个很小的水平方向压缩力 f，并且 f 不断增大时，两杆将在其平衡位置保持一段时间的稳定状态；当 $f>2k$ 时，两杆才会出现弯曲变化。假定两杆向上弯曲后再作用载荷 g，此时将系统总能量函数 V（θ）作泰勒（Taylor）展开得 $V(\theta)=g\theta-(f-2k)\theta^2-\frac{1}{6}g\theta^3+\frac{1}{12}f\theta^4$，当 $V'=V''=0$ 时，求得分歧点的解 $g_\theta=\frac{4}{3\sqrt{k}}(f-2k)^{\frac{3}{2}}$。于是我们可以断言：随着载荷 g 的不断增加，整个欧拉拱将不断塌下直到达到其临界值 $g_0=\frac{4}{3\sqrt{k}}(f-2k)^{\frac{3}{2}}$。此刻，载荷 g 的动能急增，并且它的增长速度决定着整个欧拉拱塌下过程的时间长短。也就是说突变理论认为并不是每一个控制变量都可以用来确定控制内部变量，因为连续稳定系统是有层次的，微小的变量并不能引起系统的飞跃，只有众多的变量聚在一起使系统达到一个临界值才有可能引起飞跃。

3. 生物学视角下“坚持”和“完善”的逻辑统一

生物学是研究生物结构、功能、发生和发展的规律的科学。在生物学视角下研究“坚持”和“完善”的逻辑统一，可以透过生物的遗传和变异，看出自然界

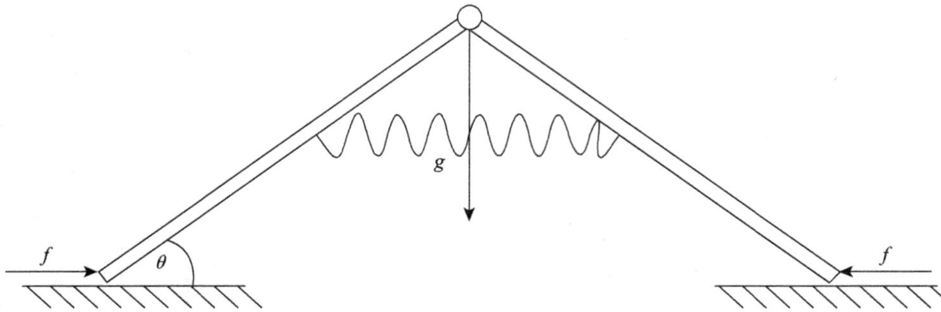

图 3-2　欧拉拱模型

与人类社会的进步和变迁，即一个“坚持”与“完善”相统一的过程。

纵观生物学的诸多理论，其多用简明的语言和逻辑阐明物种进化所需的三个重要组成部分：“遗传”，即种群繁衍时，新一代个体对其亲本生物学特征的坚持；“变异”，即不同世代个体间相似性的差异，新的变异特征在进化中代表着一种完善；“进化”，即个体从遗传和变异中获得的生物学特征必与其能够更好适应自然界的生存和繁衍相吻合，也就是“坚持”和“完善”的一种统一。

1）生物学视角下的“坚持”

在生物学视角下，“遗传”，即种群繁衍，是新一代个体对其亲本生物学特征的坚持。达尔文指出，生物进化论以遗传与变异为基础。他将遗传和变异结合在一起，提出了“泛生论”。在泛生论中，达尔文将遗传物质作为生物进化基础性的存在，并将其命名为“芽球”，它是之后“基因”这一概念的雏形。在最初的进化论中，遗传作为生物信息保存和传递的过程，被认为是生物进化的基础。与达尔文几乎同时代的遗传学巨匠孟德尔也在实验中发现了遗传这一生物延续的重要规律。他从理论和实践中得出结论：遗传使物种趋于稳定，在生物进化的过程中扮演了坚持与继承的角色。

综合来看，遗传在生物进化中起到了已被证实的重要作用，其重要性一是为生物的稳定繁衍提供了基础，二是为有益变异的传递提供了可能性。正如我国农村基本经营制度中必须坚持的农村土地集体所有制，土地是农业最基础的生产资料，农地所有制是农村经济制度的核心，解决了土地所有权如何分配、使用权如何配置及收益如何分配等问题，是坚持社会主义道路和保证社会稳定的重要保障，指导着我国农村经营制度的变迁。另外，我们将是否坚持土地集体所有、是否坚持以农民利益为中心、是否提高农业生产力作为不变标准，就能够判断制度的变迁是否有益，为农村基本经营制度的完善打下基础。

2）生物学视角下的“完善”

“变异”，即不同世代个体间相似性的差异，新的变异特征在进化中代表着一种完善。拉马克对变异的重要性进行了阐述，认为生物的变异由环境改变而引起，生物多样性的原因就在于环境的多样性。在他看来，生物的变异是物种多样性的基础，但变异主要是同一生物体在环境的诱发下产生的。

达尔文在一个种群的繁衍进化过程中阐述了变异的重要性，并总结道：在生物的生存斗争中，有利的变异得到保存并传给后代，有害的变异受到淘汰，通过自然选择的历史过程，微小的变异逐渐累积成为显著的变异，引起生物性状的改变，形成新的物种，即所谓“物竞天择，适者生存”①。

无论哪一种理论，对变异的特性都有相近的描述：变异是随机、偶然的，可能产生有益结果也有可能产生有害结果。“非达尔文主义”认为，基因突变大部分是对自然选择来说既无利也无害的中性突变，是通过随机的遗传漂变在群体中消失或固定下来，从而造成生物性状的多态性。②

综合来看，生物学中的变异在生物进化中同样起到了重要作用，其重要性主要体现在两个方面，一是为生物多样性提供了可能性，二是能够使生物更好地适应环境。

与生物学中基因突变导致的变异不同，社会发展中的“变异”大多来自人类的主观行为，但同样表现出非定向的特点。以农村基本经营制度为例，改革开放以来我国农村双层经营体制逐渐建立。一方面，家庭联产承包责任制得到确立，集体经济的作用得到明确，统分结合的形式不断完善。另一方面，一些偏离了方向的“变异”也随之而来，如将包干到户等同于土地私有化、在合作经济中将除按劳分配外的其他分配方式排除在外等，这些变化实际上是当时对包干到户的错误认识。

3）“坚持”与“完善”的统一

遗传与变异是生物学中一对相对的概念，体现了生物进化过程中的坚持和完善。变异是生物体多样化、适应能力提高的必要条件。但同时，多数学者认为生物学中的变异是中性的，或者说是偶然性的，单纯的变异可能有助于生物的生存，也可能正好相反，只有在遗传和自然选择的作用下，变异才能起到积极的作用。这就需要遗传（坚持）和变异（完善）的统一。这种统一体现在诸多方面。

第一，这种统一在诸多生物学理论与自然现象中得到了印证。例如，在达尔文的进化论中，“三位一体”的遗传、变异和选择原理是对科学史非常重要的贡献，它为生物进化及社会经济演化提供了完整的分析框架。③其中，选择也就是生物个

① 卢浩然，叶永在. 进化论的进化——达尔文主义、现代达尔文主义和非达尔文主义[J]. 福建农学院学报，1982，（4）.

② 卢浩然，叶永在. 进化论的进化——达尔文主义、现代达尔文主义和非达尔文主义[J]. 福建农学院学报，1982，（4）.

③ 贾根良. 演化经济学与达尔文主义：文献述评[J]. 政治经济学评论，2004，（2）.

体产生变异，在自然的选择下，通过遗传形成生物学特征的过程。在这一过程中，只有遗传和变异相统一，生物才能适应自然，更好地生存和繁衍。正如我国当前农村基本经营制度在社会经济的不断发展中被证明是科学的，在不同的时期都对农业生产提供了坚实保障，提高了农业生产力水平。

第二，遗传与变异是生物界的普遍现象，正如坚持和完善在经济社会发展中也是广泛存在的。生物界不仅到处表现遗传，而且到处表现变异。世界上没有两片相同的树叶，这正是遗传和变异广泛的共同作用的结果。正如在农村基本经营制度的变迁中，坚持和完善也是普遍且客观存在的。我们当前的农村基本经营制度是经过漫长演化的，其中如土地集体所有制和以家庭经营为基础是一直被坚持的，各个时期都普遍存在的本质特征；同时，不同时期的经营制度都在不断进行调整和发生变化，任何两个时期的制度都有所不同。

第三，遗传与变异或坚持与完善是紧密联系的。首先，二者在时间和空间上具有高度的一致性。在研究返祖现象时，达尔文认为，生物繁殖结合时会产生一个中间体。达尔文曾将其称为“物种要素”，换成现在的术语就是基因，也就是遗传和变异的载体，这一物质后来依次被称为“芽球”“泛生子”“基因”。无论称谓如何变化，不变的是遗传与变异的载体从未发生分离，二者的发生在时间与空间上都保持了一致。正如农村基本经营制度的坚持和完善也在时间和空间上保持了一致，我们无法将其断然分为坚持阶段和完善阶段。其次，变异需要通过遗传才能得到保留和繁衍。这就是说变异只有得以遗传下去，才能被人们所认知，才能对生物体产生影响。正如农村基本经营制度需要坚持农村土地的集体所有来实现社会主义的制度保障，这一制度保障为农村基本经营制度的不断演变提供了前提。再次，遗传和变异共同作用才能实现进化，就像农村基本经营制度需要坚持和完善的共同作用才能不断得到健全。生物体的变异是中性的、偶然性的，只有通过遗传才能使有益于物种存活的变异保留下来。农村基本经营制度在不同时期的调整难免会有失误和偏差，这就需要坚持社会主义制度。坚持农民的权益、坚持以发展农业生产力为标准，经过历史和人民的选择，把有益的“变异”保留下来。

3.1.2 经济学视角下“坚持”和“完善”关系的逻辑统一

经济学视角下也存在“坚持”和“完善”的逻辑统一，这种统一在演化经济学中有集中体现。

1. 经济学视角下的“坚持”

演化经济学认为，“创新是经济发展的核心驱动力”①。在经济发展这一不可逆的历史过程中，新的技术和新的政策为了应对不断变化的外在环境而不断出现，构成了经济发展的主要动力，这种对环境的应对本身即是一个完善的过程。在演化经济学中，学者用“新奇的创生”来统称这种创新。“新奇的创生”具体是指经济生活中新偏好的形成、技术和制度的创新，以及新资源的创造。

在演化经济学中，“新奇的创生”至关重要。有学者认为演化经济学甚至可以简单地定义为对经济系统中新奇的创生、扩散和由此所导致的结构转变进行研究的经济学新范式。②具体而言，这一范式将演化经济学划分为研究资源创造的经济学，将新知识的创造、企业家的作用、技术变迁和许多被新古典经济学排除在外的内容纳入研究范围，并将其当作一种资源的创造，从而将演化经济学和新古典经济学区分开来。显而易见，资源的创造在很大程度上取决于“新奇的创生”——永无休止的经济变化的原因。

人类大多为了得到更大的利益，实现自身的特定目标而主动地进行新奇创生，反过来新奇创生也对人类的经济生活产生了重大作用。一方面，新奇创生改变了人们的行为方式。正如基因在遗传、复制的过程中发生的变异将改变生物体自身及其后代的生物性状，新奇创生在人类历史发展过程中不断产生，并极大地改变了人类生活与工作的习惯，提高了人们对环境的适应能力，提高了经济活动的效率。另一方面，新奇创生催生制度的变迁，使制度趋于完善，成为人类经济活动的框架。

改革开放以来我国农村基本经营制度的演变就是一个新奇创生的过程。改革开放以来，我们首先实现了人民公社到包干到户的突破，不少地方从实践出发对包干到户的形式进行了创新，并逐渐在制度上确立了家庭联产承包责任制和我国现行的农村基本经营制度。之后，根据新的国情和农情，我们又对农村基本经营制度的内涵进行了创新，提出家庭经营集约化专业化、统一经营组织化社会化的“两个转变”。演化经济学将经济行为看作一个不可逆的历史过程。我国农村基本经营制度的演变和新奇创生同样是一个历史过程，这一过程既是创新也是完善，针对不同时期的外部环境，通过生产习惯、经营制度的创新，实现了农业生产经营能力的不断提高。

2. 经济学视角下的“完善”

前文提到，演化经济学将新奇创生作为经济发展的主要动力。与生物学中的

① 贾根良. 演化经济学导论[M]. 北京：中国人民大学出版社，2015：5.

② 胡慧芳. 历史视角中的战略性新兴产业：政策演进与理论溯源[J]. 上海大学学报（社会科学版），2013，(3).

变异类似，“新奇”在面对不确定的外在环境时也难以一直保持正确的方向，创新的过程实际也是一个“试错”的过程，那些可以带来经济增长、制度健全的创新需要通过“坚持”来对“新奇”进行复制和延续。

演化经济学重视“新奇”的坚持机制。演化经济学家在研究时大量使用了隐喻，其中就包括对“坚持”的隐喻。熊彼得、纳尔逊等用模仿来解释新奇创生后大量企业的跟进，以及所导致的成果普及；拉波曼等则将对“新奇”的坚持作为企业面对市场竞争时所采取的战略举措。此外，还有学者将报酬递增产生的网络效应看作是“新奇”出现后的坚持机制。在网络效应中，跟进者的增多将会产生越来越多的利益相关者，从而促进习惯、技术和制度的固化。

简单来说，演化经济学中对“新奇”的坚持可以看作一种“模仿”和“学习”。在人类社会中，人们通过学习与模仿已有的知识、行为等而获得自己本身不具备的技能，增强自身的能力，并且使知识等得以流传；遗传和模仿都能起到传播、传导、保留、复制的作用。[①]经济生活中的“坚持”——学习与模仿的重要作用体现在：第一，经济行为方式的继承。社会个体之间相互模仿，模仿各自所特有的行为方式。从人类对先辈的模仿来看，这一过程实现了人类行为习惯的传承；从同时代社会个体的相互模仿来看，人类社会是建立在个体或组织互相学习、互相模仿的基础上而不断实现自我扬弃的。第二，经济行为方式的传播。人类社会的学习和模仿可以跨越时间、地域、种族等的限制，并且模仿可以一传多。模仿不仅限于两个主体，一种行为能被多位模仿者所模仿，一位模仿者也能模仿多种行为。因而，人类知识的传播和良好习性的模仿能在更大范围内进行传播。第三，经济行为方式的巩固。对人类来说，学习和模仿是长期存在、不断反复的过程。正是在一次次的模仿中，人类的社会关系与文化遗产被一次次继承。

农村基本经营制度的演变也是一个坚持的过程。既包括对其长久不变的基本原则的坚持，如坚持农村土地集体所有制，也包括对演变过程中创新成果的坚持，如坚持家庭经营和统一经营。以家庭经营为例，改革开放时期我国农业经营制度实现了从人民公社体制到家庭联产承包责任制的创新，家庭经营的确立遵循了从新奇创生—模仿学习—制度变迁的路径。在党把工作重心转移到现代化经济建设上来后，为发展农业生产，不少地方都进行了“个人岗位责任制”、定额计酬、小段包工的尝试，是家庭经营的雏形。在此基础上，安徽、四川首先进行了包产到户的探索，并取得了良好效果。在1979年七省三县农村工作座谈会上，安徽、广州的代表介绍了包产到户的经验，家庭经营的影响力不断扩大。之后，随着中央对包产到户的支持，各地纷纷开展实践。1980年，邓小平在《关于农村政策问题》的谈话中肯定了包产到户和包干到户的经验，不少省份相继放宽政策，支持包干

① 罗丽丽. 演化经济学名词与其生物学隐喻的异同[J]. 经营管理者，2010,（24）.

到户的发展。1982 年的中央一号文件正式提出了“联产承包制”的概念，使家庭经营成了农业经营制度的重要创新，并得到了长期坚持。

3. 经济学视角下“坚持”与“完善”的统一

演化经济学认为坚持和完善，即新奇创生和模仿学习是经济发展的必要条件，并且这两个条件必须紧密联系、相互作用。

与生物学将基因作为坚持和完善相统一的载体类似，演化经济学学家也在积极寻找经济学领域中坚持和完善的载体。马尔萨斯将个人看作基因的类似物，纳尔逊和温特则将企业惯例视为这一载体，而霍奇逊主张把社会制度甚至整个经济系统都看作基因的隐喻物。①虽然存在不同观点，但寻找兼具创新品质和相对稳定性的载体是演化经济学学家的共识。这些载体可以是人类习惯、组织惯例、社会制度甚至整个经济系统，使坚持和完善的因素在其中共存统一，成为经济发展的必要条件。

一些演化经济学家，以分子遗传学中 DNA 的结构为模板，发掘了以“基因类比物”为载体，构建了企业遗传理论模型，研究企业及其发展。例如，尼尔森等的企业 DNA 模型将企业 DNA 归为四个要素组成：决策权、激励机制、组织架构、信息传导，这四个要素犹如生物 DNA 中的 A、T、C、G，这 4 种碱基组合形成了显示企业独特性的企业 DNA。②可以看出，这里的载体不是单一的具体事物，而是一系列企业重要因素的集合，这些因素分别发挥着坚持和完善的功能。例如，决策权受到企业家精神和个体能动性的影响，发挥着新奇创生的重要作用；而信息传导则使有益的创新能够得到坚持和模仿，并在组织和社会结构的约束下得到巩固和确立；激励机制则对坚持和完善都起到促进作用。这样这一系列因素在企业中共同存在、密切配合，形成了新奇创生（完善）—学习与模仿（坚持）—企业发展（统一）的路径。

我国农村基本经营制度的演变同样存在一系列相互作用的重要因素，如农地产权制度、农业经营主体、统分结合的农业经营方式、社会主义市场经济体制。农地产权制度对最基础的生产资料的归属进行了规定，是一切坚持和完善的基础与保障，代表了制度形成的基本趋向；农业经营主体代表了最基层的创新力量和实践土壤；统分结合的农业经营方式一方面有利于发挥农民的主体地位，充分发挥其创新能力，另一方面有利于在统一经营中学习和坚持先进的生产经验和经营模式；社会主义市场经济体制为坚持和完善的相互作用提供了机制和框架。因此，我们同样可以把农地产权制度、农业经营主体、统分结合的农业经营方式、社会

① 尹汝海，李鹤飞. 马克思作为演化经济学家的思考[J]. 人民论坛，2011,（34）.

② 白瑞雪. 生物学类比与演化经济学的发展阶段[J]. 教学与研究，2011,（3）.

主义市场经济体制作为 DNA 中的 A、T、C、G 碱基，这样这些“遗传物质”就统一于农业的生产经营中，遵循上述新奇创生（完善）—学习与模仿（坚持）—企业发展（统一）的路径，促进农村基本经营制度的坚持和完善。

通过对经济学视角下“坚持”与“完善”之间关系的分析，结合哲学、数学、生物学等其他学科的启示，我们至少可以得到三条“坚持”和“完善”之间的逻辑统一关系。

第一，“坚持”是“完善”的前提，“完善”是“坚持”的发展。“坚持”是事物存在和发展不可缺少的条件，“完善”是“坚持”到更高级新事物的过渡。如果看不到事物应“坚持”的一面，就不能正确地把握事物的性质；如果看不到事物应“完善”的一面，则无法正确地把握事物未来的前途。

第二，“坚持”和“完善”具有相互渗透性。对某一事物进行“坚持”并不意味着就不对其“完善”，对某一事物进行“完善”也不意味着就放弃对其的“坚持”。也就是说，总的“坚持”过程中包含着“完善”的过程，“完善”的过程中又有着“坚持”的体现。

第三，“坚持”和“完善”的循环往复性。事物的发展可以由“坚持”到“完善”，然后再由“完善”到“坚持”，依照这个规律不断循环发展。事物也由低级不断地向高级发展。而且，从“坚持”到“完善”是一个逐渐递进的过程，当“坚持”达到一定的程度时，此时进行的“完善”就能发生质变，引起系统的飞跃。因此，“坚持”是“完善”的准备，“完善”是“坚持”的结果。

3.1.3 “坚持”和“完善”在农村基本经营制度上的逻辑统一

在多学科视角下厘清“坚持”和“完善”之间的关系，有利于我们更加全面、准确地理解坚持和完善农村基本经营制度这一重大命题。可以说，前文所论证的“坚持”和“完善”的逻辑统一可以在我国农村基本经营制度上得到极为充分的体现。

第一，从农村基本经营制度总体来讲，“坚持”农村基本经营制度是“完善”农村基本经营制度的前提。农村基本经营制度的确立为我国农业和农村发展发挥了巨大作用，这是我们必须正确认识和把握的性质。因此，这就决定了我们必须以“坚持”农村基本经营制度为前提和基础，如果没有对农村基本经营制度的坚持，那么农村基本经营制度就丧失了存在和发展的条件，“完善”农村基本经营制度也就无从谈起。与此同时，我们也应该认识到，随着实践的发展，农村基本经营制度的弊端和缺陷开始逐步显露出来。因此，这就决定了我们必须正确展望其发展方向，进一步“完善”该制度。

第二，就农村基本经营制度的内在逻辑来讲，对其既要有“坚持”的部分，也要有“完善”的部分，两者相互渗透和交织。对农村基本经营制度的三大构成要素来说，既要对我国农村土地集体所有制进行坚持，也要对农地产权制度中不合理的制度安排进行改革和完善；既要对我国家庭经营的基础性地位进行坚持，也要对其与现代农业不适应的方面进行改造，实现其与不同农业经营主体的融合和共同发展；既要对分散经营和统一经营有机结合的双层经营体制进行坚持，也要不断探索与创新多种形式的统一经营方式。但在“完善”的过程中，我们应始终保证这一制度中需要“坚持”的方面不能被突破。也就是说，对农村基本经营制度总的“坚持”过程中包含着“完善”的过程，“完善”的过程中又有着“坚持”的体现。

第三，农村基本经营制度在“坚持”和“完善”的过程中实现循环发展。农村基本经营制度的发展可以由“坚持”到“完善”——当“坚持”达到一定程度时，“完善”逐渐递进就能发生质变，引起系统的飞跃；然后再由“完善”到“坚持”——当“完善”使农村基本经营制度达到更高发展阶段时，对其的“坚持”就具备更加稳固的依据和基础，即在“完善”中“坚持”，才是最好的“坚持”。这样，通过“坚持”和“完善”的阶段更替，农村基本经营制度不断循环发展，从而实现由低到高的无限发展过程。因此，坚持农村基本经营制度是为了完善农村基本经营制度，完善农村基本经营制度是为了更好地坚持农村基本经营制度。

3.2 坚持和完善农村基本经营制度的目标

目标的确定对农村基本经营制度的坚持和完善具有导向性作用。农村基本经营制度作为党的农村政策的基石，其坚持和完善应始终以解决农业、农村、农民问题为出发点和归结点，以推进城乡一体化发展为目标。

3.2.1 农业增效

农业问题具有极端重要性。一方面，农业是经济发展的基础产业。农业对经济社会的支撑能力决定着社会分工的深化程度和扩展广度。在我国，农业为工业化和城镇化进程做出了突出贡献；多年来农业的稳定发展，也是我国经济免受国际经济危机过强冲击的重要支撑。另一方面，农业更是战略性产业。农业生产满足的是人类基本的生存需要，同时又是第二和第三产业的基础，因而农业问题从来不是一个单纯的经济问题，更是一个重大的战略问题。我国是一个人口大国，农业对我国来说处于更加特殊的地位和具有重要的作用，保障粮食安全是维系社会稳定的"压舱石"，是国家安全的重要基础。①

因此，农业作为国民经济的第一产业，是基础性的生产部门，是实现国家强大的重要支撑，承担着重要的不可替代的功能。从当前的发展来看，农业仍然是国民经济最为薄弱的环节。虽然近年来我国更加重视农业效益与农业质量的并重，但在新常态的发展状况下，我国农业发展面临着很多方面的挑战。

第一，农业生产成本持续增长。由于农业生产资料价格持续高位运行，劳动力成本、土地租金的不断提高，农技服务成本逐渐抬升，农产品物流成本不断增长，农业生产经营成本呈长期增长态势。第二，农业劳动生产率提高缓慢。目前农业劳动生产率的提高基本上还只是在土地要素数量有限的条件下，相对于土地容纳劳动力的能力剩余而产生的劳动力转移的效应，并不完全是农业部门技术进步所产生的效应。第三，农业国际市场竞争力不足。随着我国农业对外开放水平的不断提升和国际农产品价格的持续走低，我国农业面临的国际竞争压力不断加大，国内外农产品价格倒挂状况持续蔓延。第四，农产品有效供给不足。农产品供需结构失衡。一方面，城乡居民人口数量呈现趋势性增长，对粮食等重要农产品的需求量还会大幅增加，供求紧平衡的状态将继续维持。另一方面，我国农产品品质较低、效益不高等问题突出，与居民不断升级的需求结构存在明显的脱节。

由此可见，农业仍是"四化同步"的短板。着力提升农业效益和农业竞争力，仍然是我国农业农村改革的主要方向。实现农业增效，应包含以下内涵：第一，产品结构优化。一方面，有效供给得到增强，无效供给基本消除，低端供给减少，高端供给拓展。另一方面，农产品质量和食品安全水平得以提升。大宗农产品做到优质安全，其他农产品具备特色优势，能满足消费者个性化和高质量的需求。第二，生产方式先进。传统的技术路径得到调整，落后的经营结构得以改变，节本增效、优质安全、资源节约、环境友好的生产方式得到大力发展，包括资本、劳动、土地在内的全要素生产率得以综合提高。第三，产业体系完整。一方面是区域布局优化，表现为资源要素优化重组，农业功能拓展，生产向优势区聚集。另一方面是产业结构升级，表现为农村新业态发展，第一、二、三产业融合，农业"全环节升级、全链条升值"②。

---

① 鸥泉. "保增长、促发展"农业是基础[J]. 农业工程技术（农产品加工业），2009,（3）.

② 佚名. 中央一号文件，怎么看怎么干——中央农村工作领导小组副组长、办公室主任唐仁健、中央农村工作领导小组办公室副主任韩俊答记者问[J]. 农村工作通讯，2017,（3）.

这就为我们坚持和完善农村基本经营制度指明了方向，提供了重要遵循。我们必须通过坚持和完善农村基本经营制度，广泛调整生产力，深刻变革生产关系，实现农业提质增效的目标。首先，通过不断改良和创新现有的农业技术，采用优良品种、先进技术，改善储运设施、营销加工条件，实现集约化和专业化经营。其次，通过提升农业的水利化、机械化、信息化水平，综合提高劳动生产率、资源利用率、土地产出率和市场竞争力。最后，通过体制变革和机制创新推动规模化生产和经营，夯实农业组织化和社会化实现基础，对分散家庭经营进行积极整合，改变传统分散经营模式，切实解决目前农业上出现的细碎化问题和平均化分配的矛盾，以及由此带来的农业成本不断攀升的问题，从而达到我国农业现代化发展的要求。[①]

3.2.2　农民增收

农民问题是“三农”的根本问题。一方面，农民是我国人口的重要组成部分。尽管随着城镇化进程的不断推进，部分农民逐渐摆脱了对农业、农村的依赖，但中国仍有 6 亿农民，他们仍是中国人口的重要组成部分。大量农民进城务工后，虽然基本上获得了生活保障，但多数只能从事较为低端的工作，未实现真正意义上的市民化，同时他们也是弱势的大多数。另一方面，农民致富是全面脱贫的攻坚重点。全面小康是全体中国人民的小康，不能出现有人掉队。[②]现行标准下的 7 017 万贫困人口全存在于农民中，因此，处理好农民问题是打好扶贫攻坚战、全面建成小康社会的重点。

能否保持农民收入的持续增长，是解决农民问题的关键所在，是衡量我国改革开放成效的重要指标，同时也是当前及今后较长时期内我们始终面临的重要挑战。目前，农民增收问题上出现了一些新特征：首先，农民收入稳步增长但增速减缓。近几年农村居民人均可支配收入增幅虽一直高于城镇居民，但农民增收幅度趋向放缓，并且城乡收入的差距依然很大，低收入农民还有很多。其次，传统增收渠道的增长空间变窄。无论是经营性收入还是工资性收入，都显露出下降的趋势。一方面，在我国经济增长速度普遍放缓的整体形势下，工资性收入作为农民收入增长的主要来源面临“天花板约束”。另一方面，家庭经营性收入在农民增收中的贡献率越来越小，并且农业生产面临成本和价格的双重挤压，同时大宗农产品国内外价格倒挂，家庭经营性收入增长的空间将进一步缩窄。[③]

---

① 杨敏. 在新型城镇化过程中构建“新三农”发展格局[J]. 学术论坛，2013，(9).

② 王辉. 习近平扶贫思想的时代特征——以可持续发展作为视域[J]. 传承，2016，(12).

③ 四川省社会科学院课题组. 新常态下四川“三农”发展形势研判及应对[J]. 农村经济，2015，(8).

可见，农民增收的传统动力不断减弱，新的动力却无法跟上。农民增收的压力越来越大。坚持和完善农村基本经营制度，必须以促进农民的持续增收为主要目标，在不断的改革与创新中寻找农业新增长点，着力提升比较效益，不断开拓农业增收空间。具体说来，可以体现在以下几个方面。

经营性收入方面，关键在于推进农业的适度规模经营。通过发展多种形式规模经营，农民可以更好地获取和使用现代农业技术，得到高效便捷的农业社会化服务的支持，有效降低成本、提升质量、开拓新领域、提高附加值，从而保证农业劳动者和经营者的收入，还可以使一部分爱农业、懂技术、善经营的农民能够通过农业发展、致富。同时，大力发展农业产业化经营，完善利益联结机制，提高农民在产业链、价值链中的利益分享比例，让更多农民参与进来，从中受益。

工资性收入方面，关键在于促进第一、二、三产业融合发展。通过推动改善农民工返乡创业环境，加快发展休闲农业、乡村旅游和农村服务业等融合产业，以创业带动就业，有效拓展农业外部增收空间。

财产性收入方面，关键在于赋予农民更多的财产权利。一是实现农民土地承包权权益。农民的土地承包权包括占有、使用和收益的权利。农民可以采取转包、互换、转让等方式流转土地，增加财产性收入渠道。二是实现集体收益分配权权益。通过推进股份合作制改革和农业经营方式创新，把农村闲置和低效利用的农村资源、资产、资金有效利用起来，不断发展壮大农村集体经济，利用农民集体资产股权的高流动性、高可变现性，创造条件让更多农民获得财产性收入。①

转移性收入方面，关键在于进一步推动落实强农惠农政策。通过健全农业支持保护体系，改革农业补贴制度，促进各种资源在配置上更多地向农村倾斜，进而扩展转移性收入的增长空间。

3.2.3 农村繁荣

农村问题具有极端重要性。首先，农村地域广阔，其发展事关整个社会。农村经济不发展，就没有全社会的经济发展；农村生态环境被破坏，全社会的生态文明就会被摧毁。其次，中国传统文化的根基在农村。农村是礼仪的发源地，是传统伦理的根基，也是中华农耕文明的发源地。如果农村在无形中消失，农村所代表的生活方式和价值观被完整置换，我们也就失去了人伦道德、文化传承的根基。最后，解决社会问题及矛盾的关键在于农村。事关人民福祉和社会和谐的一系列重大民生问题，如贫困问题、基本公共服务均等化、基础设施建设、促进教

① 汪洋. 落实发展新理念，全面做好农业农村工作[J]. 求是，2016,（8）.

育公平、城乡要素平等交换和公共资源均衡配置等，其重力点和突破点都在于农村，解决了农村问题，逐步消除城乡二元结构，才能实现社会经济资源的合理有效配置，也才能在这个基础上实现城乡一体化发展。

目前，农村还是全面建成小康社会的短板，其发展中依然存在不少问题。其中，尤为突出的是农村的环境与资源问题。多年来，粗放的农业生产方式和农村生活方式对农村生态环境造成了严重破坏，造成了农村可持续发展与资源环境承载极限的矛盾，农村环境问题日益严峻。

一方面，农村发展受到的资源硬约束逐渐增强。我国耕地资源和水资源尤为紧张，从量上看，土地资源约束趋紧；从质上看，我国土地质量越来越差。从整体上看，水资源总量不足；从分布上看，我国水资源分布不均，北方水资源短缺的压力越来越大。在这样的资源制约下，我国农产品有效供给的隐忧势必会持续增加。另一方面，多元污染加剧农村生态环境恶化。一是农业面源污染。为实现农产品增产，农业经营主体在农业生产过程中对农药、化肥和薄膜的施用强度高，流失量大，这些外部要素的超量投入导致农地和水源深度污染。二是生活垃圾污染。随着农民居住加快集中化，生活污染也日渐从原先的点状污染蔓延为规模式、块状式污染。三是来自工业点源污染。工业生产和城市生活中排放的大量污水和废弃物正在向农村蔓延和扩散，农村地区工业“三废”排放量及污染呈加剧的趋势。

农村的生态环境问题直接影响了农产品的品质，危害农业生产；其负外部性直接作用于农民群体，降低了农民的幸福指数和获得感；同时阻碍了农村和谐社会的构建及农村经济社会的可持续发展。①因此，坚持和完善农村基本经营制度必须把农村增绿作为重要目标，始终以农村为生态文明建设的重要载体。在此过程中，要保卫好“农村”这一生态文明的最终归宿。

具体来说，农村增绿目标的实现，可以拆解为以下三个方面：第一，发展绿色农业。主要体现为提高农产品质量和发展绿色新产业，农产品质量的提高表现为农产品的标准化、安全化和优质化，从加强产地环境保护、源头治理和品牌建设入手，把农产品质量提升和生态环境改善统一起来、结合起来。绿色新产业的发展表现为高效益、高产出和高循环的循环农业、生态农业、节约型农业的发展，以高质量实现高效率，以高效率降低单位产出的资源环境成本。第二，推行绿色生产方式。主要体现在，实现高产、高效与可持续兼顾协调，以解决环境资源约束为主要导向，推行良好的农业生产规范，加大面源污染的治理力度，开展农业生态突出问题的综合治理，通过制度改革或创新，摒弃过去依靠“大肥大农大水”

① 韩喜平，孙贺. 习近平“三农”发展的中国梦略论[J]. 理论学刊，2015，(11).

的资源消耗型生产方式，形成资源节约、环境友好的农业生产方式。①第三，培育绿色生活方式。主要体现为，人们充分尊重生态环境，重视环境卫生，通过建设绿色新社区，发展绿色新文化，推动农村居民在衣、食、住、行、用等日常生活方式上向节约环保、循环低碳、文明健康的生活方式转变，实现村绿、社兴、人和。

3.3 坚持和完善农村基本经营制度的基本原则

原则是事物发展进程和发展方向的本质性规定，只有在科学原则的指导下，经济和社会体制改革才能按既定的轨道推行开来。在坚持和完善农村基本经营制度的过程中，我们应该坚持的五项重要原则是：公平与效率相结合原则、政府与市场相结合原则、自上而下与自下而上相结合原则、统筹兼顾与重点推进相结合原则、个体利益与整体利益相结合原则。

3.3.1 公平与效率相结合

在坚持和完善农村基本经营制度的过程中必须处理好公平和效率的关系。从理论上讲，公平与效率这两个不只含有经济学意义的词汇总是以某种方式组合在一起，可形成多种公平与效率的组合模式。一是“效率优先、兼顾公平”的组合模式，这种组合模式在生产力发展水平不高，工业化、城市化和市场化进程缓慢，产业结构需要转换的条件下能发挥其应有作用，因为只有选择“效率优先”才能达到未来更高层次上的公平，但过于偏重效率将对社会产生不良影响，进而影响到经济增长的良性持续；二是“公平与效率并重”的组合模式，即在初次分配和再分配领域，既重效率又重公平，只有以最小的不平等换取最大的效率，或以最小的效率损失换取最大的公平才是现实的选择；三是“公平与效率协调”的组合模式。该组合模式动态地表达了市场经济条件下公平与效率的和谐关系——“适当差距→效率→差距扩大→公平→差距缩小→适当差距→效率……”的循环模式，但是，将公平与效率原则混同在初次分配与再分配的过程中，既容易形成只讲公平的平均主义式的收入分配机制，也容易陷入只顾纯粹经济效率的市场配置资源

① 唐仁健，韩俊. 实现农业增效，农民增收，农村增绿[EB/OL]. 央广网，2017-2-6，http://country.cnr.cn/gundong/20170206/t20170206_523562354.shtml.

的危机。[①]

实际上，公平与效率从更大意义上讲是一组对偶的概念，将它们相提并论必然会出现诸多难题：①公平与效率配比次序的相互冲突。在公平与效率的各种组合模式里，无论是以收入分配差距为背景，还是以收入分配层次为依据，或者以收入分配领域为界线，公平与效率配比次序都会发生冲突。②公平与效率组合模式转换理由牵强。公平与效率组合模式转换的推动力量主要有两个，一是收入差距的扩大，但仅从收入差距的扩大导出公平与效率组合模式必须转换，实际上是无视城乡差异、资源禀赋差异；二是贫富差距的扩大，但仅依据基尼系数偏高或偏低要求公平与效率组合模式转换的理由也很牵强。③公平与效率实现程度的相互牵制。没有绝对的公平，也没有效率的最高上限，虽然有时公平与效率之间存在着某种替代关系，但其互补作用也不能忽略。公平与效率之间相互制约，二者能实现到何种程度似乎取决于对公平与效率标准的理解。[②]

在实践中，公平和效率作为具有哲学意义的一对范畴，其动态组合和模式选择对经济社会发展的各个方面都有指导意义，对农业及农村经济社会发展也不例外。自中华人民共和国成立以来，我国在不同的历史时期，根据不同的经济社会发展状况，选择了不同的公平与效率的组合模式。既有在公平主导下分配秩序稳定的成果、效率主导下经济活力迸发的辉煌，也有过分平均带来的效率低下、片面追求效率带来的收入鸿沟。

在全面建成小康社会决定性阶段，党的十八大报告指出："初次分配和再分配都要兼顾效率和公平，再分配更加注重公平"，这意味着我国的收入分配模式正向"效率和公平并重""效率与公平的良性组合"方向发展。在坚持和完善农村基本经营制度的过程中，我们应选择"公平与效率并重"的组合模式，处理好公平与效率的关系。

从农地产权制度层面来说，以推行农村土地"三权分置"改革为例，坚持农村土地的集体所有，维护农民集体有效行使集体土地的权能，是保障农民正当权益、实现农民群体共享改革发展成果的前提条件。在此基础上稳定农户的承包权，在起点公平的基础上落实"长久不变"，充分维护承包农户使用、流转、抵押承包地等各项权能，这些都体现着"公平"的基本要求。同时，从"效率"的视角出发考虑，加快放活土地经营权，以此促进多种形式适度规模经营的发展，提升农业生产效率和经济效益，进而实现"公平"与"效率"的良性互动。

从农业经营主体层面来说，出于对"公平"的考虑，必须坚持以广大农户家庭为我国农业经营的主体，保障其生存及就业权利，不能对其进行排斥；出于对

① 蒋永穆，刘承礼. 公平与效率组合模式的选择问题研究[J]. 当代经济研究，2006，(1).

② 蒋永穆，刘承礼. 公平与效率组合模式的选择问题研究[J]. 当代经济研究，2006，(1).

"效率"的考虑，必须不断发展多元化的新型农业经营主体，通过其集约化和专业化生产经营优势，实现农产品有效供给和生产方式转变；同时，充分发挥新型农业经营主体的引领效应，不断带动传统农户优化升级，共同实现中国特色农业现代化，实现"公平"与"效率"的有机结合。

从农业经营方式层面来说，既要充分尊重家庭经营、集体经营、合作经营和企业经营等各种农业经营方式的市场主体地位，使其在农业生产经营中各司其职、平等发展；又要不断创新农业经营方式，积极探索不同经营方式有效结合的统一经营形式，以发挥其各自的比较优势，实现效率提升，进而促进"公平"与"效率"的共同发展。

3.3.2 政府与市场相结合

政府和市场是社会经济活动中两个不可分离的组成部分，都是资源配置机制，但各自发挥作用的机理和方式有所不同。在经济社会发展过程中，处理好政府与市场的关系是一个核心问题。根据唯物辩证法，政府与市场的关系存在一般性和特殊性。

政府与市场关系的一般性。理论上，在政府与市场的结合关系中，根据各自扮演的角色和对经济影响程度的不同，它们可以形成四种基本组合模式。一是"强市场—弱政府"模式。这种模式立足于经济自由主义，强调恪守自由市场原则，主张政府从经济与社会中退出，只扮演"守夜人"的角色。该模式有利于资本主义的原始积累和起步发展。二是"弱市场—强政府"模式。在这种模式中，"强政府"的特征主要表现在政府对社会经济活动进行干预；"弱市场"的特征表现在市场的调节功能附属于政府对社会各行业的管制。这种模式易导致社会经济活动主体缺乏自主性及创造性，以及社会经济部门经济效率偏低。三是"弱政府—弱市场"模式。这一模式实行"半市场化"的运行机制，容易造成企业缺乏竞争力和生产效率，不仅经济易陷入困境，国家政局也易受到干扰。[①]四是"强市场—强政府"模式。"强市场"体现在市场化程度较高，内容包括完备的市场体系、现代的市场手段、成熟的市场机制及其作用发挥；"强政府"不等同于全能政府，而是指政府具有较高政府强度与政府能力，政府与市场的关系是相互制约但不彼此排斥，相互协同但不彼此混同。[②]

政府和市场关系的特殊性。现实实践中，不能抽象地探讨一般的政府和市场

① 郭正林. 论政府与市场结合的基本模式[J]. 中山大学学报（社会科学版），1995，(2).
② 庞明川. 资源配置效率与公平视野的"强政府—强市场"目标模式[J]. 改革，2013，(11).

的关系。社会主义制度与资本主义制度这两种不同的所有制关系决定了其政府的性质、任务与根本目的都存在着本质上的区别，进而这两种制度下政府与市场的关系也有本质不同：在资本主义经济制度下，政府是外部力量，因而政府与市场是两个平行的领域，奉行割裂的“二分法”，只可能有“强政府—弱市场”与“弱政府—强市场”两种非此即彼的模式，不可能实现“强政府—强市场”的有机结合；而在社会主义经济制度下，政府不是单纯地作为上层建筑，而是社会生产关系的重要组成部分，具有领导和组织经济发展的职能。[①]因而“强政府”与“强市场”能实现有机结合：首先，政府和市场作为基本制度安排分别在社会经济发展中起不同的推动作用；其次，“强政府”和“强市场”运作边界合理清晰，二者相辅相成、相互补充；最后，“强政府”与“强市场”的有机结合具有不同的层次性。[②]

在我国经济体制转型过程中，关于政府和市场关系的认识实现了不断深化。在这一过程中，我国基本确立了市场在资源配置中的基础性作用，但市场机制仍不够完善；政府也在资源配置过程中发挥着重要作用，但其职能定位仍待进一步科学化和规范化。

基于以上判断，党的十八大报告提出，“必须更加尊重市场规律，更好发挥政府作用”[③]，这意味着我国政府与市场的关系正由“强政府—弱市场”模式向“强政府—强市场”模式转变。在坚持和完善农村基本经营制度的过程中，我们也应把市场在资源配置中的决定性作用和更好地发挥政府作用有机地统一起来。

从农地产权制度层面来说，坚持农村土地集体所有、推进产权制度创新离不开政府与市场的有机结合。农村土地制度改革需要进行一系列基础性工作，如全面开展土地确权登记颁证。这是非常复杂的系统性工程，需要大量人力、资金和技术支持，市场解决不了，必须由政府统筹推动实施，提供指导和服务。而探索更有效的放活经营权的途径，推动农村土地加快流转，必须遵循市场规律，依赖市场体系，满足市场需求。

从农业经营主体层面来说，坚持家庭经营、发展多元经营主体离不开政府与市场的有机结合。一方面，对农户家庭经营基础性地位的保护，既需要政府做出明确的政策规定，也需要农户家庭主动融入现代市场经济发展，才能有效避免部分地区呈现出的“去家庭化”趋势。另一方面，在新型农业经营主体的培育过程中，政府应实施激励性的引导政策以培育其成长，但不应通过“下指标、定任务、垒大户”的方式进行过度干预，应促进生产要素在各经营主体之间实现市场配置，

① 胡钧. 科学定位：处理好政府与市场的关系[J]. 经济纵横，2014，(7).

② 庞明川. 资源配置效率与公平视野的“强政府—强市场”目标模式[J]. 改革，2013，(11).

③ 胡锦涛. 坚定不移沿着中国特色社会主义道路前进 为全面建成小康社会而奋斗[M]. 北京：人民出版社，2012：20.

合理流动。

从农业经营方式层面来说，加强统一经营、完善社会化服务离不开政府与市场的有机结合。在不同社会化服务供给模式下，政府在社会化服务中扮演的角色不尽相同，但无论在何种模式中，政府在提供规则与环境，保障部分投资后，应主要通过主体服务组织为农民提供服务，更多地由市场决定社会化服务资源的配置，通过构建健全的社会化服务交易市场，培育参与市场竞争的供给主体，使社会化服务体系充满活力，成为农业现代化发展的有力保障。[①]

3.3.3 自上而下与自下而上相结合

自上而下与自下而上之间的关系蕴含着深刻的哲学意义。唯物辩证法认为，认识由实践而生，随实践发展，其根本目的仍是实践，其真理性也必须在实践中验证；认识通常由感性上升到理性，再运用理性认识进一步改造客观世界。“自上而下”，就是指在寻求总体和全面解决方案的过程中，注重事物的关联性和措施的耦合性，通过总揽协调和谋划布局，采取由上而下和整体推进的实现路径，解决深层次、综合性难题。[②] “自下而上”，就是指有限的个体要想认识与改造世界，只有从实践出发，不断进行摸索，认清事物的规律和相互关系，并且根据规律办事，形成综合设计和立体推进。

自上而下与自下而上对应不对立，是相辅相成的辩证统一关系。自上而下虽然看起来似乎仅注重理论与宏观，实际上，其理论基础依然且只能来自实际，即宏观决策同样必须以微观为基础[③]，而且还需再回到现实中去指导实践；自下而上的核心是实践第一，立足实践的目的是由实践得真知、得规律，在这一过程中，获得的真知和规律又进一步超越经验，升华到理性认识的层面。

自上而下和自下而上的有机结合深刻体现了“实践—认识—再实践—再认识”的逻辑过程。我国经济改革的成功不仅得益于自上而下的总体布局，而且始终离不开将经验自下而上地推广、总结和上升。我国全面改革开放是从农村家庭承包经营制开始的，起初也只是局部活动，通过自下而上的改革，促成了十二届三中全会通过《中共中央关于经济体制改革的决定》，对拓展和深化改革提出了指导意见，再通过自上而下的顶层设计，使农村改革成果得到巩固，并向全面改革推进，改变了中国农村乃至整个中国的面貌。在新的阶段坚持和完善农村基本经营制度，也要坚持自上而下与自下而上相结合的原则。

---

① 蒋永穆，周宇晗. 农业区域社会化服务供给：模式，评价与启示[J]. 学习与探索，2016，(1).

② 何兰生. 摸着石头过河和加强顶层设计是辩证统一的[J]. 学习时报，2016，(8).

③ 蔡道利. 加强顶层设计和摸着石头过河相结合[N]. 广西日报，2013-11-26.

一是始终坚持自下而上的基础性和关键性作用。一方面，对不能全面了解、整体把握的现实，要不断地进行试验，并且允许一定的失败和曲折，以充分发挥全社会的改革智慧和基层探索的积极性。例如，对部分适宜地区实行农村土地“确权确股不确地”的做法；对各地开展的农机合作社综合经营、农业产业联合体、土地托管、土地入股、政府购买农业公益性服务等农业经营体制的机制创新，要在把握方向、坚守底线的前提下，鼓励积极探索、大胆创新。另一方面，对那些涉及面广、影响程度深的重大问题，必须在广大地区试点尝试、广泛咨询基层民意。中国国情千差万别，地域、行业等方面的差异极大，这决定了任何一项统一的制度安排在地方和基层都可能产生不同的实施效应，也决定了不可能考量到各层次、各地在制度实施中遇到的所有问题，因而在农业补贴改革、轮作休耕制度、农业电商发展等重要决定和改革的推行过程中，必须试点先行，适时总结经验，广泛听取基层意见，注重农民群众的利益诉求。

二是始终坚持自上而下的全面性和决定性作用。一方面，保证决不能在根本性问题上出现重大错误。在坚持和完善农村基本经营制度的过程中坚持自上而下的原则，就是必须坚持正确方向，保证各项工作沿着正确的道路推进。例如，在坚持农村土地集体所有、家庭经营的基础性地位等方向性问题上，必须自上而下地明确规定其确定性和必然性，实现从中央到地方、从领导到基层的全面理解与贯彻。另一方面，提高改革的连续性和可行性。农村改革进程中，由于思想障碍和利益固化，农村部分改革举措难以有效贯彻，难以向纵深发展。这些现象要求我们坚持自上而下的原则，强化改革顶层设计和总体规划，通过建立制度体系，调整利益格局，确保改革措施的顺利实行，实现社会公平。

三是始终坚持自下而上与自上而下的结合统一。在坚持和完善农村基本经营制度的过程中，我们要始终坚持二者的有机统一，一边设计一边试验，一边检验一边完善。对自下而上的经验，要及时总结、客观评价、全面把握和深刻提炼，尽快完善后自上而下地予以推广，以更好地指导实践。同时，自上而下的顶层设计也要随着实践变化和发展，对合理的、成功的制度设计应予以坚持，对偏颇的、失败的制度设计应及时修正，对制度设计中可能的遗漏应适时补充，如此循环往复，最终实现农村基本经营制度的自我完善和发展。

3.3.4　统筹兼顾与重点推进相结合

统筹兼顾与重点推进是辩证的统一。唯物辩证法认为，事物的联系具有普遍性，要认识客观世界，必须从事物的整体出发，用全面的、发展的、联系的观点去认识和把握事物及发展变化，不能用片面的、静止的、孤立的观点去认识和把握事物的发展[①]，这就要求我们坚持统筹兼顾原则，从全局上谋划，从整体上推进，从更高层次上协调，确保各项事务间相互配合，相互促进。唯物辩证法也指出，矛盾具有特殊性。有些事物的主要矛盾在其全部发展过程中的地位是不发生变化的；有些事物在其全部发展过程中，根本矛盾虽然不会改变，但在各个不同的发展阶段上，主要矛盾却是可以改变的。这就要求我们坚持重点推进原则，在不断变化的形势中把握方向，注重抓主要矛盾和矛盾的主要方面，注重抓具有牵一发而动全身的重点领域和关键环节。[②]

统筹兼顾强调事物的普遍性、整体性，而重点推进强调事物的特殊性、重要性，两者既相互区别、相互对立，又相互联系、相互促进。没有重点推进，就不可能打开工作局面，不可能取得突破性进展；没有统筹兼顾，工作就不可能从根本上改变面貌，取得整体性的胜利和转变。[③]这就要求我们坚持统筹兼顾与重点推进相结合的原则，既不要“面面俱到”，放弃和忽视重点工作，也不要只抓重点工作而忽视全局性工作。

坚持和完善农村基本经营制度是一个复杂的系统工程，涉及领域宽广，利益关系复杂，各领域各环节之间的关联性、耦合性、互动性不断增强。因此，确保各子系统间的协调互动显得至关重要。同时，坚持和完善农村基本经营制度中的各种问题轻重缓急不同，严重程度不同，对整体的影响程度、范围也不一样，因此必须集中力量解决重点问题、做好重点工作，以重点突破带动全局。可见，在坚持和完善农村基本经营制度的过程中，没有统筹兼顾，难免会顾此失彼，使发展举步维艰；没有重点推进，也容易扰乱节奏，让发展久推不动。只有坚持好统筹兼顾和重点推进相结合的原则，做到系统性思考、阶段性推进、分类性破局，才能谋好全局、抓好当前、惠及长远。

一方面，要总揽全局，统筹规划。首先，坚持和完善农村基本经营制度中的各项工作与经济、社会、政治、生态等其他相关领域的工作紧密相连、相互交织，如加强农业基础设施建设需要与推动新型城镇化、城乡一体化相结合，培育新型农业经营主体需要金融、财税、科技等领域的支持，推动土地承包经营权流转离不开社会保障制度的完善，因而必须从全局的角度平衡好各领域的关系，实现密切配合、相互配套。其次，在农村基本经营制度内部，农业供给侧结构性改革、农地“三权分置”改革、农村集体产权制度改革等各项改革任务彼此交织，互相影响，改革的实施需要加强顶层设计，统筹协调推进的步骤，防止顾此失彼、相互掣肘。

---

① 余正琨. 党的组织工作必须坚持统筹兼顾的根本方法[J]. 求实，2009，(8).

② 王立新. 论全面深化改革的协同推进[J]. 南京社会科学，2017，(7).

③ 杨朝飞. 深刻理解“统筹兼顾”的正确含义 妥善处理“重点突破”和“全面推进”的关系[J]. 环境保护，2008，(1).

另一方面，要全面推进，重点突破。从内容上来说，坚持和完善农村基本经营制度的过程中，各项工作之间存在着核心和全面的关系，如农田水利建设处于薄弱环节，农地产权制度改革是关乎改革全局的重要内容，培育现代农业经营主体是长远的、重大的问题，应将工作的重点放到解决这些重要、紧迫和突出的问题上来，以重点突破带动全局。从区域上来说，由于我国各区域的自然资源禀赋差异显著，经济发展水平差异巨大，农村基本经营制度的坚持和完善程度各不相同，各地适宜推进的改革也千差万别，因而各项改革任务应因地制宜、分类指导，根据不同特点选择重点区域先行先试，积累经验，再全面铺开，引领带动全局发展。

3.3.5　个体利益与整体利益相结合

马克思曾经指出，“人们为之奋斗的一切，都同他们的利益有关”①。利益是一切经济活动和经济关系的核心，也是人们一切经济行为的动力，各种制度的确立及经济行为的发生是不同利益主体之间互相博弈而最终达成利益均衡的结果，如何正确地认识和处理利益关系是一切工作成功与否的关键。在众多的利益关系中，个体利益与整体利益的关系是最为基本的，两者既有对立性又有统一性。

从对立性上来讲，整体利益强调全局利益、长远利益，个体利益则表现为局部利益和眼前利益。由于个体利益的差异，人们相互之间追求利益的目标和内容具有强烈的排他性、竞争性，加之各方面条件的相互制约，决定了个体（局部）获得的利益，不可能同时实现或不可能同样充分地实现，这往往会造成个体利益和整体利益的矛盾。从统一性上来讲，整体利益和个体利益在根本上是一致的，整体利益是个体利益的集中体现。“没有共同的利益，也就不会有统一的目的，更谈不上统一的行动。”②一方面，个体利益和整体利益互为前提而存在，没有个体就没有整体，没有整体就没有个体。另一方面，个体利益和整体利益相互促进而共同发展，离开了整体利益，任何个体利益都不可能得到充分发展。只有整体利益发展快了，才能更好地维护和实现个体利益，才能带动各个体持续向前发展。

我们必须将整体利益和个体利益结合起来理解：如果只讲整体利益，不承认和尊重个体的正当利益，那么人们的积极性就调动不起来，甚至会危害社会的稳定。而不维护整体利益，人们为争取自己的私利相互争斗而损害整体利益，社会

---

① 中共中央马克思恩格斯列宁斯大林著作编译局. 马克思恩格斯全集（第 1 卷）[M]. 北京：人民出版社，1995：187.

② 中共中央马克思恩格斯列宁斯大林著作编译局. 马克思恩格斯选集（第 1 卷）[M]. 北京：人民出版社，2012：573.

同样会处于混乱状态，个体利益也得不到保障。正当的个体利益促成整体利益的实现，反过来整体利益又促成个体利益得到更好的满足。[①]个体利益与整体利益并不是在所有的共同体中都是和谐的，但社会主义制度的建立使二者之间的一致性得到了根本保证。在这里，良好的包括国家在内的共同体是“自由人的联合体”，即使各种利益关系盘根错节，各种利益主体逐一登场，多元利益格局不断形成，社会主义和谐社会的利益协调机制也能保证两者利益在制度层面实现密切结合。

坚持和完善农村基本经营制度的过程中也涉及多种利益关系，如城市和农村之间、工业和农业之间、政府和农民之间、中央政府和地方政府之间的关系等，各参与主体之间的利益目标既统一又对立，各主体对利益的认识和诉求也必然有所不同。[②]作为发展生产力和调整生产关系重要环节的农村基本经营制度，同样也应在各方利益协调的前提下顺利进行，因此，我们必须高度重视不同主体利益的差异性，在坚持整体利益和个体利益相结合这一基本原则的基础上，协调与平衡各方主体的利益诉求，使坚持和完善农村基本经营制度顺利进行和实现。

一方面，将整体与个体相结合，处理好中央和地方的利益关系。在坚持和完善农村基本经营制度的过程中，需要各级政府的统筹协调推进。对中央政府来说，其目标在于提高农业效益、保障粮食安全、推进农业现代化、发展农村经济、增加农民收入、促进城乡一体化，主要追求全局利益的完整、统一和最大化；对地方政府来说，其目标更直接地表现为发展农村经济、落实中央政策、发展地方经济、树立“样板工程”、显示地方政绩，主要追求局部利益的最大化。[③]在这种情况下，中央政府与地方政府之间就出现了整体利益和个体利益的冲突。典型的表现就是中央政府的农业农村政策难以在地方得到很好的执行，或者地方利益集团阻挠中央政策的出台[④]，以及各地方政府之间在要素流动、财税博弈、发展速度、绩效评价等方面进行竞争，如此，将不可避免地对农村基本经营制度的坚持和完善造成不利影响。这就要求我们在事关国家全局、长远的重大利益问题上，本着“全国一盘棋”的战略布局，个体利益必须服从和维护整体利益，把国家利益放在首位；同时，中央的整体利益也需要充分尊重和维护地方的个体利益，在制定事关全局、长远发展的方针政策时，需要充分考虑各地的实际情况，对各地的一些特殊利益给予适当的照顾，以调动、发挥地方的积极性。[⑤]

---

① 刘芳. 马克思关于个人利益与集体利益关系的文本解读[J]. 云南大学学报（社会科学版），2015，(3).

② 杨少垒，蒋永穆. 中国特色农业现代化道路的科学内涵[J]. 上海行政学院学报，2013，(1).

③ 杨少垒，蒋永穆. 中国特色农业现代化道路的科学内涵[J]. 上海行政学院学报，2013，(1).

④ 杨少垒，蒋永穆. 中国特色农业现代化道路的科学内涵[J]. 上海行政学院学报，2013，(1).

⑤ 胡春生，蒋永穆. 以利益协调促资源富集区经济增长方式转变：基于利益相关者的分析[J]. 经济体制改革，2011，(4).

另一方面，将整体与个体相结合，处理好国家、组织和个人的利益关系。国家、组织和个人的利益诉求内容在某些时候并不完全一致，因为，国家要为全国人民的利益服务，代表全国人民的共同利益；组织（主要指农村集体经济组织、农民专业合作社、农业企业等）作为相对独立的经济实体，是谋求利益的基本经济单位，有自己的利益追求；个体（主要指农民）作为市场主体也有个人占有和支配资源、获得农业直接收益的目标。[①]因此，需要重视对各主体间利益矛盾和冲突的解决。首先，强调国家利益高于一切时，必须兼顾组织和个体的利益，特别是不能泛化国家利益，不合理地损害组织和个体利益。例如，在推动经营权流转的过程中，要确保任何主体都不能取代农民家庭的土地承包地位[②]，不能允许侵占农民收益的行为，也不得强迫农民放弃承包的土地；在维护农民的承包权时，也应充分尊重经营权，明确各类农业经营组织在流转土地上享有占有、耕作并取得相应收益的权利。其次，强调组织及个人有权保护自身利益时，同样要对国家利益予以全面考虑，特别是不能因一己私利而损害整体利益的实现。例如，虽然各类农业经营组织及农民个人对农村土地具有占有、使用、收益等权能，但国家及集体对承包地具有调整、收回、征收及监督使用等权利，这意味着农业主体的经营权和个体利益必须在整体利益的框架下实现，不得改变土地集体所有的性质，不得改变土地用途，不得对土地进行掠夺式和破坏式经营，国家有权进行土地用途调整和管制，以保障人民整体利益、维护国家和社会稳定发展。

3.4　坚持农村基本经营制度的基本思路

3.4.1　坚持农村基本经营制度的内涵

农村基本经营制度是农村改革的底线，在新的阶段全面深化农村改革要牢牢把握改革的正确方向，始终坚持中国特色社会主义道路，坚守这一制度底线不动摇，保证社会主义制度不变色、改革方向不走歪。但是，坚持农村基本经营制度

---

① 胡春生，蒋永穆. 以利益协调促资源富集区经济增长方式转变：基于利益相关者的分析[J]. 经济体制改革，2011,（4）.

② 苑鹏. 关于农村统分结合的双层经营体制的若干问题探究——习近平总书记关于稳定和完善农村基本经营制度的重要思想[J]. 农村经济，2017,（10）.

的内涵是什么，需要从哪些方面对其进行坚持，怎样才是实现了对农村基本经营制度的坚持，这些问题都需要予以回应和解答，这就要求我们清楚地认识农村基本经营制度质的规定性。

“质”，是一个事物成为它自身并区别于他事物的内部所固有的规定性。特定的质就是特定的事物存在本身，质和事物的存在是直接同一的，是作为事物的内在规定性而客观地存在。某物之所以存在，之所以是它自己，并与他物相区别，就是由于它具有自身的质的规定性。①质的规定性是一个事物本身就必须具有的应有之义，是人们认识事物的前提、起点和基础。如果某种事物丧失了它所固有的特殊的质，它就无法与别的事物相区分，它就不再是它自己，就会变成别的事物。正如共同富裕是社会主义的本质特征，是社会主义不同于其他私有制基础上社会形态的质的规定性，显现的是中国所独有而其他国家不存在的、进而把中国与其他国家相区别开来的质的规定性。②研究我国现阶段农村基本经营制度的内涵，衡量和界定我们对该制度的坚持程度，以及对该制度的坚持应体现在哪些方面，也必须从研究和认识农村基本经营制度质的规定性开始。

根据农村基本经营制度的三个构成要素，我们可以得出农村基本经营制度的质的规定性：第一，农地产权制度层面的集体所有制规定性。农地集体所有制是我国社会主义基本经济制度的主要组成部分，是我国农村制度有别于世界其他国家和地区的独特的制度安排。第二，农业经营主体层面的家庭经营的基础性。在我国，我们强调以农户家庭为基础性经营主体，通过共同协作、相互融合，形成各类农业经营组织。第三，农业经营方式层面的统分结合规定性。目前我国农业经营的表现方式可以高度概括为在“分散经营”基础上与“统一经营”相结合的双层经营格局。

在明确了农村基本经营制度质的规定性的基础上，我们就可以知道，在坚持和完善农村基本经营制度的过程中，只要坚持住了该制度这三个方面的规定性，农村基本经营制度的质就会在一定程度内保持相对稳定性，就给予了农村基本经营制度以完善的空间，对该制度的完善并不会改变农村基本经营制度的内涵，但一旦失去了对以上三个方面规定性的把握，现实中所谓的“完善”不在该框架下运行，突破了制度的关键性节点和发展的度，那么农村基本经营制度的质就会发生根本改变，从而失掉其本性，成为他事物。因此，坚持农村基本经营制度，从本质上说，就是坚持农村土地的集体所有、坚持家庭经营的基础性地位、坚持分散经营与统一经营相结合，这既是来自历史演变的经验，也具有制度与国情的现实依据。

---

① 王贤卿. 基于马克思人性理论视阈的人与自然关系探析[J]. 中州学刊，2011，(2).

② 何自力. “四个全面”战略思想是实现共同富裕的强大动力[J]. 南京政治学院学报，2016，(2).

3.4.2　基本思路一：坚持农村土地的集体所有

当前，农业农村发展面临新形势新任务，我们必须在新的历史起点上全面深化农村改革。但对一些关键领域，应该改什么、朝什么方向改、怎样改，理论界和实践界往往存在较大争议，其中，农村土地制度改革就是各方争论的焦点。

改革开放以来，国内外就一直有人或明或暗、或公开或私下主张中国土地私有化。他们认为农村土地私有化不会动摇社会主义的经济基础，或者对土地私有化与我国社会主义性质冲突的事实避而不谈。他们认为土地私有化能增加农民卖地的收益，并且不会影响农村社会的稳定；认为土地兼并有利于加快现代化，并且不会导致两极分化和社会不公。事实上，这些看法都是不成立的。

首先，土地私有化一定会动摇我国社会主义公有制的根基。我国是社会主义国家，公有制是社会主义生产关系的基础，无论制度环境如何变化、制度安排如何创新，农村土地制度绝不能削弱，更不能突破社会主义公有制的底线。社会主义经济制度的基础，是生产资料的社会主义公有制[①]，土地作为最基本的生产资料，其占有和运用也必须体现社会主义公有制性质。土地私有化必定动摇社会主义公有制的基础，必定导致我国社会主义基本性质的崩塌。

其次，土地私有化一定会摧毁农村社会稳定的基石。我国工业化和城镇化进程决定了城市对农村居民不具备足够的吸纳能力，农民也尚不具备在城市稳定生活的能力。这样，在农村集体土地所有制下，承包地就具有极其重要的“稳定器”及“蓄水池”功能。随着产业结构不断优化升级，农民工长期内仍然面临潜在失业的风险，仍然离不开将土地作为其生存及就业保障的防线。若强行实施土地私有化改革，势必引发不可控的社会成本。

最后，土地私有化一定会引发土地兼并，导致农村社会两极分化。土地私有化以后，地价上涨仅在城市和城镇周围发生，那些远离城市的土地则无人问津，从而大部分农民都不可能通过卖地致富。土地私有化引起的土地兼并与集中只会造成穷人越穷、富人越富，进而加速农村社会的两极分化，引起更大的社会矛盾。

除此之外，我国的工业化、城镇化进程也无力支撑土地私有化成本。一方面，我国工业化城镇化进程尚未完成，土地私有化会推高地价，增加工业化和城镇化的成本，不利于土地配置效率的提高。另一方面，在政府找到其他稳定的财政收入来源前，若贸然实行土地私有化将把政府推入财政悬崖，我国可能永远丧失实现中华民族伟大复兴的机遇。站在全局的高度综合分析制度收益与成本分担，便

① 程雪阳. 土地制度宪法秩序——与贺雪峰商榷[J]. 岳麓法学评论，2017，(1).

可以看到，土地私有化必然引发诸多社会矛盾，导致政治成本和社会成本畸高，并且会因挤占其他主体收益和成本分担不均衡产生严重的后果，因而农村土地私有化在中国是行不通的。

因此，农村土地制度改革中包含着复杂的利益关系，应审慎、稳妥地推进，必须坚持农村土地的集体所有，旗帜鲜明地反对土地私有化，这是农村改革的一条底线。坚持农村土地的集体所有，重点在于坚持农村土地集体所有权的根本地位，主要体现在以下两个方面：一方面，保障农村土地农民集体所有权不能虚置，即保障其对集体土地的占有权、使用权、收益权及处分权，维护集体对农村承包地的各项权能。另一方面，确保农民集体有效行使集体土地所有权，即不断健全集体经济组织议事机制，保障集体组织成员相应的知情、决策和监督权利①，防止少数人私相授受、谋取私利。

3.4.3　基本思路二：坚持家庭经营的基础性地位

家庭经营是主要依靠家庭自有劳动、自主经营、自负盈亏的农业经营形式。②家庭经营自 20 世纪 80 年代初在我国农村确立以来，在较长时期内有力地促进了农业生产力的提高和农业经济的发展。但随着农业经营环境发生深刻变化，传统家庭经营形式面临着不少质疑。在理论界，存在着一些将家庭经营与发展现代农业对立起来的观点，认为家庭经营就是“落后生产力”的代名词：一是家庭经营规模细小、土地分割零碎，妨碍实现农业产业化；二是家庭经营的方式缺乏吸收技术进步的动力；三是家庭经营造成了“小生产”与“大市场”的矛盾。这都是将当前农户家庭经营面临的问题简单地等同于家庭经营的本质局限。事实上，坚持以家庭经营为基础，既是我国农村基本经营制度中农业经营主体层面的质的规定性，同时也是出于以下原因的考虑。

一方面，我国农业生产力水平不高决定了我们必须坚持家庭经营的基础性地位。生产关系必须适应生产力发展的要求是人类社会发展最基本的规律。现阶段，我国农业生产力整体发展水平仍然不高，从生产效率、现代装备水平、科技支撑水平来看，农业都是我国现代化建设的短腿。在这样的情况下，我国绝大多数农务仍然由劳动者单独作业，农业经营者之间仍然是一种相对简单的协作关系，劳动者在生产过程中的主观能动性和生产积极性仍然极为重要，这就决定了我国农业仍然应以家庭经营为基础。家庭经营所具有的独特优越性，

① 刘守英. 分析土地问题的角度[J]. 学海，2017,（3）.

② 陈泳. 难题与破解：农村土地“三权分置”的实现路径探析[J]. 福建论坛（人文社会科学版），2017,（10）.

不仅能适应农业生产特点，还能克服监督和激励难题，因而仍然是当前农业生产最适宜的组织细胞。

另一方面，我国农民文化素质水平不高决定了我们必须坚持家庭经营的基础性地位。农村生产力的发展要求我们不断创新农业经营方式，通过农民联合与合作来发展统一经营。列宁在论述合作制理论时就已指出，加强对农民的文化教育是提高劳动生产率的重要条件。“完全合作化这一条件本身就包含有农民（正是人数众多的农民）的文化水平的问题”①，要将农民培养为新型劳动者，但目前我国农民文化素质水平普遍不高，与这一规定之间仍有较大差距，无法达到完全合作化的要求。因此，现阶段发展多种形式的联合与合作，仍然应以家庭经营为基础组织形式，在此基础上实现统一经营程度的提高。

此外，家庭经营还具有广泛的适应性，不仅可以为不同所有制所接纳，还可以容纳不同水平的农业生产力，不存在生产力水平提高后就改变家庭经营基础性地位的问题。因此，家庭经营是我国农业应长期坚持的基础经营形式，主要体现在以下两个层面。

第一，从经营主体的数量和发展趋势来看，家庭经营在农业经营中占主体地位。据统计，我国普通农户的数量近 1.9 亿户，经营着我国农村 90%以上的耕地面积，是农业中最主要的经营主体。②即使近年来农村土地流转加速，全国承包耕地流转面积已超过承包耕地总面积的 1/3③，但该数据也从侧面反映，以流转土地为基础发展的新型农业经营主体所经营的农村土地不超过三分之一。在相当长的时期内，农户家庭仍然是我国农业中数量最大、经营土地面积最多的经营主体。

第二，新型农业经营主体仍以家庭经营为基础。无论是何种类型的新型农业经营主体，其生产经营活动均与农户家庭之间发生紧密联系。④合作社的社员来自农户，农业企业要通过与农户的合作来开展生产和经营，专业大户和家庭农场则本身就是以家庭作为基本的决策单位。同时，合作经营、公司经营和集体经营等农业经营方式的多元发展都是对家庭经营这一基本经营形式的拓展和补充，以此让农业家庭经营得到延伸和发展，进而确保家庭经营这一最适于农业生产的基本制度的稳定。⑤也就是说，无论农业经营体制如何改革、制度如何创新，都不应该动摇家庭经营这一基础。

---

① 列宁. 列宁全集（第 43 卷）[M]. 北京：人民出版社，2017：372.

② 陈锡文. 关于解决“三农”问题的几点考虑——学习《中共中央关于全面深化改革若干重大问题的决定》[J]. 中共党史研究，2014，(1).

③ 张晓山. 统筹谋划城乡发展深化农业领域改革——学习习近平同志关于“三农”问题重要论述的粗浅体会[J]. 中国农村经济，2016，(10).

④ 陈泳. 难题与破解：农村土地“三权分置”的实现路径探析[J]. 福建论坛（人文社会科学版），2017，(10).

⑤ 李举锋，张学军，廉珂. “大农户”背景下我国新型农业经营体系建设[J]. 江苏农业科学，2017，(3).

3.4.4 基本思路三：坚持分散经营与统一经营相结合

当前，由于中国人多地少的资源禀赋和城乡发展差距较大的国情，我们采取的是家庭经营、合作经营、公司经营、集体经营等多种经营方式并存的农业经营格局。但从总体上来讲，我国农业经营的表现方式可以高度概括为在“分散经营”的基础上与“统一经营”相结合的双层经营格局。因为无论是合作经营、企业经营中的哪一种经营方式，都是以农户家庭为基础，作为家庭经营的补充和拓展形式，从而本质上都属于分散经营，都要通过合作与联合实现统一经营。

从制度功能上来说，我们坚持分散经营与统一经营相结合，有其价值必然性。一方面，依赖产权细分、灵活性与相机决策相结合、农户行为能力提升与监督内部化节省组织成本，“家庭经营”作为“分”以提高生产效率，解决劳动监督、成果计量和激励等问题；另一方面，依赖于组织化合作与社会化服务的保障，“统一经营”作为“统”以在扩大交易规模的同时降低交易费用，获得农业基础设施、生产要素供给和农产品销售的规模经济，提升农业资源的配置效率和市场交易效率。[①]这种具有互补性和耦合性的双层经营体制在坚持土地等基本生产资料集体所有和必要的统一经营的基础上，赋予农户生产经营自主权，为农户提供服务，从而既保证了家庭承包经营的顺利进行，又能够运用集体的合力和统筹协调能力，提高农业生产的物质技术装备水平，推动农业生产向广度和深度进军，推动现代农业的发展。[②]

坚持分散经营和统一经营相结合，就是使分散经营的积极性和统一经营的优越性有机结合起来，促进两个经营层次的优势互补和共同发展，主要体现在以下三个方面：第一，坚持以家庭经营为基础，实现经营主体的多元化。现阶段，我国统分结合的双层经营体制在“分”的方面做得比较到位。当前的重点应是对其进行改造与完善，提升其与农业现代化的适应性，促使其向集约化、专业化方向发展。第二，坚持发展集体经济，实现经营方式的多元化。在农村大多数地区，统分结合的双层经营体制在“统”的方面做得不够，特别是对集体经济的统一经营重视不足。当前的重点应是大力发展集体经济，强化其发挥服务功能的物质基础，有效克服农户在生产经营各环节所面临的困难；同时发展农户联合与合作的统一经营，通过多元互动、多元互补，让家庭分散经营得到延伸和发展。此外，应加快形成多元化、多层次、多形式的经营服务体系，对统一经营进行有效补充

① 李尚蒲. 农村基本经营制度：在稳定的前提下不断完善——“中国农村基本经营制度学术研讨会”综述[J]. 中国农村经济，2013，(4).

② 张士杰，曹艳. 中国特色现代农业发展中的农村双层经营体制创新[J]. 马克思主义研究，2013，(3).

和完善。第三，坚持分散经营和统一经营结合形式的多元化。由于各地的自然资源禀赋、经济发展水平、农村社会治理、乡村历史文化的具体条件和农民的要求不同，分散经营和统一经营相结合的具体形式也不可能实现同一模式。要根据不同地区的实际情况和生产力水平，探索在新形势下多元化的分散经营和统一经营相结合的形式和模式，利用统一经营把单个的分散经营与社会化大生产链接起来，实现两者的相辅相成、互相促进，充分发挥我国农村基本经营制度良好的制度功能。

3.5 完善农村基本经营制度的基本思路

3.5.1 完善农村基本经营制度的内涵

从现实来看，完善农村基本经营制度是顺应世界农业发展趋势，破解我国农业竞争力低、农民增收困难、生态环境硬约束、城乡发展不平衡问题的必然选择。从理论来看，根据“坚持”与“完善”的辩证统一关系，农村基本经营制度不仅有应该始终坚持的内容，也有应该不断完善的方向，并且通过对农村基本经营制度的完善能够实现对其更高层次的坚持。因而，认清完善农村基本经营制度的具体内涵，明确应予以完善的对象，找准应完善的方向，辨明农村基本经营制度完善的程度，都是需要我们首先解决的问题。

同样，根据农村基本经营制度的三个构成要素，我们可以得出完善农村基本经营制度的内涵：第一，农地产权制度层面积极推进农地“三权分置”改革。实现农村土地所有权、承包权和经营权的“三权分置”，是我国农村改革的又一次重大创新，是农村基本经营制度的自我完善。第二，农业经营主体层面加快培育新型农业经营主体。新型农业经营主体是构建新型农业经营体系的关键，既可维护家庭经营在农业生产经营中的基础性地位，又能加快推动我国传统农业向现代农业转型。第三，农业经营方式层面大力加强农业统一经营。统一经营不仅不会影响家庭经营，而且会给家庭经营注入新的活力，是完善统分结合机制的灵魂和核心。

可以说，抓住了以上三个方面的内容，就是抓住了完善农村基本经营制度的“牛鼻子”，抓住了主要矛盾和矛盾的主要方面。通过对农地“三权分置”改革、培育新型农业经营主体和加强农业统一经营这三个重要领域和关键环节进行突破，就能够以点带面，破解“困局”，在完善农村基本经营制度的过程中联动发挥其他各组成部分的作用，从而建立起与现代农业相适应的体制机制。

完善农村基本经营制度涉及农村经济社会的方方面面，千头万绪、错综复杂，必须时刻突出主题重点，始终坚持根本方向，即家庭经营向集约化与专业化的方向发展，统一经营向组织化与社会化的方向发展。

首先，应实现家庭经营由粗放化向集约化转变。集约化经营的农业，就是通过构建比较完善的农业生产条件、运用较高的生产技术水平、采取科学的经营管理方式，实现对各种现代生产要素资源的高效集约利用，同时达到提高农业生产力的目的。集约化应包括三方面的含义：一是单位面积土地上要素投入强度的提高，二是要素投入质量的提高和投入结构的改善，三是农业经营方式的改善。家庭经营向集约化方向发展，解决的是农业生产问题和资源环境约束。

其次，应实现家庭经营由兼业化向专业化转变。专业化经营道路，是指农业生产经营按照农产品的不同种类、生产经营过程的不同环节，在区域之间或农业经营主体之间进行分工协作，以此发挥各经营主体的比较优势、分散农业经营风险和提高农业经营收益。专业化应包括两个方面的含义，即农业生产经营主体的专业化和农业的区域专业化。家庭经营向专业化方向发展，解决的是农业经营效益问题和“人”的支撑问题。

再次，应实现统一经营由分散化向组织化转变。组织化是指通过组织升级、联合生产、民主决策等多元化的农业经济组织形式和制度来协调农业经济分工，把分散的小农组织起来，构成一个相互联系、相互依赖的有机整体，形成有组织、有规模、有科学管理的合作形态，以此促进分散经营向适度规模经营转变，减少农业生产经营中的信息不对称，降低交易成本和市场风险，提高农业生产效率和规模效益。组织化应包括横向组织化和纵向组织化两个方面的内涵。统一经营向专业化方向发展，解决的是农业生产中散、弱及与市场对接不足的问题。

最后，应实现统一经营由个体化向社会化的转变。社会化是指农业由孤立的、封闭的生产方式，转变为分工细密、协作广泛、开放型的生产方式的过程。也就是把农业产前、产中、产后的不同环节都进行分解，每个环节分别由不同的社会化组织去完成，进而把家庭经营纳入一个完整的生产经营体系，把分散独立的生产过程融合成为一个社会生产总过程。社会化不仅包括农产品的社会化，还包括农业生产经营的社会化。统一经营向社会化发展，解决的是农业规模经营的问题。

3.5.2 基本思路一：积极推进农地“三权分置”改革

中华人民共和国成立以来，我国农村土地制度经历了“两权合一”“两权分离”到“三权分置”的改革历程。改革开放前，农村集体土地是所有权和经营权合一①；改革开放后，家庭联产承包责任制初步确立，我们不断探索土地集体所有权与农户承包经营权的“两权分离”。家庭联产承包责任制极大地调动了农民群众的生产积极性，为国民经济的持续快速发展提供了基础支撑。

随着工业化和城镇化进程的不断加快，大量农村劳动力持续转向城镇及第二、三产业就业，农业经营格局发生了深刻变化。土地承包权主体同经营权主体分离的现象越来越普遍，承包权与经营权分离在实践中日益成为常态。农业生产者的构成也发生了很大变化，家庭农场、农民专业合作社和农业企业等新型主体成为主力。此外，农业生产力水平的提高特别是先进大型农业机械、互联网等信息技术的使用和普及，使农业的最小经济规模不断提高，分田到户的模式已经无法达到最优经济规模，为此迫切需要改变当前的经营格局，探索适合新时期经济社会发展需要的经营体制。

以上这些重大变化对农村土地制度设计提出了新要求。为了顺应农业现代化的发展要求、农户家庭保留承包权和流转经营权的意愿，把承包经营权再分解为承包权与经营权，实现农村土地所有权、承包权和经营权的“三权分置”，就成为完善农村基本经营制度的必然要求。

一方面，积极推进农地“三权分置”改革可以提升土地、劳动力等资源的利用效率，提升农业综合生产能力和竞争力。在“三权分置”下，农村土地的所有权主体、承包权主体与经营权主体发生分离，所有权属于集体，承包权属于农户，经营权属于实际经营者，土地产权关系得到了进一步明晰。这不仅坚持了集体所有权、承包关系的稳定，也确保了农民不失去承包土地的权利，而且通过分离后的经营权入市有利于土地要素的流动，可以促进土地资源的优化配置，同时提高土地产出率和劳动生产率，还能进一步促进农地财产价值的实现，有助于推动农业的市场化、专业化、规模化和现代化。

另一方面，培育和发展多元化的现代农业经营主体离不开农地“三权分置”改革的推进。相对于承包权，经营权具有开放性和可交易性，经营权的流动范围进一步扩大，可以提升资源配置效率，并且有利于新型经营主体的发展与多元化农业经营方式的创新，为推进农业规模化经营注入鲜活动力。同时，随着土地经

---

① 刘守英. 分析土地问题的角度[J]. 学海，2017，(3).

营权的独立，经营权抵押权益的实现可以为农业经营主体提供重要的金融支撑作用，进一步实现农村资源配置效率的优化，提高农村要素的流动性。[①]

推进农地“三权分置”改革符合生产关系适应生产力发展的客观规律，有利于进一步明晰农地产权，进一步维护和实现集体、农户和经营主体的各项权益；有利于促进土地资源的优化配置，促进新型经营主体的培育，构建新型农业经营体系；有利于农业经营体制机制创新，发展多种形式适度规模经营。因此，推进农地“三权分置”改革是提高农业规模化、集约化、专业化、组织化、社会化水平，是新的历史条件下进一步完善农村基本经营制度的必然选择。

当前，积极推进农地“三权分置”改革，要抓好以下两个方面的重点：一方面，妥善处理“三权”的相互关系。首先，农村土地由集体所有，是我国农村基本经营制度的核心和根本，不得虚置。集体所有权的核心是处置权，即集体通过行使所有权，可以控制和约束其他权利的不规范行使。其次，农户对农村土地的承包权是我国农村基本经营制度的基础，要稳定并长久不变。农户承包权的核心是财产权，即承包权作为农户生活保障的最基本基础，经营权流转不应对农户的财产权产生影响。[②]最后，赋予经营主体更有保障的土地经营权，是完善农村基本经营制度的关键。土地经营权的核心是收益权，其创新要义在于优化土地资源配置，实现“农地农民有、农地农业用”，既促使提升土地产出率，又保障务农者的劳动效益和收入水平。[③]

另一方面，不断探索和丰富“三权分置”的具体实现形式。土地股份合作制、家庭农场制、“按户连片”耕种制、农业共营制、土地托管制等，都是“三权分置”的有效实现形式。要结合不同地区自然资源禀赋和社会经济发展程度的差异，积极鼓励各地进行实践探索和体制机制创新，并在此基础上形成适合不同地区“三权分置”改革的实现路径。

3.5.3 基本思路二：加快培育新型农业经营主体

经营主体是生产力中最活跃的因素。改革开放初期，农业经营主体主要是获得了自主生产经营权的广大农民，他们以独立市场主体的身份积极能动地投身于农业经济的发展。现阶段，随着农业生产分工分业的不断深化，我国农业经营主体已由传统相对同质统一的家庭经营农户占主导的格局转向新型的异质性、多元化经营主体并存的格局。具体而言，新型农业经营主体是一个从事农业生产与经

① 夏玉莲. 农村土地“三权分离”背景下的农业经营体制研究[J]. 理论与改革，2016，(1).

② 中办国办印发《关于完善农村土地所有权承包权经营权分置办法的意见》[J]. 农村工作通讯，2016，(21).

③ 韩长赋. 土地“三权分置”是中国农村改革的又一次重大创新[J]. 农村工作通讯，2016，(3).

营的立体式复合型概念，横向包括产前、产中和产后环节，纵向具有异质性与多样性等特征，其实践形态包括家庭农场、专业大户、专业合作社、农业服务组织、农业企业等。

加快培育新型农业经营主体，是完善我国农村基本经营制度不可或缺的重要内容。一方面，培育新型农业经营主体，可以在维护家庭经营基础性地位的前提下，有效解决工业化、城镇化大背景下农业经营主体层面的缺失问题。各类新型农业经营主体立足于家庭承包经营，通过土地流转，发展规模经营，可以解决未来"谁来种地"的问题。

另一方面，培育新型农业经营主体，形成先进生产力扩展和农业经营形式创新的最有效载体，可以带动并提升传统农户的集约化和专业化水平，推动农业生产经营的组织化和社会化，进一步完善农村基本经营制度。集约化与专业化方面，新型农业经营主体以市场为导向，按照市场需求安排农业生产活动，因而更重视投入产出效果，更注重成本核算，具备较强的投入能力，从而具备较大的应用先进技术和生产手段的积极性与可能性。因此，新型农业经营主体能够集约利用各类资源要素，发挥现代农业装备与农业技术的作用，辐射带动普通农户提高农业水利化、机械化和信息化的水平，提高土地产出率、资源利用率和劳动生产率，实现农业发展方式的转变。与此同时，在市场化导向的促使下，新型农业经营主体为增强市场竞争能力、提高农业生产经营效益，必然走向规模化经营和专业化分工。新型农业经营主体与市场更紧密地对接，将大大提高农业经营的市场化程度和促进分工体系的形成，进而为家庭经营向专业化发展构筑坚实的基础。组织化与社会化方面，新型农业经营主体通过农业产业化经营的方式，可以引领和组织普通农户进入市场，推动整个农业链条产前、产中、产后各环节的有效衔接，并且不断创新农业经营体制机制，运用组织的力量提高其应对市场风险的能力、参与市场利益分配的能力，同时实现农产品的社会化和农业生产的社会化。

因此，加快培育新型农业经营主体，是新时期下不断完善与持续创新农村基本经营制度的必然选择。目前，应重点做好以下几个方面的工作：第一，对专业大户和家庭农场来说，重点在于推动其实现规模经营。进一步完善家庭农场认定办法，扶持规模适度的家庭农场和专业大户优先流转土地、整合土地资源、改善基础设施、提高经营能力，使之成为引领适度规模经营、发展现代农业的有生力量。第二，对农业专业合作社来说，重点在于引导其规范发展。一是要加强农民合作社规范化建设，有效落实合作社管理制度，体现农民的主体作用；二是要推进农民合作社由专业型向多种类型转变，积极发展生产、供销、信用"三位一体"综合合作；三是通过同行业组建联合社的纵向模式和统一区域组建联合社的横向模式，引导发展农民专业合作社联合社。第三，对农业企业来说，重点在于推进其转型升级，增强其带动效应。以农业龙头企业为依托，建立起"生产＋加工＋

科技”的现代农业产业园，重点发展设施农业、精准农业、精深加工、现代营销，鼓励、引导、支持农业企业的产业全环节升级和全链条增值。同时完善农业产业化龙头企业和当地农户家庭、专业合作社之间的利益联结机制，促进农业经营主体之间合理分工，实现互利共赢。第四，加快构建培育新型农业经营主体的政策扶持体系，当前重点是围绕制约新型经营主体发展的瓶颈障碍，在税务登记、农业补贴、资金奖补、项目建设、金融服务和农业保险等方面加强扶持，不断提高其自身实力和发展活力。①

3.5.4 基本思路三：大力加强农业统一经营

随着农村各项改革的推进，统分结合的双层经营体制所处的内外部制度环境发生了深刻的变化，分散经营的方式与社会化大生产、工业化乃至整个现代化进程之间的矛盾逐步凸显，我国农业面临的国内外市场竞争也日益严峻，大力推动统一经营的创新发展就成为必然选择。为契合农业农村发展形势，“统一经营”层次的内涵，也由最初的以单一的农村集体经济组织为载体的集体统一经营，拓展为以多样化农业产业化经营组织或农业社会化服务组织为载体的统一经营。②

现阶段，统一经营的发展方向、内容和重点是要构建多元化、多形式的服务体系，这也是现阶段完善农村基本经营制度的重点和难点。我国农村基本经营制度当前面临的挑战主要是家庭分散经营如何与社会化大生产进行对接，如何实现农业规模化经营的问题。从根本上说，途径主要有两条：一是在家庭经营的基础上，促进农业经营主体间在生产要素和经营活动上进行联合与合作，如通过土地经营权流转的方式，把土地规模扩大到一定水平，产成聚合规模效应，发挥组织协同和产业协同作用，改善农业组织内部规模经济；二是在农村家庭承包经营的基础上，逐步完善农业的社会化服务体系，在更大范围内统一提供农业信息、市场营销、质量管理、技术支撑、金融支持等服务，带动分散经营主体融入社会分工协作网络，通过扩大服务规模来弥补生产经营主体耕地规模的相对不足，从而“矫正”过度零散化经营，在分享外部规模经济的意义上实现农业经营方式的“从分到合”。

因此，在坚持农业家庭经营的基础上，切实加强统一经营，已成为当前完善农村基本经营制度的迫切要求和关键环节。一方面，要支持和鼓励多元经营主体在农业生产经营的各个环节广泛开展联合与合作，创新规模经营方式，发展多种

① 韩长赋部长在全国农业厅局长座谈会上的讲话[EB/OL]. 中华人民共和国农业农村部，2013-8-2，http://www.moa.gov.cn/govpublic/BGT/201308/t20130802_3547183.htm.

② 谭贵华. 改革开放以来农村基本经营制度的内涵演变[J]. 农林经济管理学报，2014，(4).

形式适度规模经营。一是要正确认识规模经营的“适度”问题，应因地制宜、循序渐进，确定各地适宜的耕地规模再加以适当引导，不能片面追求扩张速度和规模，更不能忽略我国承包经营耕地的普通农户依旧占多数的农情。[①]要尊重农民意愿和维护农民权益，促使农民积极参与土地适度规模经营，并从中真正受益。二是要实现适度规模经营的“多种形式”，应鼓励多种形式、多种内容的规模经营，在坚持农户家庭经营的基础上，通过土地经营权流转、股份合作、代耕代种、联耕联种、土地托管等多种方式，加快发展土地流转型、服务带动型等多种形式规模经营。[②]

另一方面，要大力发展主体多元、形式多样、竞争充分的社会化服务，不断健全和完善农业社会化服务体系。一是构建多元化的组织体系，积极培育多元化服务主体，形成以集体经济组织为依托、合作经济组织为主力、龙头企业和专业服务组织为引领、其他社会力量为补充的格局。二是构建多元化的社会化服务方式，主要体现在社会化服务内容和领域的多元化，公益性服务与经营性服务结合方式的多元化，社会化服务供需对接机制的多元化。三是构建多元化社会化服务模式。尊重不同地区的资源禀赋，在政府和市场的协同作用下形成适宜的社会化服务模式，紧密结合各地个性需求，建立政府主导型农业社会化服务供给模式、集体经济组织主导型农业社会化服务供给模式、专业合作组织主导型农业社会化服务供给模式、涉农企业主导型农业社会化服务供给模式和农业服务超市主导型农业社会化服务供给模式。

3.6　坚持和完善农村基本经营制度的动态统一

据前文分析，坚持和完善农村基本经营制度各有侧重，坚持农村基本经营制度的重点在于坚持农村土地的集体所有，坚持家庭经营的基础性地位，坚持分散经营与统一经营相结合；完善农村基本经营制度的重点在于积极推进农地“三权分置”改革，加快培育新型农业经营主体和大力加强农业统一经营。但这并不意味着坚持和完善农村基本经营制度是割裂的两个部分，二者不仅具有共同的目标和基本原则，还具备动态统一的实现基础、实现形式和实现保障。

---

① 张晓山. 大力培育新型农业经营主体[J]. 农村实用技术，2017,（2）.

② 张海燕. 论徐州市农村土地经营模式[J]. 市场周刊（理论研究），2017,（5）.

3.6.1 动态统一的实现基础

社会主义制度的本质规定性是坚持和完善农村基本经营制度动态统一的实现基础。具体而言，这一实现基础主要体现在以下几点。

第一，确立农村基本经营制度是我国社会主义基本制度得以建立的发端。我国社会主义市场经济体制的建立，以在农村起源的体制改革为基础。起源于农村的体制改革，又以家庭承包经营和统分结合的双层经营体制的建立为标志：把农业由生产队统一经营转变为农户家庭经营，虽仅为农业生产方式的转变，却为我国农村市场经济的建立形成了客观基础，农户家庭从此成为基本生产单位，逐步成为市场主体。可以说，家庭经营的实施是我国市场经济的起源，是伟大的变革。[①]随后，继农村基本经营制度的确立，农村经济体制改革的序幕也逐渐拉开，如建立村民自治制度，改革商品流通体制、户籍制度、金融制度乃至整个经济体制[②]，进而为社会主义基本经济制度、基本分配制度、基本政治制度的建立奠定了基础。

第二，坚持农村基本经营制度是巩固社会主义制度的基石。农村基本经营制度是国家根本制度的基础部分，是党在农村一系列基本政策的核心和农村经济的一项基本制度，是“党的农村政策的基石”。农村基本经营制度是农村社会生产力进步的主要运行载体，涵盖了农村社会生产关系的基础部分，这一制度不仅决定社会主义基本制度的性质，影响国家和农民的关系和政权稳定，而且决定着农业生产经营发展的一切主要方面和主要过程，影响农业生产发展，从根本上约束和支撑农业生产经营组织、农业积累分配制度、服务与保障制度、农村市场经济制度等诸多制度的正常运行。因此，始终坚持农村基本经营制度，是巩固社会主义制度不可撼动的基石。

第三，完善农村基本经营制度是发展社会主义制度的要求。社会主义社会是一个不断变革的社会。我国社会主义实践前半程的主要历史任务是建立社会主义基本制度，并以此为基础不断进行改革和发展，在建设社会主义制度体系和治理体系的过程中，我们已经取得了丰硕成果，积累了有益经验。但是，一些领域的体制机制仍存在薄弱环节，有些方面甚至成为制约经济发展和社会稳定的重要因素。因此，我们要在坚持根本制度的基础上，不断通过改革创新推进制度体

① 国鲁来. 农村基本经营制度的演进轨迹与发展评价[J]. 改革，2013,（2）.

② 孔祥智，刘同山. 论我国农村基本经营制度：历史，挑战与选择[J]. 政治经济学评论，2013,（4）.

系的完善和发展。我国农村基本经营制度决定着农村其他制度的产生、发展和变迁过程，以及制度改革的选择方向，但也必须随着社会经济的发展和进步不断完善，以保持长久活力，并推进我国社会主义制度的不断改革、自我完善和自我发展，以保持制度优势，释放社会主义新的生机与活力。

总之，坚持和完善农村基本经营制度动态统一的实现基础就是巩固和发展社会主义制度，这是由社会主义制度的本质规定性所决定。

3.6.2　动态统一的实现形式

坚持和完善农村基本经营制度之间的动态统一，既具有坚实的实现基础，也具有完备的实现形式。“坚持”农村基本经营制度和“完善”农村基本经营制度之所以能够实现动态统一，其内核就在于“家庭经营”和“统一经营”能够在不同程度上、不同形式上实现动态统一，两者既独立运行，又相互支持和配合。在坚持和完善农村基本经营制度的过程中，党和群众充分发挥其首创精神，在各地实践中逐渐探索出了农村基本经营制度的多元化实现形式。[①]根据农村基本经营制度的三个构成要素——农地产权制度、农业经营主体和农业经营方式，可以将各地不同的实现形式划分为以下四种基本类型：高度集体型、合作经营型、统一服务型和承包经营型。

高度集体型具有高度集体化的特征，土地等生产资料均归村级集体经济组织成员共同所有，不实行承包经营，没有分田到户，实行“集体所有、集体经营、强统一服务”，代表类型有河南省新乡县刘庄村、江苏省江阴市华西村等。合作经营型是在土地集体所有、家庭承包的基础上，由各类基本经营组织在农业生产经营环节采取合作制、股份制、社区股份合作制和土地股份合作制等方式的合作与联合，实行“土地共有、合作经营、强统一服务”，代表类型有浙江省宁波市湾底村、四川省崇州市等。统一服务型仍以家庭分散经营为主体，同时通过村集体、龙头企业和农业合作社等经营主体加强和完善社会化统一服务，实行“土地承包、分散经营、强统一服务”，代表类型有天津蓟州区毛家峪、山西省昔阳县大寨村等。承包经营型是以家庭承包经营为主的实现形式，主要是以分为主的统分结合或有分无统的类型，实行“土地承包、分散经营、弱统一服务”，这是改革开放以来在我国广大农村地区普遍存在的一种实践形式。[②]

农村基本经营制度的多元化实现形式是广大人民群众的伟大创造，是为了适

① 蒋永穆. 积极探索农村基本经营制度的多种实现形式[J]. 社会科学辑刊，2017,（3）.
② 蒋永穆. 积极探索农村基本经营制度的多种实现形式[J]. 社会科学辑刊，2017,（3）.

应各地的具体情况应运而生的。不同的农村基本经营制度实现形式受不同的因素影响决定，这些影响因素可以分为内部因素和外部因素。其中，内部因素包括自然资源，如土地资源、气候资源及物种资源；资金资源，如财政涉农资金、集体经济组织涉农资金、民间涉农资金等；人力资源，如劳动力素质、技术运用水平等。外部因素包括市场化程度，如市场信息来源、市场风险与竞争、农业产业体系形态；政策与制度，如农地管理政策与农民的意识形态、价值观念和行为习惯等非正式制度。由于各地内外部因素的影响原理、传导路径及形成机理各不相同，因此产生了农村基本经营制度实现形式之间的差异。[①]

可见，我国农村基本经营制度具备极高的发展韧性，不管各地社会经济发展情况如何多样、农业经营格局如何变化、影响因素如何复杂，广大人民群众都能够通过实践探索，创造出适宜的农村基本经营制度实现形式，既不突破农村基本经营制度的质的规定性，又能在这一框架下实现对农村基本经营制度的创新和完善，总是能够实现农村基本经营制度坚持和完善的动态统一。总之，探索与创新农村基本经营制度的有效实现形式，是对农村公有制的完善，是充分发挥社会主义公有制优越性的必然选择，是我国农村基本经营制度强大发展韧性的最佳体现，是坚持和完善农村基本经营制度在现实中的动态统一。

3.6.3 动态统一的实现保障

坚持和完善农村基本经营制度除了具有一致的目标、统一的基本原则、共同的实现基础、多元的实现形式，还具备健全的实现保障，形成多方合力共同实现二者的动态统一。

一是物质条件的改善。物质条件的改善是保证农业现代化建设的根本前提，具体应从基础设施和设施化水平两方面展开。一方面，坚持农业家庭经营方式，做好农业基础设施建设。重点在于完善支农资金管理体制，打造多样化投资模式；改善农业基础设施存量结构，因地制宜推进农业基础设施建设；建立农业基础设施的项目管控机制，保障农业基础设施建设的有效监管。另一方面，改善农业物质技术装备，提高设施化水平。重点在于完善经营管理机制，强化政府的主导作用；加大资金投入，扩宽融资渠道；加大科技研发力度，提高科技含量。

二是农业科技的创新和推广。加大农业科技创新、转化与推广的力度是实现家庭经营向集约化、专业化转变的必要路径。首先，加大农业科技创新力度，发挥科技创新引领作用。应培育农业科技创新型主体，强化农业科技创新金融支持，

① 蒋永穆. 积极探索农村基本经营制度的多种实现形式[J]. 社会科学辑刊，2017，(3).

发挥政府引领农业科技创新的作用。其次，加快农业科技推广运用，推动农业规模化发展。应发展多种农业科技推广模式，建立农业科技推广保障机制。最后，提高农业科技转化率，将科技成果转化为生产力。应完善科技成果转化多维度评价机制，改进农业科技成果处置和收益管理。

三是要素流动机制的健全。健全的要素机制对坚持和完善农村基本经营制度具有重要作用。首先是完善关键要素投入机制，重点在于完善财政资金投入机制和深化农村金融制度改革。其次是健全要素流动机制，重点在于盘活农村土地要素，建立与完善土地城乡要素平等交流机制，实现土地要素流动市场化；促进农民实现市民化，吸引城市人才流向农村，使劳动力要素实现有序、稳定地流动。最后是探索要素退出机制，在充分尊重农民意愿的基础上，建立最低补偿标准，促进土地退出市场化，同时统筹推进“三权退出”。

四是农村社会保障体系的完善。农村社会保障制度是实现农业生产方式转变的重要保障形式。当前，应扩大社会保障覆盖面，拓宽社会保障资金来源，完善农村社会保障管理体系，建设农村社会保障制度法律体系，促进城乡社会保障体系一体化，建设现代信息技术管理系统，建立起城乡统一、范围覆盖城乡全体居民的公共服务体系，包括教育、医疗、养老、住房等，让农民平等享受“国民待遇”，以创造良好的外部环境，使广大农民获得足够的生活保障。

五是法制建设的加强。健全坚持和完善农村基本经营制度的相关法律运行机制，必须作为坚持和完善农村基本经营制度的关键环节。在农村家庭承包经营法律制度的完善方面，应完善农村土地承包经营权的概念界定及权利构造，尽快为农村土地承包经营权的流转提供明确法律依据，完善农村土地承包经营权确权登记法律制度。在农村集体经济组织法律制度的完善方面，应制定一部专门的农村集体经济组织基本法，明确界定农村集体经济组织的法律性质，重塑集体经济组织的职能及内部治理结构。在农民专业合作经济组织法律制度的完善方面，应对农业专业合作经济组织的概念进行形态法定化，同时进一步完善农民专业合作社立法。

六是党的领导的加强。加强党对农村工作的领导是坚持和完善农村基本经营制度的政治保证。首先是通过扎实的组织建设推动农村改革。要建设基层服务型党组织，落实责任制，深化人事制度的改革，完善考核体系与奖惩机制。其次是通过过硬的队伍建设实现人才兴农。要建立健全人才支农制度，形成组织培育新型职业农民和新型农业经营主体领办人制度，并通过科技、医疗等项目的实施，鼓励特派员到基层创新创业和提供支持。再次是通过健全的制度体系提升农村治理水平。在法律服务、户籍管理、综合治理等方面改革创新，实现党在“三农”领域的治理能力现代化。最后是通过强大的舆论保障发挥导向作用。加强思想政治工作，推动群众工作体制与方式创新，最大限度凝聚全社会推进“三农”改革发展的共识和力量。

3.7 坚持和完善农村基本经营制度的评价指标体系

当前我国正处在全面深化改革的重要时期，农村改革面临诸多挑战，坚持和完善农村基本经营制度，是农村改革发展的基础，也是国家根本制度的基础部分。这一制度的确立，激发了亿万农民前所未有的生产积极性，进而将中国丰裕劳动力的比较优势发挥出来，并由此带来整个国民经济格局与运行进程的变迁，开创了我国农村改革发展的新局面，为全面深化改革提供了坚实的物质基础和源源不断的精神动力。对坚持和完善农村基本经营制度的评价，一方面可以反映出一个地区对农村基本经营制度的落实程度；另一方面可以总结经验、完善不足，更好地为这个地区农业增长方式如何转变指明方向。因此，迫切需要建立一套对坚持和完善农村基本经营制度的评价指标体系。

3.7.1 指标体系建立的原则

坚持和完善农村基本经营制度是一个广泛、综合的概念，几个指标很难反映出其全貌。为了准确反映出某地农村基本经营制度落实的情况，需要从综合评价指标体系构建的原则出发，根据数理方法，提出一套科学、合理、适用的多指标统计群体系。

1. 指标的全面性

在对一个地区坚持和完善农村基本经营制度进行评价时，所选指标要求能够涉及农村基本经营制度的各个方面，能够全面反映该地区的真实情况。

假定有 n 个因素需要我们进行评价，那么记 $P=\{P_1,P_2,\cdots,P_n\}$ 为整个评价因素集合，找出 m 个指标构成的指标评价集，记为 $Q=\{Q_1,Q_2,\cdots,Q_m\}$，那么集合 Q 所反映的评价因素集为 $P'=\{P_1',P_2',\cdots,P_k'\}$。若 $m=k$，则表示评价指标集与评价因素集一一对应，但绝大多数情况下是 $m\neq k$ 的非一一对应关系（多对一关系、一对多关系、多对多关系）。

假设 n 个因素所占的权重集为 $W=\{W_1,W_2,\cdots,W_n\}$，则指标评价集所反映的评价因素集的权重集为 $W'=\{W'_1,W'_2,\cdots,W'_k\}$，则评价因素的覆盖率为 $\frac{\sum_{j=1}^{k}W'_j}{\sum_{i=1}^{n}W_i}$（当 $W_1=W_2=\cdots=W_n$ 时，评价因素的覆盖率为 k/n）。当评价因素的覆盖率在区间[0,1]时，若评价因素的覆盖率为 1，此时的评价指标集是百分之百的全面。因此，在实际构建中应尽可能地保证评价因素的覆盖率的值接近 1。

2. 指标的合理性

坚持和完善农村基本经营制度的评价指标体系涉及的指标范围很大，因此在实际构建中应尽可能地选取一些能直接反映该地区农业综合发展的数据指标，同时做到各指标之间尽可能不重叠。

假定用 T_i 表示评价因素集的第 i 个因素被重复的次数，则评价因素集重复的次数集为 $T=\{T_1,T_2,\cdots,T_n\}$，那么评价因素重复率为 $\sum_{i=1}^{n}T_i\times\frac{W_i}{\sum_{i=1}^{n}W_i}$（当 $W_1=W_2=\cdots=W_n$ 时，评价因素重复率为 $\frac{1}{n}\sum_{i=1}^{n}T_i$）。当评价因素重复率的值为 0 时，此时指标集中各指标互不重叠。因此，在实际构建中应尽可能地保证评价因素重复率的值接近 0。

3. 指标的可行性

在构建坚持和完善农村基本经营制度的评价指标体系时，指标选取的统计口径和计算方法必须一致，各指标尽量简单明了，便于收集，既能纵向比较又能横向比较。指标的可行性可以从指标的获取难易程度和可比性来衡量，获取的难易程度可以分为很容易、较容易、较困难、很困难 4 个级别，具体的难度级别划分可以由专家评审团来认定。若用 D_i 来表示指标评价集第 i 个指标的获取难度因数，则指标集的平均获取难度因数为 $\bar{D}=\frac{1}{n}\sum_{i=1}^{n}D_i$。

3.7.2　指标体系的分项设置

为了全面、合理、科学地反映某地区坚持和完善农村基本经营制度的状况，我们可以依据上述原则来构建评价体系，根据坚持和完善农村基本经营制度的基本内涵及目标，将其分解为农业整体发展水平评价、农村土地流转评价、农村社会化服务体系评价三个子系统，并针对这三个子系统提出多项可量化的具体指标。指标的选取采用频度统计法，主要是对目前有关坚持和完善农村基本经营制度的研究报告、论文进行频度统计，选择那些使用频度较高的指标。然后在初步提出频度较高的指标的前提下，进一步征询相关领域专家的意见，对筛选出的指标做调整和权重打分，最终获得坚持和完善农村基本经营制度评价指标体系。

1. 农业整体发展水平评价

农业作为我国社会经济的基础产业，它的整体稳定发展是农村基本经营制度运行成效的直观体现。因此，对坚持和完善农村基本经营制度的评价应该首先从对农业整体发展的评价入手。目前，我国农业整体发展的目标包括了三个方面：保障农产品供给、增加农民收入、促进可持续发展。[①]因此构建农业整体发展的评价指标体系设置时应该考虑坚持和完善农村基本经营制度是否能提升农业生产效率、是否能促进农村经济增长，以及是否符合满足农业可持续发展的目标。

评价指标分为3类共14个可量化影响因子，一是农业增效水平。它主要用于评价农业生产效率，可以由土地生产率、劳动生产率、固定资本生产率、流动资本生产率及农业GDP资本存量弹性共5个影响因子来评价。二是农民增收水平。它反映了一个地区农业生产经营活动的最终成果和对社会的贡献，用于评价农村经济增长，可以由农民人均年收入、农业收入比例、农村居民基尼系数、恩格尔系数及农民满意度共5个影响因子来评价。三是农村增绿水平，它是通过一个地区的农业自然资源和生态环境改善程度两个方面来衡量，用于评价农业可持续发展，可以由旱涝保收率、森林覆盖率、耕地保有率及水质合格率共4个影响因子来评价（表3-1）。

表3-1　农业整体发展水平评价指标

一级指标	二级指标	三级指标
农业整体发展水平	农业增效水平	土地生产率/%
		劳动生产率/%
		固定资本生产率/%
		流动资本生产率/%
		农业 GDP 资本存量弹性/%

① 杜青林. 强化社会主义新农村建设的产业支撑——以科学发展观为指导，推进现代农业建设[J]. 国家行政学院学报，2006,（2）.

续表

一级指标	二级指标	三级指标
农业整体发展水平	农民增收水平	农民人均年收入/元
		农业收入比例/%
		农村居民基尼系数/%
		恩格尔系数/%
		农民满意度/%
	农村增绿水平	旱涝保收率/%
		森林覆盖率/%
		耕地保有率/%
		水质合格率/%

2. 农村土地流转评价

土地是稀缺的生产要素，是农业最基本的生产资料，是我国绝大多数农民生存和发展的重要倚仗。一个有效的农村土地制度，既要最大限度提高稀缺土地资源的配置效率，又要最大限度实现农村社会公平。①多年来，我国农村土地规模较小、细碎化程度较高、流转不畅等一直被认为是阻碍农业现代化发展的绊脚石。十七届三中全会明确指出，尽快完善我国农村土地流转制度，促进土地流转和适度规模经营，是坚持和完善农村基本经营制度的基础。因此土地流转也应成为评价的重要指标之一。构建农村土地流转的评价指标体系设置时应该考虑农村土地资源的配置效率和农村土地流转水平。

诺贝尔经济学奖获得者罗纳德·H. 科斯（Ronald H. Coase，1910—2013）在他的产权理论中认为：一个没有产权的社会是一个效率绝对低下、资源配置绝对无效的社会。②为此，我们构建了 5 个二级指标来衡量农村土地流转效果（表 3-2）。其中，农村土地确权登记率是考量农村土地资源配置效率的重要指标；土地流转水平可以由土地流转面积、土地流转面积占耕地面积比重、土地流转增长率及农业收入比重共 4 个影响因子来评价。其中，农业收入比重越高，表示农业对农民的重要程度越高，进而农民对土地的依赖程度就越高，那么农民土地流转的意愿就越低。

① 张体伟. 生态移民聚居区农地制度改革难点及路径选择[J]. 云南社会科学，2016，(6).
② 彭致强，徐志强. 宅基地流转法律机制研究[J]. 中国不动产法研究，2016，(2).

表3-2 农村土地流转评价指标

一级指标	二级指标
农村土地流转	土地确权登记率/%
	土地流转面积/亩
	土地流转面积占耕地面积比重/%
	土地流转增长率/%
	农业收入比重/%

3. 农村社会化服务体系评价

农村社会化服务体系是在政府驱动下，由不同性质和作用的农业社会化服务组织及满足农业生产者所需的社会化服务所构成的。它是在农业家庭经营得到大规模实施后，随着农村商品经济的不断发展而逐渐强化起来的。它可以让经济规模相对较小的农业生产单位适应时下市场经济体制的要求，克服自身规模相对较小的弊端。农村的社会化服务实质上是为克服家庭经营局限性而产生的，是农村基本经营制度的重要组成部分。因此，农村社会化服务体系建设也应成为评价的重要指标之一。

根据中国农业社会化服务体系建设情况及农村不同社会化服务组织的功能，可以将农村社会化服务体系评价指标分为 4 类共 10 个可量化影响因子。一是农业技术服务与应用推广服务，它是农村社会化服务体系的重要组成，可以由农业技术推广示范基地比重、技术推广投入比、农业技术人员比重、农业灾害防治率共 4 个影响因子来评价；二是农业生产中介组织服务，可以由专业合作社带动农户数和龙头企业个数来评价；三是农业金融服务，可以由农业信贷比和农业保险密度来评价；四是农业法律咨询服务，可以由农业纠纷处理比重和农业合同受理数来评价（表 3-3）。

表3-3 农村社会化服务体系评价指标

一级指标	二级指标	三级指标
农村社会化服务体系	农业技术服务与应用推广服务	农业技术推广示范基地比重/%
		技术推广投入比/%
		农业技术人员比重/%
		农业灾害防治率/%
	农业生产中介组织服务	专业合作社带动农户数/户
		龙头企业个数/个
	农业金融服务	农业信贷比/%
		农业保险密度/%
	农业法律咨询服务	农业纠纷处理比重/%
		农业合同受理数/件

3.7.3　指标体系的整体构建

坚持和完善农村基本经营制度的评价指标体系是一个由众多指标统计群构成的系统，每项指标对坚持和完善农村基本经营制度的影响各有差异，因此对每项指标的赋权就显得尤为重要，直接影响到评价的准确性。为了方便进行评价，指标在完成计数后都应做无量纲化处理（表 3-4）。目前较为客观的赋权方法是通过德尔菲法（即专家打分）再结合主成分分析法，以每项指标的方差贡献率来确定其在坚持和完善农村基本经营制度中的权重。

表3-4　坚持和完善农村基本经营制度的评价指标体系

序号	一级指标	二级指标	三级指标	权重
1	农业整体发展水平	农业增效水平	土地生产率/%	
2			劳动生产率/%	
3			固定资本生产率/%	
4			流动资本生产率/%	
5			农业 GDP 资本存量弹性/%	
6		农民增收水平	农民人均年收入/元	
7			农业收入比例/%	
8			农村居民基尼系数/%	
9			恩格尔系数/%	
10			农民满意度/%	
11		农村增绿水平	旱涝保收率/%	
12			森林覆盖率/%	
13			耕地保有率/%	
14			水质合格率/%	
15	农村土地流转	土地确权登记率/%		
16		土地流转面积/亩		
17		土地流转面积占耕地面积比重/%		
18		土地流转增长率/%		
19		农业收入比重/%		
20	农村社会化服务体系	农业技术服务与应用推广服务	农业技术推广示范基地比重/%	
21			技术推广投入比/%	
22			农业技术人员比重/%	
23			农业灾害防治率/%	

续表

序号	一级指标	二级指标	三级指标	权重
24	农村社会化服务体系	农业生产中介组织服务	专业合作社带动农户数/户	
25			龙头企业个数/个	
26		农业金融服务	农业信贷比/%	
27			农业保险密度/%	
28		农业法律咨询服务	农业纠纷处理比重/%	
29			农业合同受理数/件	

3.7.4 坚持和完善农村基本经营制度的评价方法

目前，研究指标体系评价的数学方法很多，如灰色关联分析评价法、层次分析法（analytic hierarchy process，AHP）、数据包络分析法（data envelopment analysis，DEA）、模糊数学评价法等。本书采用的是灰色关联分析评价法中的三角白化权函数评价模型①。三角白化权函数评价模型是一种用于研究信息部分清楚、部分不清楚并带有不确定性现象的应用数学模型。

如果把评价对象“坚持和完善农村基本经营制度”看成一个系统的话，那么可以用数学语言表述成：一个含有 n 个评价对象的系统，每个评价对象有 m 个评价指标，s 个不同的灰类，x_{ij} 为评价对象 i 关于评价指标 j 的观测值（$i=1,2,\cdots,n$; $j=1,2,\cdots,m$）。

第一步：按照评价要求所划分的 s 个灰类数，将每一个评价指标的取值范围相对应地划分成 s 个灰类。

若 j 评价指标的取值范围为 $[a_1,a_{s+1}]$，则将其划分为 s 个灰类：$[a_1,a_2],[a_2,a_3],\cdots,[a_{k-1},a_k],\cdots,[a_{s-1},a_s],[a_s,a_{s+1}]$（其中，$k=1,2,\cdots,s,s+1$）。

第二步：令 $\lambda_k=\dfrac{a_k+a_{k+1}}{2}$ 属于第 k 个灰类的白化权函数值为 1，连接 $(\lambda_k,1)$ 与第 $k-1$ 个灰类的起点 a_{k-1} 和第 $k+1$ 个灰类的终点 a_{k+2}，得到 j 评价指标关于 k 灰类的三角白化权函数 $f_j^k(\cdot)$，其中，$j=1,2,\cdots,m$；$k=1,2,\cdots,s$。灰类 k（$k=1,2,\cdots,s$）的隶属灰度 $f_j^k(x)$ 为

① 刘思峰，谢乃明. 基于改进三角白化权函数的灰评估新方法[J]. 系统工程学报，2011，(2).

$$f_j^k(x)=\begin{cases}0, x\notin[a_{k-1},a_{k+2}]\\ \dfrac{x-a_{k-1}}{\lambda_k-a_{k-1}}, x\in[a_{k-1},\lambda_k]\\ \dfrac{a_{k+2}-x}{a_{k+2}-\lambda_k}, x\in[\lambda_k,a_{k+2}]\end{cases}$$

第三步：计算评价对象 i（$i=1,2,\cdots,n$）关于灰类 k（$k=1,2,\cdots,s$）的综合聚类系数 σ_i^k。

$$\sigma_i^k=\sum_{j=1}^{m}f_j^k(x_{ij})\cdot w_j$$

其中，$f_j^k(x_{ij})$ 为 j 评价指标 k 灰类的白化权函数，w_j 为 j 评价指标在综合聚类中的权重。

第四步：由 $\max\limits_{1\leqslant k\leqslant s}\{\sigma_i^k\}=\sigma_i^{k^*}$ 来判断评价对象 i 属于灰类 k^*。

3.7.5　余论

综上所述，本部分用定性定量方法提出了构建坚持和完善农村基本经营制度的评价指标体系和评价方法，在数量上揭示了一个地区对农村基本经营制度的坚持状况，从统计学角度归纳出了农村基本经营制度发展的趋势，可以为进一步完善农村基本经营制度提供参考依据。在对一个地区农村基本经营制度的坚持和完善情况进行评价的同时，也能够从宏观上对该地区的农业生产运行状况进行评价，检测出该地区农业整体发展水平、农村土地流转及农村社会化服务重心的变迁趋势，为进一步制订农业和农村发展规划提供科学的依据，对推动该地区全面深化农村改革具有十分重要的意义。

第 4 章　坚持农村基本经营制度的历史依据：演变与经验

中华人民共和国成立以来，从土地改革到合作化运动和农业集体化，从人民公社体制到家庭联产承包责任制和统分结合的双层经营体制，经过多次演变，我国最终正式建立了“家庭承包经营为基础、统分结合的双层经营体制”的农村基本经营制度。这一制度是 20 世纪 70 年代末起，农村改革的产物，是在中国特殊的历史环境中演进，并凝结了亿万农民的智慧与经验的制度。这是一种实事求是、与时俱进的经济制度，其变迁既体现了社会与政治的变革过程，也蕴含着一定的历史逻辑，既有成功的经验，又有失败的教训。厘清我国农村基本经营制度形成与演变的历史脉络和内在原因，探寻变迁轨迹中积累的基本经验，对我们面对现实挑战，提出坚持和完善农村基本经营制度的对策建议，具有重要意义。

4.1　改革开放前农村经营制度演变

4.1.1　改革开放前农村经营制度的历史沿革

中华人民共和国成立以后至改革开放前，我国农村基本经营制度大致上经历了三个阶段的演进过程：第一个阶段是中华人民共和国成立后的土地改革时期，农村基本经营制度的特点呈现为在农地农民私人所有的基础上，以农民家庭经营方式为主；第二个阶段是农业合作化时期，农村土地集体所有制初步形成，农业集体统一经营在农业经济中占据绝对优势地位；第三个阶段是人民公社时期，农地产权制度主要表现为“三级所有，队为基础”的集体所有、农地两权合一的特点，对小农经济进行批判并通过集体化手段形成了高度统一的集体经营模式。这三大历史阶段为现阶段农村基本经营制度的构建提供了丰富的历史经验与教训。每一次制度的突破都承载着对前一阶段制度的反思与传承，并且为下一次制度的变迁准备着条件。

1. 土地改革时期的农村经营制度

中华人民共和国成立初期，受国内外政治、经济、社会环境等客观因素影响，经中国共产党对农村土地占有状况和阶层结构的估计，我国确立了产权私有基础上的家庭互助经营制度。

1）农地私有制度

所谓农地私有制度，是指中华人民共和国成立初期，通过土地改革运动所形成的农地农民私有制。新生政权组织社会政治运动直接重新分配原有土地产权，变地主阶级封建剥削的土地所有制为农民的土地所有制，土地私有制的性质没有改变，但是广大农民尤其是贫雇农成为独立的自耕农，从而具有从事农业再生产的能力，成为最大受益者。土地改革以后，贫农、中农占有的耕地占全部耕地的90%以上，原来的地主和富农占有全部耕地的 8%左右。[①]农民的土地所有权之所以获得政府和法律的认可和保护，其思想根源在于中国共产党新民主主义理论的正确性和前瞻性。依据毛泽东新民主主义论的观点，1948 年 9 月召开的中共中央政治局会议（史称“九月会议”）确定了“新民主主义经济”这个概念。毛泽东指出，在新民主主义经济中，“农村个体经济加上城市私人经济在数量上是大的，但是不起决定作用。我们国营经济、公营经济，在数量上较小，但它是起决定作用的”[②]。承认农民私有制，不仅不会动摇和改变我国社会经济性质，而且是我国由封建经济发展到社会主义经济的必经阶段。中华人民共和国成立后，《中国人民政治协商会议共同纲领》以新民主主义即人民民主主义作为中华人民共和国建立的政治基础，中国共产党继续推行农村土地改革，消灭封建地主土地所有制，实行“耕者有其田”。1950 年 6 月，《中华人民共和国土地改革法》第一条规定了土地改革的目的和宗旨：“废除地主阶级封建剥削的土地所有制，实行农民的土地所有制，藉以解放农村生产力，发展农业生产，为新中国的工业化开辟道路。”《中华人民共和国土地改革法》制定后，开始保护富农土地，不再没收一般富农的土地和财产，不再以彻底平分的做法来满足贫雇农的要求。但“平均土地”仍然是这一时期贯穿土地制度变迁始终的精神实质。随着土地改革在全国范围的迅速展开，到 1953 年春，除一些决定暂不进行土地改革的少数民族地区外，中国内地的土地改革已基本完成。[③]我国农村总体上形成了“耕者有其田”的农民土地所有制。农

① 周恩来. 伟大的十年[M]. 北京：人民出版社，1959：29.

② 沙健孙. 毛泽东思想通论[M]. 北京：人民出版社，2014：372.

③ 陈锡文，赵阳，陈剑波，等. 中国农村制度变迁 60 年[M]. 北京：人民出版社，2009：10.

民的土地所有权，最终上升为一种宪法性的根本权利。1954 年《中华人民共和国宪法》第八条规定："国家依照法律保护农民的土地所有权和其他生产资料所有权。"

土地改革的完成为发展农村经济，支援工业化建设做出积极贡献，极大地解放了生产力。以一家一户为单位，农地和其他生产资料由家庭所有。家庭成员共同参加劳动，农产品为家庭成员共同所有。农民拥有的土地产权完整，包括所有、占有、使用、收益四大权能。尤其是收益权归农民独享，个体劳动积极性得到有效发挥，产生了明显的激励效应。政治方面，土地改革满足了农民政治上的渴望，国家对农民的领导能力得以加强，党和政府在农村的政权基础得以扩大和巩固。经济方面，农民成为土地和其他生产资料的所有者，其生产积极性得以极大提高，农业生产迅速恢复与发展。

2）农业经营主体与经营方式制度

土地改革完成后，农村经济几乎变成了清一色的小农家庭经营。由于当时中国刚刚结束了百年战乱，农村的财富已消耗殆尽，平均每户农户只有 0.6 头耕畜，就大多数农户来说，从事独立的家庭经营较为困难。尽管中央提出要正确认识农民的两种积极性，但认为农民的落后性主要体现在富农及富裕中农身上，从整体上忽略了农民在自然经济条件下的本质特点。"党中央从来认为要克服很多农民在分散经营中所发生的困难，要使广大贫困的农民能够迅速地增加生产而走上丰衣足食的道路，要使国家得到比现在多得多的商品粮食及其他工业原料，同时也就提高农民的购买力，使国家的工业品得到广大的销场，就必须提倡'组织起来'。"[①]这种劳动互助，是建立在农民私有财产基础上的集体劳动，既具有劳动协作的性质，又具有私人劳动交换的性质。互助组的建立，使农村生产经营方式、收入分配方式与个体农业经济发生了很大变化。

家庭互助经营的特点是既强调家庭经营的重要性和积极性，又对小农经济的缺陷加以批判，主张互助劳动。其大体上有三种主要的形式："第一种形式是简单的劳动互助，这是最初级的，主要是临时性的，季节性的"，这种小型灵活的劳畜变工换工，适合于农民固有的互助习惯，是广大农民最易接受的初级形式。"第二种形式是常年的互助组，这是比第一种形式较高的形式。它们中有一部分开始实行农业和副业的互助相结合，有某些简单的生产计划，随后逐步地把劳动互助和提高技术相结合，有某些技术的分工。有的互助组并逐步地设置了一部分公有农具和牲畜，积累了小量的公有财产"。"第三种形式是以土地入股为特点的农业生产合作社，因此或称为土地合作社……用土地入股同样地是根据自愿和互利的原

---

① 中华人民共和国国家农业委员会办公厅. 农业集体化重要文件汇编（1949～1957）[G]. 北京：中共中央党校出版社，1981：95.

则，并可以根据自愿的原则退股。但在生产上，一方面，便于统一计划土地的经营，因地种植，使地尽其用；另方面，可以更方便地调剂劳动力和半劳动力，发挥劳动分工的积极性”①，克服互助组中经常存在的集体劳动与分散经营的矛盾。尽管农业生产互助组有不同的形式，生产经营方式的主要特点基本是相同的：在农业生产互助组内部，组员之间以自愿互利、等价交换原则为基础相互交换劳动。“组织起来是农民个体经济基础上的集体劳动，在互助组内应实行公平合理的、简而易行的评分折工与清工算账办法，保证农民入组退组的自由。”②分配方式是农民争论的中心，“应坚持等价政策，正确地、合理地规定人力、畜力的换工比例及解决耕畜、农具的使用问题；不要把使用耕畜和农具的报酬压得过低，但也不要提得过高”③。各地根据互助组的形式不同进行民主讨论，分配方式亦有所不同。例如，黑龙江省实施的是“农业收入除去公粮，籽种、肥料外，实行劳六、马三、地一的分配比例。马三与当地雇牛犋，地一与当地地租的收益大致相等。劳动日的计算一般有三种方法”④。

参加互助组的农户仍然独立拥有土地和生产资料的所有权，在各自独立经营的基础上，实行集体劳动和对某些生产资料的共同使用。正是基于此，农业生产互助组被视为家庭经营向集体经营的过渡形式，带有农业集体经营的萌芽性质，但其很大程度上仍然属于个体经济的范畴。

2. 合作化时期的农村经营制度

从1953年开始，我国农业互助合作化运动向纵深方向推进，决策层试图通过生产关系的变革来促进农业生产力的发展，迅速实现向社会主义的过渡。农村基本经营制度经历了互助组、初级社和高级社这三个相互交叉与发展的阶段，并且以高级社的建立为标志，形成了农地集体共有、农业集体经营的制度特征。

1）农地产权制度

土地改革后，党和政府在农村组织开展了互助合作，在不动摇土地私有制性质的前提下，对小农进行改造。引导农民按照自愿、互利的原则，主要依靠劳动互助，根据农民群众的固有习惯，在农业生产的某个方面或者某个环节上实行劳动互助和生产合作。1953年12月16日，中共中央《关于发展农业生产合作社的

---

① 中华人民共和国国家农业委员会办公厅. 农业集体化重要文件汇编（1949～1957）[G]. 北京：中共中央党校出版社，1981：38-39.

② 中华人民共和国国家农业委员会办公厅. 农业集体化重要文件汇编（1949～1957）[G]. 北京：中共中央党校出版社，1981：51.

③ 中华人民共和国国家农业委员会办公厅. 农业集体化重要文件汇编（1949～1957）[G]. 北京：中共中央党校出版社，1981：71.

④ 中华人民共和国国家农业委员会办公厅. 农业集体化重要文件汇编（1949～1957）[G]. 北京：中共中央党校出版社，1981：75.

决议》要求“党对于改造个体的小农经济，发展农业的互助合作，必须采取积极领导的态度”，尤其指出，“盲目急躁的冒险主义是根本要不得的。必须采用说服、示范和国家援助的方法来使农民自愿联合起来”。[①]改造所有制要分类渐进，具体来讲，“农民对土地的私有和依赖观念尚极深厚，所以土地这一基本生产资料的公有化，不宜采取直接改变所有权的方式，而应如中央指示，随着生产的逐步发展而逐步降低以至最后废除土地报酬。在废除土地报酬以后，实现了完全的按劳分配，土地私人占有的作用与意义就根本上发生变化，如果再禁止土地买卖，那么在实质上就与公有差别不大了”[②]。因此，初级社作为逐步向社会主义过渡的中间形式，按照自愿互利的原则，吸纳农民以土地、农具等生产资料入股，在承认农地归农民私人所有、不改变财产所有权的同时，集体共同享有生产资料的占有权、使用权和支配权，这是土地改革后农地产权制度发生的一次重大变革。1955 年 11 月，《农业生产合作社示范章程草案》将初级社定性为“劳动农民的集体经济组织……它统一地使用社员的土地、耕畜、农具等主要生产资料，并且逐步地把这些生产资料公有化”[③]。从制度特征看，初级社成功地分割了私有产权，以使农民获得较互助组更大的剩余索取权作为交换条件，从农民完整的私有权中，分割出一部分作为合作社控制的剩余控制权，以入股的形式形成合作社的共有产权结构。[④]农民土地所有权的保留与使用权的转移，适应了当时农村生产力的现状，并对农业生产潜力进行了挖掘，渐进式改革没有触动农民的所有权，是我国农村经济制度变迁历程的成功之笔。[⑤]

1955 年公布的《农业生产合作社示范章程草案》进一步将农业合作社的发展分为初级社和高级社两个阶段。农业合作化加速后，高级社不断扩大合并和升级，生产资料如何处理是最基础的问题，中央对此做出原则规定：“在初级社转为高级社的时候，社员的土地转为合作社公有，取消土地报酬。”“社员私有的零星树木仍然归社员自己所有，自己经营；社员私有的果园和其他成片的林木，可以归社公有，也可以在一两年内采取过渡办法，暂不归社公有……转归合作社公有的时候，必须经过充分协商，取得原主的同意，并且应当给原主以合理的代价。”“社员私有的耕畜和大农具等主要生产资料应当合理作价，归社公有，价款由合作社

① 中华人民共和国国家农业委员会办公厅. 农业集体化重要文件汇编（1949～1957）[G]. 北京：中共中央党校出版社，1981：218.

② 中华人民共和国国家农业委员会办公厅. 农业集体化重要文件汇编（1949～1957）[G]. 北京：中共中央党校出版社，1981：256.

③ 中华人民共和国国家农业委员会办公厅. 农业集体化重要文件汇编（1949～1957）[G]. 北京：中共中央党校出版社，1981：479.

④ 吴玲. 新中国农地产权制度变迁研究[D]. 哈尔滨：东北农业大学博士学位论文，2005：39.

⑤ 温思美，张乐柱. 建国 60 年农村经济发展轨迹及其愿景[J]. 改革，2009，（8）.

付给本主，一般在三年内付清，至多不能超过五年。”此外，还对并社时的公共财产、公积金、公益金和股份基金等处理方式做了规定。[①]高级社彻底实现了土地及主要生产资料的集体所有。“入社的农民必须把私有的土地和耕畜、大型农具等主要生产资料转为合作社集体所有。社员私有的生活资料和零星的树木、家禽、家畜、小农具、经营家庭副业所需要的工具，仍属社员私有，都不入社。”[②]由于社员的土地在初级社中已经交由合作社集体使用，高级社未对社员土地转为集体所有进行作价补偿，并且土地也不再作为社员用于抵扣股份基金的价款。这是因为“土地这种生产资料，在性质上不同于耕畜和农具；而且经过土地改革以后，农民所占有的土地大体是平均的，一般相差不多，这同耕畜农具占有差别较大的情况是不相同的。所以在土地转为集体所有的时候，就不应该也不必要采取作价收买的办法”[③]。高级社直接“取消土地报酬”，即取消社员的土地收益权，将土地的占有、使用、收益、处分权利均转为合作社享有，完成了土地所有权集体化的自然过渡。其他主要生产资料，则采取作价补偿方式：“社员私有的耕畜、大型农具和社员经营家庭副业所不需要而为合作社所需要的副业工具转为合作社集体所有，要按照当地的正常的价格议定价款的数目，分期付给本主。”“社员私有的成群的牧畜，一般地应该由合作社按照当地的正常的价格作价收买，转为合作社集体所有，价款在几年内分期付还。”[④]

随着全国范围的农业合作化高潮兴起，短短几个月，我国农村就一举实现了高级形式的合作化，生产资料的农民集体所有制随之建立。许多地方没有经过初级社，甚至没有经过互助组，就在个体农民基础上直接组织高级社，合并全部生产资料，将农地私有制转变为集体所有制，构建起集体所有、共同劳动、统一经营和统一分配的农地产权制度。

2）农业经营主体与经营方式制度

随着改造小农经济思想的进一步发展，根据 1953 年底毛泽东的决定，党的合作化重心由发展互助组改为发展合作社，做出“新区一二三，老区翻一番”的具体发展部署。“初级阶段的合作社属于半社会主义的性质。在这个阶段，合作社已经有一部分公有的生产资料；对于社员交来统一使用的土地和别的生产资料，在

① 中华人民共和国国家农业委员会办公厅. 农业集体化重要文件汇编（1949～1957）[G]. 北京：中共中央党校出版社，1981：539-540.

② 中华人民共和国国家农业委员会办公厅. 农业集体化重要文件汇编（1949～1957）[G]. 北京：中共中央党校出版社，1981：567.

③ 中华人民共和国国家农业委员会办公厅. 农业集体化重要文件汇编（1949～1957）[G]. 北京：中共中央党校出版社，1981：583.

④ 中华人民共和国国家农业委员会办公厅. 农业集体化重要文件汇编（1949～1957）[G]. 北京：中共中央党校出版社，1981：568.

一定的期间还保留社员的所有权，并且给社员以适当的报酬。”[①]根据入社土地的数量和质量不同，社员有权从合作社收入中获得不等的土地报酬。土地报酬采取的主要方式有议定固定的数量、分成报酬的办法，以及其他适当的过渡办法。初级社采用合作生产方式，社员合作占有生产资料、合作劳动、合作生产，实现了社员个人所有生产资料与合作社所有生产资料相结合。合作社的分配问题是社员最关心的问题，社员收入由土地报酬、生产资料报酬和劳动报酬构成。其中，土地报酬的比例应低于劳动报酬，“合作社的收入是由社员的劳动创造出来的，不是由社员的土地所有权创造出来的，因此，土地报酬必须低于农业劳动报酬，以便鼓励全体社员积极地参加合作社的劳动”，“社员的土地以外的主要生产资料为农业生产合作社所需要的，应该由合作社统一使用或者统一经营，给本主以适当的报酬”[②]。社员的劳动报酬则坚持“按劳计酬、多劳多得”“男女同工同酬”的原则，主要有“按件计酬”和“死分活评”两种量化方式。初级社合作统一经营的主要特点是生产资料的所有权与使用权相分离，农民依然拥有土地等生产资料的所有权，把土地和其他生产资料交给农业生产合作社，由合作社统一使用。农业生产合作社把个体农民的分散经营变成集中统一的、有计划的经营；农业生产合作社的集体劳动或生产是在全社范围内，在统一计划的指导下进行的，每一个人的劳动都变成了整个合作社集体劳动的一部分。

进入高级社，生产劳动呈现出高度组织化、集体化的特点。高级社实行“统一经营、分级管理”的经营模式，合作社下设生产队这一劳动组织的基本单位，组织稳定、成员固定，合作社和生产队的职责与权限划分清晰。高级社“根据生产经营的范围、生产上分工分业的需要和社员的情况，把社员分编成若干个田间生产队和副业生产小组或者副业生产队”，“田间生产队负责经营固定的土地，使用固定的耕畜和农具。副业生产小组或者副业生产队负责经营固定的副业生产，使用固定的副业工具”[③]。“统一经营”体现在生产队的劳动力及生产资料均受高级社的管理，“在必要的时候，管理委员会可以调动某一生产队的人员、耕畜、农具和工具，支援别的生产队，或者组成临时的生产队，完成一定的任务”[④]。社员的劳动必须服从生产队的统一安排，“在做够了规定的劳动日以后，其余的时间由

① 中华人民共和国国家农业委员会办公厅. 农业集体化重要文件汇编（1949～1957）[G]. 北京：中共中央党校出版社，1981：480.

② 中华人民共和国国家农业委员会办公厅. 农业集体化重要文件汇编（1949～1957）[G]. 北京：中共中央党校出版社，1981：484-486.

③ 中华人民共和国国家农业委员会办公厅. 农业集体化重要文件汇编（1949～1957）[G]. 北京：中共中央党校出版社，1981：571.

④ 中华人民共和国国家农业委员会办公厅. 农业集体化重要文件汇编（1949～1957）[G]. 北京：中共中央党校出版社，1981：572.

社员自由支配”，“在劳动管理上要建立检查和验收的制度。管理委员会和各个生产队队长要及时地和深入地检查各队和各人是不是按照规定的数量、质量和时间完成任务”[①]。高级社社队分工分权，必须普遍推行“包工、包产、包财务”的三包制度，实行超产提成奖励、减产扣分。“各个田间生产队和副业生产小组或者副业生产队，必须保证完成规定的产量计划，还必须保证某些副业产品达到一定的质量。对于超额完成了生产计划的，应当斟酌情形多给劳动日，作为奖励。对于经营不好，产量或者产品质量达不到计划的，应该斟酌情形扣减劳动日，作为处罚。”[②]生产队一级也要建立集体的和个人的生产责任制，“按照各地具体条件，可以分别推行‘包工到组’，‘田间零活包到户’的办法”[③]。高级社采用集体生产方式，社员集体占有、集体劳动、共同经营集体所有的土地等生产资料，实现劳动者同集体所有生产资料相结合的统一经营模式。

高级社废除了土地私有制，土地和其他主要生产资料实现了集体化，入社农民只保留占土地总量 5%的自留地的使用权，这是农村土地所有制的又一次重大变革，标志着农民土地私有制改造的成功和社会主义集体所有制的确立。在农业合作化高潮的扩大合并和升级过程中，生产资料如何处理是最基础的问题，中央对此做出原则规定：“在初级社转为高级社的时候，社员的土地转为合作社公有，取消土地报酬。”“社员私有的零星树木仍然归社员自己所有，自己经营；社员私有的果园和其他成片的林木，可以归公社公有，也可以在一两年内采取过渡办法，暂不归社公有……转归公有时，必须经过充分协商，取得原主的同意，并且应当给原主以合理的代价。”“社员私有的耕畜和大农具等主要生产资料应当合理作价，归社公有，价款由合作社付给本主，一般在三年内付清，至多不能超过五年。”此外，还对并社时的公共财产、公积金、公益金和股份基金等处理方式做了规定。[④]

3. 人民公社时期的农村经营制度

社会主义改造的完成，促使农业需要更高级的组织形式以适应农业生产和工业化目标的实现。借鉴苏联集体农庄模式，“大跃进”和人民公社化运动迅速将“一大、二公、三拉平”的集体化构想变为现实。农村基本经营制度以人民公社为载体，几经微调，一直实行“三级所有，队为基础”的集体所有制和统一经营模式，

---

① 中华人民共和国国家农业委员会办公厅. 农业集体化重要文件汇编（1949～1957）[G]. 北京：中共中央党校出版社，1981：573.

② 中华人民共和国国家农业委员会办公厅. 农业集体化重要文件汇编（1949～1957）[G]. 北京：中共中央党校出版社，1981：572.

③ 中华人民共和国国家农业委员会办公厅. 农业集体化重要文件汇编（1949～1957）[G]. 北京：中共中央党校出版社，1981：727.

④ 中华人民共和国国家农业委员会办公厅. 农业集体化重要文件汇编（1949～1957）[G]. 北京：中共中央党校出版社，1981：539-540.

直到启动农村改革。

1）农地产权制度

所谓“农地公有”，是指通过农业的社会主义改造，强制推行农村土地的集体化并赋予农民成员权，将土地农民个体所有制变为集体所有制。农民丧失土地所有权却又被紧紧束缚在集体所有的农地上，加上城乡户籍制度的管制，劳动力和土地等要素市场完全封闭，农民只能将生存的基本需求维系在土地的社会保障功能上。人民公社时期集体所有制的演变，经历了三个历史时期：公社基本所有、生产大队基本所有、生产小队基本所有。变迁逻辑是所有制的公有水平逐渐下调，集体经营的规模随之逐级缩小，最后确定由二三十户组成的生产小队为基本核算单位和生产经营单位。[①]以人民公社农地所有制的变迁作为公社分期的主要依据，大体上有三个阶段：一是农村人民公社所有制；二是人民公社、生产大队、生产队三级所有，生产大队所有为基础；三是人民公社、生产大队、生产队三级所有，以生产队所有为基础。[②]

（1）农村人民公社所有制。

人民公社化运动与“大跃进”之间存在着密不可分的联系。单从农业本身的发展看，生产上的高指标和“浮夸风”，推动着生产关系方面急于向所谓更高级的形式过渡，部分中央领导人主观地认为农业合作社的规模越大，公有化程度越高，就越能促进生产。[③]于是，小社合并为大社就显得十分迫切和必然。同时，为配合“大跃进”而开展的兴修农田水利运动是推进人民公社化的直接动因。“大跃进”期间全国范围内为配合粮食生产掀起了又一轮水利建设的热潮，在这些水利工程中，有相当部分是跨村、乡、县的大型农田水利建设工程，而对于大型工程建设来说，核算单位太小根本无法办到。加上水利建设主要依靠农民活劳动投入，基本核算单位小也有一个投资与受益不一致的问题。在农民的主要利益被城市和工业等外部力量无偿抽取的情况下，收益单位不可能与非收益单位等价有偿地进行劳动互换，这时扩大基本核算单位，小社并大社就成了十分方便的选择。[④]1958年3月，毛泽东在成都会议上提出将小型农业合作社并为大型合作社的建议。会议最终通过了《关于把小型的农业合作社适当地合并为大社的意见》，小社并大社运动由此展开。1958年8月29日北戴河会议通过《中共中央关于在农村建立人民公社问题的决议》（以下简称《决议》），第一次反映了建立人民公社的初步构想。9月10日，《人民日报》根据决议的初步构想，发表了《先把人民公社的架子搭起来》的重要社论。在《决议》和社论的影响与引导下，人民公社化运动如浪

① 吴玲. 新中国农地产权制度变迁研究[D]. 哈尔滨：东北农业大学博士学位论文，2005.

② 吴玲，王晓为，梁学庆. 人民公社阶段的农地产权制度变迁及其绩效[J]. 中国农学通报，2006，（11）.

③ 胡绳. 中国共产党的七十年[M]. 北京：中共党史出版社，1991：364.

④ 程漱兰. 中国农村发展：理论和实践[M]. 北京：中国人民大学出版社，1999：187.

潮一般，迅速席卷全国。到 11 月，全国 74 万多个农业生产合作社组成 26.5 万多个人民公社，参加的农户达 12 690 多万户，占全国农户总数的 99.1%。这样一来，在不到三个月的时间里，人民公社化就在全国范围内实现了。[①]人民公社成立初期，毛泽东将人民公社的特点归纳为“一曰大，二曰公”，即“大，人多（几千户，一万户，几万户），地多，综合经营，工农商学兵，农林牧副渔；大，人多势众，办不到的事情就可以办到；大，好管，好纳入计划。公，就是比合作社更要社会主义，把资本主义残余（比如自留地、自养牲口）都可以逐步搞掉。房屋、鸡鸭、房前房后的小树，目前还是自己的，将来也要公有”[②]。1958 年 9 月《红旗》刊发了《嵖岈山卫星人民公社试行简章（草稿）》，将其“一大二公”所有制模式进行推广、研究。嵖岈山卫星人民公社规定，各农业社合并为人民公社，应将一切公有财产交给公社，多者不退，少者不补；社员转入公社，应该交出全部自留地，并将私有的房基地、牲畜、林木等生产资料转为全社公有；公社按乡的范围建立，一乡一社，乡社合并，乡长即社长；生产大队（管理区）是管理生产、进行经济核算的单位，盈亏由公社统一负责；生产队是组织劳动的基本单位。[③]初期的人民公社架子，基本上是按照嵖岈山卫星人民公社的模式搭起来的。一般分为公社、大队（有的叫管理区或作业区）、生产队三级。[④]关于人民公社的所有制问题，中央虽然认为“不要忙于改为全民所有制，在目前还是以采用集体所有制为好”，也承认“实际上，人民公社的集体所有制中，就已经包含有若干全民所有制的成分了”。由于中央提出“共产主义在我国的实现，已经不是什么遥远将来的事情了”，在急于过渡的情绪中，将人民公社向全民所有制过渡的时间确定为“三、四年就可完成，有些地方，可能较慢，需要五、六年或者更长一些时间”[⑤]。

这一时期，人民公社的集体所有制实行单一的公社所有制，体现了“一大二公”的“共产”特点：“一大”即规模大，是人民公社的重要特点之一。“初期的农村人民公社大体是平均由 28 个农业生产合作社并为一个公社”“公社成立之日，就是原来 28 个农业社的全部公有财产转归公社所有之时。这里包括：全部土地、牲畜、林木、大农具，地里的农作物、果树、蔬菜，已收获但没有分配的农产品等，财产和劳动力的所有权既归公社，那当然包括部分生活资料在内，仍凭公社调拨了。”[⑥]“二公”即人民公社公有化的成分比合作社大得多。“其实质则是：公

① 孙健. 中华人民共和国经济史（1949～90 年代初）[M]. 北京：中国人民大学出版社，1992：250-251.

② 薄一波. 若干重大决策与事件的回顾（下卷）[M]. 修订本. 北京：人民出版社，1997：767.

③ 中华人民共和国国家农业委员会办公厅. 农业集体化重要文件汇编（1958～1981）[G]. 北京：中共中央党校出版社，1981：94-97.

④ 薄一波. 若干重大决策与事件的回顾（下卷）[M]. 修订本. 北京：人民出版社，1997：775.

⑤ 薄一波. 若干重大决策与事件的回顾（下卷）[M]. 修订本. 北京：人民出版社，1997：771-772.

⑥ 薄一波. 若干重大决策与事件的回顾（下卷）[M]. 修订本. 北京：人民出版社，1997：784-785.

有化成分越多，无偿平调的‘共产’范围则越大。”[①]公社一级由此享有非常大的调拨权力，在大队与大队之间无偿平调财产和劳动力，实行平均分配。

（2）人民公社、生产大队、生产队三级所有，以生产大队所有为基础。

随着人民公社“一大二公”所有制的建立和超阶段空想论的进一步发展，农村第一次大刮“共产风”，“一平二调三收款”是对这次“共产风”三种基本形式的准确概括。自 1958 年 11 月第一次郑州会议以来，经过三个月的整社，毛泽东认识到，要克服平均主义，改变权力、财力、人力过分集中于公社一级的状态。1959 年 2 月 27 日至 3 月 5 日，中共中央在河南郑州召开政治局扩大会议（史称“第二次郑州会议”），形成了具有重大意义的《郑州会议纪要》，规定了整顿和建设人民公社的方针。毛泽东在郑州会议上讲到“我们也必须首先检查和纠正自己的两种倾向，即平均主义倾向和过分集中倾向。所谓平均主义倾向，即是否认各个生产队和各个个人的收入应当有所差别。而否认这种差别，就是否认按劳分配、多劳多得的社会主义原则。所谓过分集中倾向，即否认生产队的所有制，否认生产队应有的权利，任意把生产队的财产上调到公社来”[②]。《郑州会议纪要》指出“问题是目前公社所有制除了有公社直接所有的部分以外，还存在着生产大队（管理区）所有制和生产队所有制。要基本上消灭这三级所有制之间的区别，把三级所有制基本上变为一级所有制，即由不完全的公社所有制发展成为完全的、基本上单一的公社所有制，需要公社有更强大的经济力量，需要各个生产队的经济发展水平大体趋于平衡，而这就需要几年时间”[③]。正因为承认价值法则、等价交换等思想，《郑州会议纪要》认为“公社应当实行权力下放，三级管理，三级核算，并且以队的核算为基础。在社与队、队与队之间要实行等价交换”[④]。整社中贯彻执行分级管理、分级核算、按劳分配、多劳多得等原则，确定了目前阶段公社生产资料实行三级所有制，生产队一级的所有权是基本的，公社一级的所有权是部分的（除了现有的社办公共经济以外，还可以逐年从生产队提取适当的积累），而生产小队也应该有小部分所有权。

随着公社部分权力的下放，人民公社实行统一领导、分级管理的制度。1959 年“第二次郑州会议”制定的《关于人民公社管理体制的若干规定（草案）》中规

① 薄一波. 若干重大决策与事件的回顾（下卷）[M]. 修订本. 北京：人民出版社，1997：785.

② 中华人民共和国国家农业委员会办公厅. 农业集体化重要文件汇编（1958～1981）[G]. 北京：中共中央党校出版社，1981：143.

③ 中华人民共和国国家农业委员会办公厅. 农业集体化重要文件汇编（1958～1981）[G]. 北京：中共中央党校出版社，1981：141-142.

④ 中华人民共和国国家农业委员会办公厅. 农业集体化重要文件汇编（1958～1981）[G]. 北京：中共中央党校出版社，1981：143.

定“生产队（或管理区）的所有制目前还是公社的主要基础”[①]。这一对过去管理模式的调整，引起了全国各地关于人民公社基本核算单位和分配单位的意见分歧，有的主张以生产大队（管理区）为基本核算单位，有的则主张以生产队即原来高级社为基本核算单位。对此，毛泽东在 1959 年 3 月 15 日的党内通信中解释道：“‘郑州会议记录’上所谓‘队为基础’，指的是生产队，即原高级社，而不是生产大队（管理区）。”[②]1959 年 4 月上海会议通过的《关于人民公社的十八个问题》再次明确，“各地人民公社在实行三级管理、三级核算的时候，一般是以相当于原来高级农业生产合作社的单位作为基本核算单位。这种相当于原高级社的单位，有些地方是生产队，有些地方是生产大队（或者管理区）。这是全国大多数地区的做法。这种做法符合于郑州会议的规定，得到原高级社的干部和大多数群众的拥护，因而是适宜的”[③]。1960 年 11 月 3 日《中共中央关于农村人民公社当前政策问题的紧急指示信》（以下简称《农村十二条》）再次强调：“生产队（有的地方叫管理区或者生产大队）是基本核算单位。生产经营管理的权力应该主要归生产队。”[④]

“以生产队作为基本核算单位，生产队下面的生产小队就是包产单位。为了提高这一级组织的积极性和责任心，作为包产单位的生产小队也应当有部分的所有制和一定的管理权限。”[⑤]作为包产单位，生产小队拥有一定的自主经营权，“在保证完成生产队布置的农业和副业的生产任务、服从国家市场管理的条件下，生产小队可以经营各种小型副业生产；在不影响包产任务完成的条件下，生产小队对于自己管辖范围内可以利用的零星土地，应当尽量利用：所有这些经营的收入，都归本小队所有”[⑥]。同时，生产小队对其超产的产品享有一定的剩余索取权，“生产小队向生产队包产、包工、包成本，超产的部分，按照过去高级社实行的办法，上缴一定的比例给生产队，其余部分归本小队所有；节约下来的生产费用，全部归本小队支配”。“归生产小队所有的全部收入，如果公社、生产大队和生产队要

① 中华人民共和国国家农业委员会办公厅. 农业集体化重要文件汇编（1958～1981）[G]. 北京：中共中央党校出版社，1981：146.

② 中华人民共和国国家农业委员会办公厅. 农业集体化重要文件汇编（1958～1981）[G]. 北京：中共中央党校出版社，1981：158.

③ 中华人民共和国国家农业委员会办公厅. 农业集体化重要文件汇编（1958～1981）[G]. 北京：中共中央党校出版社，1981：190.

④ 中华人民共和国国家农业委员会办公厅. 农业集体化重要文件汇编（1958～1981）[G]. 北京：中共中央党校出版社，1981：379.

⑤ 中华人民共和国国家农业委员会办公厅. 农业集体化重要文件汇编（1958～1981）[G]. 北京：中共中央党校出版社，1981：190.

⑥ 中华人民共和国国家农业委员会办公厅. 农业集体化重要文件汇编（1958～1981）[G]. 北京：中共中央党校出版社，1981：191.

调动给别的单位，必须实行等价交换。归生产小队所有的全部收入，生产小队除了可以把其中的一小部分留作本小队的公积金、公益金以外，应当把绝大部分，不少于总数的百分之九十的部分，分配给社员。”为了保障生产小队完成其包产任务，其“对于土地、耕畜、农具和劳动力有固定的使用权，公社、生产大队和生产队都不能轻易调动”[①]。《农村十二条》再次确认生产小队是组织生产的基层单位：“生产队对生产小队要实行包产、包工、包成本和超产奖励制度”；“在保证完成包产任务的前提下，生产小队有权因地种植，有权制定技术措施，有权安排各种农活，公社和生产队都不要乱干涉，乱指挥”；“在保证完成包产任务的前提下，生产小队应该充分利用田边地角和其他闲散的土地，多种多收，可以经营牧业、林业、渔业和其他副业生产”。在收入分配方面，也照顾到生产小队的积极性问题：“生产小队收获的农产品和其他经营的收入，凡是在包产任务以内的，都应该如实上缴给生产队，统一分配；超产部分也应该按照规定的比例，上缴小部分给生产队，统一分配”“包产任务以外的经营收入，可以提出小部分上缴给生产队统一分配，绝大部分归小队所有；小队也可以从中提出一部分做（作）为自己的公共积累，大部分分配给本小队的队员”[②]。这为以后把“队为基础”由大队为基础改变为以生产队（小队）为基础创造了条件。

但事实上，公社、大队两级不直接从事生产经营，成了脱离生产的行政管理机构。由于实行层层管理、级级分工，形成了多头领导、权责不明，有权者无责，有责者无权，结果生产队的自主权依然没有得到保证。

（3）“三级所有，队为基础”的集体所有制形成。

确定以相当于原高级社的生产大队作为公社的基本核算单位以后，大队下面生产队之间贫富拉平的问题（也就是原高级社内的原初级社之间的矛盾）就日益突出。1959 年以后的“批判右倾机会主义”和再次掀起的“共产风”“大跃进”，带来农业生产大衰退和严重的饥荒。这些问题的存在，说明人民公社思想面临再次调整的可能。1960 年，粮食紧张局面更加严峻，毛泽东率领全党重新反思公社单一所有制的弊端。1961 年 9 月，他准确抓住人民公社体制的核心问题是“生产权在小队，分配权却在大队”，解决办法是“‘三级所有，队为基础’，即基本核算单位是队而不是大队”“我以为非走此路不可。在这个问题上，我们过去过了六年之久的糊涂日子（从 1956 年高级社成立时起），第七年应该清醒过来了吧！”[③]同年，中共中央统一了公社三级单位的名称：“作为基本核算单位的管理区和生产队，

---

① 中华人民共和国国家农业委员会办公厅. 农业集体化重要文件汇编（1958～1981）[G]. 北京：中共中央党校出版社，1981：191.

② 中华人民共和国国家农业委员会办公厅. 农业集体化重要文件汇编（1958～1981）[G]. 北京：中共中央党校出版社，1981：379-380.

③ 薄一波. 若干重大决策与事件的回顾（下卷）[M]. 修订本. 北京：人民出版社，1997：971.

以后一律改名为生产大队”“原名生产小队，以后一律改名为生产队”[①]。1961年10月7日，中共中央发出的《关于农村基本核算单位问题给各中央局，各省、市、区党委的指示》认为“就大多数的情况来说，以生产队为基本核算单位，是比较好的。它最大的好处，是可以改变生产的基本单位是生产队、而统一分配单位却是生产大队的不合理状态，解决集体经济中长期以来存在的这种生产和分配不相适应的矛盾”[②]。同时，中央要求各中央局，各省、市、自治区党委，各地委、县委针对这一问题深入调查，选择试点，总结经验，广泛地开展研究。在1962年1月七千人大会的讨论后，党中央于1962年2月13日正式发出《关于改变农村人民公社基本核算单位问题的指示》，将基本核算单位下放到生产队，这是调整我国农村生产关系的一个重要政策，“三级所有，队为基础”的人民公社所有制正式确立。1962年9月27日，中共八届十次全体会议通过的《农村人民公社工作条例修正草案》[③]，对公社三级所有制进行了明晰和具体化。第20条明确规定：“生产队是人民公社中的基本核算单位。它实行独立核算，自负盈亏，直接组织生产，组织收益的分配。这种制度定下来以后，至少三十年不变。”[④]基本核算单位下放到规模只有二三十户的生产队，是对人民公社“一大二公”模式的突破。经过两次调整以后，公社一级的劳动力、生产资料和财产等所有权范围缩小，使用权也受到更多限制，公社一级的职责更大意义上属于协调、组织的范畴。公社本身拥有的生产资料大大减少，只保留有极少量分割有困难，不适宜下放到生产大队、生产队管理和使用的部分生产资料的所有权。同时，公社对全社范围内的生产资料、劳动力和其他物资等的使用权也受到限制。人民公社变成农村的基层政权，基本丧失了生产经营职能。生产大队一级对劳动力、生产资料和财务的所有权、使用权范围也非常小，主要负责对生产队的生产经营活动做协助和督促工作，不是一个完整的生产经营单位。生产队是人民公社中的基本核算单位，拥有生产要素所有权与支配权，“生产队范围内的土地，都归生产队所有”，未经县级以上人民委员会的审查和批准，任何单位和个人不得占用生产队的土地；“生产队范围

① 中华人民共和国国家农业委员会办公厅. 农业集体化重要文件汇编（1958～1981）[G]. 北京：中共中央党校出版社，1981：452.

② 中华人民共和国国家农业委员会办公厅. 农业集体化重要文件汇编（1958～1981）[G]. 北京：中共中央党校出版社，1981：518.

③ “农村六十条”是《农村人民公社工作条例》的简称；1961年3月中央广州工作会议形成《农村人民公社工作条例（草案）》，简称《农村六十条（草案）》；1961年6月经中央北京工作会议修订，该草案更名为《农村人民公社工作条例（修正草案）》，简称《农村六十条（修正草案）》；1962年9月中共八届十中全会再次修订，更名为《农村人民公社工作条例修正草案》，简称《农村六十条修正草案》；1978年12月中共十一届三中全会原则通过《农村人民公社工作条例（试行草案）》，但其最终没有提交十一届四中全会通过和公布。

④ 中华人民共和国国家农业委员会办公厅. 农业集体化重要文件汇编（1958～1981）[G]. 北京：中共中央党校出版社，1981：634-635.

内的劳动力，都由生产队支配”，未经生产队的社员同意，公社和生产大队不许抽调。[①]重新作为基本核算单位的生产队，其规模实际上就相当于1956年以前的初级社，重新明确归生产队所有的土地、耕畜和工具，在几年前本来也就是属于这些生产队的。但是，生产队享有的所有权是不完整的，“生产队范围内的土地，都归生产队所有。生产队所有的土地，包括社员的自留地、自留山、宅基地等等，一律不准出租和买卖”[②]。这说明生产队对最主要的生产资料土地，没有最终的处分权和完全的占有权。人民公社建立了“三级所有，队为基础”的集体所有制，实际上等于恢复到了在原初级社的规模范围内的统一核算、统一分配，从根本上否定了作为集体成员的农民对农地的使用权、经营权与收益权。生产队作为不完全的农地所有者和经营使用者，对农地的经营是严格按照国家的计划进行的，农地的收益也必须先完成国家的征购、派购任务。以生产队为基本单位进行统一劳动，统一核算的“三级所有，队为基础”的农村经营制度，一直稳定地持续到20世纪70年代末80年代初农村改革之前。

2）农业经营主体与经营方式制度

（1）人民公社时期。

人民公社建社初期，实行组织军事化，行动战斗化，生活集体化。“所谓组织军事化，也就是组织工厂化，就是说公社的劳动组织应当象工厂、象军队那样地有组织有纪律，这是大规模的农业生产所必需的。”[③]这样一来，公社拥有了大规模无偿调用农村劳动力的可能，大量劳动力的无偿抽调不仅极大地影响了在村农民的生产情绪，降低了在村劳动日的分配水平，而且容易造成窝工浪费和消极怠工的现象，直接影响了农业生产。尽管中央针对人民公社规模大的公有制特点，提出生产管理上的创新：“如有的社对大队，大队对生产队实行‘投资包干，计划生产，超产奖励’的办法。据说这种办法，简便易行，更能发挥生产队的主动性、积极性，得到了群众的热烈拥护。对于原来农业社经营管理上一些成功的经验，如计划管理（算用工账、出工账、劳动出勤率等），定额管理（定工、定时、定质、定量），劳动考核，固定责任制，验收制，奖惩制等等，必须把它继续肯定下来，加以运用。”[④]但由于人民公社实行社政合一的体制，不讲经济效益、不按经济规律办事、单凭行政命令

---

① 中华人民共和国国家农业委员会办公厅. 农业集体化重要文件汇编（1958～1981）[G]. 北京：中共中央党校出版社，1981：634-635.

② 中华人民共和国国家农业委员会办公厅. 农业集体化重要文件汇编（1958～1981）[G]. 北京：中共中央党校出版社，1981：634.

③ 中华人民共和国国家农业委员会办公厅. 农业集体化重要文件汇编（1958～1981）[G]. 北京：中共中央党校出版社，1981：123.

④ 中华人民共和国国家农业委员会办公厅. 农业集体化重要文件汇编（1958～1981）[G]. 北京：中共中央党校出版社，1981：86.

管理经济[①]，劳动组织不健全，生产责任制根本没有建立，农村普遍出现了出勤率、劳动效率和劳动质量显著下降的现象。

人民公社实行供给制与工资制相结合的分配制度，其中，供给制在当时被赋予按需分配的意义，主要体现为社员在公共食堂吃饭不要钱；工资制则属于按劳分配性质。供给制的核心是公共食堂。毛泽东在北戴河会议上说："公共食堂，吃饭不要钱，就是共产主义。"[②]这是党中央消除人们之间的差别、满足人们按需分配美好愿望的真切想法。加上中央领导人、媒体、科学家们纷纷打破常规，对当时我国的农业生产做出了完全脱离实际的判断，公共食堂随着人民公社的基本实现而得到全国性普及。虽然中央一再强调关于供给制与工资制的比重问题，"按劳分配的工资部分，在长时期内，必要占有重要地位，在一段时间内并将占有主要地位。为了促进社员劳动的积极性，也为了使社员在生活中的复杂的需要比较容易满足，公社必须努力使社员所得的工资逐步增加，并且在若干年内必须比供给部分增加得更快"[③]。但实际操作中出现六比四和七比三的不合理情况[④]，供给部分过多，妨害了人们劳动的积极性。

（2）人民公社制的调整。

由于人民公社片面强调"一大二公"，吃大锅饭，用行政命令代替经济规律，用绝对平均销蚀社员劳动力，给农村带来了大灾难。经过 1961 年《农村六十条（草案）》缩小社队规模的调整，大队与大队之间的平均主义得到一定缓解。同年，《农村六十条（修正草案）》为更好地实施生产大队基本核算制，采用"三包一奖四固定"的办法，来处理生产大队与生产队的经济关系问题，即生产大队把劳动力、土地、耕畜、农具固定给生产队使用；生产大队对生产队实行包产、包工、包成本，超过"三包"指标的给予奖励。由于"三包一奖"的定额、分配、预分和结算等工序特别烦琐，生产队所能获得的奖励产量，实际只占超产额的很小一部分，队与队之间的平均主义问题并未真正解决。1961 年 12 月，毛泽东思想上发生变化，认为农村实行以生产队为基本核算单位是最后的政策底线，不能再退了。因此，生产责任制最基本的承包单位只能是生产队，包产单位要下到"户"，就被批判为"单干"和"走资本主义道路"。为了防止上级的"瞎指挥"，在生产的经营管理权限问题上，1962 年《农村六十条修正草案》确立了生产队独立核算、自负盈亏的经营主体地位，赋予其直接组织生产、组织收益分配的经营自主权。其第

① 薄一波. 若干重大决策与事件的回顾（下卷）[M]. 修订本. 北京：人民出版社，1997：788.

② 薄一波. 若干重大决策与事件的回顾（下卷）[M]. 修订本. 北京：人民出版社，1997：767.

③ 中华人民共和国国家农业委员会办公厅. 农业集体化重要文件汇编（1958～1981）[G]. 北京：中共中央党校出版社，1981：115.

④ 中华人民共和国国家农业委员会办公厅. 农业集体化重要文件汇编（1958～1981）[G]. 北京：中共中央党校出版社，1981：128.

二十二条规定“在接受国家计划指导和不破坏自然资源的前提下，生产队有权因地制宜、因时制宜地进行种植，决定增产措施。在不破坏水土保持，不破坏山林，不破坏草原的条件下，生产队有权在本队范围内，开垦荒地、经营荒山和充分利用一切可能利用的资源”。为避免生产与分配的脱节，结束队与队之间的平均主义，生产队在保证完成国家规定的农副产品交售任务的前提下，有权就经营所得的产品和现金在全队范围内进行分配，并且生产队队员大会有权讨论这些产品和现金的分配和处理方案。[①]可见，生产队在生产经营方面受到国家限制，必须按照国家指令来安排生产计划；在分配和流通方面也受到国家制约，要将大部分产品依据统购统销政策低价售给国家。生产队一切主要生产经营活动受制于国家意志。

在具体的生产经营方式上，人民公社实行单一的集体统一经营。生产队组织一切有劳动能力的人参加劳动，并且根据每个全劳动力和半劳动力，民主评议规定每人应该完成的基本劳动日。由于实行生产队统一经营指挥下的集体劳动，社员每天的具体劳动都由队长安排，社员不能根据实际情况采取独立的措施，他们的经营才干和主动精神得不到发挥。在分配制度上，《农村六十条（修正草案）》删除了人民公社供给制的内容，明确规定“在生产队办不办食堂，完全由社员讨论决定”“社员的口粮，不论办不办食堂，都应该分配到户，由社员自己支配”。这一突破，动摇了生产队内社员间平均主义的制度基础，恢复以按劳分配为主的分配办法。生产队的分配大体分为三个部分：上缴农业税和完成国家的征派任务；提留生产队公积金和公益金；生产队内部社员分配。社员内部实际上是粮食供给制与按工计酬制相结合的分配制度，即中央要求坚持在满足社员基本口粮的前提下，按劳分配，多劳多得，“按照劳动的质量和数量付给合理的报酬”。具体来讲，制定各种劳动定额和报酬标准，应注意到农活的数量和质量，每个社员的工分都应按定额记分，生产队依据工分支付相应报酬。由于受到“左”的思想影响，当时中央的主流观点认为“包产到户”生产责任制是“单干”，是生产关系的倒退。因此，人民公社分配制度主要实行所谓“三包一奖”制，将生产责任下放到生产小组，即生产队把产量、工分数和投资数包给生产队所属各生产小组，超产奖励。这种“包工包产”的缺陷在于，第一，承包单位是生产小组而不是农户或社员，户与户之间的平均主义问题仍没有得到解决；第二，承包的不是产量而是工分，社员劳动与实际收入之间隔着工分的折算，社员只关注农活的进度、定额的完成而忽视质量的高低，农业生产难以真正发展。

---

① 中华人民共和国国家农业委员会办公厅. 农业集体化重要文件汇编（1958～1981）[G]. 北京：中共中央党校出版社，1981：653.

4.1.2　改革开放前农村经营制度的历史特征

改革开放前我国农村经营制度的历史发展所呈现的特征具体如图 4-1 所示。

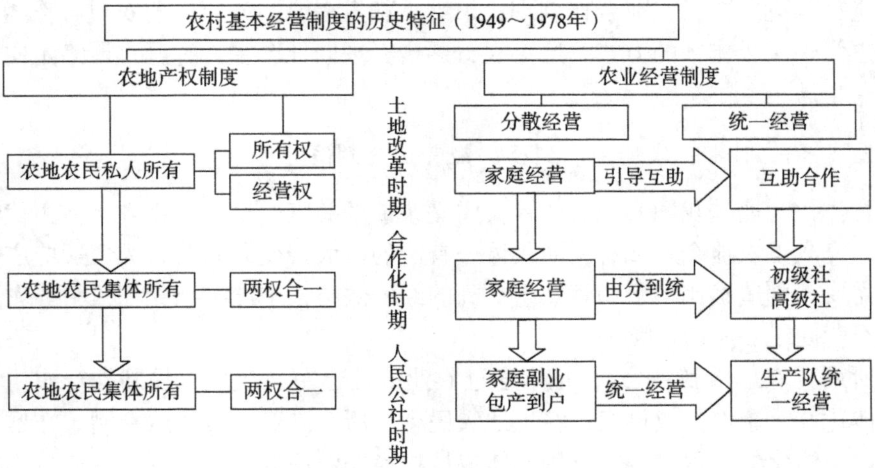

图 4-1　改革开放前我国农村经营制度的历史特征

1. 土地改革时期：农地私有、家庭互助经营

中华人民共和国成立初期，受国内外政治、经济、社会环境等客观因素影响，经中国共产党对乡村土地占有状况和阶层结构的估计，我国确立了农地产权私有基础上、家庭分散经营的基本经营制度。

所谓“农地私有”，是指中华人民共和国成立初期，通过土地改革运动所形成的农地农民私有制。新生政权组织社会政治运动直接重新分配原有土地产权，变地主阶级封建剥削的土地所有制为农民的土地所有制，土地私有制的性质没有改变，但是广大农民尤其是贫雇农成为独立的自耕农，从而具有从事农业再生产的能力，成为最大受益者。土地改革以后，贫农、中农占有的耕地占全部耕地的 90%以上，原来的地主和富农占有的耕地占全部耕地的 8%左右。[①]我国农村新的生产关系是由汪洋大海一样的个体农民所有制和部分的富农资本主义所有制组成的。刚刚从封建生产关系下解放出来的农民个体经济生产关系是适合于当时的生产力性质的。由于农民摆脱了地主束缚，劳动积极性得到极大提高，他们很愿意精耕细作、增加施肥、改良耕作，从而使农业生产有所增长。但是由于这种以农民个

① 周恩来. 伟大的十年[M]. 北京：人民出版社，1959：29.

体私有制为基础的生产关系对生产力的促进作用有限，决策层主张把农民的个体经济的积极性引导到互助合作的轨道上来，既克服了个体经营薄弱的缺陷，达到了相互调剂、增加协作的目的，培养了集体观念；又保留了农民对生产资料的个体所有制，保护了农民的生产积极性。从这一时期农村经营制度的特点来看，其一方面实现了新民主主义革命性质的土地改革，实现了农民土地私有；另一方面继续坚持马克思主义农业合作制理论，继承和发展 1949 年以前农村合作经济思想，主张采用合作社的方式改造小农，逐步实现向社会主义过渡，最终走向共同富裕。

2. 合作化时期：农地由私到公、经营由分到统

合作化时期是我国实现农业社会主义改造的关键时期，在小农经济占优势的中国，完成了农地个人私有制向集体公有制的巨大转变。同时，为了适应广大农民的需要，创造出比单干和互助组更高的经济效益，中国共产党积极引导农民由分散经营向统一经营过渡。

所谓“农地由私到公”，是指通过农业的社会主义改造，强制推行农村土地的集体化并赋予农民成员权，将土地农民个体所有制变为集体所有制。在推行农村土地集体化的过程中，国家用集体成员权换取农民的土地所有权，通过集体劳动政策以维持农民的基本生活保障，控制劳动力的流动。农业合作化时期，国家提出“要逐步地用生产资料的劳动群众集体所有制代替生产资料的私人所有制”①，“按照社会主义的原则，把社员私有的主要生产资料转为合作社集体所有”②。在农村经营方式的问题上，决策层为了克服农户个体经营的弊端，实现农业的规模经营，实施引导农户由分散经营走向联合互助经营的制度。依据 1949 年以前组织农业劳动互助组的经验和《中国人民政治协商会议共同纲领》的要求，按照自愿和互利原则，沿着“互助组→初级社→高级社”的路径，将农民组织起来，走劳动互助和生产合作的集体化道路。政府始终强调坚持自愿互利原则，强调通过典型示范、耐心等待等方式，教导农民参加互助组，引导农民向初级社过渡，并逐步过渡到高级社，反对任何形式的强迫命令主义。初级社实现了农民使用土地向集体使用土地的过渡，农地分散经营制度向统一经营制度的转变。高级社，取消了初级社的土地报酬，无偿将农民对土地的所有权转归高级社所有，进一步强化了集体统一经营的形式。

---

① 中华人民共和国国家农业委员会办公厅. 农业集体化重要文件汇编（1949～1957）[G]. 北京：中共中央党校出版社，1981：480.

② 中华人民共和国国家农业委员会办公厅. 农业集体化重要文件汇编（1949～1957）[G]. 北京：中共中央党校出版社，1981：564.

3. 人民公社时期：农地公有、统一经营

社会主义改造的完成，促使农业需要更高级的组织形式以适应农业生产和工业化目标的实现。

人民公社时期，仍然强调土地等主要生产资料的公有制，“生产队范围内的土地，都归生产队所有。生产队所有的土地，包括社员的自留地、自留山、宅基地等等，一律不准出租和买卖”[①]。人民公社“三级所有”的农地产权制度，将农地所有权与使用权的高度合一视为维系社会主义公有制性质的根本所在。将农地所有权下放到生产队所有，意味着农地使用权归生产队享有，而实际上农地几乎没有确定的权利主体，农地产权的排他性受到严格限制。一方面，生产队没有土地的交易权，也缺乏自由的转让权及剩余享益权；另一方面，农民的集体成员权没有得以具体的对象化，农民对集体产权既无参与权也无退出权，其对土地资源的使用权、收益权与转让权从根本上被否认。农民丧失土地所有权却又被紧紧束缚在集体所有的农地上，加上城乡户籍制度的管制，劳动力和土地等要素市场完全封闭，农民只能将生存的基本需求维系在土地的社会保障功能上。在农业生产微观机制上，集体所有制的组织载体经历了“高级社→人民公社→三级所有，队为基础”的转变，最终生产队的规模相当于初级社的大小。以此为基础，决策层强行推广单一的集体劳动政策，并实行“政社合一”的行政管理方式，建立起了与高度集中的计划经济体制相适应的人民公社体制。受大农经营优越论和计划经济思潮的影响，集体统一经营的思想认为个体经济是分散的、落后的，是封建主义的基础，难以发展农业生产、解决粮食产需矛盾。在毛泽东“资本主义绝种、小生产绝种”观点的指导下，决策层将个体经营放到了农业合作化的对立面，主张迅速将分散的个体化小农经济改造成集体化大农业。于是，偏离了过去一贯坚持的自愿互利逐步“由分到统”的原则，决策层采用反倾向斗争形成的压力，取代经济利益引导原则，并且还采用了阶级路线的方式，相当于强行要求全民入社集体劳动。此时“统”的含义，主要是在生产关系上搞平均主义，吃“大锅饭”，人为地拔高公有化程度，机械地理解共产主义和社会主义。统一经营制度将家庭经营视为分户单干，将生产责任制视为资本主义，对“分”的经营方式予以完全否定。自留地被认为是“私有制的残余”“个人所有制的尾巴”而备受争议，经过三次冲击得以艰难保存。“包产到户”的生产责任制也被定性为“单干风”。在产权集体所有基础上，集体统一经营的制度继续受建国初期确立的工业优先发展、农业养育工业思想的影响，在组织规模和形式上远远超越了上一个阶段，通过小社并大社的方式实现了生产关系的大变革。人民公社制度完成了一次由政府强制推

① 中华人民共和国国家农业委员会办公厅. 农业集体化重要文件汇编（1958～1981）[G]. 北京：中共中央党校出版社，1981：634.

动的制度创新，对中国农村经济社会产生了巨大影响。

4.1.3 改革开放前农村经营制度的历史意义

改革开放以前，我国农村经营制度经历了迂回曲折、艰难缓慢的探索阶段，为改革开放后农村基本经营制度的构建提供了成功的经验和失败的教训。

1. *初级社的历史意义*

初级社的出现，标志着我国封建土地制度的彻底崩溃和短暂的农民个体私有经济的瓦解。从产权结构看，农民仍拥有较完整的产权，但是初级社成功地分割了部分私有产权。虽然社员对入社的生产资料不再享有直接的支配权、使用权和占有处分权，但继续控制着资产收益权，仅从中分割出一部分作为初级社的公共积累。这种以承认社员生产资料私有制为基础的集体产权结构，实现了私有土地的联合使用，集体利益与个人利益之间的紧密结合度得以继续保持，从而调动起社员努力提高合作社资产运营效率的积极性。从经营方式看，初级社在并未削弱农民追求个体利益的动力的前提下，创造了联合使用生产资料、集体劳动的经营制度和以劳动报酬为主的分配制度，客观上提高了我国一户户小农同自然斗争的能力，如联合起来兴修水利、改造农田、采用新技术等，较好地发挥了合作社的优越性。从运作理念看，初级社构建了契约性质的"委托—代理"关系。社员个人所有的土地等生产资料交给合作社统一使用。社员还按入社土地分摊合作社所需生产费用股份基金和公有化股份基金。此外，社员还可向合作社投资，这些资产构成合作社资产由社员无差异共同占有，由代理人统一行使所有者权利。从指导思想看，入社、退社自由保证了初级社资产的开放性和流动性，是初级社获得巨大成功的重要原因。在初级社入社和退社的自愿制度中，每个社员不仅倾向于自我监督，还积极实施对合作社的监督，促使管理者改善制度绩效，较好地解决了农业劳动的监督难题。从社员角度看，比较充分的退出权实质是完整的剩余控制权与剩余索取权。正如林毅夫所说，退出权是合作社制度安排是否有效的关键。可见，初级社农地产权关系清晰，组织效率较高，有利于发展农村生产力，为后来我国家庭承包经营制度的构建奠定了历史根基，提供了成功的制度运行经验。

2. *农地集体所有制的历史意义*

"三级所有，队为基础"的三级集体所有制是中国共产党在马克思所有制理论中国化道路上艰辛探索的制度成果。为了支撑起中国赶超型工业化战略，也为了克服微小脆弱的小农经济弊端，在农业合作化思想强有力的指导下，通过社会主义改造，我国农地完成了产权革命，实现了农地的集体所有。人民公社时期，经历了由人民公社—生产大队—生产队逐级下放所有权的探索，最终形成“三级所有，队为基础”的三级集体所有制，将“集体”这一组织形式界定为人民公社、生产大队、生产队的三级单位。其中，人民公社是政社合一的经济组织和行政组织，一般不拥有任何可用于生产经营活动的资源；生产大队是中间一级的独立经营的经济组织，具有管理生产队的行政职能；生产队是集体财产权利的主体，组织队社成员进行集体生产经营。从生产队的内部经济关系看，土地等生产资料归劳动者集体所有，生产经营的成果属于集体并由集体进行分配，社员的劳动力主要由集体支配使用。从生产队的外部经济关系看，其生产计划受国家、公社和生产大队的管理，生产队的产品和收入，应先上缴税收和完成征购任务。这体现出我国集体所有制经济的特点在于集体经济组织是独立的所有者，拥有土地等生产资料的所有权，以及生产、分配和交换的自主权，同时集体经济利益与全社会范围的利益相结合，彰显出集体所有制的公有制经济属性。

我国农地集体所有制的形成，是马克思主义所有制理论中国化的第一次历史性飞跃，具有“部分劳动群众共同所有”的所有制特点，劳动者自愿互利、人人平等的法律特征，集体经济组织土地联合、资金联合、劳动联合的经济特征，以及社会主义公有制性质的政治特征。这一具有中国特色的农地产权制度，伴随着中国共产党建设社会主义的伟大实践而逐步产生与发展，是中华人民共和国成立以后农村基本经营制度最重要的制度遗产。

3. 统一经营制度的历史意义

集体统一经营制度是党和国家领导人在工业优先发展、农业养育工业思想的影响下，面对我国农业生产力落后的状况所做出的历史选择。集体统一经营制度实现了生产关系的大变革，在具体的生产经营方式上实行单一的集体统一经营。生产队组织一切有劳动能力的人参加劳动，并且根据每个全劳动力和半劳动力，民主评议规定每人应该完成的基本劳动日。生产队一切主要生产经营活动都受制于国家意志：在生产经营方面受到国家限制，必须按照国家指令来安排生产计划；在分配和流通方面也受到国家制约，要将大部分产品依据统购统销政策低价售给国家。在农业生产力较落后的条件下，集体统一经营有利于落实党在农村的各项基本政策，有利于农村水利系统的改进和维持、农业生产的恢复发展，为我国工业化原始积累做出了杰出贡献。有学者推算，集体化时期农业提供的积累是同期国家工业化资金的三分之一，每个农民把自己 50%以上的收入作为“剩余”转移为工业资金。[①]还有学者计算，1953～1978 年，工农业产品价格剪刀差总额在 6 000 亿～8 000 亿元，而到改革开放前的 1978 年，国家工业固定资产总计不过 9 000 多亿元。[②]因此可以认为，我国国家工业化的资本原始积累主要源于农业。历史的成就表明，农民在农田水利建设、农机工具使用及农业服务等方面，需要相互合作和统一经营，农村经营制度的改革与发展应当保留并完善统一经营制度。

4.2　改革开放后农村基本经营制度的形成与发展

根据对中国农业发展历史的分析和总结，结合不同历史时期所呈现出来的具有标志性和代表性的思想、事件、特点，可以将现阶段农村基本经营制度的历史演变划分为三个时期：第一个是农村基本经营制度的初步形成时期（20 世纪 70 年代末～80 年代中后期），从家庭承包经营制度建立到统分结合双层经营体制的正式提出，在坚持农地集体所有的基础上，农地所有权与使用权分离，高度统一的经营模式被取代，建立起以家庭承包经营为主、统分结合的双层经营体制；第二个是农村基本经营制度的正式确立时期（20 世纪 80 年代末～90 年代末），伴随社会主义市场经济的建设，家庭经营和集体经营都有了很大的发展与变化，农村双层经营体制理论进一步完善，“以家庭承包经营为基础、统分结合的双层经营体制”正式确立为我国农村集体经济组织的基本经营制度；第三个是农村基本经营制度的发展与完善时期（21 世纪初至今），随着农村改革进入深化期，我国农村基本经营制度得到进一步巩固与完善，双层经营体制中“统分结合”的内涵发生变化，继续坚持农地集体所有，推动家庭经营向采用先进科技和生产手段的方向转变，推动统一经营向发展农户联合与合作，形成多元化、多层次、多形式经营服务体系的方向转变，真正发挥统分双层经营的作用，助力农业现代化。

① 杨素群. 中国农业现代化重大关系研究[M]. 北京：中国人民公安大学出版社，2002：163.

② 王耕今，张宣三. 我国农业现代化与积累问题研究[M]. 太原：山西经济出版社，1993：75-76.

4.2.1　现阶段农村基本经营制度的初步形成时期（20 世纪 70 年代末～80 年代中后期）

以 1978 年 12 月党的十一届三中全会为标志，我国农村进入了一个波澜壮阔的改革开放新时期，政府充分尊重农民的首创精神，农村基本经营制度实现了由人民公社体制到家庭联产承包责任制的转变。与此同时，自农业合作化以来形成的农村土地集体所有制和必要的集体统一经营也被保留下来，形成了以家庭联产承包责任为主、统分结合的双层经营体制。

1. 家庭联产承包责任制的确立

我国农村改革首先是从实行包产到户、包干到户等多种形式的家庭联产承包责任制开始突破的。"包产到户"源于农业合作化时期，"包干到户"则创新于改革开放之后。政府决策层对包产到户、包干到户的认识及对家庭联产承包责任制的确立，有一个渐进过程。

1）对"包产到户"从不允许到肯定的转变

1978 年底，党的十一届三中全会召开，全会确定了把全党工作重心转移到现代化经济建设上来，提出必须集中主要精力把农业搞上去。十一届三中全会制定了《中共中央关于加快农业发展若干问题的决定（草案）》，总的精神是，端正政策，团结农民，鼓励发展生产。但是决定仍然留下一个禁区——"不许包产到户"。同时，决定提倡"个人岗位责任制"和"联系产量计算报酬，实行超产奖励"，使农民在实践中获得启示。全国多数农村实行了分组作业、小段包工、按定额记酬，也有不少地方积极试验和推广各种联系产量的责任制。在此背景下，一些地方如安徽、四川的包产到户重新出现。

1979 年 3 月，国家农业委员会召开了七省三县农村工作座谈会，专门讨论农业生产责任制的问题。在这次会议上，对生产责任制的讨论，主要集中在两个问题上，一是对"包产到组"实行什么制度安排？二是对"包产到户"究竟应采取什么态度？[①]对包产到组，十一届三中全会关于农业问题的决议草案曾提出"可以在生产队统一核算和分配的前提下，包工到作业组，联系产量计算劳动报酬，实行超产超奖"[②]。会议参与者围绕这个问题发生了争论，分歧主要在于是否允许把劳动力、农具、土地、牲畜"四固定"，常年包到组。不仅会上有争论，在干部

---

① 杜润生. 土地家庭承包制的兴起[J]. 中国合作经济，2008，（10）.

② 杜润生. 土地家庭承包制的兴起[J]. 中国合作经济，2008，（10）.

群众和新闻舆论中，这样的争论也很多，有的影响还很大。例如，甘肃一干部张浩给《人民日报》写信，提出“包产到组，包产到户都是脱离群众，不得人心的”。王任重批示报社：态度要明朗，号召大家不要搞包产到户，已包的说服引导，回到集体经济。正好在此次会议期间，《人民日报》以编者按的形式在头版发表了这个批示。①

经过争论，七省三县农村工作座谈会确定了对包产到组的共识，但关于包产到户的争论仍很大。会上，安徽、广东、四川的代表发言都赞成包产到户。安徽的代表还用了一整天的时间介绍安徽的经验。经过讨论，大家的意见趋向于把包产到户这个口子开得更大一点。王任重主任在会上讲了集体经济的优越性，特别强调统一调配劳动力的优越性。华国锋主席在讲话中举了湖南洞庭湖“双抢”的例子，证明组织起来分工合作可以提高生产力，体现集体经济的优越性，但他也讲不要“一刀切”。②最后，在解放思想、实事求是的思想路线指导下，会议在政策上有所松动，说包产到户不是统一经营，接近单干，但不同于单干。还提出了区别情况、分别对待的政策，即允许有三种例外：一是“要体谅一些地区农民深受责任不明、平均主义之害的苦衷，和他们一起探讨有效的办法。如果一时说不服，也不要勉强去纠正，更不能搞批判斗争”；二是“关于喂养家畜、家禽、管理鱼塘、经营小宗作物等农活，实行超产奖励，是统一经营下的专业化生产，不是对统一经营的否定，应当允许”；三是“深山、偏僻地区的孤门独户，实行包产到户，也应当允许”③。1979 年 4 月，中央批转了《关于农村工作问题座谈会纪要》，标志着中央第一次在文件中允许了部分特殊地区搞包产到户。

2）家庭联产承包责任制的确立

1980 年 5 月，邓小平在《关于农村政策问题》的谈话中，对包产到户问题做出分析，肯定了包产到户和包干到户的经验，明确了包产到户同集体经济的关系，指出低水平的集体化会发展到高水平的集体化，强调要从具体条件出发，不要只讲一种办法。④根据邓小平的会议指示精神，若干省区相继放宽政策，采取措施支持包产到户的发展。1980 年 9 月，中共中央召开专门会议，讨论加强和完善农业责任制问题。会上，关于是否支持“包产到户”的意见针锋相对，争论激烈。为解决这一难题，胡耀邦、万里会同杜润生两次改写文件，经过争论，最终形成中央《关于进一步加强和完善农业生产责任制的几个问题》纪要，即 1980 年中央七十五号文件。中央七十五号文件的主要内容是在农业委员会提交的文件的基础上，在前边加了一段话：集体经济是我国农业向现代化前进的不可动摇的基础，但过

① 杜润生. 土地家庭承包制的兴起[J]. 中国合作经济，2008,（10）.
② 杜润生. 当代中国的农业合作制（下）[M]. 北京：当代中国出版社，2002：25-26.
③ 杜润生. 当代中国的农业合作制（下）[M]. 北京：当代中国出版社，2002：26.
④ 杜润生. 当代中国的农业合作制（下）[M]. 北京：当代中国出版社，2002：31-32.

去人民公社脱离人民群众的一些做法必须改革。提出“在一般地区，集体经济比较稳定，生产有所发展，现行的生产责任制群众满意或经过改进可以使群众满意的，就不要搞包产到户”[①]，愿意选择家庭承包的也不要硬纠；对那些边远山区和贫困落后的地区，“群众对集体丧失信心，因而要求包产到户的，应当支持群众的要求，可以包产到户，也可以包干到户，并在一个较长的时间内保持稳定”[②]。中央七十五号文件也可以说是一份承前启后的文件，它实际上把十一届三中全会决议中关于生产责任制的规定推进了一步。[③]它肯定包产到户是一种为解决温饱问题的必要措施，这是中央文件中第一次给包产到户上了“户口”，使它终于取得了合法性。它动摇了多年来深植于人们头脑中的包产到户就等于资本主义复辟的僵化观念，对推动农业改革向前发展具有重大意义。

1980 年中央七十五号文件的一个重要指导思想是，贫困落后地区可以包产到户。由于对贫困落后地区很难确定一个统一标准，包产到户、包干到户受到农民群众的热情拥护，在各地发展迅速。1982 年 1 月 1 日，中共中央批转了《全国农村工作会议纪要》（1982 年中央一号文件），以是否有利于生产力发展衡量是非曲直，第一次明确了包产到户、包干到户的社会主义性质，正式肯定了“联产需要承包”进而正式提出“联产承包制”这一概念，结束了关于包产到户长达 30 年的争论。从此，包产到户成为中央的决策。1982 年中央一号文件的主要内容，充分肯定了多种形式的责任制，特别是包干到户、包产到户，要求各地对其进行总结、完善、稳定。明确各种形式责任制，尤其是包干到户，是社会主义制度的实现形式。在中央肯定包干到户也是社会主义集体经济组织生产责任制的一种形式以后，全国农村的联产承包制迅速向包干到户转化。到 1982 年底，双包到户发展到 89.7%（其中包干到户 80.9%，包产到户 8.8%），联产到劳、联产到组、定额包工共 9%。[④]家庭联产承包责任制已占据主要地位。

此后，中央连续四年出台一号文件，体现了决策层家庭联产承包责任制思想形成与巩固的历史过程（表 4-1）。“家庭联产承包责任制”于 1983 年 6 月正式写入第六届全国人民代表大会的政府工作报告中，当年秋季在全国农区的林、牧、渔、工等各业普及。1983 年中央一号文件比 1982 年中央一号文件又进了一大步，多种形式责任制通过“包”字进一步发展，扩大了农民的自主权，将其权、责、利联系起来，克服了过分集中、平均主义等弊病，推动了生产发展。1983 年中央一号文件强调，“完善联产承包责任制的关键是，通过承包处理好统与分的关系”，

① 郑谦. 中华人民共和国史（1977～1991)[M]. 北京：人民出版社，2010：160.

② 韩俊. 新中国 70 年农村发展与制度变迁[M]. 北京：人民出版社，2019：110.

③ 武力，郑有贵. 中国共产党“三农”思想政策史（1921～2013 年）[M]. 北京：中国时代经济出版社，2013：437.

④ 杜润生. 当代中国的农业合作制（下）[M]. 北京：当代中国出版社，2002：51.

既要吸收分户承包的优点，又要统筹安排，统一管理。该文件从理论上说明了家庭联产承包责任制“是在党的领导下我国农民的伟大创造，是马克思主义农业合作化理论在我国实践中的新发展”，将“稳定和完善农业生产责任制”作为“当前农村工作的主要任务”。同时，该文件正式提出通过“政社分设”等措施对人民公社体制进行改革，为新型的分散经营与统一经营相结合的经营方式走上历史舞台扫清了障碍。1984 年中央一号文件将土地承包期延长到十五年以上，农民坚定了承包信心，提高了改善生产条件的积极性。1985 年中央一号文件基本上取消了农产品统派购制度，标志着中国农业开始摆脱农产品短缺的困境，农村进入商品经济发展的新阶段。1986 年中央一号文件重申了农村改革方针政策的正确性，充分肯定了改革的显著成效。农村中出现的一些新问题，只有通过深化改革才能解决，后退没有出路。

表4-1 中央一号文件关于家庭联产承包责任制的政策梳理（1982～1986）

年份	文件内容
1982	（1）目前实行的各种责任制，包括小段包工定额计酬，专业承包联产计酬，联产到劳，包产到户、到组，包干到户、到组，等等，都是社会主义集体经济的生产责任制。 （2）包干到户这种形式，在一些生产队实行以后，经营方式起了变化，基本上变为分户经营、自负盈亏；但是，它是建立在土地公有基础上的，农户和集体保持承包关系，由集体统一管理和使用土地、大型农机具和水利设施，接受国家的计划指导，有一定的公共提留，统一安排烈军属、五保户、困难户的生活，有的还在统一规划下进行农业基本建设。所以它不同于合作化以前的小私有的个体经济，而是社会主义农业经济的组成部分；随着生产力的发展，它将会逐步发展成更为完善的集体经济
1983	（1）稳定和完善农业生产责任制，仍然是当前农村工作的主要任务。 （2）分户承包的家庭经营只不过是合作经济中一个经营层次，是一种新型的家庭经济。 （3）完善联产承包责任制的关键是，通过承包处理好统与分的关系。 （4）林业、牧业、渔业，开发荒山、荒水以及其他多种经营方面，都要抓紧建立联产承包责任制
1984	（1）继续稳定和完善联产承包责任制，帮助农民在家庭经营的基础上扩大生产规模，提高经济效益。 （2）延长土地承包期，鼓励农民增加投资，培养地力，实行集约经营
1985	联产承包责任制和农户家庭经营长期不变。要继续完善土地承包办法和林业、牧业、水产业、乡镇企业的责任制
1986	家庭承包是党的长期政策，决不可背离群众要求，随意改变

资料来源：根据 1982～1986 年中央一号文件整理。参见中共中央国务院关于“三农”工作的一号文件汇编（1982～2014）[G]. 北京：人民出版社，2014

从 1978 年“不许包产到户，不许分田单干”，到 1982 年肯定包产到户是社会主义集体经济的生产责任制，再到 1983 年高度称赞包产到户“是在党的领导下我国农民的伟大创造，是马克思主义农业合作化理论在我国实践中的新发展”。这既是中国亿万农民群众伟大创造的艰难历程，也是党和国家领导人勇于探索的农村基本经营制度的演进过程。

家庭联产承包责任制拆解了长期以来农地所有权与使用权的高度捆绑，在农地所有权保持不变的基础上，将土地使用权以承包方式平均分配到农户，土地权益回归农民。这是农村土地产权制度改革最关键的一步。在土地所有权与使用权相分离的理论框架下，集体所有权权能明确，产权边界清晰，是确保农户土地使用权实现的基础。

2. 农村双层经营体制的确立

在人民公社体制经历以包干到户为主要形式的家庭联产承包责任制替换的剧烈变动时期，中共中央决策层既认识到家庭联产承包经营解放农民个人和家庭生产积极性的重要作用，也注重发挥集体经济统一经营层次的服务职能。家庭承包经营兴起的过程，就是人民公社体制逐步解体的过程，也是集体经济逐步变革的过程。在此基础上，家庭承包经营和集体统一经营相结合的双层经营体制正式建立。

1982～1984 年中共中央连续发出三个一号文件，一再申明联产承包制不是对集体经济的否定，而是社会主义集体经济的一种责任制形式；一再强调统分结合，发挥集体的作用，为承包农户搞好服务。[①]1982 年中央一号文件最早从理论上将家庭经营和集体经济的关系概括为“统分结合、双层经营”。其核心内容是，第一，明确“统”与“分”的主次地位，“目前，我国农村的主体经济形式，是组织规模不等、经营方式不同的集体经济”；第二，坚持社会主义集体化道路，在集体经济内部建立生产责任制；第三，强调“包干到户”只是经营方式的改变，“生产大队、生产队作为集体经济组织，仍应保留必要的经济职能”，具体来讲，“由集体统一管理和使用土地、大型农机具和水利设施，接受国家的计划指导，有一定的公共提留，统一安排烈军属、五保户、困难户的生活，有的还在统一规划下进行农业基本建设”；第四，“必须与当时当地的生产需要相适应，宜统则统，宜分则分，通过承包把统和分协调起来，有统有包”。[②]1983 年中央一号文件进一步明确“联产承包制采取了统一经营与分散经营相结合的原则，使集体优越性和个人积极性同时得到发挥”“分户承包的家庭经营只不过是合作经济中一个经营层次，是一种新型的家庭经济”。同时，为适应商品生产的需要，该文件要求“发展多种多样的合作经济”，为各种生产提供产前、产后的社会化服务。为此，还特别指出关于发展农村合作经济的几大错误观念：“一讲合作就只能合并全部生产资料，不允许保留一定范围的家庭经营；一讲合作就只限于按劳分配，不许有股金分红；一讲合作就只限于生产合作，而把产前产后某些环节的合作排斥在外；一讲合作就只限于按地区来组织，搞所有制的逐级过渡，不允许有跨地区的、多层次的联合。”[③]这

① 杜润生. 当代中国的农业合作制（下）[M]. 北京：当代中国出版社，2002：84.

② 全国农村工作会议纪要（1982 年中央一号文件）[G]//中共中央国务院关于“三农”工作的一号文件汇编（1982～2014）. 北京：人民出版社，2014：2-4.

③ 当前农村经济政策的若干问题（1983 年中央一号文件）[G]//中共中央国务院关于“三农”工作的一号文件汇编（1982～2014）. 北京：人民出版社，2014：20-25.

些政策内容，反映出党和国家领导人对我国农村经营方式改革的慎重考虑，从理论上理清了“包干到户”的认识误区，也破除了“左”倾错误影响下的观念障碍，为“双层经营”作为农村基本经营制度加以确立做了铺垫。

1984 年中央一号文件首次明确了“统一经营和分散经营相结合的体制”这一表述，并对农村经营体制的基本构建思路进行了勾勒。该文件不仅指出要进一步稳定和完善联产承包责任制的措施，还强调“地区性合作经济组织”设置的灵活性与多样性。地区性合作经济组织与过去“一大二公、整齐划一”的人民公社组织不同，它是一个包容性的概念，只要坚持土地公有，可以“在群众自愿的基础上设置，形式与规模可以多种多样，不要自上而下强制推行某一种模式”，并要求“地区性合作经济组织应当把工作重点转移到组织为农户服务的工作上来。首先要做好土地管理和承包合同管理；其次要管好水利设施和农业机械，组织植保、防疫，推广科学技术，兴办农田水利基本建设以及其他产前产后服务”[①]。1984 年底，全国 99%以上的人民公社完成了政社分设和建立乡、镇一级人民政府的工作[②]，全国各地在人民公社三级管理单位的改革基础上，陆续建立了新型的集体经营主体——地区性合作经济组织。这些合作经济组织有的叫农业合作社，有的叫经济联合社，或是群众选定的其他名称；北方多设在行政村，南方则多设在自然村。这些合作经济组织很少与党支部、村民委员会分社，大部分是一套班子两块或三块牌子。[③]

1985 年的中央一号文件继续要求“按照自愿互利原则和商品经济要求，积极发展和完善农村合作制”[④]，不仅要发展和完善地区性合作经济组织，还要积极发展股份制合作经济组织，并启动了农村改革试验区实验，其中包括地区性合作经济组织的体系建设实验。1986 年中央一号文件第一次非常明确地使用“双层经营体制”的概念，提出“地区性合作经济组织，应当进一步完善统一经营与分散经营相结合的双层经营体制”，将统一经营的功能定位于“切实做好技术服务、经营服务和必要的管理工作”[⑤]。但是这些制度，并未得到认真实践。1987 年的中央五号文件《把农村改革引向深入》对农村双层经营体制的内涵做了些许调整并进一步完善。其主要内容包括：第一，结合农村实际情况，用“乡、村合作组织”

① 中共中央关于一九八四年农村工作的通知（1984 年中央一号文件）[G]//中共中央国务院关于“三农”工作的一号文件汇编（1982～2014）. 北京：人民出版社，2014：40-46.

② 张晓山，李周. 中国农村改革 30 年研究[M]. 北京：经济管理出版社，2008：47.

③ 温铁军，朱守银. 中国农业基本经营制度研究[J]. 经济研究参考，1996，(1).

④ 中共中央国务院关于进一步活跃农村经济的十项政策（1985 年中央一号文件）[G]//中共中央国务院关于“三农”工作的一号文件汇编（1982～2014）. 北京：人民出版社，2014：61.

⑤ 中共中央国务院发出关于一九八六年农村工作的部署（1986 年中央一号文件）[G]//中共中央国务院关于“三农”工作的一号文件汇编（1982～2014）. 北京：人民出版社，2014：73-74.

的概念取代“地区性合作经济组织”，作为双层经营体制的组织载体。第二，厘清“乡、村合作组织”的四大职能，即“生产服务职能、管理协调职能和资产积累职能，尤其要积极为家庭经营提供急需的生产服务。有条件的地方，还要组织资源开发，兴办集体企业，以增强为农户服务和发展基础设施的经济实力”，这是截至目前最规范和全面的地区性合作经济组织的职能定位。第三，强调“乡、村合作组织”与“专业合作社”的区别，乡、村合作组织以公有土地为构建基础，具有社区性和综合性的特点。①

以家庭承包经营为基础、统分结合的双层经营体制，是从我国当时实际情况出发的，在尊重广大农民家庭联产承包创造精神的基础上，对人民公社时期单一的集体统一经营制度的扬弃，具有鲜明的针对性，并且富有远见性和预见性。它为当时保护和健全集体经营层次提供了政策依据，也为日后充实和完善双层经营体制奠定了政策连续性的基础。家庭联产承包责任制以土地集体所有为前提，以土地承包关系为基本内容；农民以家庭为基本生产单位进行自主的农业生产经营。这是一种新型的合作经济形式，在集体经济中引入家庭分散经营模式。生产队通过联产承包合同约束承包农户，同时又赋予农户根据自己家庭人口、劳动力和技术特长自主安排生产经营的权利，从而改变了人民公社单一、僵化的集体经营方式。这种经营体制不同于原来的集体经济组织的经营体制，又区别于小农经济的个体经营。家庭承包经营责任制理论将马克思农业合作化理论与我国人多地少、地势复杂、气候多变的农业状况结合起来，把集体统一经营和家庭分散经营适当结合起来，将统一核算和包干分配结合起来，突破了过去长期将家庭经营同集体经济对立的认识误区，带动了农村生产关系的有效调整，是邓小平农业“两个飞跃”思想的第一个飞跃。

但是，当时农村改革以改变高度集中统一的集体经济体制为主体性、基础性操作任务。改革实践的主要着眼点和着力点在于设置家庭承包经营层次，即办理土地承包事务，实行包产到户、包干到户。在经营体制的改变过程中，对保护集体财产和农田水利等公共设施注意不够；土地分割过于零碎，不利于使用机器和进行灌溉；一些中间社队没有保持必要的和可能保留的统一经营因素，致使社员家庭经营需要的服务得不到保障；有些集体经济原来比较巩固、农业机械化程度又比较高的社队，在推行家庭联产承包责任制的过程中搞了“一刀切”，没有继续坚持发挥集体经济的优越性；等等。②

---

① 中共中央文献研究室. 把农村改革引向深入（1987-1-22）[G]//十二大以来重要文献选编（下）. 北京：人民出版社，1988：1233.

② 杜润生. 当代中国的农业合作制（下）[M]. 北京：当代中国出版社，2002：62.

4.2.2　现阶段农村基本经营制度的正式确立时期（20世纪80年代末～90年代末）

以1992年邓小平同志南方谈话和党的十四大为标志，我国改革开放和现代化建设事业进入了一个新的发展阶段，确立了社会主义市场经济体制的改革目标，农业和农村经济的发展建立在一个新起点上。经过多次演变，“家庭承包经营为基础、统分结合的双层经营体制”被正式确立为我国农村基本经营制度，成为党的各项农村政策的基石，以及我国农村治理体制的重要构成内容。

1. 现阶段农村基本经营制度的正式确立

1991年11月，中共十三届八中全会通过的《中共中央关于进一步加强农业和农村工作的决定》，将深化农村改革的重点和总方向确定为“继续稳定以家庭联产承包为主的责任制，不断完善统分结合的双层经营体制，积极发展社会化服务体系，逐步壮大集体经济实力，引导农民走共同富裕的道路”。农村双层经营体制的内涵表达得更加清楚：第一，明确规定“把以家庭联产承包为主的责任制、统分结合的双层经营体制，作为我国乡村集体经济组织的一项基本制度长期稳定下来，并不断充实完善”[①]，“基本制度”地位的确立，为双层经营体制的进一步巩固和完善奠定了坚实的理论基础；第二，将“乡、村合作组织”改称为“乡村集体经济组织”；第三，将“分散经营”层次明确表述为“以家庭联产承包为主的责任制”；第四，对“统”与“分”的辩证关系进行了详细阐述，“这种双层经营体制，在统分结合的具体形式和内容上有很大的灵活性，可以容纳不同水平的生产力，具有广泛的适应性和旺盛的生命力”[②]，“这两个经营层次相互依存、相互补充、相互促进，忽视任何一个方面，都不利于农村经济的健康发展”[③]。由于社会化服务体系对健全双层经营体制、壮大集体经济具有重大意义，中央特别强调“以乡村集体或合作经济组织为基础，以专业经济技术部门为依托，以农民自办服务为补充，形成多经济成分、多渠道、多形式、多层次的服务体系”[④]。

1992年10月，党的十四大确立了建立社会主义市场经济体制的目标，农村改革的背景由此发生了深刻变化。在农村家庭联产承包责任制长期稳定的大前提下，家庭经营与集体经营两个层次都有了很大的发展和变化。1993年3月，第八

① 李乾元. 第三个春天——中国农业的合作之路[M]. 北京：人民出版社，2011：84.

② 李乾元. 第三个春天——中国农业的合作之路[M]. 北京：人民出版社，2011：85.

③ 《中共中央关于进一步加强农业和农村工作的决定》，中发〔1991〕21号，1991年11月29日发布。

④ 中央财经领导小组办公室. 中国经济发展五十年大事记[M]. 北京：人民出版社，1999：441.

届全国人民代表大会第一次会议通过修改宪法的决议，将以家庭联产承包为主的责任制和统分结合的双层经营体制，作为农村经济的一项基本制度载入了《中华人民共和国宪法》，以根本大法保障这一制度长期稳定。1993 年 11 月，党的十四届三中全会通过的《中共中央关于建立社会主义市场经济体制若干问题的决议》强调“以家庭联产承包为主的责任制和统分结合的双层经营体制，是农村的一项基本经济制度，必须长期稳定，并不断完善”，在坚持土地集体所有的前提下，稳定承包权，并允许土地使用权有偿转让，尤其强调“乡村集体经济组织，要积极兴办服务性的经济实体，为家庭经营提供服务，逐步积累集体资产，壮大集体经济实力”。1995 年 3 月，江泽民在江西、湖南考察工作时提出：“把农村千家万户的分散经营引导到规模化、系列化、产业化的轨道上来，提高了农业的规模效益，我看这就是一种集约化、集体化的形式。”①

1998 年 10 月，十五届三中全会通过了《中共中央关于农业和农村工作若干重大问题的决定》。这份文件全面总结了农村改革 20 年的基本经验，对农村双层经营体制理论做了完善，正式确定“以家庭承包经营为基础、统分结合的双层经营体制”的内涵表述，这与邓小平的“两个飞跃”思想在根本上是一致的。第一，将“乡村集体经济组织”改称为“农村集体经济组织”；第二，将“家庭联产承包”更加准确地改称为“家庭承包经营”；第三，明确农村最基本的生产关系是“实行土地集体所有、家庭承包经营，使用权同所有权分离”的统分结合的双层经营体制；第四，更加清晰、明确地确立了“统”与“分”有机结合的关系：一方面，“分”是“统”的基础，“家庭承包经营是集体经济组织内部的一个经营层次，是双层经营体制的基础，不能把它与集体统一经营割裂开来，对立起来”；另一方面，“统”是“分”的保障，“农村集体经济组织主要任务是管理好集体资产，协调好利益关系，组织好生产服务和集体资源开发，壮大经济实力，特别是要增强服务功能，解决一家一户难以解决的困难”②。1999 年 3 月第九届全国人民代表大会第二次会议通过的《中华人民共和国宪法修正案》吸纳了前述双层经营理论的内容，规定“‘以家庭承包经营为基础、统分结合的双层经营体制’是我国农村集体经济组织的基本经营体制”③，从而把农村基本经营制度写入了我国的根本大法，并且从法律的层面上将“统”与“分”纳入集体经济组织内部的两个经营层次。农村双层经营体制的权威表述，至此延续至今。

---

① 中共中央文献研究室. 江泽民思想年编（1989～2008)[M]. 北京：中央文献出版社，2010：189.

② 全国人大常委会法制工作委员会民法室.《中华人民共和国物权法》精解[M]. 北京：人民出版社，2007：221.

③ 陈锡文，赵阳，罗单. 中国农村改革 30 年回顾与展望[M]. 北京：人民出版社，2008：67.

2. 家庭承包经营制度的稳定发展

家庭承包经营制度是双层经营体制的基础，巩固和完善农村双层经营体制必须稳定和完善家庭承包经营制度。决策层一方面采取各种措施稳定农村土地承包关系，延长农民土地承包经营权；另一方面放宽对土地承包经营权的流转限制，鼓励农业适度规模经营。稳定现有农村土地承包关系是维护农民土地承包经营权的关键，只有坚持集体土地承包权属于农民，让农民吃上“定心丸”，才能维护农民权益。

第一，进一步延长农村土地承包期。粮食产量自 1984 年以后陷入改革开放以来第一次长达四年的徘徊期，主要农产品呈现供不应求的紧张局面。社会上开始出现对家庭联产承包责任制的责难观点。到 1993 年，家庭承包经营制度规定的 15 年承包期限陆续临近，还要不要坚持土地的家庭联产承包责任制，还要不要继续延长土地承包期，对此决策者的意愿非常坚定。1993 年中央一号文件提出“为了稳定土地承包关系，鼓励农民增加投入，提高土地的生产率，在原定的耕地承包期到期之后，再延长三十年不变。开垦荒地、营造林地、治沙改土等从事开发性生产的，承包期可以更长”①。1997 年中央十六号文件对“延长三十年”做出进一步解释：“在第一轮土地承包到期后，土地承包期再延长 30 年，指的是家庭土地承包经营的期限。集体土地实行家庭联产承包制度，是一项长期不变的政策。”②1998 年 10 月通过的《中共中央关于农业和农村工作若干重大问题的决定》特别强调了农村土地承包关系稳定的重要性：“土地是农业最基本的生产要素，又是农民最基本的生活保障。稳定土地承包关系，才能引导农民珍惜土地，增加投入，培肥地力，逐步提高产出率；才能解除农民的后顾之忧，保持农村稳定。这是党的农村政策的基石，决不能动摇。要坚定不移地贯彻土地承包期再延长三十年的政策，同时要抓紧制定确保农村土地承包关系长期稳定的法律法规，赋予农民长期而有保障的土地使用权。”③第二，进一步规范农村承包地的调整。为了防止土地经常调整导致的细碎化，增强农民的稳定感，1993 年中央一号文件提出在承包期内实行“增人不增地、减人不减地”的政策。1994 年颁布的《农业部关于稳定和完善土地承包关系的意见》“对于确因人口增加较多，集体和家庭均无力解决就业问题而生活困难的农户，尽量通过‘动账不动地’的办法解决，也可以按照‘大稳定、小调整’的原则，经该集体经济组织内部大多数农民同意，适当调

① 《中共中央、国务院关于当前农业和农村经济发展的若干政策措施》，中发〔1993〕11 号，1993 年 11 月 5 日发布。

② 《中共中央办公厅、国务院办公厅关于进一步稳定和完善农村土地承包关系的通知》，中发〔1997〕16 号，1997 年 8 月 27 日发布。

③ 改革开放以来历届三中全会文件汇编[G]. 北京：人民出版社，2013：98.

整土地。但‘小调整’的间隔期最短不得少于五年”①。第三，继续加强农村土地承包合同的管理，通过法律制度保障农民土地承包经营权。1988 年修订的《中华人民共和国宪法》增加了“土地的使用权可以依照法律的规定转让”的条文，对搞活农村土地使用权做出了突破性规定。1993 年颁布的《中华人民共和国农业法》进一步规定：“经发包方同意，承包方可以转包所承包的土地、山岭、草原、荒地、滩涂、水面，也可以将农业承包合同的权利和义务转让给第三者。”1998 年修订的《中华人民共和国土地管理法》，首次从法律上确认了赋予农民 30 年土地承包经营权，并明确“农民的土地承包经营权受法律保护”。

在推行农业生产责任制的整个过程中，中央决策层及时总结和肯定了群众在实践中的创造，并加以提高和引导。为了保证“包干到户”既不滑向分田单干，又不迁就集体经济原有经营体制的弊端，家庭联产承包责任制最早的提法源于“生产责任制”，将家庭经营方式引入集体经济，作为“集体经济的一个层次”，这是一种生产经营方式的创新。在家庭承包经营制度的变迁和确立过程中，先是集体内部的分工分业、联产计酬，然后是联系产量的分组分户经营，最后是联系最终利益分配的家庭经营。②家庭联产承包责任制产生时，人民公社制度还有潜在影响，土地归集体所有，家庭在集体统一管理和计划指导下进行分户生产经营，自负盈亏。在随后的发展中，农地使用权属范畴不断调整和增加，集体退出了农业的直接生产，农民完全自主负责土地经营，享有除向国家和集体缴纳税费以外的全部剩余产品和收益的支配权。“联产”和“不联产”的承包经营制，内涵完全不同，分配方式和累积方式也完全不同。1998 年党的十五届三中全会开始使用“家庭承包经营”这个名称，将“联产”和“责任”几个字取消，实现了承包制名称上的“正本清源”。

以农地集体所有、农村土地承包关系长久不变为前提，实现农地承包经营权的变动，农业规模经营被视为解决小生产与大市场之间矛盾的有效途径。1988 年修订的《中华人民共和国宪法》增加规定：“土地的使用权可以依照法律的规定转让。”这一突破性规定，拓展了农地承包经营权的内容，为实现农业规模经营提供了宪法保障。然而，从 1987 年到 1991 年，我国农业规模经营的进展一直十分缓慢。20 世纪 90 年代初以后，随着经济形势的好转，一些地方为了增强集体对农地的控制能力、降低与农户的谈判成本，以完善土地承包制为名，利用“两田制”提高承包费、减少甚至收回农户承包地，采取行政手段强行将农民的承包田集中起来，农业规模经营的速度明显加快。中央在纠正此类强制性手段对农民的剥夺时，关于推进土地流转和发展适度规模经营的政策一直没有改变。1993 年 11 月，《中共中央 国务院关于当前农业和农村经济发展的若干政

① 《国务院批转农业部关于稳定和完善土地承包关系意见的通知》，国发〔1995〕7 号，1995 年 3 月 28 日发布。
② 张红宇. 中国农村土地制度变迁的政治经济学分析[D]. 重庆：西南农业大学博士学位论文，2001：28.

策措施》明确规定,“以家庭联产承包为主的责任制和统分结合的双层经营体制,是我国农村经济的一项基本制度，要长期稳定，并不断完善”；并要求，“在坚持土地集体所有和不改变土地用途的前提下，经发包方同意，允许土地的使用权依法有偿转让。少数第二、第三产业比较发达，大部分劳动力转向非农产业并有稳定收入的地方，可以从实际出发，尊重农民的意愿，对承包土地作必要的调整，实行适度的规模经营”[①]。中央政策体现了保护农民主体地位、尊重农民意愿的重要指导思想，力求纠正地方强制推进规模经营的高成本行为。党的十四届三中全会通过的《中共中央关于建立社会主义市场经济体制若干问题的决议》再次重申:“在坚持土地集体所有的前提下，延长耕地承包期，允许继承开发性生产项目的承包经营权，允许土地使用权依法有偿转让。少数经济比较发达的地方，本着群众自愿原则，可以采取转包、入股等多种形式发展适度规模经营，提高农业劳动生产率和土地生产率。”1995 年,《国务院批转农业部关于稳定和完善土地承包关系意见的通知》强调,“在充分尊重农民意愿的基础上,可以采取多种形式，适时加以引导，发展农业适度规模经营”。针对有的地方发展适度规模经营操之过急的做法，中央领导明确表示，土地使用权的流动最终会形成土地的适度规模经营，这是一个长期的发展过程。[②]中央在规范土地流转的过程中，逐步对土地适度规模经营予以确认和定位，并强调其建立的长期性和自愿性，杜绝用行政命令硬性推广规模经营。

4.2.3 现阶段农村基本经营制度的发展与完善时期（21 世纪初至今）

党的十六大以来，针对我国农村经济发展的新形势，2008 年 10 月，党的十七届三中全会做出《中共中央关于推进农村改革发展若干重大问题的决定》，对双层经营提出“两个转变”思想：一方面“家庭经营要向采用先进科技和生产手段的方向转变，增加技术、资本等生产要素投入，着力提高集约化水平”；另一方面“统一经营要向发展农户联合与合作，形成多元化、多层次、多形式经营服务体系的方向转变，发展集体经济、增强集体组织服务功能，培育农民新型合作组织，发展各种农业社会化服务组织，鼓励龙头企业与农民建立紧密型利益联结机制，着力提高组织化程度”，同时强调“建设覆盖全程、综合配套、便捷高效的社会化

① 《中共中央 国务院关于当前农业和农村经济发展的若干政策措施》，中发〔1993〕1 号，1993 年 11 月 5 日发布。

② 北京天则经济研究所《中国土地问题》课题组. 土地流转与农业现代化[J]. 管理世界，2010，(7).

服务体系，是发展现代农业的必然要求”[①]。

1. 家庭承包责任制的巩固

在延长土地承包期、赋予农民长期而有保障的土地使用权思想的指导下，2002 年 8 月 29 日，第九届全国人民代表大会常务委员会第二十九次会议通过了《中华人民共和国农村土地承包法》，对家庭承包的期限、土地承包经营权的内容、保护和流转等问题提供了法律保障。2005 年中央一号文件明确要求各级政府认真落实农村土地承包政策，“针对一些地方存在的随意收回农户承包地、强迫农民流转承包地等问题，各地要对土地二轮承包政策落实情况进行全面检查，对违反法律和政策的要坚决予以纠正，并追究责任”[②]。2006 年中央一号文件继续强调，“坚决落实最严格的耕地保护制度，切实保护基本农田，保护农民的土地承包经营权”[③]。2007 年 3 月 16 日，全国人民代表大会通过了《中华人民共和国物权法》，把土地承包经营权明确为用益物权，结束了学术界对土地承包经营权性质旷日持久的争论，将其界定为农民的财产权。2008 年，中共十七届三中全会明确提出，“赋予农民更加充分而有保障的土地承包经营权，现有土地承包关系要保持稳定并长久不变”。2013 年 12 月 23 日，习近平在中央农村工作会议上的讲话再次重申：“现有农村土地承包关系保持稳定并长久不变，这是维护农民土地承包经营权的关键。任何组织和个人都不得剥夺和非法限制农民承包土地的权利。要强化对土地承包经营权的物权保护，完善土地承包经营权权能，依法保障农民对承包地占有、使用、收益、流转及承包经营权抵押、担保的权利。建立土地承包经营权登记制度，是实现土地承包关系稳定的保证，要把这项工作抓紧抓实，真正让农民吃上‘定心丸’。”[④]表 4-2 对稳定农村土地承包经营关系的政策、法律进行了梳理。

表4-2　关于稳定农村土地承包经营关系的政策、法律梳理（1993～2015年）

年份	文件名称	内容
1993	中央一号文件	为了稳定土地承包关系，鼓励农民增加投入，提高土地的生产率，在原定的耕地承包期到期之后，再延长三十年不变；开垦荒地、营造林地、治沙改土等从事开发性生产的，承包期可以更长。为避免承包耕地的频繁变动，防止耕地经营规模不断被细分，提倡在承包期内实行“增人不增地、减人不减地”的办法
1997	中央十六号文件	（1）在第一轮土地承包到期后，土地承包期再延长 30 年，指的是家庭土地承包经营的期限。集体土地实行家庭联产承包制度，是一项长期不变的政策。 （2）土地承包期再延长 30 年，是在第一轮土地承包的基础上进行的
2002	《中华人民共和国农村土地承包法》	耕地的承包期为三十年。草地的承包期为三十年至五十年。林地的承包期为三十年至七十年；特殊林木的林地承包期，经国务院林业行政主管部门批准可以延长

① 中共中央关于推进农村改革发展若干重大问题的决定[M]. 北京：人民出版社，2008：25.

② 中共中央国务院关于“三农”工作的一号文件汇编（1982～2014）[G]. 北京：人民出版社，2014：99.

③ 中共中央国务院关于“三农”工作的一号文件汇编（1982～2014）[G]. 北京：人民出版社，2014：119.

④ 中共中央文献研究室. 十八大以来重要文献选编（上）[G]. 北京：中央文献出版社，2014：669.

续表

年份	文件名称	内容
2003	《中华人民共和国农业法》	国家实行农村土地承包经营制度，依法保障农村土地承包关系的长期稳定，保护农民对承包土地的使用权
2007	《中华人民共和国物权法》	（1）耕地的承包期为三十年。草地的承包期为三十年至五十年。林地的承包期为三十年至七十年；特殊林木的林地承包期，经国务院林业行政主管部门批准可以延长。 （2）前款规定的承包期届满，由土地承包经营权人按照国家有关规定继续承包。 （3）承包期内发包人不得调整承包地。 （4）承包期内发包人不得收回承包地
2008	《中共中央关于推进农村改革发展若干重大问题的决定》	赋予农民更加充分而有保障的土地承包经营权，现有土地承包关系要保持稳定并长久不变
	中央一号文件	各地要切实稳定农村土地承包关系，认真开展延包后续完善工作，确保农村土地承包经营权证到户……严格执行土地承包期内不得调整、收回农户承包地的法律规定
2009	中央一号文件	抓紧修订、完善相关法律法规和政策，赋予农民更加充分而有保障的土地承包经营权，现有土地承包关系保持稳定并长久不变。强化对土地承包经营权的物权保护，做好集体土地所有权确权登记颁证工作，将权属落实到法定行使所有权的集体组织；稳步开展土地承包经营权登记试点，把承包地块的面积、空间位置和权属证书落实到农户，严禁借机调整土地承包关系，坚决禁止和纠正违法收回农民承包土地的行为
2010	中央一号文件	完善农村土地承包法律法规和政策，加快制定具体办法，确保农村现有土地承包关系保持稳定并长久不变。继续做好土地承包管理工作，全面落实承包地块、面积、合同、证书“四到户”，扩大农村土地承包经营权登记试点范围，保障必要的工作经费
2012	中央一号文件	加快修改完善相关法律，落实现有土地承包关系保持稳定并长久不变的政策
2013	中央一号文件	抓紧研究现有土地承包关系保持稳定并长久不变的具体实现形式，完善相关法律制度
	《中共中央关于全面深化改革若干重大问题的决定》	坚持农村土地集体所有权，依法维护农民土地承包经营权，发展壮大集体经济。稳定农村土地承包关系并保持长久不变，在坚持和完善最严格的耕地保护制度前提下，赋予农民对承包地占有、使用、收益、流转及承包经营权抵押、担保权能，允许农民以承包经营权入股发展农业产业化经营
2014	中央一号文件	稳定农村土地承包关系并保持长久不变，在坚持和完善最严格的耕地保护制度前提下，赋予农民对承包地占有、使用、收益、流转及承包经营权抵押、担保权能
2015	中央一号文件	完善相关法律法规，加强对农村集体资产所有权、农户土地承包经营权和农民财产权的保护。抓紧修改农村土地承包方面的法律，明确现有土地承包关系保持稳定并长久不变的具体实现形式，界定农村土地集体所有权、农户承包权、土地经营权之间的权利关系，保障好农村妇女的土地承包权益

资料来源：根据 1993 年中央一号文件，1997 年中央十六号文件，2002 年《中华人民共和国农村土地承包法》，2003 年《中华人民共和国农业法》，2007 年《中华人民共和国物权法》，2008 年《中共中央关于推进农村改革发展若干重大问题的决定》，2013 年《中共中央关于全面深化改革若干重大问题的决定》，2008～2015 年中央一号文件整理

2. 农地产权制度的发展

随着农地流转的实践探索，规模经营与土地承包经营权流转的联系更加紧密，决策层愈发重视土地承包经营权流转的规范化、制度化建设。2001 年中央十八号文件《关于土地承包经营权流转的规定》确认了农户的土地流转主体地位，明确规定土地流转必须坚持“自愿、依法、有偿”原则，不提倡企业到农村大规模包地。2002 年《中华人民共和国农村土地承包法》颁布，为农地流转的合法形式、原则、流转主体、流转合同等重大问题提供了直接的法律依据。2005 年 1 月，农业部颁布的《农村土地承包经营权流转管理办法》进一步细化了农地流转的各项操作性规定。农村土地承包经营权流转进入规范和法制的轨道。

2008 年，《中共中央关于推进农村改革发展若干重大问题的决定》首次提出继续稳定和完善农村基本经营制度的指导思想，将提高家庭经营的集约化水平、加强统一经营下的农户合作联系，实现统分结合双层经营体制的创新与经营方式的转变作为农村改革目标。要发展适度规模经营，必然要更有效地联合土地，因此中央再次对土地适度规模经营提出明确要求，在建立健全土地承包经营权流转市场，允许农民以多种形式流转土地承包经营权的基础上，发展多种形式的适度规模经营和不同规模的经营主体。中央的一号文件多次对土地承包经营权流转与适度规模经营做出规定（表 4-3），针对实践中出现的多种土地流转案例和农业规模经营模式，逐步调整政策导向，形成了发展适度规模经营的思路。

表4-3　中央一号文件关于土地承包经营权流转、适度规模经营的政策梳理（2005～2015年）

年份	文件内容
2005	承包经营权流转和发展适度规模经营，必须在农户自愿、有偿的前提下依法进行，防止片面追求土地集中。各省、自治区、直辖市要尽快制定农村土地承包法实施办法
2008	按照依法自愿有偿原则，健全土地承包经营权流转市场。农村土地承包合同管理部门要加强土地流转中介服务，完善土地流转合同、登记、备案等制度，在有条件的地方培育发展多种形式适度规模经营的市场环境。坚决防止和纠正强迫农民流转、通过流转改变土地农业用途等问题，依法制止乡、村组织通过“返租倒包”等形式侵犯农户土地承包经营权等行为
2009	建立健全土地承包经营权流转市场。土地承包经营权流转，不得改变土地集体所有性质，不得改变土地用途，不得损害农民土地承包权益。坚持依法自愿有偿原则，尊重农民的土地流转主体地位，任何组织和个人不得强迫流转，也不能妨碍自主流转
2010	加强土地承包经营权流转管理和服务，健全流转市场，在依法自愿有偿流转的基础上发展多种形式的适度规模经营
2012	按照依法自愿有偿原则，引导土地承包经营权流转，发展多种形式的适度规模经营，促进农业生产经营模式创新
2013	坚持依法自愿有偿原则，引导农村土地承包经营权有序流转，鼓励和支持承包土地向专业大户、家庭农场、农民合作社流转，发展多种形式的适度规模经营。结合农田基本建设，鼓励农民采取互利互换方式，解决承包地块细碎化问题。土地流转不得搞强迫命令，确保不损害农民权益、不改变土地用途、不破坏农业综合生产能力。探索建立严格的工商企业租赁农户承包耕地（林地、草原）准入和监管制度

续表

年份	文件内容
2014	（1）完善农村土地承包政策。稳定农村土地承包关系并保持长久不变，在坚持和完善最严格的耕地保护制度前提下，赋予农民对承包地占有、使用、收益、流转及承包经营权抵押、担保权能。在落实农村土地集体所有权的基础上，稳定农户承包权、放活土地经营权，允许承包土地的经营权向金融机构抵押融资。 （2）发展多种形式规模经营。鼓励有条件的农户流转承包土地的经营权，加快健全土地经营权流转市场，完善县乡村三级服务和管理网络。探索建立工商企业流转农业用地风险保障金制度，严禁农用地非农化。有条件的地方，可对流转土地给予奖补。土地流转和适度规模经营要尊重农民意愿，不能强制推动
2015	坚持和完善农村基本经营制度，坚持农民家庭经营主体地位，引导土地经营权规范有序流转，创新土地流转和规模经营方式，积极发展多种形式适度规模经营，提高农民组织化程度。鼓励发展规模适度的农户家庭农场，完善对粮食生产规模经营主体的支持服务体系……土地经营权流转要尊重农民意愿，不得硬性下指标、强制推动。尽快制定工商资本租赁农地的准入和监管办法，严禁擅自改变农业用途

资料来源：根据2005～2015年中央一号文件整理

2014年11月，中共中央办公厅、国务院办公厅印发的《关于引导农村土地经营权有序流转发展农业适度规模经营的意见》，较为全面地阐述了土地流转和适度规模经营的总体要求、基本原则和具体措施。总的来讲，决策层适度规模经营思想的内涵包括：第一，发展适度规模经营，以发展土地规模经营为主要模式，农地的所有权、承包权、经营权相分离，在稳定土地承包关系的基础上，推行依法自愿有偿的土地经营权流转；第二，在坚持家庭经营主体地位的基础上，大力培育专业大户、家庭农场、农民专业合作社等新型经营主体；第三，既要重视土地经营规模的扩大，又要重视农户间的联合与合作，发展多种形式的适度规模经营；第四，建立健全土地流转准入制度，规范工商企业租赁农户承包地的行为，保护农户土地承包权，抑制“非粮化”“非农化”现象。

总的来看，改革深化时期，我国农地产权制度的坚持与完善存在如下特点：第一，坚持农村土地农民集体所有，这是坚持农村基本经营制度的“魂”。农村土地属于农民集体所有，这是农村最大的制度。农地所有权保持不变，土地承包关系稳定不变，通过承包经营权的流转，土地承包主体同经营主体开始发生分离，以提高土地利用效率。第二，坚持家庭经营的基础性地位。家庭经营成为农业生产最主要的组织和经营形式，是由农业生产的自然特性和农业劳动的特点决定的，家庭经营替代集体化时期的生产队经营是农村制度改革的重要成果之一，应当长期坚持。农民家庭作为集体经济组织成员，是集体土地承包经营的法定主体。家家包地、户户务农，是农村基本经营制度的基本实现形式。经营自家承包耕地的普通农户仍然占大多数，仍然在农业生产中发挥着家庭经营的基础作用。第三，稳定农户承包权、放活土地经营权。坚持农地承包关系稳定并长久不变，既有利于形成农户对土地的投资激励，又为土地流转构建了稳固的前提。随着农业的商品化、专业化程度逐步提高，土地的要素功能变得日益重要，土地流转成为农户获得扩大规模经营机会的重要途径。土地承包权主体同经营权主体发生分离，是我国农业生产关系变化的新趋势。

3. 经营方式制度的丰富与发展

如何坚持和完善农村基本经营制度，尤其是如何充分发挥统一经营层次的重要作用，成为一个重大且紧迫的问题。这就需要提升和发展新型合作经济组织和集体经济，在充分挖掘“第一次飞跃”潜力的基础上，积极推进“第二次飞跃”的实现。2002年12月28日，第九届全国人民代表大会常务委员会第三十一次会议对《中华人民共和国农业法》进行了修订，增加规定了“农村集体经济组织”“各类专业合作经济组织”“农产品行业协会”等主体，以及“土地承包经营制度”“农业产业化经营”等制度在农业生产经营体制中的地位与作用。赋予了“有统有分、统分结合”的双层经营体制新的内涵。

2004～2007年，中央关于创新统一经营层次的主要思路是，第一，让农民合作组织为农民提供生产服务，将农民合作组织培育为现代农业的新型经营主体，以提高农业的产业化程度，让农民从产业化经营中得到更多实惠；第二，对深化农业科技推广体系改革和建设做出明确部署，提出通过公益性服务与经营性服务相结合的方法，完善农技推广的社会化服务机制（表4-4）。2006年10月31日，《中华人民共和国农民专业合作社法》由第十届全国人民代表大会常务委员会第二十四次会议正式通过，并于2007年7月1日实施。该法规定了农民专业合作社的设计和登记、成员、组织机构、财务管理、合并、分立、解散和清算、扶持政策及法律责任等内容。

表4-4　中央一号文件关于农村统一经营方式创新的政策梳理（2004～2015年）

年份	文件内容
2004	（1）深化农业科技推广体制改革，加快形成国家推广机构和其他所有制推广组织共同发展、优势互补的农业技术推广体系。 （2）积极推进有关农民专业合作组织的立法工作。从2004年起，中央和地方要安排专门资金，支持农民专业合作组织开展信息、技术、培训、质量标准与认证、市场营销等服务
2005	（1）要按照强化公益性职能、放活经营性服务的要求，加大农业技术推广体系的改革力度。 （2）积极探索龙头企业和专业合作组织为农户承贷承还、提供贷款担保等有效办法。支持农民专业合作组织发展，对专业合作组织及其所办加工、流通实体适当减免有关税费。集体经济组织要增强实力，搞好服务，同其他专业合作组织一起发挥联结龙头企业和农户的桥梁和纽带作用
2006	（1）要加快农业技术推广体系改革和建设，积极探索对公益性职能与经营性服务实行分类管理的办法，完善农技推广的社会化服务机制。 （2）积极引导和支持农民发展各类专业合作经济组织，加快立法进程，加大扶持力度，建立有利于农民合作经济组织发展的信贷、财税和登记等制度

续表

年份	文件内容
2007	（1）继续加强基层农业技术推广体系建设，健全公益性职能经费保障机制，改善推广条件，提高人员素质。积极发展种养专业大户、农民专业合作组织、龙头企业和集体经济组织等各类适应现代农业发展要求的经营主体。 （2）大力发展农民专业合作组织……着力支持农民专业合作组织开展市场营销、信息服务、技术培训、农产品加工储藏和农资采购经营
2008	（1）必须推动农业科技创新取得新突破，农业社会化服务迈出新步伐，农业素质、效益和竞争力实现新提高。 （2）以家庭承包经营为基础、统分结合的双层经营体制是农村改革最重要的制度性成果……必须稳定完善农村基本经营制度，不断深化农村改革，激发亿万农民的创造活力，为农村经济社会发展提供强大动力
2009	（1）推进基层农业公共服务机构建设。 （2）加快发展农民专业合作社，开展示范社建设行动。加强合作社人员培训，各级财政给予经费支持
2010	推动家庭经营向采用先进科技和生产手段的方向转变，推动统一经营向发展农户联合与合作，形成多元化、多层次、多形式经营服务体系的方向转变。壮大农村集体经济组织实力，为农民提供多种有效服务。大力发展农民专业合作社，深入推进示范社建设行动，对服务能力强、民主管理好的合作社给予补助……积极发展农业农村各种社会化服务组织，为农民提供便捷高效、质优价廉的各种专业服务
2011	大力发展农民用水合作组织
2012	培育和支持新型农业社会化服务组织。通过政府订购、定向委托、招投标等方式，扶持农民专业合作社、供销合作社、专业技术协会、农民用水合作组织、涉农企业等社会力量广泛参与农业产前、产中、产后服务……壮大农村集体经济，探索有效实现形式，增强集体组织对农户生产经营的服务能力
2013	（1）创新农业生产经营体制，稳步提高农民组织化程度……农民合作社是带动农户进入市场的基本主体，是发展农村集体经济的新型实体，是创新农村社会管理的有效载体……鼓励农民兴办专业合作和股份合作等多元化、多类型合作社。 （2）要坚持主体多元化、服务专业化、运行市场化的方向，充分发挥公共服务机构作用，加快构建公益性服务与经营性服务相结合、专项服务与综合服务相协调的新型农业社会化服务体系。 （3）因地制宜探索集体经济多种有效实现形式，不断壮大集体经济实力……鼓励具备条件的地方推进农村集体产权股份合作制改革。探索集体经济组织成员资格界定的具体办法
2014	（1）构建新型农业经营体系。发展多种形式规模经营……扶持发展新型农业经营主体。鼓励发展专业合作、股份合作等多种形式的农民合作社，引导规范运行，着力加强能力建设。 （2）健全农业社会化服务体系……采取财政扶持、税费优惠、信贷支持等措施，大力发展主体多元、形式多样、竞争充分的社会化服务，推行合作式、订单式、托管式等服务模式，扩大农业生产全程社会化服务试点范围
2015	（1）探索农村集体所有制有效实现形式，创新农村集体经济运行机制。出台稳步推进农村集体产权制度改革的意见……对非经营性资产，重点是探索有利于提高公共服务能力的集体统一运营管理有效机制。对经营性资产，重点是明晰产权归属，将资产折股量化到本集体经济组织成员，发展多种形式的股份合作。开展赋予农民对集体资产股份权能改革试点，试点过程中要防止侵蚀农民利益，试点各项工作应严格限制在本集体经济组织内部。 （2）鼓励发展农民用水合作组织，扶持其成为小型农田水利工程建设和管护主体。 （3）全面深化供销合作社综合改革，坚持为农服务方向，着力推进基层社改造，创新联合社治理机制，拓展为农服务领域，把供销合作社打造成全国性为“三农”提供综合服务的骨干力量

资料来源：根据 2004～2015 年中央一号文件整理

2008～2015 年，中央一号文件均对统一经营层次的改革与完善做出相关规定。第一，明确要求加大对农业专业合作社的扶持工作，从财政、金融、登记等各方面向其倾斜，不断培育和壮大农民专业合作社等新型经营主体的发展；第二，更加关注统一经营层次中的集体经济组织的有效实现形式，尤其强调壮大集体经济组织的实力是其为农民提供服务的前提条件；第三，科学界定社会化服务的内涵，服务内容涵盖农业产前、产中、产后环节，对农业气象服务、农产品质量安全监管和市场服务等服务领域做出新要求，尤其是在农业科技推广体制改革取得了重大进展，新型经营主体不断培育后。2008 年，党的十七届三中全会决定提出“两个转变”思想，“统一经营”不再仅限于集体统一经营，而是包括了集体经济组织、农民专业合作组织、龙头企业与农民的联合等多样化服务体系，其内涵更具包容性和科学性。2013 年 12 月，习近平在中央农村工作会议上提出“要加快构建以农户家庭经营为基础、合作与联合为纽带、社会化服务为支撑的立体式复合型现代农业经营体系”，其中，“合作与联合”“社会化服务”就是对“统”的新内涵的高度概括。

我国农村统一经营制度的改革与完善，呈现出经营方式的多样化创新趋势，总体上形成了三条较为明晰的改革发展思路：一是继续改革完善农村集体经济组织，创新农村集体经济运行机制；二是继续鼓励和扶持农民专业合作、股份合作等多形式的农民专业合作经济组织；三是构建新型农业社会化服务体系。“统一经营”的内涵更加丰富，发生了由社区性合作经济组织到农民合作组织与社区集体组织相配合、社会化服务体系做支撑的新型服务模式的转变。“统一经营”被赋予了新的深刻内涵。发挥“统”的作用，不是要重新回到人民公社时期“统一生产、统一分配、统一管理”的集体统一经营模式，而是强调“统”对“分”的支持和保障作用，“统分结合”形成密不可分的有机整体。因此，“统”要对家庭经营服务，而不是取代家庭经营；“统”是农户家庭间的合作与联合；“统”是要建立多元化、多层次、多形式的服务体系为家庭经营服务。“统分结合”的双层经营思想，主张真正实现“统”与“分”的融合，强调“分”是“统”的基础，“统”是“分”的保障，二者相互依存、相互补充、相互促进、协调发展。农村基本经营制度将进一步发挥“统”和“分”的融合作用，逐步实现科学技术的充分利用，农业适度规模化和集约化程度的提高，坚持中国特色农业现代化道路，实现中国农业的“第二次飞跃”。

4.3　农村基本经营制度的成效评价

4.3.1　农村基本经营制度的学术价值

现阶段农村基本经营制度从我国具体国情与农情出发，在遵循世界农业发展的一般规律和普遍趋势的基础上，不断探索、修正与发展，形成了具有中国特色的制度模式，取得了巨大的历史成就。长期以来，学术界从不同视角对我国农村基本经营制度的理论价值进行了深入研究（表 4-5），对我们客观评价农村基本经营制度，进一步发展和完善该制度提供了丰富的理论支撑。

表4-5　代表性学者对我国农村基本经营制度的主要评价

制度	代表性学者	主要评价
家庭承包经营制[1]	杜润生	"在社会主义阶段，在一个很长的历史时期内，至少要保留一定数量的家庭经济作为社会主义的补充。"其合理性"就在于它扬弃了小私有制的狭窄性，为今后引用科学技术留下发展余地，又保留了家庭经营的优势"
	林子力	"作为联产承包制的核心的'包'，是分和统的结合体，没有分就不能包，没有统就不是包"
	蔡昉等	实行家庭承包制的改革，"是通过改善激励机制和解放生产要素，在农村内部挖掘效率潜力的过程，是一次典型的没有损失方的'帕累托改进'式的改革"
	周其仁	"不到 10 年时间，国家控制的集体产权模式完全改观，被承包制和私产制混合的新产权结构取代。这是 20 世纪 80 年代以来农村经济增长和结构变化的主要制度基础"
	黄宗智	在大规模非农就业以及农产品消费转型（从"以粮为纲"转向粮食—蔬菜—鱼肉并重的农业结构）这一历史机遇里，中国农业的出路在于"具有中国特色的、既是高劳动密集型的也是相对高收入的小家庭农场"
	林毅夫	"家庭农场是发展中国家农业增长的更为适当的制度，中国的未来改革应该加强刚刚建立起来的农户制度的地位"
农地产权制度	周诚	一切非国家所有的土地，其所有权都因不可避免地要受到国家从全局利益出发而做出的种种限制而变得不那么完整，"国家作为国民经济的宏观管理者，对集体土地所有者的土地产权做了一定分割"，这样的分割，还意味着相应地延及土地使用者
	刘守英	产权的真正内涵不是一种资产存量，而是将所拥有的这些资产做何使用，以及采用什么样的权力规则来分配收益，对农户的行为而言，产权实际内容（即使用权、收益权和转让权）以及这些权利的完整程度，是农地改革研究的重点
	韩俊	"承认农民拥有独立的土地承包权，由'两权分离'到'三权分离'，无论在理论上，还是在实践上都具有极其重要的意义。""所谓'三权分离'即明确规定所有权归集体，承包权稳定不变，并量化记入农户的土地承包证书，使用权可以合法流转"

续表

制度	代表性学者	主要评价
农地产权制度	张红宇	从现有产权制度的弊病出发，坚持集体所有权，选择对农地使用制度进行变革与创新，规范农地的使用和经营方式，才是最终收益大于支出成本的制度创新。“在承包与经营两权分离之后，承包权则更多地表现为占有、处置权，以及在此基础上衍生出的多重权益，典型如继承权、退出权等，相应的经营权更多地表现为耕作、经营、收益以及其他衍生的多重权益，比如入股、抵押等权”，进一步细分土地产权对解决土地相关现实问题具有重要意义
统一经营制度	张晓山	将农业合作经济组织的发展，视为对传统双层经营体制的改进和完善，代表了中国农业基本经营制度的发展方向
	黄祖辉和徐旭初	“农民专业合作经济组织作为一种农业家庭承包经营基础上的农业经营体制创新，无疑有助于实现邓小平所预言的‘两个飞跃’”
	孔祥智等	“新型农业社会化服务体系的建立，将有利于强化双层经营中‘统’的功能，为农民生产经营提供便捷高效的服务，把千家万户的分散生产经营变为相互联结、共同行动的合作生产、联合经营，实现小规模经营与大市场的有效对接，提高我国农业的整体素质和市场竞争力”
	陈锡文等	“社会化服务的问题解决得好，就可以在不改变家庭经营的基础上，使农业取得规模效益，实现现代化。因此，在农业中集体经济与家庭经营是互为需要的”

1）“家庭生产责任制”于 1982 年确立为“联产承包制”，1983 年改称“家庭联产承包责任制”，1998 年确立为“以家庭承包经营为基础、统分结合的双层经营体制”的表述。由于官方与学术界在不同历史时期的说法存在差异，为行文方便，除直接引用外，后文将其统称为“家庭承包经营制”

资料来源：杜润生. 中国农村制度变迁[M]. 成都：四川人民出版社，2003：29；林子力. 论联产承包责任制——中国社会主义农业合作经济的新形式[J]. 中国社会科学，1982，(6)；蔡昉，王德文，都阳. 中国农村改革与变迁：30 年历程和经验分析[M]. 上海：格致出版社，2008：7；周其仁. 产权与制度变迁：中国改革的经验研究[M]. 北京：北京大学出版社，2004：40；黄宗智. 中国农业面临的历史性契机[J]. 读书，2006，(10)；林毅夫. 制度、技术与中国农业发展[M]. 上海：格致出版社，2014：66；周诚. 论我国土地产权构成[J]. 中国土地科学，1997，(3)；刘守英. 中国农地制度的合约结构与产权残缺[J]. 中国农村经济，1993，(2)；韩俊. 中国农村土地制度建设三题[J]. 管理世界，1999，(3)；张红宇. 中国农村土地产权政策：持续创新——对农地使用制度变革的重新评判[J]. 管理世界，1998，(6)；张红宇. 三权分离、多元经营与制度创新——我国农地制度创新的一个基本框架与现实关注[J]. 南方农业，2014，(2)；张晓山. 浅析农民专业合作组织的发展与农业基本经营制度的创新[J]. 中国党政干部论坛，2006，(6)；黄祖辉，徐旭初. 大力发展农民专业合作经济组织[J]. 农业经济问题，2003，(5)；孔祥智，徐珍源，史冰清. 当前我国农业社会化服务体系的现状、问题和对策研究[J]. 江汉论坛，2009，(5)；陈锡文，赵阳，罗丹. 中国农村改革 30 年回顾与展望[M]. 北京：人民出版社，2008：59

4.3.2　农村基本经营制度的实践成效

在不同的历史发展时期，以农地集体所有为前提的家庭分散经营都显示出较为显著的经济成效。尤其是家庭承包经营制的实施，极大地解放了农村生产力，使农村社会经济面貌发生了历史性改变。

1. 对农业的积极影响

1979～1984 年，我国农业生产接连创出新高，农作物总产值增加了 42.23%，其中“有46.89%源于家庭责任制改革所带来的效率提高”①。根据中国农村发展问题研究组的报告，1979～1984年我国农业总产值平均每年递增8.98%，其中种植业年均递增 6.61%；农业的迅速增长使农产品供给状况获得了极大改善，粮食平均每年增产340亿斤，棉花增产1 300万担；人均有粮从637斤增加到790斤，人均有棉从4.5斤增加到11.8斤。②虽然家庭承包经营制实施期间，农业生产经历过一些波动，但总体来看，农业总产值及粮食、棉花、油料等主要农产品的产量增速是十分明显的（表4-6）。

表4-6　1978～2015年我国农业总产值及主要农产品产量

年份	农业总产值/亿元	粮食/万吨	棉花/万吨	油料/万吨
1978	1 397.0	30 476.5	216.7	521.8
1980	1 923.0	32 055.5	270.7	769.1
1985	3 619.0	37 910.8	414.7	1 578.4
1990	7 662.0	44 624.0	450.8	1 613.2
1995	20 341.0	46 661.8	476.8	2 250.3
2000	24 916.0	46 217.5	441.7	2 954.8
2005	39 451.0	45 263.7	532.4	2 864.9
2010	69 320.0	54 647.7	596.1	3 230.1
2015	107 056.4	62 143.9	560.3	3 537.0
增长速度	7 563.3%	103.9%	158.6%	577.8%

资料来源：根据1979～2016年《中国统计年鉴》计算所得

粮食生产的增收，为改变片面的“以粮为纲”奠定了良好基础。在“坚持粮食生产的基础上，积极发展多种经营”的政策指导下，采取各种措施鼓励农民利用优势资源，发展多种经营，农业产业结构开始调整和优化。从表4-7中可以看出，1978年占农业总产值的比重高达80.0%，至1985年下降为69.2%，2010年下降到 53.0%；林业、牧业和渔业总产值的比重随之呈上升趋势。这表明经过三十多年的发展，我国“农、林、牧、渔”的大农业格局已基本形成，农户家庭经营的经济效益来源更加多元化、合理化。

表4-7　1978～2018年农林牧渔总产值构成情况

年份	农业	林业	牧业	渔业
1978	80.0%	3.4%	15.0%	1.6%
1980	75.6%	4.2%	18.4%	1.7%
1985	69.2%	5.2%	22.1%	3.5%

① 林毅夫. 制度、技术与中国农业发展[M]. 上海：格致出版社，2014：62-65.

② 中国农村发展问题研究组. 国民经济新成长阶段和农村发展[J]. 经济研究，1985，（7）.

续表

年份	农业	林业	牧业	渔业
1990	64.7%	4.3%	25.7%	5.4%
1995	58.4%	3.5%	29.7%	8.4%
2000	55.7%	3.8%	29.7%	10.9%
2005	49.7%	3.6%	33.7%	10.2%
2010	53.0%	3.8%	30.2%	9.2%
2015	53.2%	4.3%	28.1%	10.1%
2018	54.1%	4.8%	25.3%	10.7%

注：表中数据原文如此，农业、林业、牧业、渔业四项比重之和并不总为100%

资料来源：《中国农村统计年鉴2019》

2. 对农民的重大影响

1978年全国农村生产队和社员出售产品的货币收入为580亿元，至1984年已达1 501亿元，共增加921亿元，年均增长17.2%，这一时期成为历史上农民收入增长最快的时期；从1978年到1983年，农民的净货币收入由381亿元增长到1 127亿元，年均增长24.2%。[①]农村的贫困人口减少了2/3，以年均16.4%的速度减少。1984年农村贫困线以下人口占总人口的比重由1978年的33.3%下降到11.0%。[②]由于货币收入的增加，农民的物质文化生活都有了明显改善。据匡算，在1978年到1984年新增加的1 798亿元社会商品零售总额中，约有2/3来自农民。1984年全社会购买力中，农民占到52.5%。[③]比较典型的标志是住房条件的改善和高档消费品的增加。1984年，农民人均住房面积为15.4平方米，其中42%是1978～1984年新建的。新建住房68%为砖木结构和钢筋混凝土结构。人均住房面积比1978年增加了5.2平方米。[④]

农业农村发展的巨大成就，还体现为农民收入实现持续多年较快增长（图4-2）。2011年，农民人均纯收入6 977元，比2002年增长1.8倍，年均实际增长8.2%。其中，2010年、2011年连续两年收入增速超过城镇。[⑤]

① 中国农村发展问题研究组. 国民经济新成长阶段和农村发展[J]. 经济研究，1985，（7）.

② 陈吉元，韩俊. 邓小平的农业“两个飞跃”思想与中国农村改革[J]. 中国农村经济，1994，（10）.

③ 中国农村发展问题研究组. 国民经济新成长阶段和农村发展[J]. 经济研究，1985，（7）.

④ 国家统计局. 中国统计年鉴（1985）[Z]. 北京：中国统计出版社，1985：570.

⑤ 武力，郑有贵. 中国共产党“三农”思想政策史（1921～2013年）[M]. 北京：中国时代经济出版社，2013：557.

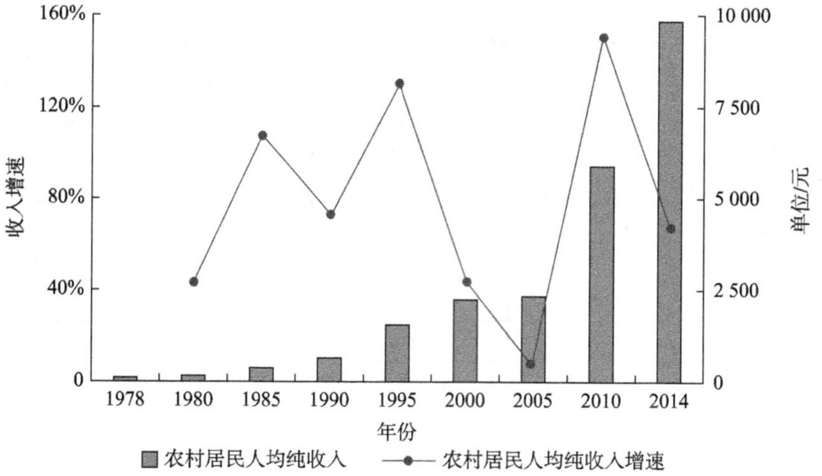

图 4-2　1978～2014 年我国农村人均纯收入增长率

资料来源：根据各年《中国统计年鉴》计算所得

伴随着农民收入的快速增加，农民收入来源更加多元化，消费质量大大改善（表 4-8）。尽管在收入结构上，家庭经营纯收入所占比例最大，但在改革开放以后所占比例相对降低，而工资性收入及财产性和转移性收入所占比例逐渐上升，成为改变农村居民消费结构和生活质量的主要因素。例如，农民的财产性收入。在 1993 年之前农民的财产性收入都没有纳入国家统计局的数据，1993 年农民人均财产性收入为 7.02 元，2006 年该数据首次突破三位数，达到 100.50 元，2015 年农民人均财产性收入已增至 251.50 元。为确保农民财产性收入的稳定增长，各地政府着力于坚持土地集体所有原则下的多种改革举措并行，创造条件让更多的农民拥有财产性收入。

表4-8　1978～2015年农村居民收支结构及恩格尔系数

年份	人均工资性收入/元	人均家庭经营纯收入/元	人均财产性收入/元	人均转移性收入/元	人均生活消费支出/元	恩格尔系数
1978	88.3	35.8		9.5	116.1	67.7%
1980	106.4	62.6		22.4	162.2	61.8%
1985	72.2	296.0		29.5	317.4	57.8%
1990	138.8	518.6		29.0	584.6	58.8%
1995	353.7	1 125.8	41.0	47.3	1 310.4	58.6%
2000	702.3	1 427.3	45.0	78.8	1 670.1	49.1%
2005	1 174.5	1 844.5	88.5	147.4	2 555.4	45.5%
2010	2 431.1	2 832.8	202.2	452.9	4 381.8	41.1%
2015	4 600.3	4 503.6	251.5	2 066.3	9 222.6	37.1%

资料来源：1978～2005 年的数据来自《新中国六十年统计资料汇编》，2010 年、2015 年的数据来自《中国统计年鉴 2019》

从消费领域来看，农民饮食质量有很大提高，营养丰富的食品和享受型食物增长较快；对物质生活和精神生活的追求随之提高，衣着趋于高档；居住状况得到极大改善，耐用消费品也成倍增加。在消费结构方面，呈现由低层次向高层次、由生存消费向投资型、享受型消费发展的态势。例如，食品支出。改革开放以来食品支出一直占据农村居民消费支出的最大比例，但随着农民收入和生活水平的提高，该项支出在各地区均呈稳步下降趋势。2000 年多数地区脱离贫困，2010 年多数地区达到小康生活水平。①

3. 对农村的深远影响

1990 年，据农业部统计，除西藏外，全国农村已设置村和村以下合作经济组织 189.2 万个，其中以村为单位设置的有 40.1 万个，以生产队为单位设置的有 139.9 万个，以自然村和几个生产队联合设置的有 9.2 万个；设社的单位约占原基本核算单位数的 80%，比 1985 年增加 70%左右。②又据 1994 年底农业部对 47 186 个乡（镇）、73.1 万个村、553.9 万个组（队）的统计，“已经设置合作经济组织的：乡（镇）有 3.13 万个，占 66.38%；村有 66.87 万个，占 91.5%，涉及 369.76 万个组（队）；村以下有 150.75 万个。如果将村以下设社的按一社一组（队）的最低数计算，在村和村以下设社的单位所涉及的组（队）为 520.5 万个，占统计组数的 97.5%”③。1995 年，全国城乡农村集体经济组织为 218 万个，全国约有 97%的地区建立了集体经济组织。④在随后的农村经济体制改革中，部分农村集体经济组织转变或改造为企业化机构。到 2007 年底，全国（不含西藏）有村级集体经济组织 62 万多个、组级集体经济组织 500 多万个；村级集体资产总计 1.4 万亿元（不包括土地等资源性资产），村均达到 234 万元；集体年收益达到 762.3 亿元，村均为 12.7 万元。⑤以村、组为单位，农村集体经济组织采取股份合作制的形式进行产权制度改革，主要是以标准厂房为主的不动产、生产设施、资金和土地等资源性资产为入股要素，采取折股量化和募集股相结合的股权设置办法，改制为股份制公司或者股份合作社，从根本上破除不适应农村生产力发展要求的传统产权制度，同时从体制上最大限度维护农村集体经济组织及其成员的权益。截至 2011 年底，全国（不含西藏）实施农村社区集体产权制度改革的村已达 2.32 万个（其中，已经完成改革的村有 1.66 万个，正在实施改革的村有 0.66 万个），占全国总村数

① 喻海东，卢亮，赵娟娟. 改革开放 30 年中国农村居民收支结构发展趋势及收支定量关系研究[J]. 中国农学通报，2015，(10).

② 杜润生. 当代中国的农业合作制（下）[M]. 北京：当代中国出版社，2002：97-98.

③ 杜润生. 当代中国的农业合作制（下）[M]. 北京：当代中国出版社，2002：106.

④ 魏宪朝. 改革开放三十年的农村集体经济[J]. 理论前沿，2008，(24).

⑤ 孙中华. 关于稳定和完善农村基本经营制度的几个问题（下）[J]. 农村经营管理，2009，(6).

的 3.8%。其分布是经济较为发达的东部地区相对较多，而中西部地区则相对较少。其中，“东部地区完成改革的村有 13 622 个，中部 546 个，西部 2 381 个，占完成改革村数的比重分别为 82.3%、3.3%和 14.4%。特别是位居东部的北京、江苏、浙江、广东四省市，完成集体产权制度改革的村已经占到全国总完成村数的 75.5%”[①]。2013 年，部分省（市）农村集体经济组织产权制度改革情况如表 4-9 所示。

表4-9　2013年部分省（市）农村集体经济组织产权制度改革情况

地区	起始时间	占全国完成改革村的比例	户均分	主要法规规章和政策文件
北京	1993 年	95%	约 1 500 元	《北京市农村集体资产管理条例》
江苏	1998 年	33%	约 1 000 元	《江苏省农民专业合作社条例》
浙江	1993 年	30%	约 1 000 元	《浙江省村经济合作社组织条例》
广东	1991 年	20%	约 1 000 元	《广东省农村集体经济组织管理规定》
上海	1992 年	15%	约 3 000 元	《关于加快本市农村集体经济组织改革发展的若干意见（试行）》

资料来源：方志权. 农村集体经济组织产权制度改革若干问题[J]. 中国农村经济，2014，(7)

农民专业合作组织是创新农村统一经营机制的重要途径。作为我国合作制经济的一种新形式和新发展，各种农民专业合作组织纷纷涌现。根据农业农村部对农村专业合作与联合组织在较大范围内的调查统计，我国（不包括青海、广西、西藏）农村专业合作与联合组织的数量逐年递增，1990 年共有 123.1 万个，至 1994 年底全国各类农民专业合作组织已有 148.4 万个，与 1990 年相比增加近 25 万个。[②] 2006 年 10 月，《中华人民共和国农民专业合作社法》的颁布促使我国农民专业合作社进入依法快速发展的新阶段。截至 2013 年底，全国依法登记的专业合作、股份合作等农民专业合作社共有 95.07 万家，实有成员 7 221 万户，占农户总数的 27.8%（表 4-10）；联合社有 5 600 多家，联合会有 2 554 家。[③]合作社产业分布较为广泛，涉及种植、养殖、农机、林业、植保、技术信息、手工纺织、乡村旅游等农村各个产业，服务内容从生产领域逐步向生产、流通、加工一体化经营发展。[④]同时，随着土地流转制度的推进，农民专业合作社逐渐成为重要的流转主体。

① 国鲁来. 农村基本经营制度的演进轨迹与发展评价[J]. 改革，2013，(2).

② 农业部农村合作经济研究课题组. 1994 年中国农村土地承包经营制度及合作组织运行考察（三）[J]. 农村合作经济经营管理，1996，(3).

③ 李存才. 全国农民合作社达到 95. 07 万家[N]. 中国财经报，2014-2-7.

④ 高强，孔祥智. 我国农业社会化服务体系演进轨迹与政策匹配：1978～2013 年[J]. 改革，2013，(4).

表4-10　全国农民专业合作社基本情况（2007～2013年）

时间	合作社数/万家	出资额/亿元	工商登记成员数/万户	实有成员数/万户
2007年底	2.64	311.66	35.00	210.00
2008年底	11.09	880.16	141.71	1 200.00
2009年底	24.64	2 461.36	391.74	2 100.00
2010年底	37.91	4 545.77	715.57	2 900.00
2011年底	50.90			3 444.10
2012年6月底	60.00			4 600.00
2013年底	95.07			7 221.00

资料来源：农业部农村经济体制与经营管理司，农业部农村合作经济经营管理总站，农业部管理干部学院. 中国农民专业合作社发展报告（2006～2010）[M]. 北京：中国农业出版社，2011；农业部农村经济体制与经营管理司，农业部农村合作经济经营管理总站，农业部管理干部学院，等. 中国农民专业合作社发展报告（2012）[M]. 北京：中国农业出版社，2013

近年来，我国农业社会化服务体系不断完善，服务主体不断创新，服务领域不断拓展。从提供服务的主体看，多元化格局基本形成。一是全国逐步建立了从中央到乡镇的五级政府公益性服务组织。目前，全国种植业、畜牧兽医、渔业、农机、经营管理等系统共有县乡两级公益监管服务机构14万多个，人员约83万人。[①]二是经营性服务体系初具规模，农业企业覆盖了生产加工、市场流通等领域，农产品流通服务体系、农资供销服务体系不断创新，如全国各类农业产业化组织超过25.5万个，其中龙头企业9.9万家，中介组织14.1万个，专业市场1.5万个。各类产业化组织带动农户1.07亿户，产业化组织从业人数5 000多万人。[②]三是合作性服务组织快速发展。农村集体经济组织经济实力不断增强，着力发挥其农村公共管理和服务职能，特别是在水利设施建设、农田灌溉、道路交通等公益事业方面。农民专业合作组织呈现快速发展态势，成为完善农业社会化服务体系的一支重要力量，是农业生产新品种、新技术使用的先锋队。从服务内容看，多层次格局基本形成。一是公益服务与经营服务相结合。农业公共服务机构能力不断增强，在农业技术推广、农产品质量安全监管、生产信息化服务、动植物疫病防控等服务领域不断拓展；同时，农民专业合作组织、专业服务公司等市场主体，着力推进劳动力替代型服务和技术替代型服务。二是专项服务与综合服务相结合。社会化服务主体开始为经营主体提供个性化、全程化和综合型服务，不仅提供包括产前、产中、产后各环节的专项服务，还拓展了土地流转服务，以及产品开发与推介、管理咨询与发展规划、金融与保险等综合性服务。从服务方式看，多形式服务模式逐步建立。根据农民的需要，各类服务主体相互联合、相互协作，服务模式不断创新。例如，龙头企业、合作社与公共服务机构的产业化经营模式、产学

① 农业部经管司、经管总站研究课题组. 构建新型农业社会化服务体系初探[J]. 农业经济问题，2012,（4）.
② 农业部经管司、经管总站研究课题组. 构建新型农业社会化服务体系初探[J]. 农业经济问题，2012,（4）.

研协作模式、农业龙头企业"菜单式"服务模式、种养大户示范辐射式服务模式等。在我国既定的农村基本经营制度基本框架下，多层次社会化服务体系与分散经营的农户相结合，产生了多样化的农业经营模式，如四川成都崇州的"农业共营制"①。

随着农村基本经营制度的持续推行与逐步完善，集体统一经营作用日益增强。我国农村生产条件显著改善，农用机械总动力、有效灌溉面积、化肥施用量、农村用电量、农作物总播种面积等重要指标有了明显提高，分别从 1978 年的 11 749.9 万千瓦时、44 965.0 千公顷、884.0 万吨、253.1 亿千瓦时、150 104.1 千公顷提升到 2015 年的 111 728.1 万千瓦时、65 872.6 千公顷、6 022.6 万吨、9 026.9 亿千瓦时、166 374.0 千公顷，增长速度分别为 850.9%、46.5%、581.3%、3 466.5% 和 10.8%（表 4-11）。

表4-11　1978～2015年农业生产条件的基本情况

年份	农用机械总动力/万千瓦时	有效灌溉面积/千公顷	化肥施用量/万吨	农村用电量/亿千瓦时	农作物总播种面积/千公顷
1978	11 749.9	44 965.0	884.0	253.1	150 104.1
1980	14 745.7	44 888.1	1 269.4	320.8	146 379.5
1985	20 912.5	44 035.9	1 775.8	508.9	143 625.9
1990	28 707.7	47 403.1	2 590.3	844.5	148 362.3
1995	36 118.1	49 281.2	3 593.7	1 655.7	149 879.3
2000	52 573.6	53 820.3	4 146.4	2 421.3	156 299.8
2005	68 397.8	55 029.3	4 766.2	4 375.7	155 487.7
2010	92 780.5	60 347.9	5 561.7	6 632.3	160 675.0
2015	111 728.1	65 872.6	6 022.6	9 026.9	166 374.0
增长速度	850.9%	46.5%	581.3%	3 466.5%	10.8%

资料来源：1978～2005 年的数据来自《新中国农业 60 年统计资料》，2010～2015 年的数据来自相关年份《中国统计年鉴》

4.4　农村基本经营制度演变的历史经验

在六十多年的发展过程中，通过不断的实践、探索、总结，我国农村基本经

① 参见罗必良. 中国农业经营制度：理论框架、变迁逻辑及案例解读[M]. 北京：中国农业出版社，2014：234.

营制度不断得到丰富、完善和发展。在农村基本经营制度的演进历程中，我国积累了以下几方面的基本经验。

4.4.1　始终坚持解放发展农村生产力为第一要义

生产关系必须适应生产力发展要求的规律性，深刻阐释了我国农村基本经营制度历史变迁的必然性。社会主义改造完成后，建立人民公社的初衷是通过改变中国农业分散经营的状况，构建适应大工业要求的统一经营的社会主义大农业，通过生产关系的发展推进生产力的发展，以尽快迈进共产主义。这种期望通过人为地合并与简单协作来完成小农业向大农业的超前变革，是完全不符合农业生产力的客观条件的。当时我国农业生产力的基本状况是，生产技术以手工劳动为主，生产条件极端落后，大多数地方基本还是靠天吃饭。在农业生产力水平较低的情况下，劳动者在生产过程中的主观能动性和生产积极性极为重要，而个体劳动的简单加合并不是生产关系的进步。人民公社制度剥夺了农民家庭的经营自主权，又不能解决对农民付出的劳动进行准确计量的问题，因此抑制了农民的生产积极性。[①]家庭联产承包责任制的制度创新，使农民付出的劳动与其最终收益直接挂钩，确立了农民的市场主体地位，农民获得了支配劳动时间、安排农作物和发展家庭经济特别是商品经济的自由权，生产关系适应了生产力发展的要求，促进了农业和农村经济的发展。伴随着中国农业现代化的快速推进，农村生产力进一步发展，家庭承包经营这一农业经营方式迎来了新的挑战。家庭经营造成农户经营规模狭小，土地封闭性、凝固性使用，以及技术水平低等弊端，很难实现现代农业发展所需的规模效应。这就要求我们及时创新农业经营方式，使之适应生产力发展的要求。在中国社会主义市场经济的宏观背景下，在坚持农地农民集体所有这一根本的生产关系的基础上，在社会分工和劳动组织形式方面，探索农村集体所有制的有效实现方式。具体包括，通过农民联合与合作来寻找提高劳动生产率、土地生产率的最佳配置方式，通过政府和集体经济组织、农民专业合作组织提供社会化服务来确保农产品实现有效供给和农民增收等。

---

① 陈锡文. 把握精神实质 落实基本政策——学习十五届三中全会《决定》关于农村基本经营体制的论述[J]. 农业发展与金融，1999,（1）.

4.4.2 始终符合渐进式改革的思路和要求

中国的经济改革被普遍认同为具有渐进性质，并且以增量改革的方式推进。从家庭承包经营制的推进时间来看，其进展极其迅速，并且呈现出清晰的渐进步骤。首先，党中央对待这项改革的态度及政策思路的形成，并非一蹴而就。1978年以后，农村基本经营制度的外部环境发生了巨大变化。决策层和理论界进行了真理标准的大讨论，党的十一届三中全会重新确立了解放思想、实事求是的思想路线，这些属于外部的“给定条件”，对现有制度模式形成了足够的冲击。政府有能力和意愿来接受家庭承包经营制这种农业经营方式，允许家庭承包集体所有的农地，是农村基本经营制度改革的必要条件。其次，尊重农民意愿，保障农民的物质利益和经济权利，调动农民的积极性和创造力，是改革稳步推进的必要基础。农民这一行为主体对制度的不均衡最为敏感，所以政府既要关注其因获利机会而产生的利益表达，又要尊重他们创新和选择制度的权利，只有农民的能量得以释放，才能大大减少制度变迁的成本，促进新时期农村基本经营制度思想沿着良性循环的轨迹继续发展。包产到户的生产责任制、家庭承包经营制、农民专业合作社、社会化服务体系都开始于农民的实践和创造，农民生产积极性高涨，农业生产取得突破性发展。实践证明，凡是尊重农民意愿、维护农民权益，农村的改革和发展就会深入，反之，则会停止甚而倒退。政府层面的改革决心加上理论层面的改革共识，与农民群众强烈的改革愿望和探索，形成了“上下合力”的推动效应[①]，农地两权合一、集体统一经营的制度退出锁闭，新制度的产生不可逆转。最后，通过整体协调改革的步骤和节奏，最大限度地坚持“帕累托改进”原则。[②]家庭承包制所涉及的利益关系，被农民描述为“交够国家的，留足集体的，剩下的都是自己的”。可见，这种经营形式兼顾了当时国家、集体和个人三方面的利益，生产积极性提高的所有收益，是由三方分享的，因而它没有遇到任何既得利益群体的反对。[③]在社会主义政治大背景下，这场以调整经营方式为主要内容的农村微观经济体制改革，稳定演变为经营制度的创新和农地产权结构的调整，改革成本有效降低，激励效果明显增加，各社会利益集团在整个制度变迁过程中基本达到其福利的帕累托改进，渐进性改革赢得了广泛的社会支持。当前，农村基本经营制度改革进一步深化，制度变迁和组织创新必然带来财产权利的调整和利益格局的变动。面对改革进程中的利益分配和利益冲突问题，一定要以利益协调为基本

---

① 蔡昉. 中国农村改革三十年——制度经济学的分析[J]. 中国社会科学，2008,（6）.

② 蔡昉. 中国农村改革三十年——制度经济学的分析[J]. 中国社会科学，2008,（6）.

③ 蔡昉. 中国农村改革三十年——制度经济学的分析[J]. 中国社会科学，2008,（6）.

原则，领导者解放思想，农民富于创造，确保改革参与各方最终能达成利益均衡的结果。

4.4.3　始终坚持明晰权能的基本方向

纵观我国农村基本经营制度的变迁历程，能够清晰理出农地产权制度在坚持产权明晰的基本方向下，经历了“两权合一——两权分离—三权分离”的演变路径。如前所述，肇始于 20 世纪 70 年代末的中国农村基本经营制度改革，首先从农地产权制度改革开始。农民基于对经济自由和生活温饱的自发追求，纷纷要求扩大家庭自留地经济的绩效，延续“包产到户”的产权模式，甚至主张将对产量的承包发展成对地产经营的承包。此时，农地产权制度开始将效率优先作为制度安排的价值考量和逻辑起点，在土地集体所有的框架内，寻求能为当事人提供较高的利益激励且具有较低运行成本和监督成本的产权模式。于是，产生良好经济效果的家庭承包经营制被决策层承认。通过连续几年发布一号文件，决策层确立了家庭承包经营制的历史地位。家庭联产承包责任制并未改变土地所有权的集体性质，农户家庭通过承包的方式获得土地的使用权，产权分割使农户在承包土地的使用和产出之间建立了较为明确的权属关系，极大地提高了农业资源的配置效率，解决了集体行动中搭便车的机会主义行为，有力地促进了农业的高速增长。在实行家庭承包经营以后，农村土地实现了两权分离，即所有权仍然归集体公有，使用权通过农户承包经营的方式归农民所有，这符合中国农业生产力发展的客观要求。

改革初期，农民获得的土地使用权并不完全，也不够稳定，导致农民用地不养地的掠夺性土地经营。加上以乡为单位平均承包土地所带来的土地细碎化问题，外部规模不经济导致运行费用上升问题，农业发展经过 1984 年的历史高峰后出现徘徊状态。决策层坚持并完善土地集体所有的主张一以贯之，集体所有兼顾了国家、集体、农民的多元利益，是最恰当、最有效率的所有制制度安排。要提高土地集体所有的产权绩效，需要进一步稳定和强化农地承包经营权。依据西方新制度经济学和产权学派的理论，我国产权制度改革的方向是一方面延长土地承包期限，树立农户对土地使用的预期信念，另一方面明晰承包经营权的具体权能，防止集体所有权对农户承包权的侵蚀，进一步释放农民的自主经营权。中央政策从土地承包期限“十五年”到“三十年”再到“长久不变”的规定，体现了决策层稳定农民土地承包关系的决心。政策的取向也逐步突出农户承包经营权在产权结构中的核心地位。《中华人民共和国物权法》赋予了承包经营权的物权性质，从产权安排上解决了农地承包经营权市场流转的制度瓶颈，为土地资源优化配置提供了立法支撑。随着土地流转与适度规模经营的发展，农地产权将启动又一次的分割，完善农村基本经营制度需要在承认农民土地承包权产权明晰的基础上，回答农户承包权与经营权分离的理论问题。在所有权归村集体经济组织的基础上，承包权稳定不变，仍然归承包农户所有，经营权合法流转，可转移给多元化经营主体，包括专业大户、家庭农场、农民专业合作社、农业企业等。农地产权由“两权分离”到“三权分离”，为构建集体所有、农户承包、多元经营的新型农地制度提供了合理的理论根基，对我国农地产权明晰具有理论和实践的双重意义。

4.4.4 始终围绕关键环节进行重点突破

1949年以来，特别是改革开放以来，我国经济理论突破了市场调节只适用于资本主义，计划经济是社会主义经济主要标志的观念，提出了建立社会主义市场经济体制的新观点。这一重大突破，对农村基本经营制度如何围绕关键环节进行重点突破产生了巨大影响。改革开放以前，作为生产力发展主体的农民被牢牢禁锢在土地上，生产资料统一归集体所有和使用，生产力要素极不活跃，生产力水平很低，农村经济活动一度陷入停顿状态。农村改革启动以后，农村生产要素和农产品开始向市场化发展。改革初期，面对原有极不合理的生产要素配置，家庭联产承包责任制克服了人民公社劳动力供应不足的缺陷。由于家庭中每个劳动者都可以获得其努力的边际报酬率的全部份额，并节约了监督费用，使每个劳动者的劳动数量与质量的供给增加，极大地解放了农业生产力。此后，伴随着农产品流通体制的改革，农村产品市场与要素市场初步建立起来，产品市场的发育促进了农村土地、劳动力、资金等要素市场的兴起，但是要素市场的改革仍相对滞后于产品市场的改革。在生产要素方面，土地这一关键性要素急需优化配置，因为农民的农地产权残缺，农地市场的发育只能集中在土地经营权的租赁市场上，仍然是一个被严格管制的不完全竞争市场。此外，农村劳动力的转移受到户籍制度、农地退出权管制的约束，农村劳动力市场的发展较为迟缓。这就需要通过下一步农地制度改革、农业经营方式创新，赋予农户完整的产权以完善农地市场，从而带动其他农业要素市场的发展。同时，政府要保证公共产品和社会服务的有效供给，使作为劳动者的农民能够与土地、技术、资金、经营管理、市场管理等生产要素更好地结合。

第5章 坚持农村基本经营制度的现实依据：国情与农情

对农村基本经营制度的坚持，不仅有着坚实的理论依据，而且有着深厚的现实基础。长期以来，我国作为农业大国，有着独具特色的国情和农情，这为坚持农村基本经营制度提供了现实依据。

5.1 坚持农村基本经营制度是社会主义制度本质规定性的内在要求

我国是社会主义国家，农村制度是社会主义制度体系的重要组成部分，对农村基本经营制度的坚持符合社会主义制度本质规定性的内在要求。一方面，坚持农村基本经营制度是坚持社会主义制度的应有之义；另一方面，坚持农村基本经营制度有利于巩固和发展社会主义制度。

5.1.1 坚持农村基本经营制度是坚持社会主义制度的应有之义

中国农村基本经营制度是国家根本制度的基础部分，是党在农村政策的基石。这一制度不仅决定国家基本制度的性质，影响国家与农民的关系和政权稳定，而且决定农村生产力和生产关系的状况，影响农业生产发展、农民收入和几亿中国农民的命运。“家庭承包经营为基础、统分结合的双层经营体制”作为我国现行的农村基本经营制度，是我国农民在党的领导下的伟大创造，是集体经济的自我完善和发展，要长期坚持和稳定，这是坚持社会主义性质的必然要求。

坚持农村土地集体所有制是由我国的社会主义性质决定的。我国从成立之初就坚定走社会主义的发展道路，以马克思主义为指导思想，同样，土地制度发展的根本方针也源于马克思主义，即废除私有制、实行土地国有的土地归属思想。马克思、恩格斯在论证农业中社会主义制度必将替代资本主义制度时，论证了土地私有制不是永恒的，必将被土地公有制取代，明确提出要“消灭整个土地私有制”[①]。在解决引导农民从小土地私有制经过什么道路过渡到社会主义的问题中，结合农业生产合作的实际经验及法国无产阶级革命，马克思提出了把农民小土地所有制改变为集体所有制，并让农民通过经济的道路来实现这种过渡。马克思不仅指出了改造农民小土地私有制的方针、原则和形式，提出了集体所有制，而且将集体所有制在一定程度上与合作社等同。

马克思对土地私有制的批判，构成了任何一个马克思主义政党在执政后进行土地改革最原始的冲动。因此，在我国，土地的所有权制度注定要沿着一个方向发展，那就是从私有的土地所有权，到集体的所有权，再到国家的所有权这一路径。1949 年以来，共产党执政后，马克思主义便成为我国政治经济和体制制度的指导思想和灵魂，土地国家所有制思想也不例外地被应用于我国农村改革的实践中。1949 年以来，我国在农村经营制度的选择上始终坚持公有制的基本原则。社会主义改造形成的土地集体所有制，所有权和使用权分开的家庭联产承包责任制，都是对马克思主义土地经营方式的丰富和发展。

家庭经营和统分结合是相互依存的，两者决不能割裂开来。家庭经营只是农业经营的一种形式，并不存在姓“资”还是姓“社”的争议，历史和经验都表明，无论是发达国家还是发展中国家，无论是资本主义国家还是社会主义国家，家庭经营都是广泛存在的农业经营模式。因此，家庭经营具有强大的生命力和普遍的适应性，符合我国社会主义的性质。统分结合则更加反映了社会主义的本质规定性，强调集体统一经营对家庭经营的弥补和支持作用。统一经营可以解决很多家庭经营无法完成和实现的目标，弥补家庭经营的缺陷；集体经营是社会主义的本质要求，有利于社会主义终极目标共同富裕的实现。

因此，从本质上看，土地集体所有制是由我国的社会主义性质决定的，任何形式的改革和政策都必须以这一基本制度为前提和基础，而在此之上形成的以家庭承包为基础的农村基本经营制度，与我国社会主义性质相契合，满足走社会主义道路的要求，有利于社会主义的全面实现。

---

① 中共中央马克思恩格斯列宁斯大林著作编译局. 马克思恩格斯全集（第 42 卷）[M]. 北京：人民出版社，1979：85.

5.1.2　坚持农村基本经营制度有利于巩固和发展社会主义制度

十八大报告明确指出，真正坚持社会主义，就要坚持和发展中国特色社会主义。中国特色社会主义是由道路、理论体系、制度三位一体构成的，其中，中国特色社会主义制度是根本保障。脱离了这一根本保障，就会动摇中国特色社会主义事业的根基，破坏社会的稳定，迷失发展的方向，丧失前进的动力，导致社会混乱。因此，在坚持中国特色社会主义制度这一关键问题的认识上，绝不能有丝毫动摇。那么，农村基本经营制度作为中国特色社会主义制度的重要组成部分，其的坚持和完善也必须以中国特色社会主义为根本方向，以坚持和巩固社会主义性质为根本目标。坚持农村基本经营制度有利于巩固和发展社会主义制度。

农村基本经营制度是农村经济和社会发展的基石，也是社会主义制度在农村的具体表现形式,坚持农村基本经营制度是巩固和发展社会主义制度的必然要求。我国农村的土地制度经历了多重制度变迁，最终确定了集体所有的基础性地位，这是马克思公有制思想的具体应用，适应我国目前所处社会主义初级阶段的生产力水平，符合我国社会主义的基本性质。家庭经营被证明是最适合农业生产的经营形式，具有不可替代的优越性。统一经营与家庭经营的结合，实现了优势互补，两者相互依存、相互促进，进一步推动了社会主义经济的发展和进步。

我国经济体制改革的目标是建立社会主义市场经济体制。而这一经济体制的重要组成之一便是农村经济体制，因此，农村基本经营制度，作为农村经济体制的根基，要适应社会主义市场经济体制的总体要求和目标。具体而言，一方面，要确定以家庭为基础的市场主体。作为农村基本经营制度的基础，家庭经营充分发挥了农户生产和经营的主观能动性，农户完全独立自主，可以不受约束和限制地选择农业生产经营的范围、决定农作物生产数量、获得农产品出售带来的收益等。因此，家庭经营充分调动了农户的生产积极性。另一方面，通过联合农户达到提高农业竞争力的目标。家庭经营存在着分散、小规模经营的特征，难以应对复杂多变的市场，在竞争激烈的市场中缺乏竞争力。因此，通过联合农户，促进统一经营，将家庭经营与统一经营有机结合，有利于弥补家庭经营的不足，实现在发展中相互巩固彼此的地位和作用。因此，家庭经营和统一经营两个层次的有机结合与统一，形成了农村基本经营制度，是社会主义市场经济体制的基本要求，坚持其根基地位有利于巩固和发展社会主义制度。①

① 郑新立. 稳定和完善农村基本经营制度——认真贯彻落实党的十七届三中全会《决定》[J]. 求是，2008,（21）.

5.2 坚持农村基本经营制度是适应中国国情的必然要求

制度是社会协调和整合的结果，具有提高经济效益和优化资源配置的作用。在长期的摸索和发展中，我国确立了以家庭承包为基础、统分结合的农村基本经营制度。在我国的政治和经济决策中，农村基本经营制度的选择与变迁具有举足轻重的地位，一直以来都受到高度的重视。在三十多年的发展进程中，我国国情和农情方面持续面临着新的变化，新的问题亦层出不穷。万变不离其宗，制度作为根基，必须具有一定的稳定性，坚持农村基本经营制度不能是脱离现实的纸上谈兵，要将其与现实问题紧密结合，成为始终与我国国情与农情变化发展相适应的根基。无论是从我国人多地少的资源禀赋来看，还是考虑到现阶段我国所处的工业化阶段和新技术革命冲击，以及结合广大农民的认同度来看，坚持农村基本经营制度都是适应中国国情的必然选择。

5.2.1 人多地少的资源禀赋要求坚持农村基本经营制度

土地是农民安身立命、赖以维系生计的主要保障，农村的土地占有关系不仅是农村最基本的财产关系，而且因其是社会保障的来源而成为农村最基本的政治关系。长期以来，我国人多地少的基本国情，造成了我国土地资源的高度稀缺性。一方面，1949 年以来，我国人口始终具有基数大、增长快的特征。如图 5-1 所示，根据世界银行的数据统计，作为世界第一人口大国，中国与第二人口大国且同为发展中国家的印度相比，在人口总数上始终领先于后者；作为世界第二大经济体，中国与第一大经济体、发达国家美国相比，人口总量远远高于美国，并且差距不断扩大。虽然计划生育政策的执行在一定程度上减缓了我国的人口增速，但是人口总量庞大的国情依然没有改变，由图 5-2 可看出，虽然我国人口增长率总体呈下降趋势，但是人口增长始终保持正增长，并且随着计划生育的放开和三孩政策的实施，人口增长率近几年保持平稳。

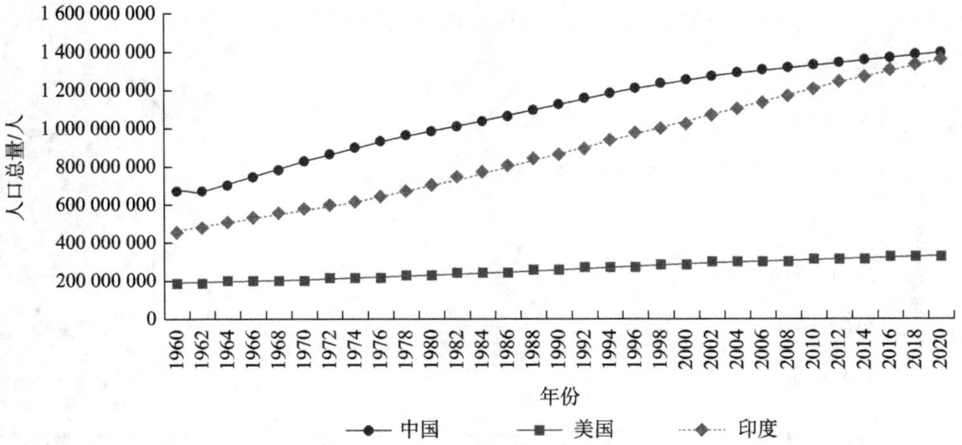

图 5-1　1960～2020 年中美印三国人口总量变化

资料来源：根据世界银行发布的人口数据整理所得

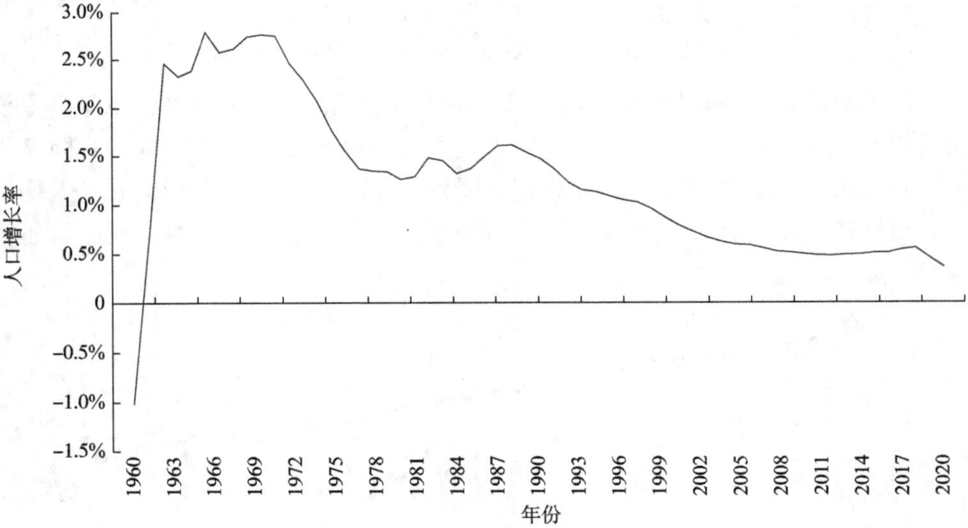

图 5-2　1960～2020 年中国人口增长率变化情况

资料来源：根据世界银行发布的人口增长（年度百分比）数据整理所得

另一方面，我国虽然拥有世界第三大的国土面积，但从 20 世纪 90 年代以来，耕地面积持续减少（图 5-3），使其与日益增长的人口总量之间的矛盾不断加剧。目前我国耕地的分布和占用情况不容乐观，很大一部分耕地因其特殊地理位置如位于陡坡或洪水控制线范围内等，根据国家政策安排需要退耕还林或做其他安排。另外，耕地污染情况较为严重，土层遭到破坏，导致不能耕种或者影响正常耕种。此外，城镇用地占用优质耕地比重较大，以上种种情况，进一步减少了实际的耕地数量。从补充耕地的能力和质量看，耕地后备资源严重不足，部分城市可供开垦的未利用土地接近枯竭，建设占用耕地的补充难度很大。

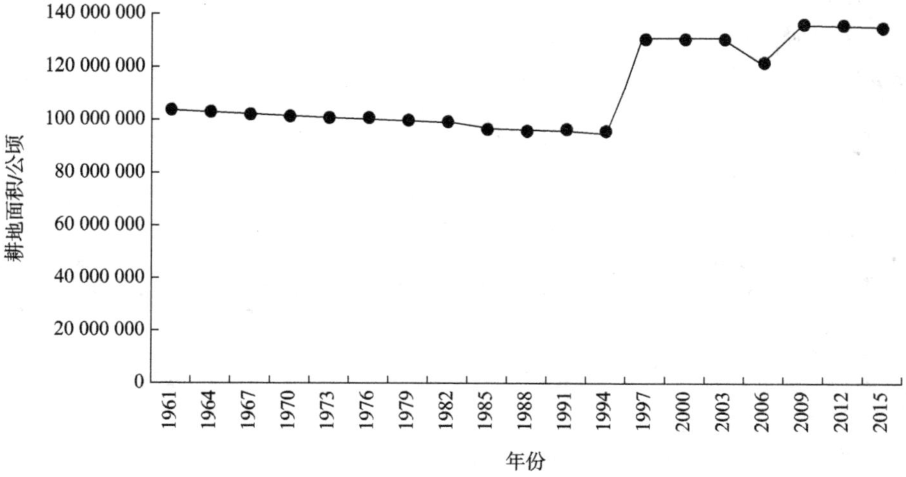

图 5-3　1961～2015 年中国耕地面积变化情况

资料来源：根据世界银行发布的耕地（公顷数）数据整理所得

从人均耕地的变化情况来看，如图 5-4 所示，从 1985 年以来，我国人均耕地面积始终呈下降趋势。人口增长的加速加上其他方面因素的影响，我国人均耕地面积从 1985 年的 0.114 公顷急速下降到 2013 年的 0.078 公顷，并且人均耕地面积呈持续下降趋势。随着我国人口的增加，可以预见，人均耕地面积还将持续下降。

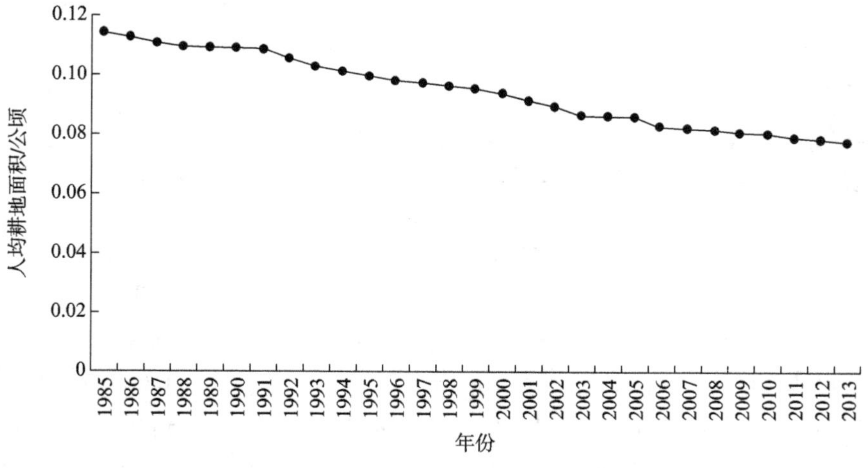

图 5-4　1985～2013 年中国人均耕地面积变化情况

资料来源：根据世界银行发布的耕地（人均公顷数）数据整理所得

综上所述，我国土地资源总量多、人均占有量少、优质耕地少、耕地后备资源少的基本国情并没有改变，人多地少的资源禀赋仍然是我国现阶段面临的主要问题（案例 5-1）。

案例 5-1　四川省土地资源现状

四川省总面积为 48.6 万平方千米，占全国国土总面积的 5.1%，居全国第 5 位。人均国土面积低于全国平均水平，人多地少矛盾突出。

四川省地貌复杂多样，有山地、丘陵、平原和高原 4 种地貌类型，分别占全省面积的 77.1%、12.9%、5.3%和 4.7%。据第二次土壤普查，全省土壤类型共有 25 个土类、66 个亚类、137 个土属、380 个土种，土类和亚类数分别占全国总数的 43.48%和 32.60%。

全省的土地利用类型共分 8 个一级利用类型、45 个二级利用类型和 62 个三级利用类型。除橡胶园以外，其他省的一、二级土地利用类型四川省都有。土地利用以林牧业为主，林牧地集中分布于盆周山地和西部高山高原，占总土地面积的 68.9%；耕地集中分布于东部盆地和低山丘陵区，占全省耕地的 85% 以上；园地集中分布于盆地丘陵和西南山地，占全省园地的 70%以上；交通运输用地和建设用地集中分布在经济较发达的平原区和丘陵区。

资料来源：四川年鉴编辑委员会. 四川年鉴 2020[M]. 成都：四川年鉴社，2020：61-62

人多地少的基本国情会造成一个重要问题，即农村劳动力过剩。耕地是农民赖以维持生计的根本保障，农业生产是农民经济收入的主要来源，日益减少的耕地总量无法吸纳如此多的农村劳动力，直接引起农村劳动力过剩。虽然随着我国城镇化进程的加快，多余的农村劳动力逐步向城市转移，但是仅仅依靠城镇化并不能完全化解人口与耕地之间这种突出的矛盾。土地制度在中国承担着生产和福利两重功能，如果实行土地私有制，那么将涉及土地资源如何公平合理分配的困难，难以制定满足几亿农民诉求的公平的分配方案。只有坚持集体所有制，才能保证公平公正，维持农村的稳定；家庭经营实现了农户内外部的分工与合作，以家庭为生产单元，根据每家每户的实际情况分配、调动和使用劳动力，通过合理分工最大限度地避免劳动力的浪费，充分利用和发挥劳动力的价值；统一经营弥补了家庭经营规模小、市场竞争力弱、抗风险能力差、组织化程度低等弊端和弱点，有利于资源的优化配置和劳动生产率的提高。因此，只有坚持农村基本经营制度，在农村土地集体所有的条件下，坚持以家庭经营为基础、统分结合的双层经营体制才能从根本上解决我国人多地少的矛盾。

5.2.2　工业化城镇化加速推进要求坚持农村基本经营制度

工业化，通常是指工业在一国经济中的比重不断提高以至取代农业，成为经济主体的过程，简单地说就是传统的农业社会向现代化工业社会转变的过程。①工业化的本质是一个国家的经济发展整体水平和现代化进程的总体推进情况，可以通过人均收入水平变动，三大产业的产值结构和就业结构、工业内部结构的变动，以及城镇化水平加以反映。工业化过程中通常伴随着农业劳动力大量转向工业，农村人口大量向城镇转移，城镇人口超过农村人口的现象。②

根据钱纳得等发展经济学家的经典工业化理论，一般可以将工业化的进程分为前工业化、工业化和后工业化三个时期，其中工业化时期又可细分为工业化初期、工业化中期和工业化后期三个时期。③世界发达国家如美国、英国、日本等已经实现工业化，处于后工业化时期，而部分贫穷落后的国家还没有开始工业化，处于前工业化时期，绝大多数发展中国家都处于工业化时期。判断衡量一个国家或地区的工业化进程处于哪一时期，可以选择不同的指标，如人均 GDP、工业占 GDP 比重、三大产业结构、城镇化率等，来综合评价和判断。

根据陈佳贵、黄群慧、吕铁等的研究，他们选择了人均 GDP、三大产业增加值比、制造业占总商品生产部门增加值的比重、人口城市化率和第一产业就业占比等指标构建了评价工业化水平的综合指标体系，结合相关理论研究和国际经验大概确定了工业化不同时期的标志值，并以此对我国的工业化进程分省份进行了划分，如表 5-1 所示。

表5-1　2010年中国的工业化进程

<table>
<tr><th colspan="3">区域</th><th>全国</th><th>四大板块</th><th>七大区域</th><th>31 省区市（不包括港澳台）</th></tr>
<tr><td colspan="3">后工业化时期（五）</td><td></td><td></td><td></td><td>北京、上海</td></tr>
<tr><td rowspan="2">工业化时期</td><td rowspan="2">工业化后期（四）</td><td>后半阶段</td><td></td><td></td><td>长三角</td><td>天津、江苏、浙江、广东</td></tr>
<tr><td>前半阶段</td><td>全国</td><td>东部
东北部</td><td>珠三角
环渤海
东三省</td><td>内蒙古、辽宁、吉林、福建、山东、重庆</td></tr>
</table>

① 李海玉. 河南省工业化·城镇化·农业现代化协调发展研究[J]. 安徽农业科学，2012，(5).

② 李海玉. 河南省工业化·城镇化·农业现代化协调发展研究[J]. 安徽农业科学，2012，(5).

③ 张延亮. 我国社会主义新农村建设的哲学思考[J]. 郑州航空工业管理学院学报（社会科学版），2012，(2).

续表

区域			全国	四大板块	七大区域	31 省区市（不包括港澳台）
工业化时期	工业化中期（三）	后半阶段		中部 西部	中部六省 大西南	河北、黑龙江、安徽、江西、河南、湖北、湖南、四川、陕西、青海、宁夏
		前半阶段			大西北	山西、广西、贵州、云南、甘肃
	工业化初期（二）	后半阶段				海南、西藏、新疆
		前半阶段				
前工业化时期（一）						

资料来源：陈佳贵，黄群慧，吕铁，等. 中国工业化进程（1995～2010）[M]. 北京：社会科学文献出版社，2012：46

本书将全国划分为四大板块、七大区域、31 个省区市（不包括港澳台），考察不同区域工业化阶段存在的差异。从四大板块来看，东部和东北部已经进入工业化后期的前半阶段，而中部和西部仍处于工业化中期的后半阶段；从七大区域的划分来看，长三角地区已经处于工业化后期的后半阶段，即将完成工业化，珠三角、环渤海、东三省地区也已处于工业化后期的前半阶段，即将向后半阶段过渡，中部六省和大西南地区处于工业化中期的后半阶段，而大西北地区发展最慢，仍处于工业化中期的前半阶段，明显落后于其他地区；从省级区域看，发展最快的两个城市——北京、上海已经处于后工业化时期，远远领先于其他省区市，而工业化水平最低的海南、西藏、新疆三个边疆省区，仍然处于工业化初期的后半阶段。不同省区市之间工业化水平的差距仍然较大。[①]

我国从制订第一个五年计划起就提出了实现工业化的任务，改革开放后加速推进工业化进程，尤其是在进入 21 世纪后，工业化速度进一步加快。经过半个世纪的努力奋斗，我国经济快速发展，工业化进程取得了高效成就，并逐渐建立起独立的、比较完整的并有一部分达到现代化水平的工业体系和国民经济体系。但是从全国范围来看，由于我国长期以来经济发展区域不平衡，不同地区工业化进程存在较大差异，工业化任务还有一段路要走，我国总体上还处于工业化中期。

工业化所处阶段的不同，其对经济社会产生的影响也会有所差别，其中，对劳动力的吸纳能力就是重要方面之一。理论和实践都表明，工业化过程中，随着工业扩张和经济发展，就业机会增加，农业劳动力会不断由农业部门向工业部门转移，这是工业化过程中的一般规律，但是这种转移在绝对量、相对量和转移速度上在工业化的不同阶段存在差异。根据发展经济学家的理论

① 黄群慧. 中国的工业化进程：阶段、特征与前景[J]. 经济与管理，2013，（7）.

研究和世界发达国家工业化过程的经验，农业劳动力转移随工业化阶段的变化而变化。

前工业化时期，农业就业及产值占国民经济的比重占绝对优势，劳动生产率低，技术落后，农业劳动力几乎没有剩余甚至缺少劳动力，因此这一阶段农业劳动力转移的数量很少，速度很慢。该阶段主要是工业化的准备时期，通过大力发展农业，为工业化的开展和进行奠定坚实的农业基础。后工业化时期，工业化进入最发达的阶段，农业顺利实现了结构转型，在国民经济中所占的份额较小，由于科技的进步，农业现代化程度很高，农业劳动生产力也得到极大的提高。在市场机制的作用下，农业和工业部门的劳动生产率基本趋同，农业劳动力转移到工业部门需要有更高的工资，同时伴随农业产出的下降。因此，这一阶段农业劳动力转移的规模缩小、速度趋缓。

根据刘易斯的二元经济模型，工业化时期存在大量剩余劳动力，二元经济特征十分明显。在农业劳动生产率不断提高的过程中，开始出现大量的农业剩余劳动力，而工业的发展扩大了对剩余劳动力的需求，因此农业剩余劳动力开始向工业部门转移，转移的规模和速度在这一期间达到最大。然而，只有非农业就业机会的增长速度快于非农业部门失业率的增长速度，才能不断吸纳农业剩余劳动力。如果考虑到农业劳动力的增长速度，非农业就业机会的增长速度还需更快才足以抵消剩余劳动力的形成速度，这样方可不断降低剩余劳动力的绝对数量，顺利实现农业转型，不断推进工业化进程。

我国工业化初期，农业劳动力有离开农业和农村的激励，但是受户籍制度的限制，农业劳动力转移十分困难。改革开放以来，我国逐渐进入工业化中期，这一阶段的农村土地制度以集体所有制为基础，进行了“两田制”、“四荒地”拍卖、土地调整政策、土地规模经营等方面的制度创新，促进了农民生产积极性的提高，同时扩大了农业剩余劳动力的规模。

当前，我国工业化正在向后工业化时期过渡。在这一阶段，工业生产率不断提高，工业增长方式由外延式进入内涵式阶段，产业普遍呈现由劳动密集型向资本密集型转移的趋势。我国工业的资本有机构成不断提高，资本对劳动的排斥越发明显，资本密度上升直接导致工业对劳动力的吸收能力下降，再加上现阶段劳动力技术水平不能满足重化工业对劳动力素质的要求，结构性失业明显。有关数据表明，1978～2016 年，中国工业总产值从 1 607 亿元增加到 247 860 亿元，增长了近 154 倍，而同期工业就业人口仅增长 2 倍多，从 1978 年的 6 945 万人增加到 2016 年的 22 350 万人。[①]工业对劳动力的吸收能力明显不足且呈显著下降趋势，工业化与农业剩余劳动力之间的脱节现象将愈发明显。

① 根据《中国统计年鉴》历年数据计算所得。

改革开放以来，农村就业人数增长迅速，农村剩余劳动力持续减少，其中农民非农就业趋势发展良好，但农民非农就业人数呈波动性变化趋势，并且近几年来增长逐渐放缓（图 5-5），这在一定程度上反映了工业等非农业部门对农村劳动力的吸收能力趋于弱化，而非农产业所占比重呈持续增长趋势，表明农业内部对农村劳动力的消化吸收能力也在下降。在人多地少同时存在大量剩余劳动力的情况下，仅通过工业化、城市化不能完全解决劳动力转移问题，还要积极通过农业内部来寻找解决问题的办法，增加农业生产内部吸纳就业人员的能力。

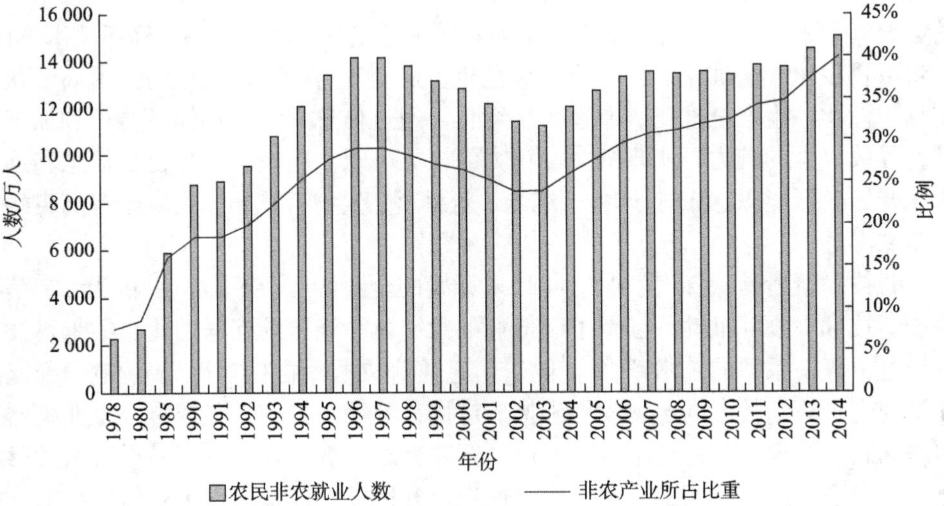

图 5-5　1978～2014 年农村就业情况变化

资料来源：根据 2015 年《中国统计年鉴》计算所得

另外，工业化发展到一定程度，就开始从劳动密集型产业向资本密集型产业过渡。随着科学技术的发展和进步，对低素质的劳动力的需求数量开始减少。早期转移到工业的农业劳动力大多属于低素质型，容易被机器取代，因此农业劳动力的失业率开始上升，部分劳动力开始向农业回流，回到农村的这部分劳动力因为普遍没有经历过农业生产耕作，也没有接受过专业的农业生产知识，因此基本不具备农业生产劳动的技能，因而无法从事有效的农业生产，即使返回农村，依然面临失业和生计困难的问题，给农村带来不安定因素。

因此，解决农业剩余劳动力问题不能仅仅依靠工业化，还要从农业内部寻找就业机会，加大农业发展对劳动力的吸引和消化吸收能力。另外，由于农村劳动力尚不具备在城市稳定就业的能力，相当数量的农业剩余劳动力将长期存在，因此必须始终坚持农村基本经营制度，使其和工业化进程相适应。也就是说，通过农业外部吸收和内部改造升级两种途径同步进行，增强对农村剩余劳动力的消化能力，在这一过程中农村基本经营制度发挥着制度的保障作用，为农村的稳定和发展提供强有力的支撑。

5.2.3 新技术革命的创新要求坚持农村基本经营制度

根据演化经济学家的研究，人类社会已经实现了两次工业革命，目前正在经历的是第三次工业革命。一般而言，工业革命是在技术、能源和通信等技术革命的综合作用下发生的。第三次工业革命本质上是信息技术革命，也称新技术革命，它将以科技化、全球化、互联化、绿色化、定制化为特征，表现为技术高端化、产品个性化、生产全球化、制造可持续化，通过信息采集、存储、传输和加工处理，释放人类的脑力，实现脑力、智力的极大飞跃。新技术革命也从信息和远程通信开始向新能源、3D 打印机、纳米、新材料、生物科技和生物电子等高尖端技术领域渗透。

新技术革命是从 20 世纪 40 年代末开始的全新的工业革命，由新能源、信息等创新技术引领并推动，涵盖了制造业的数字化、能源的互联网化、纳米科技、生物电子等一系列的技术革命。[①]随着信息通信技术、纳米技术、新材料、新能源和生物电子等新技术的迅速发展和推广应用，数字制造、人工智能、工业机器人和添加制造等现代制造技术不断取得创新和突破。[②]近年来，上述关键技术在路线、速度、深度和广度方面都取得了突破性变化和进展，逐步实现了对传统手工、简单劳动的工业生产的技术和劳动的补充与替代，全球工业化进程及发展模式正在以前所未有的新形式推动着变革。

从全球的工业化进程看，每一次技术革命都会带来机械生产对人的劳动的替代，降低生产成本，提高劳动生产率。新技术革命不仅实现了机器对脑力劳动的替代，而且更加容易地实现了对体力劳动的替代。随着智能化的逐步推进，机器人开始渗透到各劳动力工作的领域，对劳动的替代作用、排挤效应越来越明显，人类社会的智能化、科技化道路越来越光明（图 5-6）。[③]

---

① 贾根良. 第三次工业革命带来了什么？[J]. 求是，2013，(6).

② 刘爱东，刘文静. 中国新能源产业结构优化升级的思考——以光伏产业“两型”市场驱动产业系统的构建为例[J]. 东岳论丛，2014，(3).

③ 贾根良. 第三次工业革命带来了什么？[J]. 求是，2013，(6).

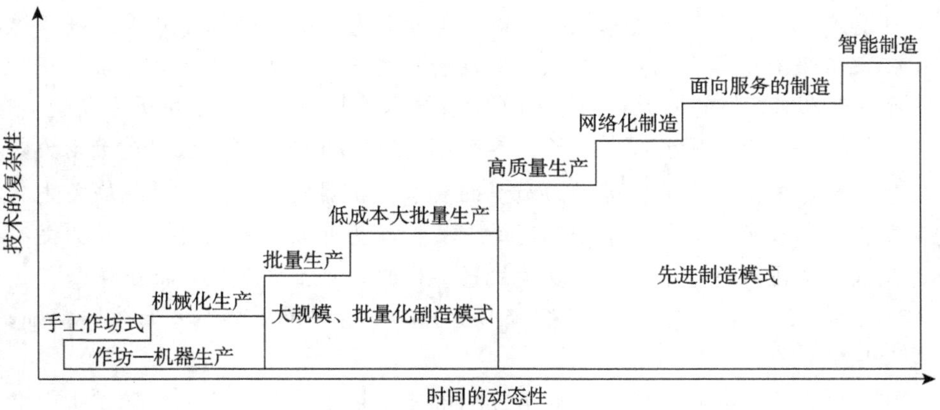

图 5-6　工业制造模式的发展演化

新技术革命对经济的影响主要表现在两个方面：其一，促进社会生产力发展。通过对社会生产力各要素的变革，极大地提高生产力和生产效率。其二，促进产业结构变革。推进传统产业部门的改造，使劳动密集型产业向知识技术密集型产业转变。由于新技术革命开始出现的机器对人类脑力和体力的替代，对传统工业和制造业带来了不小的冲击，改变了对劳动力数量和质量的要求，具体表现为对劳动力数量需求的减少与对劳动力质量要求的提高。

在数量方面，新技术革命带来对劳动力需求的减少。长期以来，由于存在大量剩余劳动力，我国在国际分工中具有以廉价劳动力为基础的传统比较优势，而随着新技术革命的推进，机械化和自动化必然会导致机器和系统对人的替代。在工业领域，人工智能得到广泛运用并实现迅猛发展，工业制造越来越智能化、机械化，而大数据、云计算等信息技术在工业领域的渗透给人工智能注入了更强的生命力，在工业领域对简单劳动力的替代效应非常显著。机器人在工业领域的运用由来已久，但如今开始发生新的变化，机器人由传统的对简单劳动力或特殊环境劳动操作的替代，开始向更加具有自主性和灵活性的方向转变，即机器人的工作不仅局限于简单的、重复单一的机械工作，而且可以实现对工业生产过程的全面控制和管理，是自动化水平在工业领域的更高表现形式。机器人这种质的改变，将会排挤出更多的工业劳动力，减少对劳动力数量的需求，造成劳动者大量失业（案例 5-2）。

案例 5-2　“无人工厂”对人工的替代效应

2015 年 5 月，广东东莞松山湖长盈精密技术有限公司率先实现了“无人工厂”。此后，东莞多家民营企业先后引进此先进技术。广东也开始迎来全面推进“机器换人”战略阶段。“无人工厂”将以机械手替代人工参与生产制造，大规模压缩人工数量，同时大幅度提高工作效率和产品质量。

目前，机器人已经渗透家电、汽配、电子信息、食品等诸多行业，并给这些行业带来了深刻变革。机器人对原来劳动密集型产业造成了极大的冲击，正如开建首个“无人工厂”的东莞松山湖长盈精密技术有限公司董事长陈奇星所说，“无人工厂”将会大规模压缩人工数量，甚至可达到90%的水平。机器对劳动力数量的替代同时也提高了企业对劳动力质量的要求，机器对人工替代的领域首先从重复度高、技术含量低、知识水平不高的低端劳动力开始，因此要求劳动力提高自身的知识、文化和技术水平，减少被机器替代的风险，更新传统就业观念。

资料来源：东莞首个“无人工厂”开建 压缩人工可达 90%[EB/OL]. 搜狐新闻，2015-5-3，http://news.sohu.com/20150503/n412275199.shtml

在质量方面，新技术革命会对劳动力的质量提出更高的要求。随着生产的自动化、现代化，劳动方式开始更加依靠人的智力。在高技术工业部门，工人的劳动技能不是以体力为基础，而是以知识和智力为基础，劳动的内容也将是去控制、监督、调节生产过程中的各种关系，发挥机器人的作用。因此，要求劳动力从操作型和技能型向知识型转变，劳动不再是简单的、重复性的机械式劳动，也不仅仅是对机械的工作原理和操作秘诀的简单把握和熟悉，而是要能够同时具备精准了解市场需求、建立产品架构和直接进入产品设计、生产领域中的能力。整个社会开始“知识化”，传统劳动力的优势不再，逐渐从社会经济发展中被排挤出来。

新技术革命排挤出来的劳动力主要是从农业转移到工业中的剩余劳动力，他们面临着最大的失业风险，就业极其不稳定，随时可能再次成为农业剩余劳动力。对这部分人群来说，农村和农业是他们的避风港，农村是吸收这些剩余劳动力的“海绵”和“稳定器”。由于风险始终存在，在工业化进程中不能忽略农村的建设和农业的发展，只有坚持家庭经营，通过赋予农民土地的承包权、经营权等充分的权利，为农民的基本生存提供基础和保证，新技术革命中被替代的失业农民再次回流到农业才有保障，解决失业农民的衣食之忧，避免他们成为无业游民。只有坚持统一经营，通过发挥集体的优越性，大力推进科技对农业的革命，加大对新型农民的培训力度，实现农业产业化、信息化，才能提高农业生产率，解决农民失业问题。

5.3　坚持农村基本经营制度具有广泛的农民认同基础

我国农村基本经营制度是中国农民在生产实践中的伟大创新，其优越性得到了农民群众的认可，赢得了坚实的群众基础，作为农民群众的利益保障和“镇静剂”，得到了农民群众的广泛支持和拥护。

我国现行农村基本经营制度的确立经历了曲折的路程。中华人民共和国成立初期，在确定社会主义性质以后，我国选择消灭农业的家庭经营努力走集体化道路。土地改革完成以后，家庭经营被视为集体经济的对立物，不容许存在，农业生产应该积极推进合作化，努力实现集体化。但是，在实际的农业生产过程中，集体化的弊端逐渐显现。合作社和生产队都是集体生产经营模式，农民的劳动付出与最终获得的劳动成果之间不能有效匹配，容易发生权责模糊不清、奖惩不明等问题，导致“大锅饭”“平均主义”等弊端始终存在，严重影响和制约了农业生产的发展和进步。①

针对集体经营中出现的矛盾和问题，广大农民发挥了巨大的才智和勇气，选择包产到户、包干到户的创新形式，发挥家庭经营的优势，让家庭经营重新成为农业生产的基本单位，通过家庭经营改善整个农业生产和农民自身的生存状态。在党的领导、亿万农民的伟大实践和努力下，以家庭承包经营为基础、统分结合的双层农业经营体制成了我国农村的基本经营制度。基本经营制度的形成和发展，使农村生产力大幅提高，农民收入显著增加，农民生活条件得到改善，赢得了农民的广泛认同。

5.3.1　农民对坚持土地集体所有的高度认同

从本质上看，土地集体所有制是由我国的社会主义性质决定的。土地制度在中国承担着生产和福利两重功能，如果实行土地私有制，那么将涉及土地资源如何公平合理分配，难以制定满足几亿农民诉求的公平的分配方案。只有坚持集体所有制，才能保证公平公正。

本书调研小组通过设计问卷、走访调研和结果分析，了解了农户对土地所有权的认知情况，包括客观上认为和主观上希望土地所有权归谁。在被调查的 257 户农户中，客观方面，如表 5-2 所示，有 53.88%农户认为土地归国家所有，这表明大多数农户对土地的所有权主体缺乏清晰的理解和认识。主观方面，在被问到希望土地所有权归谁时，如图 5-7 所示，有 26%的农户希望将土地私有化，完全划归农户个人所有；11%的农户希望不要村组这一级，由国家把土地直接承包给个人；61%的农户希望土地仍然保持村组所有，并承包给农户个人。可见，大部分农户主观上也希望土地的所有权归集体，自己享有承包经营权。

① 陈锡文. 中国农村改革：回顾与展望[M]. 天津：天津人民出版社，1993：59-63.

表5-2　农户对土地所有权的认知

农户认为土地所有权归谁所有	农户数/户	比例
生产大队	14	5.43%
生产队	41	15.89%
个人	58	22.48%
国家	138	53.88%
不清楚	6	2.33%

资料来源：根据本书课题组 2016 年调研数据整理所得

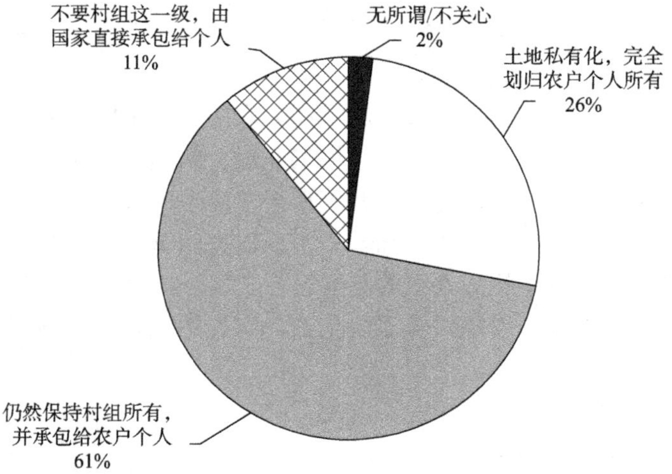

图 5-7　农户对土地所有权归属的期望

资料来源：根据本书课题组 2016 年调研数据整理所得

在农户对农村土地承包制度和自主经营制度的满意情况调查中，如表 5-3 所示，对将农村土地承包给个人的做法和对承包给个人后自主经营的做法满意的农户分别达到 97%和 98%的高比例。

表5-3　农户对土地承包经营制度的满意情况

承包制满意度	农户/户	比例
满意	250	97%
不满意	7	3%
自主经营满意度	农户/户	比例
满意	251	98%
不满意	6	2%

资料来源：根据本书课题组 2016 年调研数据整理所得

综上，农民对土地集体所有制的认可和期望值较高，对现有土地承包制度和经营制度非常满意，由此可见农户对基本经营制度具有广泛的认同性。

5.3.2　农民对坚持家庭经营基础性地位的高度认同

从我国历史实践和国外经验来看，家庭经营在农业中的适应性非常广泛，从技术角度看，家庭经营既适应以手工劳动为主的传统农业，也适应采用先进科学技术和生产手段的现代农业，具有广泛的适应性和旺盛的生命力①；从时间和空间角度看，家庭经营在历史和世界各地的实践中都取得了广泛的成功；从生产关系角度看，家庭经营方式不存在姓“资”姓“社”的问题，在资本主义制度和社会主义制度中都得到了应用，适应性极强。

家庭承包经营制有效克服了人民公社体制下缺乏劳动监督和激励的问题，赋予农业以家庭经营特性，促进了农业生产发展，提高了农业生产力，诱发了整个农村经济体制机制的变革，推动农村经济结构的调整，给农村经济的发展注入了全新的动力，其优势得到了充分展现。

通过询问农户，与人民公社时期对比，土地实行家庭承包经营制后对农业发展、农民增收和农村面貌改善的帮助如何，了解农民对家庭承包经营制的满意程度。如表 5-4 所示，分别有 89.88%、87.94%和 89.11%的农户认为，相较于人民公社制，家庭承包经营制对农业发展、农民增收和农村面貌改善方面的帮助很大，几乎没有农户认为家庭承包经营制对农业、农村、农民没有任何帮助。此外，在农地应该采用何种经营方式的看法方面，有近一半的农户赞同仍然维持当前的家庭经营方式。

表5-4　农户对家庭承包经营制的认可情况

土地承包制度的帮助		农户/户	比例
农业发展	大	231	89.88%
	一般	24	9.34%
	小	1	0.39%
	没有	1	0.39%
农民增收	大	226	87.94%
	一般	29	11.28%
	小	2	0.78%
	没有	0	0

① 孔祥智，刘同山. 论我国农村基本经营制度：历史、挑战与选择[J]. 政治经济学评论，2013，(4).

续表

土地承包制度的帮助		农户/户	比例
农村面貌改善	大	229	89.11%
	一般	26	10.12%
	小	2	0.78%
	没有	0	0

注：本部分数据进行过舍入修约，故总和并不总为 100%

资料来源：根据本书课题组 2016 年调研数据整理所得

可见，农民对家庭承包经营制的呼声很高，家庭经营具有坚实、广泛的群众基础。坚持农村基本经营制度，可以充分促进广大农民生产的主动性和创造性，加速农业发展，促进农民增收，改善农村整体面貌。

5.3.3 农民对坚持统分结合经营的高度认同

作为农村基本经营制度基础的家庭经营模式，其虽然取得了一系列显著的成效，促进了农业生产力发展，提高了农民生活水平，维持了农村环境稳定，但在沿着把农民逐步塑造成自主经营、自负盈亏的市场主体方向发展的同时，却又在与我国现实人口、资源状况和工业化、城市化推进发展的实际结合后[①]，产生了诸如经营规模小、市场竞争力弱、抗风险能力差、组织化程度低等弊端和弱点，必须通过统一经营来进行弥补。只有将家庭经营和统一经营两者有机结合才能更好地适用我国基本国情和农情的现实，推进农业和农村的繁荣发展。

虽然在家庭承包经营制下，农户具有高度自主性和独立性，自主经营，自负盈亏，但是农户也有合作的想法和对集体的需求。根据调查结果，如图 5-8 所示，有 28%的农户曾与多种形式的组织合作过,而 72%的农户并没有相关的合作经历。在这 72%无合作经历的农户中，又有近一半的农户希望能够与专业大户、农业企业、农民专业合作社和家庭农场等组织合作，希望这些组织能统一提供良种农肥、技术培训，以及进行产品销售。

因此，家庭经营的基础地位必须要有统一经营的支撑，统一经营可以弥补家庭经营在力量薄弱、难以形成规模经营等方面的缺陷和不足，与家庭经营形成相互补充、相互支撑的有机结合关系。统一经营给家庭经营注入新的活力，推全体农户共同发展，满足农户的基本诉求，得到农户的普遍支持，在农动民群众中获得高度认可，发挥着广泛的影响力。综上，结合问卷调研结果的分析，农民对以

① 王武瀛. 中国农村基本经营制度再创新的现实必然性与路径依赖[J]. 云南社会科学，2009,（4）.

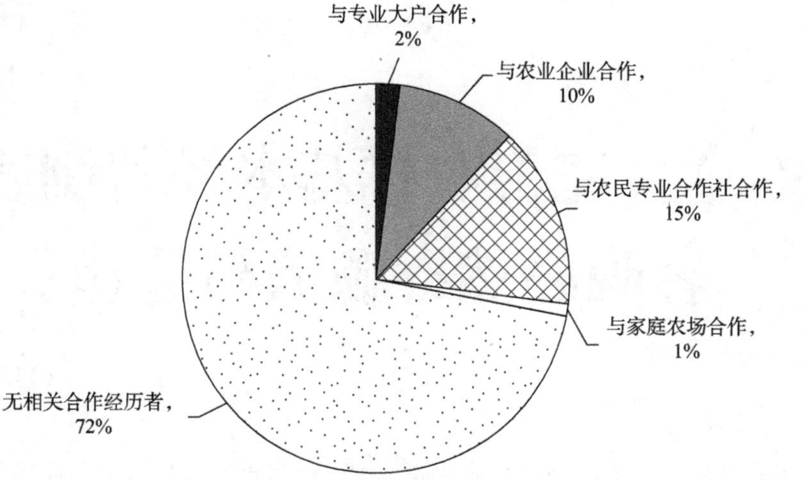

图 5-8　农户对土地经营方式的看法

资料来源：根据本书课题组 2016 年调研数据整理所得

土地集体所有为前提下的“家庭经营为基础、统分结合的双层经营体制”这一农村基本经营制度有一定程度的理解和认识，并对制度的坚持予以充分肯定和支持。这不仅表明农村基本经营制度满足了农民的基本诉求，体现了以人为本的原则，还证明了该制度具有持久的生命力和活力，在未来很长的时间内我们仍要继续坚持并在坚持的基础上不断完善和创新，以便更好地为农民、为农村经济发展做出贡献。

第 6 章　完善农村基本经营制度的客观必然：顺势与选择

改革开放以来，中国经济快速发展，国民财富迅速增长。但与此同时，一些长期存在的人口快速增长、技术更新落后和结构性问题导致了农业发展、农村建设的滞后甚至衰退，以及农民收入增收难的状况“三农”问题一直无法得到较好解决。虽然国家已将“三农”问题作为全党工作的重中之重，并连续出台相关政策，在一定程度上解决了部分问题。但随着中国经济整体进入新常态，农业和农村发展的微观基础和宏观环境发生了深刻变化，“三农”问题又面临着新的挑战。面对“三农”问题的新阶段、新特征和新挑战，在坚持农村基本经营制度的基础上对其进行完善具有客观必然性。

6.1　完善农村基本经营制度是顺应世界农业发展趋势的必然选择

农业为民生之本，现今世界各国农业发展水平的高低之别，是由农村基本经营制度这一基础性制度的差异所致。农村基本经营制度之间的区别，在于农地产权制度、农业经营主体和农业经营方式三个方面。本部分从国外的农业经营制度的梳理出发，结合农村基本经营制度的划分标准，区分出多种经营制度，通过各种农业经营制度的对比，找出完善我国农村基本经营制度的国际经验。

6.1.1　世界各国主要农业经营制度

世界各国农业经营制度千差万别，为更好地考察各国农业经营制度可为我国借鉴之处，本部分将按农地产权制度、农业经营主体和农业经营方式三个维度，梳理出以美国农业经营制度、德国农业经营制度、日本农业经营制度和以色列农业经营制度为代表的主要国外农业经营制度。

1. 划分标准

第一，农地产权制度。农地产权制度是各国在一定农地所有制基础上，通过产权设定而形成的农地占有、使用、收益、处分等权利的集合。各国农地产权制度的主要区别在于是否完整和清晰，同时，农地流转制度和流转市场均成为影响农地产权制度实施效果的主要因素。

第二，农业经营主体。农业经营主体是进行农业生产活动的个人或组织，现今主要包括农户、家庭农场、合作社及农业企业等多种主体形式。本书为简便分析与契合主题，把以农户和家庭农场为主体的经营制度统称为家庭经营，以合作社为主体的经营制度统称为集体经营。[①]世界范围内，以家庭作为经营主体的代表性国家主要有美国、日本、法国等，以集体作为经营主体的国家则主要有以色列、“农业集体化”时期的越南等。

第三，农业经营方式。世界各地农业经营方式虽各不相同，但总体来看都是分散经营与统一经营相结合的经营方式。统一经营指通过为农业经营主体提供社会化服务方式，将农业生产的前、中、后整个过程联系起来。根据农业服务保障体系的完整性和全面性，各国农业经营可分为强统一经营和弱统一经营两种制度，前者主要是对农业生产前、中、后各个时期各个方面均提供完备的农业生产服务，后者主要是针对农业生产过程中的某几个方面进行支持，如只提供资金、技术等保障措施。

本书以这三点作为标准纵观世界各国所采取的农业经营制度，具体可将其分为以下几种：以“土地私有制+家庭农场+强统一经营”为主要特征的美国农业经营制度，以“土地私有制+集体组织+强统一经营”为主要特征的德国农业经营制度，以“土地私有制+家庭农场+弱统一经营”为主要特征的日本农业经营制度，以“土地公有制+集体组织+强统一经营”为主要特征的以色列农业经营制度

① 国外专门以企业作为农业经营主体的国家较少，并且本部分分析重点为家庭经营和集体经营，因而在分析过程中不涉及以企业为主体的农业经营方式。

（表 6-1）。四种经营制度各有优劣。通过各种模式的梳理和对比，我们能够借鉴经验，找寻出完善我国家庭经营和统一经营的路径。

表6-1 世界主要农业经营制度的比较

模式	土地所有制	农业经营主体	统一经营程度
美国农业经营制度	私有制	家庭农场	强
德国农业经营制度	私有制	集体组织	强
日本农业经营制度	私有制	家庭农场	弱
以色列农业经营制度	公有制	集体组织	强

2. 美国农业经营制度

美国农业经营制度以“土地私有制+家庭农场+强统一经营”为主要特征，在土地私有制的基础上，以大规模家庭农场作为主要的农业经营主体进行分散经营，再通过国家或社会构建全面的农业社会化服务体系，实现农业统一经营。目前采取这一农业经营制度的国家主要为美国。

首先，在农地产权制度层面，实行土地私有制。美国绝大多数耕地为私人所有，土地权益的转让、租赁、抵押、继承等权利自由且不受限制。政府出台《农业完善和改革法》等一系列法律以保障土地所有者的权利。①在促进土地集中的过程中，私人通过农地买卖和租赁方式实现土地产权的转移。②美国大农场经营格局的形成，主要源于土地私有制所衍生的明晰的产权，在此基础上完善的土地流转制度得以设定。

其次，在农业经营主体层面，以家庭农场为主。2010 年，美国家庭农场占经营主体的比例高达 86%，是美国最为典型的农业经营主体。美国的家庭农场有两大特征：第一，数量减少，规模扩大。据美国农业部（United States Department of Agriculture，USDA）的数据，1935 年，家庭农场的数量高达 681.4 万个③，到 2015 年，美国农场数量仅有 207 万个左右。④第二，经营高效。2010 年，美国农场家庭平均收入 8.89 万美元，农场家庭平均净资产 90.17 万美元。⑤研究表明，美国经

① 窦祥铭. 中国农地产权制度改革的国际经验借鉴——以美国、日本、以色列为考察对象[J]. 世界农业，2012，（9）.

② 王丽娟，黄祖辉，顾益康，等. 典型国家（地区）农地流转的案例及其启示[J]. 中国农业资源与区划，2012，（4）.

③ USDA. Seeks nominations for the advisory committee on agriculture statistics[EB/OL]. National Agricultural Statistics Service，2016-11-4，https://www.nass.usda. gov/Newsroom/2016/11_04_2016.php.

④ USDA. Farms and land in farms[J]. 2015 Summary National Agricultural Statistics Service，2016，Vol. 2.

⑤ Hoppe R A，Banker D E. Family farm report：Structure and finances of U.S. farms[J]. Economic Information Bulletin，2010，Vol. 66.

营一个1 295公顷的大农场仅需3人，而该类农场的年产值超过200万美元。[①]

最后，在农业经营方式层面，以组织完善和功能全面为主要特征。美国农业经营制度中，通过提供社会化服务以实现农业统一经营主要有以下特征：第一，组织完善。美国农业公共服务体系主要由政府部门构成，同时引导各类合作组织和从事农用物资供应的企业，为家庭农场提供多种形式的生产经营服务。第二，功能全面。充分发挥各农业公共服务机构的作用，为家庭农场提供技能培训、信息共享、资金支持、土地规模化等方面的服务。借助补贴、税收、保险等政策的引入，第三方企业为家庭农场提供生产经营服务。

3. 德国农业经营制度

德国农业经营制度以"土地私有制+集体组织+强统一经营"为主要特征，在土地私有制的基础上，以共同经营体形式作为农业经营主体，经由合作社提供农业社会化服务的方式，将共同经营体、家庭农场及农业企业集合起来，形成生产经营集合体。目前，施行这一经营制度的国家主要有德国、法国、荷兰等。相较于美国农业经营制度，德国农业经营制度主要有以下两个方面的特征。

首先，农业经营主体特殊。德国农业经营制度以农业经营团体[②]为主要经营主体，通过合作社将分散的专业化生产的家庭农场结合起来，形成农业生产经营有机体。农业生产经营集团内，既有家庭亲属关系的内部联系，经营管理和融资都较为简便，又在一体化经营等方面符合集体经营的特征。

其次，完善的农业社会化服务体系。具体看来，德国已形成完善的农业社会化金融合作服务联盟体系。德国农业社会化服务体系实现农产品生产、加工、销售、服务的一体。[③]服务内容由传统的生产资料购买、农产品销售、为社员提供技术与信息拓展到加工、储藏、运输贸易、金融等更广阔的领域，形成完善的农业社会化服务体系。[④]

4. 日本农业经营制度

日本农业经营制度以"土地私有制+家庭农场+弱统一经营"为主要特征，在土地私有制的基础上，以家庭农户或农场作为经营主体，部分通过政府或者农业协会的作用，为各经营主体提供某些方面的社会化服务。现阶段施行这一制度的

---

① 马雯秋. 美国发展家庭农场的经验及对我国的启示[J]. 农业与技术，2013，(7).

② 农业经营团体是一种农场的联合体，指原有的个体农场把各自的土地等生产资料集中起来共同使用，设立规模与目前技术相匹配的生产车间，使农业工作者通过适当的组织分担农业生产的不同环节，经营所得在股东之间按投入的资本份额分配。

③ 蔡伟，杜丹. 德国农业经营体系研究[J]. 世界农业，2014，(7).

④ 李先德，孙致陆. 法国农业合作社发展及其对中国的启示[J]. 农业经济与管理，2014，(2).

国家主要有日本、韩国，以及拉丁美洲各国。在这一农业经营制度下，各国的经营过程有以下几个突出特征。

第一，“农协”[①]的作用巨大。农民出资、农民管理、农民利用、农民享受，是“农协”的显著特点。“农协”提供的农业社会化服务较为全面，具体包括无偿提供生产资料、发放贷款和补贴、协助销售农产品、传播和教授农业技术与经营管理知识等。同时，“农协”通过开展销售业务、融资和贷款业务、保险业务等以推动农业发展。[②]

第二，社会化服务专业化。日本农业经营制度属于弱统一经营的模式，施行这一农业经营制度的国家在提供农业社会化服务时，均是有所侧重且专业化程度较高。以拉美地区的农业保险为例，农业保险分为牲畜保险、水产养殖业保险、森林保险、雹灾保险、干旱保险、热浪保险等。[③]

第三，十分重视农民的福利。在日本农业经营制度下，各国均强调对农民福利的保障。例如，为解决农业规模化经营问题和农业经营者资质问题，日本设立农业养老金制度，具体包括社会保障事业性质的农民老龄年金和农业结构改善事业性质的经营转让年金、离农给付金等。农业养老金制度不仅能够解决农民养老问题，而且通过这一激励机制吸引多数年轻人从事农业，实现农业的年轻化、规模化、现代化经营。

5. 以色列农业经营制度

以色列农业经营制度以“土地公有制+集体组织+强统一经营”为主要特征，在土地公有制的基础上，集体农庄或合作社作为经营主体，实现强统一经营的模式。这一模式的采用者主要是以色列和越南等。以色列农业经营制度有以下两个特征。

第一，农地产权制度明晰。以色列土地所有权为国家所有，经营权方面由公有制集体享有。国家把土地经营权以极低的租金租给公有制集体，租期长达 49 年，期满后又自动续租 49 年，实质实行的是土地永久租佃制度。[④]显然，在以色列农业经营制度下，土地权益能够长期保有且利于交易，有利于引导农民通过市场交易方式，最大限度地在产权约束范围内配置资源以获取最大收益。[⑤]

---

① 日本“农协”的全称为“农业协同组合”。韩国“农协”的全称为“农民协会”，拉美国家“农协”的全称为“农民协会”。尽管称谓不同，但各国这类团体的组织形式与作用相类，因此本书对这类团体统一用“农协”称呼。

② 冯献，崔凯. 日韩农地规模经营的发展及其对中国的启示[J]. 亚太经济，2012,（6）.

③ 柴智慧，赵元凤. 拉美地区的农业保险：实践、挑战与启示[J]. 世界农业，2013,（9）.

④ 窦祥铭. 中国农地产权制度改革的国际经验借鉴——以美国、日本、以色列为考察对象[J]. 世界农业，2012,（9）.

⑤ 王丽娟，黄祖辉，顾益康，等. 典型国家（地区）农地流转的案例及其启示[J]. 中国农业资源与区划，2012,（4）.

第二，农业经营主体以集体组织为主。具体看来，以色列将土地使用权以永久租佃的形式租赁给集体组织，农民以永久使用农地的形式，在农地的实际使用过程中享有对农地的所有权。又比如，越南以庄园为农业经营主体和发展方向。以庄园为经济主体实行规模化经营，集中开发和销售，集约化、专业化、市场化程度较高，克服了小农经营的限制，适应了农业现代化发展趋势。①

6. 小结

综上对美国、德国、日本、以色列等国家农业经营制度的分析可以看出，首先，美国采取的全方位农业相关制度安排的方式是行之有效的，并且能够取得长远的经济效益。与之相对比的是日本农业经营制度下的日本和韩国，只对农业采取某几个方面的农业支持，不能实现农业的规模化经营。其次，政策的效果能否最终实现要与该国的地理环境相结合，不同的自然禀赋会形成不同的政策效果。例如，韩国所采取的土地政策及相应的保障体系均借鉴美国，但韩国与美国大相径庭的地理环境导致同样的政策不可能取得同样的效果。最后，与农业相关的政策均存在一定的制度锁定②现象，因此在进行相关制度安排时，要考虑到制度锁定的经济效应。因此，我国可以借鉴国外纵向对比的经验，在扩大家庭经营规模的过程中，结合我国的自然资源禀赋，审时慎重地采取全方位农业制度安排。

由前文所述可知，一方面，各种模式均看重家庭经营的作用，同时存在不同强弱程度的统一经营。另一方面，各农业经营制度采取不同方式来实现农业统一经营。美国农业经营制度主要由农业部下属的农业研究局、农业统计局、粮食和农业研究所共同完成农业服务。德国农业经营制度选择以合作社的发展方式，实现农业的集约化经营。日本农业经营制度则主要在企业和“农协”的共同作用下，推进农业统一经营。

6.1.2　世界农业经营制度的借鉴与启示

国外各农业经营模式各具特点，这些特点均是该模式下各国农业经营历史积累所留下的，其中有大量可供我国借鉴之处。具体看来，美国农业经营制度在土地政策、资金提供等方面均采用市场竞争机制，极为看重农业的规模化经营；德国农业经营制度重点强调合作社的作用，以期将分散的家庭农场聚合在一起，形

① 凡兰兴. 农业规模经营：越南的经验与中国的政策选择[J]. 世界农业，2013，(4).

② 就制度变迁而言，报酬递增会使制度变迁在既定发展方向中得到自我强化，而当收益递增不能普遍发生时，制度变迁就朝着无效率的或不利于产出最大化的方向发展，结果就可能被“锁定”在某种无效率状态。参见曾祥凤，蒋永穆. 中国农业制度锁定及其解锁[J]. 农村经济，2006，(6).

成生产、加工、运输、销售等方面的协调统一；日本农业经营制度更强调对家庭农场主的福利待遇，通过农业养老金的方式以实现农业经营者年轻化；以色列农业经营制度更为注重经营权的集体享有，注重发挥集体组织在农业经营中的主作用。具体看来，世界农业经营制度可以为我国提供如下四个方面的经验借鉴与启示：第一，通过适度扩大经营规模，为农业生产经营发展提供物质基础；第二，通过以家庭农场为主培育新型农业经营主体，为农业生产经营发展提供动力源泉；第三，通过完善社会化服务，为农业生产经营发展提供制度保障；第四，通过健全保障政策，为农业生产经营发展提供资金支持。

1. *适度扩大经营规模*

土地是财富之父，规模化的土地能够对农业生产形成放大效应。长期以来，我国农业劳动生产率远低于工业，原因之一便是我国人均耕地面积较少。破解劳动生产率低的难题必须走适度规模经营的道路，其前提就是促进农地流转。①国外各农业经营制度下，各国均以土地产权明晰为前提，通过不断完善土地流转机制和流转市场，以流转土地的方式扩大农业经营规模。国外农业经营规模及农地流转经验具体如下。

美国以大规模农业进行生产经营，农业经营效益世界第一。具体看来，其农地规模化有以下原因：第一，土地的产权边界非常明晰。就收益权一项，美国土地收益按规定缴纳税收外，收益的分配和处置权均归土地所有者支配。第二，政府政策支持。政府为促进土地流转以形成规模，采用信贷支持、税收优惠、直接补贴等手段，鼓励家庭农场规模适度扩大。②第三，完善的法律保障。美国通过法律的作用，保护土地所有者在土地转让、租赁、抵押、继承等各方面的权利。

以色列国内水土资源匮乏，却以不到国土面积20%的可耕地，在农业发展上取得举世瞩目的成就。以色列尽管实行的是土地国有制度，但实际运行的产权绩效与私有产权无异。该种产权制度安排：第一，具有私有产权同等的激励效应，在最大限度激发农业生产的积极性同时，促使农民爱护农地；第二，农地为国家所有，国家对农地拥有最终控制权，能够限制一系列违规或不善利用农地的行为；第三，解决了农地所有权主体虚位的现象，国家与农民之间的经济关系将趋于明朗化，有益于更好地保护农民的土地权益。③

日本农地经历了先分散后集中的过程。第二次世界大战后，日本政府确立自

---

① 刘德娟，周琼，曾玉荣. 日本农业经营主体培育的政策调整及其启示[J]. 农业经济问题，2015，(9).

② 许彩华，余劲. 农地规模化经营中的土地生产率变化研究及展望[J]. 西北农林科技大学学报（社会科学版），2017，(4).

③ 窦祥铭. 中国农地产权制度改革的国际经验借鉴——以美国、日本、以色列为考察对象[J]. 世界农业，2012，(9).

耕农制度，把农户土地规模限制在 3 公顷之内。1961 年至今，日本政府通过政策法规的制定，促使农地所有权流转，鼓励农地规模化生产经营。经过多年努力，日本户均耕地面积扩大至 1.2 公顷。日本在确定小规模分散经营的方式后，即便政府采取各种措施以促进土地集中，但仍难以扩大农业生产规模。

综上所述，可得出以下启示：第一，土地产权明晰是土地规模化的前提。以上国家的土地所有制虽不尽相同，但都能够保证土地产权明晰，便于土地流转和发挥产权作用。第二，从以色列的经验中可以得出，国家或集体拥有土地的终极所有权，通过赋予农地使用权以物权属性，能够保留对农地的非农化限制，同时又能促进土地流转，推进土地规模化经营。第三，从日本农地制度的改革过程中可以看出，地权一旦分散，再次集中相当艰难。所有权的转让对家庭农场的发展贡献并不大，使用权的流转相比之下成为成本较低、影响较小的途径。第四，土地流转的相关政策的协同作用。一方面，完善便于土地集中的土地产权流转市场；另一方面，从土地流转后农民的权益保障出发，建立健全的保障体系。

2. *以家庭农场为主培育新型农业经营主体*

总体看来，国外各种农业经营制度下的农业经营主体主要形式为家庭农场。以下主要从经营规模和培育形式两个角度加以分析，得出可为我国培育新型农业经营主体的经验。

农业经营主体的经营规模。由前文所述可知，美国主要依靠竞争机制完成对家庭农场的优胜劣汰，规模以上家庭农场占据美国农场总数的 49.9%，每年以 300～800 个的数量在增加①。各国为提高农业资源利用率、农业生产效率和农产品国际竞争能力，以扶持中型农场为中心，大规模地改组小农和小农场的小规模经营方式，促进农场结构改革。②

农业经营主体的培育形式。第一，以家庭农场发展最为成功的美国农业经营制度为例，美国一开始便采取家庭农场作为经营主体，通过土地制度和产权的确定，在最根本上保障农民经营农业的基础；然后通过相关服务组织的设立和服务内容的确立，为家庭农场的发展提供必要补给；最后通过市场竞争机制的作用，促进家庭农场的淘汰与集中，最终实现家庭农场的规模化和现代化。第二，在日本农业经营制度下，许多政策设计均为维护以农户为中心的家庭经营的核心地位。例如，日本实施的认定农业者制度、农户户别补偿制度、针对企业进入农业的一系列限制规定等。

综上所述，可得出以下启示：第一，家庭农场的生产地位是国外各国经验证

① USDA. Farms and land in farms[J]. 2015 Summary National Agricultural Statistics Service，2016，Vol. 2.

② 郎秀云. 家庭农场：国际经验与启示——以法国、日本发展家庭农场为例[J]. 毛泽东邓小平理论研究，2013，(10).

明的，我国应坚持家庭经营的基础性地位。第二，我国新型农业经营主体的培育应从规模化经营主体开始，如专业大户、家庭农场、农民专业合作社、农业服务专业户等。第三，借鉴日本认定农业者制度，通过立法定规，规范农业从业者认定条件，以具有公信力的形式提供信贷、税收、补贴、土地流转等方面的支持，以确立家庭农场在土地承包经营权流转中的优先地位。[①]

3. 完善社会化服务

农业作为弱势产业，在激烈的市场竞争中需要一定的社会化服务以保障农户利益。在促进农业统一经营主体的过程中，应结合农业的弱质性以把握全面化与专业化的关系，完善农业经营体系。国外各农业经营制度对社会服务均较为重视，具体包括以下几个方面。

第一，社会化服务供给主体。各国的农业社会化服务是由国家、集体（合作社）和私人组织共同承担，但在服务对象与内容上有一定的分工。[②]各种制度内均存在一个主导农业统一经营的强势主体。美国农业经营制度内，主要是政府一类的公共组织；德国农业经营制度内，主要是合作社一类的集体组织；日本农业经营制度内，更为强调私人企业的作用。

第二，社会化服务供给主体的经营方式。以法国为例，法国合作社主要采取股份制，分配方式为对股份实行承包式报酬，盈余按佣金方式分发。[③]一方面，不同的所有制形式共存；另一方面，合作社服务范围全面且全民参与。合作社的主要目的是将农业的分散经营和社会大市场紧密结合起来，提高风险抵御能力，发展方向应为公司制。

第三，农业社会化服务的内容。在美国农业经营制度中，联合合作社能够为农业经营主体提供多元的一体化服务。各国通过农业合作社，为农产品的生产、销售，农业经营性服务如信贷、补贴、信息共享等服务，为农业现代化经营提供经营主体和发展保障。

综上所述，可得出以下启示：第一，完善的社会化服务体系是农业现代化的必要步骤，可以为农业经营者提供技术服务和信息服务。提高小规模家庭经营竞争力的一个重要途径就是借助合作组织的力量。以各类合作组织为依托，为家庭农场提供多方面的生产经营服务。[④]第二，创新农业社会化服务主体经营模式。通过引入股份制、合伙制等多样化形式的服务主体经营模式，为农业社会化服务注入活力。形成包括政府机构、集体组织及私人组织等多种形式，通过不同组织机

① 肖鹏. 日本家庭农场法律制度研究[J]. 亚太经济，2014，（6）.

② 金兆怀. 我国农业社会化服务体系建设的国外借鉴和基本思路[J]. 当代经济研究，2002，（8）.

③ 赴法国家庭农场运行与管理体制培训考察团. 法国农业发展现状考察报告[J]. 中国农垦，2006，（2）.

④ 时悦. 美国家庭农场发展经验及其启示[J]. 世界农业，2015，（3）.

构分工、协作提供农业社会化服务，以更好地实现农业社会化服务全覆盖。第三，通过完善社会化服务内容，对城乡社会保障制度、劳动就业制度、户籍制度等关联性制度进行同步设计和整体配套改革。[①]各农业社会化服务要顺应农业生产发展的需要，农业生产过程中所特有的周期长、人力耗费大等特点，就要求农业社会化服务全方位覆盖，提供丰富的服务内容以提高农业生产经营效率。

4. 健全保障政策

农业的发展离不开资金的支持。综合各国经验，政府主要为农业提供以下三个方面的资金支持：第一，农业贷款。通过农业贷款资格规定、贷款主体的改制，为农业生产提供更为及时有效的资金支持。第二，农业补贴。通过相关政策的制定，为农业生产提供结构性转变的资金支持。第三，农业保险。通过完善农业相关的保险规定，为农业生产提供有效保障。

首先，农业贷款对农业经济发展必不可少。高效的农业贷款有赖于政府规章制度的制定，如美国政府通过《2014 年农业法案》建立永久性的小额贷款计划。由此观之，美国在法律文件的基础上，对农业信贷的对象、主体、金额、利率等做出明确规定，再通过各部门协调，为农业经济发展提供良好的资金获得渠道的做法，可为我国借鉴。

其次，农业补贴对农业经济发展提供直接支持。农业补贴主要是对农业生产、流通和贸易进行的转移支付。2013 年中央一号文件提出，结合家庭农场的发展规模及发展趋势，尽快明确家庭农场补贴对象、补贴标准和补贴数额。[②]具体来看，第一，补贴形式的选取。日本对农业的补贴支持包括价格补贴[③]、农机购置和基础设施建设补贴、土地流转和新农民补贴等。第二，直接补贴不应成为主要补贴形式。例如，墨西哥拥有少于 2 公顷土地的农民获得直接支持补贴量的 8%，大量分散的小农户增加了政策的执行和监管成本。因此，如果直接补贴成为主要补贴形式，那么不仅不能促进农业发展，而且会产生更多休耕、弃耕的现象。

最后，农业保险是一种减轻灾害冲击的有效机制。据世界银行的调查，在拉美地区 25 个具有农业基础的国家或地区中有 18 个正在开展农业保险。具体看来，拉美地区政府支持农业保险发展主要有三种方式：第一，保费补贴。第二，制度支持。在巴西、墨西哥、智利等国家，政府均制定专门的规章制度以推动农业保险的发展。第三，技术支持。在阿根廷、巴西、墨西哥、乌拉圭、智利等国，政府负责收集与处理农业保险基础信息、评估农业生产风险、研发农险

① 何劲，熊学萍，宋金田. 国外家庭农场模式比较与我国发展路径选择[J]. 经济纵横，2014，(8).

② 时悦. 美国家庭农场发展经验及其启示[J]. 世界农业，2015，(3).

③ 农产品价格补贴主要包括最低保护价、目标价格补贴、直接补贴等。

产品等。[①]

综上所述，可得出以下结论：第一，为满足农业发展的融资需求，各国政府先后成立各种政策性金融机构，或与商业银行合作提供政府贴息贷款，既解决了农民贷款难的问题也减轻了农民的负担，促进了农村发展。第二，欧美等发达国家在承担削减义务后，仍继续维持高额补贴。因此，补贴仍是必要的，但要采取多样化的补贴形式。第三，农业保险具有重要意义。一方面，适度扩大农业保险的覆盖范围，在当前基础上降低农业保险保费补贴的适用条件；另一方面，需依据家庭农场需求的风险保障水平收取不同的保费，并提供不同额度的保费补贴。

6.2 完善农村基本经营制度是破解农业竞争力低问题的必然选择

6.2.1 我国农业竞争力现状

有竞争力的农业是经济长期稳定发展的基础。改革开放以来，我国农业快速发展，农产品产量高速增长。2015 年全国粮食产量为 6.21 亿吨，实现粮食生产“十二连增”，同时，农产品产量增速高于人口增长速度，农产品人均占有量在世界上处于领先地位。虽然我国农产品早已结束不能自给自足的时期，但是随着农产品总产量和人均产量的增长，也出现了新的问题和挑战，如国内粮食市场出现“产量高、库存量高、进口量高”的怪现象。究其原因，主要是我国农业目前面临的农业生产成本高和农产品价格高的“双重挤压”，使以前的粮食增产问题转变为农业竞争力问题。

我国农业生产存在规模大实力却不强、数量多质量却不优的问题。农产品表现出大宗依赖进口、高端市场不对称、优势销不出去的情况，出现进口农产品在市场流通而国内农产品库存积压、进口与积压同时存在的现象。此外，受成本过高、价格过低的双重挤压，农业的比较效益不断降低。[②]这些问题直接威胁我国的农业竞争力，是未来农业发展必须面对的重大考验。

---

① 柴智慧，赵元凤. 拉美地区的农业保险：实践、挑战与启示[J]. 世界农业，2013，(9).

② 佚名. 助力爬坡期提升竞争力[N]. 农民日报，2015-12-23.

首先，农业生产成本高。近年来，受到能源与原材料价格持续上涨的冲击，农资价格不断上涨，主要农资始终处于价格高位状态；农业技术的高成本，农药、化肥投入比大且使用效率低也直接造成农业生产成本的上涨；农业劳动力向工业的转移，农村空心化问题严重，留在农村的劳动力数量不足且质量不高，导致农业劳动力成本持续攀升，从事农业生产的人力成本增加；随着城镇化的推进，耕地面积不断减少，土地流转范围不断扩大，土地市场不断发展完善，农地使用的机会成本也在快速增加，造成了农业成本的增加。农业生产进入高投入、高成本阶段，农业投入品价格持续攀升，农业生产关键要素价格普遍上涨，生产成本“地板”效应提升所带来的挤压力度也越来越大。[①]

这些因素都直接导致了农业生产的高成本，如果按完全要素成本计算，我国农业的成本非常高。完全要素成本，即经营者使用土地、劳动与资本诸要素时的要素价格总和，更能反映资源配置效率状况。以粮食为例，若按完全要素成本评估，并且按照在国际市场上有竞争力的价格来销售 6 亿吨粮食，那么将亏损 1.16 万亿元。根据相关学者的估算，若我国一年粮食产出按 1.2 万亿斤计算，这些粮食的要素成本与消耗性成本的总和约为 2 万亿元，再按照近年来在国家政策支持下形成的平均价格 1 元每斤计算，产出 1.2 万亿元小于总成本 2 万亿元，亏损达 0.8 万亿元，这还没有计算国家支持下产生的其他隐形成本。[②]粮食生产处于严重亏损状态。

其次，农产品的价格高。我国存在内外差价的情况正在由部分农产品蔓延到多种农产品，农业生产的高成本是其根本原因。此外，政府为确保农民农业生产收益和国家粮食安全，对农产品实行价格和综合补贴等政策来提高粮食价格，是造成大宗农产品的国内价格高于国际价格的主要原因。

从图 6-1 来看，我国主要粮食小麦、大米、玉米、大豆等的国内外价格差异最初呈负值且日趋扩大，随后差异逐渐缩小并呈正值，总体趋势为差异逐渐扩大后趋于缩小。由于国内外存在这种较大的价差，国内粮食出口困难，同时大量进口国外相对低价的粮食，造成国内粮食的结构性过剩、国家储备通胀。由于劳动生产率的增长跟不上劳动力成本的涨幅，农产品中劳动密集型在出口方面的竞争力日益弱化。以畜禽业为例，2014 年，我国畜禽产品对外贸易逆差同比 2013 年增长了 18 个百分点，高至 150 多亿美元。果蔬业同样面临巨大的竞争压力，2014 年的数据显示，蔬菜出口额增速同比下滑 8.32%，为 125 亿美元；水果出口额增速同比下滑 2.3%，为 62 亿美元，同比 2013 年，贸易顺差收窄 51%。生产成本差

---

① 汪传敬. 经济新常态下的农业发展问题探析[J]. 中国统计，2015，(11).

② 党国英. 中国粮食每年亏损达 1.16 万亿！[EB/OL]. 凤凰财经，2016-11-25，http://finance.ifeng.com/a/20161125/15033735_0.shtml.

距扩大是造成农产品价差逐步扩大的根源，大豆、棉花等农产品国内成本远高于美国等国外市场成本，并且进口量占国内产量比重较大，2014 年达 43.2%。自加入世界贸易组织后，我国农产品的进口量更是增长迅速，每年的平均增长率逾 20%。[①]2014～2017 年，我国相当大一部分的农产品进口并不是因为国内供给不足，而是受国内外价格差异的推动，从而造成了库存里全是国内农产品，市场上全是进口农产品，一边积压，一边还要进口的现象。我国多种农产品国内价格水平远远高于进口到岸价格，突破了价格“天花板”，使我国农业国际竞争力面临下降压力。

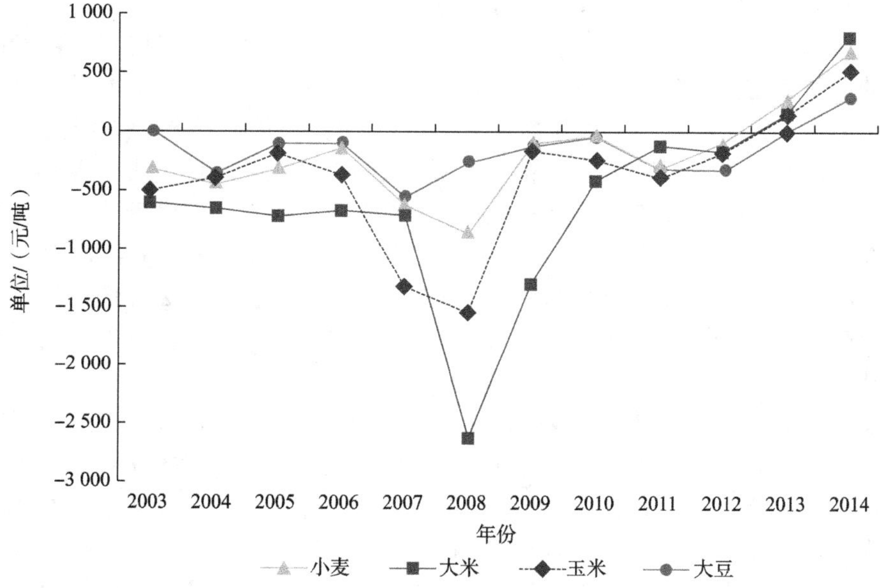

图 6-1　2003 年以来国内外主要农产品价格差异变化图

资料来源：根据价格监测中心数据整理所得

6.2.2　完善农村基本经营制度有利于提升我国农业竞争力

“双重挤压”的根本原因是农业高成本，而农业高成本又是受农资农技价格高、劳动力成本高、耕地面积减少等因素影响，因此，要在农业高成本和农产品高价格的“双重挤压”下提高农业竞争力，就必须要在坚持农村基本经营制度的

① 刘振伟. 关于种子法修改[J]. 农产品市场周刊，2015，(30).

基础上对其进行完善。

我国农业长期以来的家庭经营造成了一定程度的土地细碎化、经营分散化问题，农户经营相对独立，而“统分结合”中“统”的成分还很欠缺，农民在生产经营过程中对农资、农业机械的使用成本较高，单户农民家庭也很难进行农业科技技术的引进和创新。对家庭经营制下形成的现状，我们可以通过对现有农村基本经营制度进行调整与完善来应对，其中，发展农业多种形式适度规模经营就是有效途径之一。通过提高农业技术、农业机械的使用效率，促进农业机械化的推进，可以降低农业投入品和农业技术创新的成本，弥补家庭经营的规模不经济，提高单位农地的生产效率，有效应对农业高成本和农产品高价格的困境。

从农地流转和规模经营的发展趋势来看，自 20 世纪 90 年代起，无论是户均包入还是户均包出，它们所拥有的土地占有面积都表现出了较快的增长趋势。如图 6-2，从 1995 年到 2009 年，户均包入从 0.20 亩/户增长到 0.68 亩/户；户均包出从 0.11 亩/户变为 0.47 亩/户。户均包入提高了 2.4 倍，而户均包出提高了 3.27 倍。此外，从户均包入与户均包出的耕地面积变化来看，前者持续高于后者，这说明了规模化的土地经营逐步形成，少数经营主体手里集中了大量的土地，户均包入曲线与户均包出曲线的间距不断扩大，体现了上述土地规模化趋势日趋明显。[①]从土地的人均和劳均经营面积的变化趋势也可以看出，如图 6-3 所示，虽然土地经营的人均规模变化不大，但是劳均规模呈明显上升趋势，这表明土地规模经营的发展势态优良。

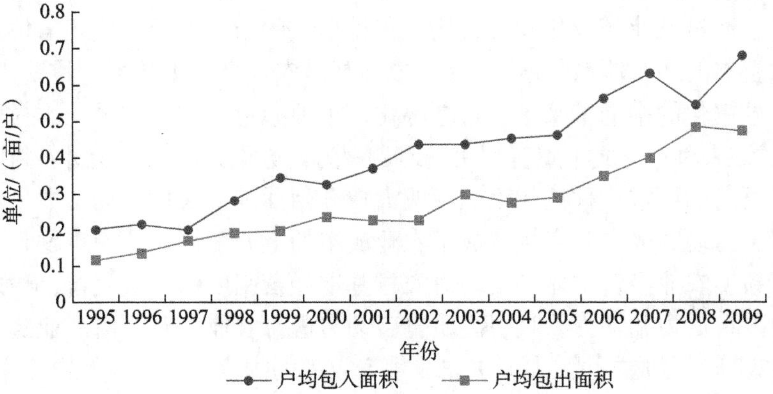

图 6-2　户均包入与户均包出面积

资料来源：谷彬. 多元官方数据看农村土地流转[J]. 经济导刊，2015,（5）

① 谷彬. 多元官方数据看农村土地流转[J]. 经济导刊，2015,（5）.

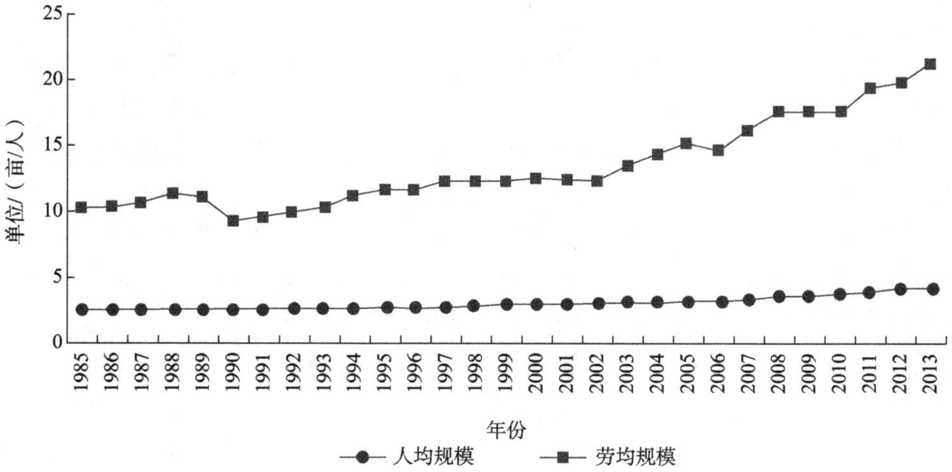

图 6-3　中国农村土地规模的变化趋势

资料来源：根据《中国统计年鉴》相关数据整理计算所得

土地规模经营有利于土地集约化的实现，通过分工合理配置农业生产资源，实现农业生产的规模经济从而降低农产品单位生产成本，土地向种地能手、专业大户手中聚集，形成专业农户或农场式组织，降低生产成本，为农业机械化和科技化发展创造条件，改善农业生产条件，提高农产品质量和科技含量，提高农业生产效率，从而提高农业竞争力。因此，在坚持家庭经营的前提下，通过推进土地“三权分置”，放活土地经营权的流转，促进农业适度规模经营，是提升我国农业竞争力的有效途径。

同时，通过农业产业化发展，构建多种形式的新兴的经营模式与体系来丰富我国农村基本的经营体系制度。劳动力成本高是农业高成本的另一重要影响因素，一方面，城镇化的推进带来了农村空心化、土地抛荒等农业问题，农村劳动力大量转移，“谁来种地”成了亟待解决的难题；另一方面，现代农业对农村劳动力质量提出了更高的要求，种地能手、专业大户开始涌现，农村劳动力数量和质量的变化提高了劳动力成本，直接造成了农业成本的上升。面对这一难题，必须通过不断培育新型农业经营主体，实现对农村基本经营制度的有效完善，激发农业生产经营的内在活力和动力，吸引高质量劳动力进行农业生产，由产业链带动农民就业，降低劳动力成本，大力促进农业生产效率的提高，以此降低农业生产成本，提升农业竞争力。

6.3　完善农村基本经营制度是破解农民增收难问题的必然选择

6.3.1　我国农民收入现状

农民收入问题是“三农”问题的核心，“三农”问题的出发点和落脚点就是要提高农民收入。我国农民的收入问题十分重要，农民增收不仅与他们的生活水平密切相关，而且一旦处理不好，就会损伤我国农民生产粮食与农产品的积极性，影响我国农产品的供给；农村经济发展乃至我国经济的持续健康发展都深受农民收入问题的影响。不断促进农民增收，有利于我国农村的稳定，也有利于实现我国全面建成小康社会的宏伟目标。近年来，随着经济持续不断的迅猛发展和社会整体文明程度的不断提高，我国大部分农村地区农民的经济收入较以前有所提高，但根据近几年统计年鉴的数据，可以了解到我国农村普遍存在的问题，即农民收入的增长不仅速度缓慢，而且增长有限（表 6-2），收入增长难和增长慢的难题直接制约着农民生产劳动积极性的提高和他们对农业生产投入的热情与信心，进而制约和阻碍了我国大部分农村经济的进步与发展。

表6-2　我国农村人均收入情况　　单位：元

年份	纯收入	工资性收入	家庭经营性收入	财产性收入	转移性收入
1990	686.31	138.80	518.55	28.96	
1995	1 577.74	353.70	1 125.79	40.98	57.27
2000	2 253.42	702.30	1 427.27	45.04	78.81
2010	5 919.02	2 431.05	2 832.80	202.25	452.92
2011	6 977.30	2 963.43	3 221.98	228.57	563.32
2012	7 916.58	3 447.46	3 533.37	249.05	686.70
2013	9 429.60	3 652.50	3 934.90	194.70	1 647.50
2014	10 488.90	4 152.20	4 237.40	222.10	1 877.20

资料来源：根据 1991～2015 年《中国统计年鉴》数据整理所得

从农民收入的内部构成比例来看，我国农民人均纯收入主要由四部分组成，即家庭经营性收入、工资性收入、财产性收入及转移性收入。家庭经营性收入一直是占比最大的一部分，是农民收入最主要的来源。20 世纪八九十年代，家庭经营性收入一般占总收入的 70%以上，工资性收入所占比重不大，约占 10%。随着城市化进程的加快和劳动力市场的放开，工资性收入日益增长，家庭经营性收入在农民收入中所占比重虽然有所下降，但仍然占据着最重要的地位。进入 21 世纪后，无论是家庭经营性收入，还是工资性收入，增速都呈严重下降趋势，农民两大类收入增长速度均放缓，收入增长进入瓶颈期。新时期不仅要求农民收入总量不断增长，更重要的是如何提高农民收入的增长速度，实现农民持续增收。

6.3.2 完善农村基本经营制度有利于提高我国农民收入

在经济新常态下，不仅需要考虑如何促进农民收入增加，更重要的是如何保障农民持续增收。而从农民收入的增速来看，农民收入的两个主要来源，即工资性收入和家庭经营性收入的增速都在下降，甚至低于 10%，显示农民收入增长进入瓶颈期，农民收入持续增长面临严峻挑战。要努力提高农民这两方面的收入，不仅要保持总量上的正增长趋势，还要维持一定的增速，保障实现农民的持续增收。

家庭经营在发挥农民生产自主性、增强农民生产积极性和提高劳动生产率方面起着不可替代的作用，维持家庭经营性收入水平的目标要求我们必须坚持家庭经营的基础性地位不动摇。统一经营可以弥补家庭经营在农民增收方面的一些不足，如统一经营能克服农业基础设施建设中存在的“搭便车”行为，不断加强和完善农业基础设施建设，从而改善生产条件；统一经营通过集中引进高科技、高端机械设备、专业知识等，促进农业现代化和机械化的发展，促进劳动生产率的提高。因此，农村基本经营制度通过统分结合的经营模式，对农民收入的提高发挥着十分重要的促进作用。必须不断坚持和完善我国农村基本经营制度，发挥其制度优势，以应对农民持续增收难题。

首先，土地确权使农民赖以生存的基础——土地权利得到有效保障。土地确权的核心内容在于明晰农地权利主体，划清土地权、责、利主体并通过法律形式加以维护和保障，通过登记成文的形式对农民的土地权利加以确定和保证。土地确权工作在全国范围内的有序推进和有效实施，在加快农地流转、促进农地集约化生产经营和实现农业适度规模经营方面的积极作用发挥明显。农民权益得到保障以后，其生产积极性和劳动热情得到了很大程度的提高，农业产出增加，农业生产经营效率显著提升，农民收入也随之实现持续的较快增长。

其次，党和中央在推进土地确权工作的同时不断探索完善健全农村土地流转制度的路径和措施。土地确权免去了农民的后顾之忧，进城务工或从事非农生产的农民可以放心将土地转包或出租。为充分利用这一优势，应促进土地流转的政策在全国范围内开展。从土地流转实施过程中的效果来看，一方面，促进了农村劳动力的有序转移。农民非农化以后，工资性收入也随之增长，如图 6-4 所示。农村剩余劳动力转移情况可用非农就业人数数据来表示，两者为此消彼长的关系，非农就业人数的增加，表示农村剩余劳动力逐年减少，农村劳动力转移加快，从非农就业人数和农民工资性收入的趋势线可以看出，两者的发展趋势大致相同，因此，劳动力的转移带来了农民工资性收入的增长。另一方面，有效促进农业规模化经营。土地流转制度的健全和完善能有效推动和加快土地流转的速度和质量，土地更好更快的流转能实现土地资源的最优化配置，通过土地集中实现适度规模经营，农民经营性收入得以大幅度提升。

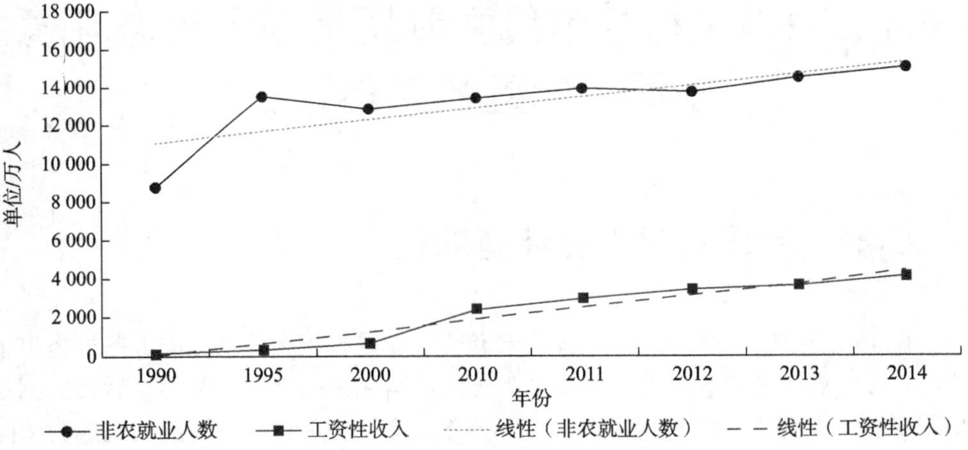

图 6-4　非农就业人数和工资性收入的关系图

资料来源：根据《中国统计年鉴》相关数据整理计算所得

最后，党的十八大报告明确提出了要培育新型农业经营主体，发展多种形式规模经营的政策主张。实际上以家庭农场、专业大户、农民专业合作社和农业企业为代表的农业新型经营主体在不少农村地区早就开始实践了，新型农业经营主体大多是农民首创性的实践，并且经过一段时间的摸索和尝试。很多农村地区取得巨大成功使新型农业经营主体在全国范围迅速蔓延开来，成为应对当前农业经营方式面临新挑战的有效举措。多元化经营主体拓宽了农民收入来源的渠道，带动农民多方面致富，保障了农民收入的持续增长。

以家庭农场为例，以上海松江、浙江宁波等地区为代表形成了富有特色的家庭农场经营模式，并取得了显著成效。我国上海松江地区在 2007 年开展了家庭农场模式的探索，取得了很大的成功，到 2012 年底，松江地区已经有超过 1 200 户的家庭农场，家庭农场的经营面积超过 13 万亩，每户平均拥有的经营面积超过 110 亩，而且全区 80%左右的粮田都被覆盖在内。此外，从人均纯收入来看，农场经营者的收入高出外出打工者2倍左右，户均净收入10.61万元。①2001年，慈溪市周巷镇建鸿果蔬农场成为浙江省第一家经工商登记注册成立的家庭农场。历经十几年的发展，在2012年底，有687户经营家庭农场的农户在宁波工商处登记注册，总的销售收入超过13亿元，总利润达到了2.8亿元。平均下来，家庭农场平均的销售收入有195万元，平均利润有40多万元，收入远远超过普通农户。②可见，以家庭农场为代表的新型农业经营体系极大地激发了农业生产的潜力，大力提升了农业生产效率，对破解农民收入增长瓶颈发挥了重要作用。

6.4 完善农村基本经营制度是破解生态环境硬约束问题的必然选择

6.4.1 我国农村生态环境现状

在1987年的"世界环境与发展"会议上，挪威首相布伦特兰夫人首次提出了"可持续发展"的概念，并将其定义为既满足当代人的需要，又不对后代人满足其需要的能力构成危害的发展③，此后，关于人类社会可持续发展的问题成为国际社会普遍关注的重大问题。随着资源和环境的约束趋紧，其重要程度日益上升。农业领域同样需要面对可持续发展的问题，具体表现和运用在农业领域，可持续发展的理论和思想就是农业的可持续发展，即要求我们充分维持、合理运用农业资源，处理好经济发展与农业资源承载力之间的关系，优化农业资源在空间、时间上的分配，使农业资源得以持久使用，让人们对农产品日益增加的需求不断得到满足。④因此，在新的农业过渡时期下，提出农业的可持续发展既是一个战略标志，也是人们未来做出的必然选择。农业的可持续发展，其核心是社会、经济和生态这三种持续之间的有机统一，是在三者互相融合的基础上实现农业的持续发展。⑤

在人类发展历程中，由于承受了经济发展与人口增长两方面的压力，农业生

① 屈学书. 我国家庭农场发展问题研究[M]. 北京：新华出版社，2018.
② 肖俊彦. "五化"示范标准，打造现代农业——宁波市"法人"型家庭农场调查[J]. 中国经贸导刊，2013,（33）.
③ 陶志红. 城市土地集约利用几个基本问题的探讨[J]. 中国土地科学，2000,（5）.
④ 程序，曾晓光，王尔大. 可持续农业导论[M]. 北京：中国农业出版社，1997：78.
⑤ 海金玲. 中国农业可持续发展研究[M]. 上海：上海三联书店，2005.

产总是无限制地追求高的效率和效益，无节制地索取农业产出，导致人类的农业行为严重偏离了农业自身的发展规律，阻碍了农业的发展，给农业生产埋下了不稳定的因素，对我们未来的生产和发展造成不利影响。人类命运和农业发展紧密相连，因此，我们必须追寻可持续方式来发展农业。

过去很长一段时间内，作为农业大国，我国经济社会发展在很大程度上依赖农业的发展，对农业发展注入了大量的资源、人力和财力，我国农业发展也取得了举世瞩目的成就。21 世纪以来，我国农村经济快速发展，农民收入持续提高，现代农业迅猛发展，农业装备技术水平持续提升，生态建设与环境保护力度逐步加大，农业资源保护得到重视，农业的可持续发展得到积极推进。

在看到我们取得的成就时，不应忽略农业生态环境与保护中出现的问题，包括农业资源的短缺、农业的过度开发、过量使用农业投入品、农业的内源与外源污染等，如何突破环境资源约束，保证农产品供给、提升质量安全和促进可持续发展，是我们要解决的难题。

我国农业资源短缺，农业生产所需的主要自然资源包括土地资源、水资源、森林资源、草地资源日趋短缺，其中最突出的是农地资源短缺。一方面，人多地少的资源禀赋导致农地资源十分紧缺，人均耕地面积少。2013 年全球统计数据显示，中国人均耕地面积 0.078 公顷，占世界平均人均耕地面积 0.197 公顷的 40%不到（图 6-5），与美国、加拿大等发达国家差距明显，土地自然承载力趋于极限。另一方面，在土地供给形势如此严峻的情况下，过度的、不合理的开发与建设占用了大面积的农村耕地，此外，长期以来无节制地开采矿物、开垦荒地、乱砍滥伐等，带来了严重的荒漠化、土地沙化等问题，耕地严重退化甚至绝产，耕地流失情况十分严重。2015 年《土地整治蓝皮书》发布的数据显示，中国耕地受到中、重度污染的面积约 5 000 万亩，很多地区土壤污染严重，特别是大城市周边、交通主干线及江河沿岸的耕地重金属和有机污染物严重超标[①]，耕地质量下降。农地资源在数量和质量两方面都面临着严峻的挑战。除了农地资源，我国农业用水危机也在加深，我国实际可利用的淡水资源总量和人均量都十分有限，并且分布极不均衡。水资源的严重缺乏，加上我国农业用水的利用率较低，不断加深农业用水危机，而水资源作为农业生产的必要资源，农业用水危机将直接影响农业生产的效益和效率。水土资源约束趋紧，对农业可持续发展造成极为不利的影响。

① 王红旗，许洁，吴枭雄，等. 我国土壤修复产业的资金瓶颈及对策分析[J]. 中国环境管理，2017，（4）.

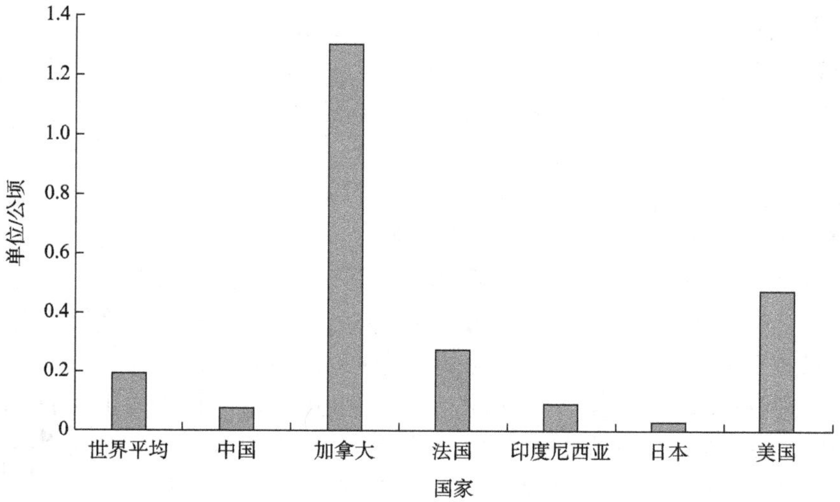

图 6-5　2013 年世界及各主要国家人均耕地面积

资料来源：根据世界银行公布的耕地（公顷数）数据整理所得

我国农业污染不断加剧。近年来，随着畜禽养殖业从农户的分散养殖转向集约化、工厂化养殖。规模化畜禽养殖业废弃物加剧了对农村环境的污染，畜禽粪便未经处理就直接排入大自然，污染了水体。为追求高产，农药、化肥和农膜的使用数量也明显增加。据统计 2015 年全国农药用量达 140 万吨，其中杀虫剂占 70%，杀虫剂中有机磷农药占 70%，而有机磷农药中高毒品种占 70%；化肥的施用量为 4 700 万吨左右，有机肥施用量仅占肥料施用总量的 25%[①]，造成了严重的土壤、地下水、地表水和空气污染。同时，由于农药和化肥在土壤和农作物中大量残留，导致农产品品质下降；随着城镇化的加速推进，农村人口由分散逐步集中，生活垃圾和污水等大量增加，而村镇生活废弃物处理能力远远无法满足需要，扩大了污染的影响范围；随着乡镇企业的快速发展，工业排放物增加，而乡镇企业大多没有先进的污染防治设施，直接带来农村环境污染（案例 6-1）；随着城乡一体化的发展，城市生活污染物和工业“三废”开始向农村扩散，重金属污染物也向农产品种植地扩散，破坏了农业生态环境，加剧了农业环境污染。

案例 6-1　农业成洞庭湖最大污染源

备受古代诗人追捧的洞庭湖，有着“气蒸云梦泽，波撼岳阳城”的声誉，而如今却因为生猪养殖受到严重的生态污染破坏。

近年来，生猪规模化养殖在洞庭湖区迅速扩张开来，湖区周边的养猪大县已经超过 20 个，三个沿湖市区的养猪场达到规模以上的都在 1 500 家左右，而规模

① 王红旗，许洁，吴枭雄，等. 我国土壤修复产业的资金瓶颈及对策分析[J]. 中国环境管理，2017,（4）.

以下的养猪场更是不计其数。由此带来的污染问题越来越严峻，生猪集中养殖后对猪粪的处理措施力度不够，造成了严重的水污染，生猪养殖场的污染排放总量远远多于工业和生活污水的总和。同时，湖区的水产养殖同样面临严峻的污染形势。1980 年以来，由于对产量的盲目追求，湖区周边的养殖户采用向水体投放肥料的模式，并且近期越来越过分，最多的时候对每亩水投放的肥料达到了近 500 千克，投肥量的严重超标导致了湖区水体的富营养化。

由于人口密度大、资源数量有限使湖区居民长期以来都过着靠水吃水的生活，从一开始就进行的大规模的围湖造田活动，到改革开放以后大量使用农药和化肥等，再到后来生猪和水产等养殖业盲目的扩张，这一系列没有计划和节制的开发行为，严重地破坏和影响了洞庭湖原有的生态平衡。严重的水污染不仅造成水源断流、水资源严重匮乏，而且威胁着农业的生产发展、农民的生活和饮水安全。

资料来源：谭剑，史卫燕，周楠. 洞庭湖：养殖业盲目扩张，农业污染加剧[EB/OL]. 绿色经济网，2015-10-22，http://www.greeneconomy.cn/agriculture/70/20151022/204124.html

6.4.2　完善农村基本经营制度有利于改善我国农村生态环境

坚持和完善农村基本经营制度是实现农业可持续发展的必然要求。家庭经营通过赋予农民自主的生产经营权，保证了农户在市场中盈亏自负、经营自主的主体地位，激励农户自发自觉去顺应市场的需求与竞争。家庭经营将农民的利益和土地的效益捆绑在一起，树立起农民的危机保护意识，减少资源浪费，通过科学技术手段提高农业资源使用效率，实行科学种田，降低污染和浪费，爱护耕地，提高农业劳动生产率，以获得最大的经济效益，促进农业可持续发展。但不论是对农业资源的保护、对农业污染的治理，还是采取措施防止资源浪费和污染的加剧，都离不开集体经济和统一经营。在制定和实施政策的过程中，统一经营可以弥补家庭经营的不足，完成单个农户无法实现的任务，增强其抗风险能力，保障农业的可持续发展。

然而，在目前农业基本经营制度下，我国农业可持续发展面临不少新的问题。首先，我国农地资源十分稀缺，发展过程中长期过度盲目地开发、征地扩城、不合理的农业结构调整等行为造成农地非农化严重，耕地资源大量流失；其次，由于农户投资行为具有短期性，对农地的保护意愿不强，农药、化肥、农膜的过度使用降低了土地肥力，生态严重破坏；再次，家庭经营制下土地细碎化、经营分散化使农业规模经营受到阻碍，缺乏规模效益，机械化水平不高，农业投入品过量，这些自然会造成农业生产资源利用效率低。深究这些问题的根源不难发现，土地权利不明晰是一个重要的影响因素，农地所有权主体的缺失使农地得不到合理保护，农民的权利得不到有效保障，耕地资源浪费和开发过度、土地流失和荒漠化等问题在所难免；农地承包权不稳定激发了农民投资行为的短期化，农业生产和经营的周期通常不短，农户投入收益需要经过一段时期，土地集体所有和使用权的不稳定，农民对土地类似租客，出于利己心理，这种对未来的不确定性不仅不会激励农户以可持续方式使用农地资源，相反还会刺激其以不可持续方式使用农地资源，造成农地资源的浪费和破坏；农地经营权流转机制的不完善阻碍了农地规模经营，农地使用权流转机制缺乏，以及中国农民长期形成的对土地的特殊依赖关系等，使多数农户进行粗放经营，或者干脆抛荒，来对抗土地权利的保护，从而造成了土地资源的浪费和配置的低效率。

因此，破解生态环境硬约束问题要求对农业基本经营制度进行完善。近年来中央推行的农地“三权分置”，通过对土地权利的细分，明确了使用权、承包权、经营权各自的权、责、利主体，在坚持土地所有权集体所有的基础上对集体的概念做出更加明确的界定，并且科学合理地界定国家、集体与农户之间的产权关系，这样有针对地解决了农地产权主体缺失造成的土地资源流失和浪费的问题；通过对土地承包权的巩固和稳定，土地承包关系得到进一步的完善和健全，农民拥有了土地使用权流转的决策权，成为土地使用权流转的主体，克服了农户家庭对土地的短期经济行为，对土地使用权的长期拥有对农户保护好耕地具有正激励作用，从而带动农业生产经营走可持续发展道路；对土地经营权的放活赋予了农民更多元和丰富的土地使用权利，对非农化农民将土地投入流转市场起到激励作用，多种新形式的土地使用权流转有利于加快土地合理有序流转，实现农业规模化经营，提高农业投入品利用效率，减少农业资源浪费，实现农业可持续发展。

6.5 完善农村基本经营制度是破解城乡发展不平衡问题的必然选择

6.5.1 我国城乡发展现状

我国城乡二元化结构不是一蹴而就的，有着长久的发展和固化过程。从中华人民共和国成立初期到改革开放前，受国际环境和历史条件的制约，在苏联模式的影响下，我国制定了优先发展重工业的赶超型发展战略[①]，相继制定和出台了一系列限制农民进城的政策和制度，城乡二元结构初见雏形。社会主义改造期间出台的统购统销政策，破坏了市场价值规律对经济发展的作用，阻碍了人口在城乡之间和区域之间的流动。高级社阶段，由于国家对农业生产与劳动实行计划管理，农民失去了自主安排劳动和自由流动的权利，城乡二元结构初步成形。人民公社化运动强化了对农村和农民的控制，计划经济体制禁锢了城乡之间生产要素的自由流动，二元户籍制度将农村和城市的人口割裂开来，城乡二元结构得到进一步巩固。

家庭经营制的推广和普及，对打破城乡二元结构有一定的促进作用。在农村改革的影响下，城市也逐渐开始放权让利、改革劳动就业制度、推行城市综合配套改革。由此，城乡居民的生活水平都有所提升，城乡居民之间的收入差距逐步缩小，城乡关系得到一定程度的改善。

理论界用不同的指标来衡量城乡二元结构的程度，最典型的是二元对比系数[②]，主要反映农业和非农业两部门劳动生产率的差异，一定程度上反映了城乡一体化水平。改革开放以来，我国的二元对比系数变化如图 6-6 所示，1978～1990 年家庭经营赋予农民更多的权利和自主性，农户的积极性得到充分调动，农业生产率大幅提升，二元对比系数数值较高。这表明两部门的差距缩小，二元结构得到缓解。

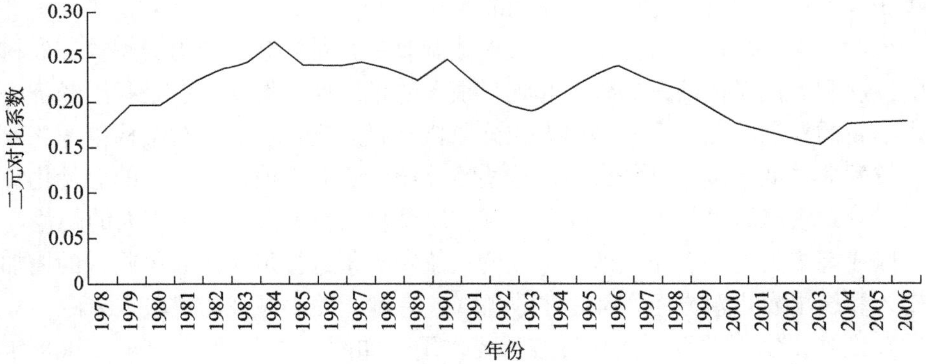

图 6-6　1978 年以来我国二元对比系数变化情况

资料来源：白志礼，曲晨. 我国城乡二元结构测度及其变革的制度创新探析[J]. 重庆工商大学学报（西部论坛），2008，（3）

市场经济体制改革以来，由于农产品过剩、价格下跌，各种税费负担过重，户籍制度限制、农民到城市就业难等原因，城乡居民收入和消费差距日益扩大，

① 王萌. 新时期改进我国农业隐性失业统计的思路[J]. 统计与管理，2012，（3）.

② 农业部门比较劳动生产率与非农业部门比较劳动生产率的比率。

城乡二元结构再度失衡。[①]“十三五”时期是全面建成小康社会决胜阶段，加速全面推进城乡一体化，进一步实现产业发展城乡联动、基础设施城乡配套、公共服务城乡均衡、社会保障城乡覆盖、行政管理城乡一体的新局面是新时期经济社会发展的目标。

6.5.2　完善农村基本经营制度有利于推进城乡一体化发展

我国人多地少的基本国情决定了农村不可能消失，城乡二元结构无法避免。我国应该朝着促进城市和农村平等的交换生产要素、均衡的配置公共资源的方向努力，这样才能形成工业带动农业，城市带动农村，工业农业互惠互利，城乡一体发展的新的工农与城乡关系。健全城乡发展一体化体制机制，要求在城镇化的建设进程中必须兼顾两头，城市和农村均要建设，而不是简单的、一元的城镇化思维，用城市完全代替农村。新时期，随着城乡资源要素流动加速，城乡互动联系增强，新型城镇化加速推进，加快推进城乡一体化发展，实现城乡共同繁荣是必须解决好的重大问题。理论和历史经验都表明，在推进城乡一体化，统筹城乡发展的进程中，坚持农村基本经营制度对提高农业生产率，增加农业生产利润，缩小城乡差距发挥着不可替代的作用。

虽然以家庭承包经营为基础的农地体制改革，对社会生产力的解放、农村经济的发展和人民温饱问题的改善起到了很大的正面推动作用，但是我国经济已经进入了新的发展阶段，农业耕作方式分散化、碎片化，土地经营结构单一、效率低、技术含量低、市场竞争力弱，这些情况还会随着土地耕作人口的老龄化日益严重，导致农村居民收入难以提高，城乡居民收入差距有进一步扩大的趋势。

以成都市为例，农村土地承包经营权流转改革直接带来了农民收入的增加，对转入和转出农户双方而言都是正收益，这有利于缩小城乡居民收入差距，对统筹城乡发展，实现城乡一体化具有重要作用。如图 6-7 所示，2004～2008 年，成都市农地流转速度大大加快，土地承包经营权流转的面积逐年扩大，2008 年耕地流转面积比 2004 年增长了 13.82 万公顷，翻了两倍多。结合 2002 年到 2008 年成都市城乡居民收入对比情况来看，农民人均纯收入增长迅速，并且城乡收入差距总体呈缩小趋势。可见，农村基本经营制度在土地流转方面的完善对提高农民收入、改善城乡发展不平衡发挥着重要推动作用。

① 寻广新. 统筹城乡视域中的社会主义新农村建设研究[D]. 北京：中共中央党校博士学位论文，2007：131.

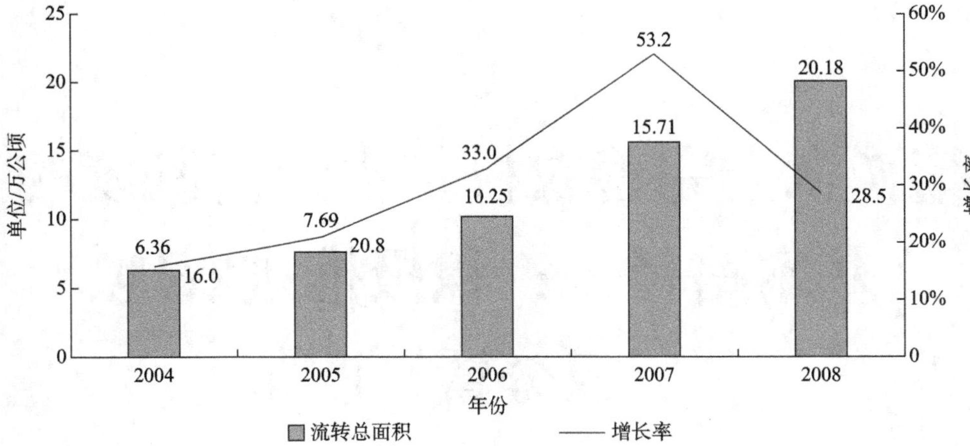

图 6-7　2004～2008 年成都市土地承包经营权流转情况

资料来源：根据 2005～2009 年《成都统计年鉴》相关数据整理所得

此外，土地“三权分置”和确权登记的实施与推行，对促进城乡生产要素平等交换发挥了积极推动作用。首先，在土地要素方面，土地流转更加顺利高效和灵活多样，土地逐步实现适度规模经营，在流转过程中出现的家庭农场、专业大户、农民专业合作社、农业企业等新型农业经营主体，推动农业产业化、集约化进程，增强了农业经营主体的力量和市场话语权，更有利于农业经营主体参与市场竞争；其次，在劳动力要素方面，土地权利的保障为农村剩余劳动力的转移注入了新的动力，配合城镇化进程的发展，引导农村劳动力向城镇和农村社区的有序转移和集中，实现农民工市民化和就地非农化，促进城乡产业共同繁荣和发展；再次，在技术要素方面，土地流转使规模经营和集约化生产得以实现，克服了单个农户家庭难以实现机械化生产的困难，同时，农业集约化对现今农业技术的大力引进和实施可以实现农业的现代化生产和经营，大幅度提高农业生产效率。这些都有利于促进城乡要素有序流动，并且实现城乡要素的平等交换，从而推进城乡一体化进程。

因此，只有在坚持的基础上不断进行完善，使农村基本经营制度动态化，才能应对不断出现的新问题，进一步推进城乡一体化进程。农村土地权利“三权分置”改革的推进，在土地集体所有的前提下，农户拥有经营权和承包权。承包权为农户权利提供了坚实的保障，经营权的放活不仅有利于农地流转的加速，促进农村劳动力的解放，实现城乡之间要素流动的加速和交换的平等化，解放农村劳动力，促进城乡要素流动和平等交换，促进农村劳动力转向非农业领域，拓宽农民的收入渠道，还有利于农户开展多种形式的生产经营活动，创新农业经营形式，促进农民收入的提高，缩小城乡居民收入差距。只有农村稳定发展，农业生产效率提高，农民权利得到保障，城乡一体化进程才能更加顺利地推进。

第 7 章　完善农村基本经营制度的基本路径一：积极推进农地“三权分置”改革

实现农村土地所有权、承包权和经营权的“三权分置”，是我国农村改革的又一次重大创新，是完善农村基本经营制度的基本路径之一。积极推进农地“三权分置”改革，首先应明确其制度内涵，理顺其理论基础；其次要以落实所有权、稳定承包权、放活经营权三个重点为抓手，剖析其各自的实践案例和现实困境，从实践中总结未来可行的现实路径。

7.1　农地“三权分置”的政策背景与制度内涵

农地“三权分置”是理论与实践相结合的产物，是为满足土地流转的实践需求而改革创新的结果，它有利于完善农村基本经营制度和构建财产性农地产权制度，是我国农村改革的又一次重大制度创新。本部分解读了农地“三权分置”的政策背景，剖析了农地“三权分置”改革的重大意义及存在的理论争议，从基本原则、理论基础、权利性质和权利体系等方面总结了农地“三权分置”的制度内涵，为深入理解农地“三权分置”改革奠定了基础。

7.1.1　农地“三权分置”的政策背景、意义及争议

2013 年，中央农村工作会议明确提出“落实集体所有权、稳定农户承包权、

放活土地经营权”的“三权分置”政策思路，要求在农村土地集体所有性质不改变的基础上，将所有权、承包权和经营权分置并行。“三权分置”政策被认为是我国农村改革的又一次重大创新，对完善农村基本经营制度具有重要意义[①]，但学术界仍存在法律层面难以落实的理论争议。

1. 农地“三权分置”的政策背景

随着社会主义市场经济发展，非农就业机会增加，农村劳动力和土地这些要素资源由市场优化配置，这使农业人口大量向城镇转移，农民自发流转土地承包经营权的现象较为普遍，农村土地的实际经营主体与承包主体发生分离。据国家统计局的抽样调查结果，2016 年我国农民工总量为 2.82 亿人，其中外出农民工为 1.69 亿人，占比达 60%。[②]截至 2016 年底，全国家庭承包经营耕地流转面积 4.79 亿亩，达到家庭承包经营耕地面积总量的 35.1%，流出耕地的农户数量达到 6 789 万户，约占承包农户总数的三成。[③]在农村土地大量流转经营的状况下，所有权和土地承包经营权分置的土地产权制度已无法满足流入土地的实际经营者的抵押融资和产权稳定性需求。“三权分置”政策是应对现实困境，兼顾效率和公平，将农业问题和农民问题综合考虑后提出的改革措施。[④]

面对农业机械化程度不高、土地分散经营和农地抛荒现象普遍等现实问题，我国长期以来鼓励土地流转伴随而来的规模经营扩大了经营主体的权利诉求。1984 年，中央一号文件便提出“鼓励土地逐步向种田能手集中”，其后的《中华人民共和国农村土地承包法》《农村土地承包经营权流转管理办法》《中华人民共和国物权法》等法律法规也允许并鼓励农户流转土地。[⑤]十七届三中全会后，我国以土地确权登记、健全农村产权交易市场等系列措施加快推进农村土地向新型经营主体流转，盘活利用了闲置农地，促进了农地资源的优化配置，提高了农业生产率。在新型农业经营主体经营规模农业、科技农业等现代农业的过程中，经营者有将流转土地进行抵押融资的现实需求，期待和要求拥有充分保障的经营权。[⑥]但目前集体土地所有权和土地承包经营权“两权分离”的农村土地制度缺乏对经营权的明晰与保障，导致新型经营主体的经营权无法得到充分实现。为稳定新型经营主体预期，有必要通过“三权分置”改革平等保护土地所有主体、承包主体

① 尹成杰. 三权分置是农地制度的重大创新[J]. 农村工作通讯，2015，(16).

② 国家统计局. 2016 年农民工监测调查报告[EB/OL]. 国家统计局网，2017-4-28，http://www.stats.gov.cn/tjsj/zxfb/201704/t20170428_1489334.html.

③ 张红宇. 从“两权分离”到“三权分置”[N]. 农民日报，2017-7-29.

④ 韩长赋. 土地“三权分置”是中国农村改革的又一次重大创新[J]. 农村工作通讯，2016，(3).

⑤ 孔祥智. “三权分置”的重点是强化经营权[J]. 中国特色社会主义研究，2017，(3).

⑥ 尹成杰. 三权分置是农地制度的重大创新[J]. 农村工作通讯，2015，(16).

和经营主体三者的权益。

当前，农地承包权仍具有较强的社会托底功能，尽管很多进城打工的农户愿意将自己的承包地流转，但很多农户不愿意永久失去土地。现今的农村社会保障体系仍然存在覆盖面不高、保障层次较低的问题，承包地仍然承担农民的社会保障功能，如当东部就业岗位减少时出现的农民工返乡现象。另外，绝大多数情况下，农户仅将承包经营权中的经营权部分进行流转，原有的承包关系并没有改变，如80%流转土地的农户采用转包和出租的方式，而不是转让、互换等失去土地承包经营权的流转方式。①

2. 农地“三权分置”的重大意义

习近平总书记指出，“顺应农民保留土地承包权、流转土地经营权的意愿，把农民土地承包经营权分为承包权和经营权，实现承包权和经营权分置并行，这是我国农村改革的又一次重大创新”②。2016年10月，中共中央办公厅、国务院办公厅印发的《关于完善农村土地所有权承包权经营权分置办法的意见》进一步指出，“三权分置”一方面有利于完善农村基本经营制度，进一步明晰土地产权关系，更好地维护农民集体、承包农户和经营主体的权益；另一方面有利于促进土地资源合理利用，构建新型农业经营体系，发展多种形式适度规模经营，提高土地产出率、劳动生产率和资源利用率，推动现代农业发展。③也就是说“三权分置”改革能够创新农村产权制度，丰富双层经营体制的内涵，满足现代农业发展的需要，是根据中国国情解决现实问题的重要成果。④

第一，“三权分置”政策是农村基本经营制度和农地产权制度的重大创新。以家庭经营为基础、统分结合的双层经营体制，在农业劳动力大量转移、新型经营主体出现的新格局下向“集体所有、农户承包、多元经营”转变，将土地经营权从土地承包经营权中细分出来，既满足农民的外出务工需求又解决了“谁来种地”的问题，丰富了双层经营体制内涵，有利于完善农村基本经营制度。⑤“三权分置”不改变我国家庭承包的地位，是在“两权分置”前提条件下的进一步改革创新，肯定了原有的改革成果，通过创设出土地经营权，使本集体经济组织成员之外的市场主体也能平等参与农业生产经营⑥，有利于合理配置土地资源。另外，在土地经营权细分的权利体系中，通过流转土地经营权可使承包农户获得一定的财产性

① 张红宇. 构建以“三权分离”为特征的新型农地制度[N]. 中国经济时报，2013-7-26.

② 中共中央文献研究室. 习近平关于社会主义经济建设论述摘编[M]. 北京：中央文献出版社，2017：176.

③ 中办国办印发《关于完善农村土地所有权承包权经营权分置办法的意见》[J]. 农村工作通讯，2016,（21）.

④ 韩长赋. 土地“三权分置”是中国农村改革的又一次重大创新[N]. 光明日报，2016-1-26.

⑤ 韩长赋. 土地“三权分置”是中国农村改革的又一次重大创新[N]. 光明日报，2016-1-26.

⑥ 赵鲲. 落实三权分置应坚持市场导向[N]. 光明日报，2017-2-14.

收入，有利于建立财产型农地权利制度。[①]相比家庭联产承包责任制改革，此次在土地承包经营权内部再分离的农村土地制度改革，分置的产权层次更高、边界更清晰、意义更深远，能够从更高层次上完善农村土地产权制度。[②]

第二，“三权分置”政策有利于推进农地适度规模经营，加快农业现代化步伐。一方面，《关于完善农村土地所有权承包权经营权分置办法的意见》中明确了承包权归农户所有、流转给新型经营主体的仅是经营权，给农民吃了一颗“定心丸”，并且十九大报告进一步提出“保持土地承包关系稳定并长久不变，第二轮土地承包到期后再延长三十年”，意味着在未来的三四十年农民的农地权利不会改变，给予了农民进退城市的自由选择权利，减少了农民流转承包地的风险。另一方面，在稳定现有农地承包主体和所有主体权益的基础上，通过赋予经营主体具有用益物权性质的土地经营权，减少了经营者面临的不确定性。同时，承包权与经营权分置的制度设计，能规避因农地抵押而失去土地承包权的风险和对农村集体土地所有制的冲击[③]，将具有财产属性的经营权作为抵押权等担保物权的客体，实现了农地的融资功能[④]，提高了农地生产效率、农业质量效益和竞争力，加快农业现代化进程[⑤]，统筹解决了农民和农业的问题。与第一次农村土地制度改革激活农民积极性不同，土地承包经营权的进一步细分激活了“农地”的灵活性，能够再一次解放农村生产力。[⑥]

3. 农地“三权分置”的争议

尽管农地“三权分置”已成为当前农地改革的导向与核心，但学术界对农地“三权分置”的法律表达是否合法仍存在争议。基于法学角度，学者们从物权法定原则、权能分离理论和一物一权原则等方面对农地“三权分置”的法律实现进行了探讨。[⑦]

第一，物权法定原则。丁关良等从物权法定的角度认为土地承包权、土地所有权和土地承包经营权在本质上不属于同一层次，无法并列使用，并且土地经营权的权利内容模糊，不属于法定民事权利，而土地承包经营权已是完整的法定民事权利，难以解析为承包权和经营权，同时流进方获得的权利名称中不存在经营

---

① 蔡立东，姜楠. 承包权与经营权分置的法构造[J]. 法学研究，2015，(3).

② 尹成杰. 三权分置是农地制度的重大创新[J]. 农村工作通讯，2015，(16).

③ 陈锡文. 关于农村土地制度改革的两点思考[J]. 经济研究，2014，(1).

④ 蔡立东，姜楠. 承包权与经营权分置的法构造[J]. 法学研究，2015，(3).

⑤ 张红宇. 准确把握农地“三权分置”的深刻内涵[N]. 学习时报，2017-4-3.

⑥ 张毅，张红，毕宝德. 农地的“三权分置”及改革问题：政策轨迹、文本分析与产权重构[J]. 中国软科学，2016，(3).

⑦ 胡震，朱小庆吉. 农地“三权分置”的研究综述[J]. 中国农业大学学报（社会科学版），2017，(1).

权。[①]也有学者认为上层建筑要为经济基础服务，法律具有滞后性，如楼建波就表示对“三权分置”的批评只是暂时的，因为只要重新立法，对“三权分置”做出解释，它就有了法律依据。[②]

第二，权能分离理论。单平基立足于权能分离理论，指出对土地的直接占有与使用只能归于单个主体，土地所有权衍生出土地承包经营权后，已无法再派生出具有他物权性质的土地经营权，“三权分置”不切合他物权生成的法律路径。[③]申惠文从法学原理的角度出发，表示土地承包经营权不能分解为独立的土地承包权和土地经营权，土地所有权属于法律概念，而土地承包权和土地经营权不属于法律概念。[④]对权能分离理论的表述，高富平认为农地“三权分置”并不违背物权法中的权能分离理论，并指出农地“三权分置”本质上是农民集体所有权的法律再造，它将农民集体所有的表现由“实物”分配转变为“收益”分配，使集体成员在集体所有权中的“份额”真正体现为财产份额，而经营权属于用益物权，承包权则演化为基于所有权份额的收益权；农民集体仍是集体土地的所有权人，农民集体所有权就演变为民法上的共有体制。[⑤]

第三，一物一权原则。陈小君基于一物一权的角度认为同一土地上的权利设置过多会导致体系杂乱和权利内容冲突，在用益物权上再设相近用益物权的设计，是人为地将法律关系复杂化。[⑥]针对一物一权原则论述，蔡立东和姜楠认为我国现行物权法关于用益物权客体范围的界定过于狭小和僵化，阻碍了对物的多维利用，而遵循多层权利客体的法理，经营权与土地承包经营权属于不同范畴客体上存在的用益物权，可以并存且不龃龉，通过认可权利用益物权，承包权与经营权分置的制度安排可以被用益物权体系所包含。[⑦]

当然，除了从以上角度论述之外，有学者认为农地“三权分置”改革之所以在经济学界和法学界产生如此大的争议与分歧，在于两个学科对“三权分置”改革的基本论述和理解上存在误解，农地“三权分置”改革在政策设计过程中更多地使用了经济学概念体系，未能很好地与法学概念体系进行有效衔接，导致“三

① 丁关良，阮韦波. 农村集体土地产权“三权分离”论驳析——以土地承包经营权流转中“保留（土地）承包权、转移土地经营权（土地使用权）”观点为例[J]. 山东农业大学学报（社会科学版），2009，(4).

② 楼建波. 农户承包经营的农地流转的三权分置——一个功能主义的分析路径[J]. 南开学报（哲学社会科学版），2016，(4).

③ 单平基. “三权分置”理论反思与土地承包经营权困境的解决路径[J]. 法学，2016，(9).

④ 申惠文. 法学视角中的农村土地三权分离改革[J]. 中国土地科学，2015，(3).

⑤ 高富平. 农地“三权分置”改革的法理解析及制度意义[J]. 社会科学辑刊，2016，(5).

⑥ 陈小君. 我国农村土地法律制度变革的思路与框架——十八届三中全会《决定》相关内容解读[J]. 法学研究，2014，(4).

⑦ 蔡立东，姜楠. 承包权与经营权分置的法构造[J]. 法学研究，2015，(3).

权分置”改革在法律表述上遇到障碍。[①]因此，管洪彦和孔祥智表示经济学界和法学界应对其改革的基本概念体系形成共识，避免彼此相非不同调而导致不必要的争议，进而为农地“三权分置”改革提供有效的制度供给与保障。[②]

7.1.2　农地“三权分置”的制度内涵

为进一步明晰农地“三权分置”的制度内涵，有必要明确“三权分置”的基本原则，从马克思主义产权理论和西方现代产权理论等相关理论中寻求理论基础，并对农地“三权分置”的权利性质和权利体系进行具体剖析。

1. 农地“三权分置”的基本原则

《关于完善农村土地所有权承包权经营权分置办法的意见》中明确提出农地“三权分置”改革需要“落实集体所有权、稳定农户承包权和放活土地经营权”。在集体所有权落实上，习近平总书记提出“不管怎么改，不能把农村土地集体所有制改垮了”“坚持农村基本经营制度，就要坚持农村土地集体所有”的改革要求。[③]农村土地集体所有制能够使农民平等享有最主要的农业生产资料，是农村基本经营制度的“魂”，是中国特色社会主义的重要制度特征，是家庭承包经营的基础和前提。[④]“三权分置”改革应首先坚持农村土地农民集体所有，充分体现和保障集体土地所有权。在农户承包权的稳定上，十七届三中全会通过的《中共中央关于推进农村改革发展若干重大问题的决定》提出“现有土地承包关系要保持稳定并长久不变”，此后各项政策文件沿用了这种说法。农地由农户家庭承包是农村基本经营制度的“根”[⑤]，因此必须避免出现强迫农民流转土地的行为和其他主体取代农民的家庭承包地位。在土地经营权放活上，《关于完善农村土地所有权承包权经营权分置办法的意见》中单设土地经营权以保障经营主体的利益，并指出这是完善农村基本经营制度的关键。“放活”意味着经营主体不再局限于集体经济组织内部，给新型经营主体更多的发展机会，但也并非意味着可以“非农化”“非粮化”和脱离实际损害农民利益。[⑥]

---

① 管洪彦，孔祥智. 农村土地“三权分置”的政策内涵与表达思路[J]. 江汉论坛，2017,（4）.

② 管洪彦，孔祥智. 农村土地“三权分置”的政策内涵与表达思路[J]. 江汉论坛，2017,（4）.

③ 中共中央文献研究室. 十八大以来重要文献选编（上）[M]. 北京：中央文献出版社，2014：668，671.

④ 韩俊. 准确把握土地流转需要坚持的基本原则[J]. 农村经营管理，2014,（11）.

⑤ 韩长赋. 关于深化农村改革的几个问题[J]. 农村工作通讯，2014,（22）.

⑥ 管洪彦，孔祥智. 农村土地“三权分置”的政策内涵与表达思路[J]. 江汉论坛，2017,（4）.

2. 农地“三权分置”的理论基础

为深入理解“三权分置”的制度内涵，有必要在理论上对这种农地权利结构进行解释，其中马克思主义产权理论和西方现代产权理论为我国农地“三权分置”的政策设计奠定了理论基础。

1）马克思主义产权理论

吴易风在研究马克思产权理论时，认为产权是随着人类历史由占有到所有的变化过程中而产生的，产权作为上层建筑，是生产关系的法律表现，其内容是由生产关系所决定的。[①]曹钢认为马克思产权理论还提出，产权是由多种权利构成，既可以统一完整产权的形式存在，也可以分离成多个权利的形式存在，包括土地所有权和使用权的分离、劳动力所有权和使用权的分离、资本所有权和使用权的分离等多种形态。[②]顾钰民指出在马克思的产权理论中，生产要素的产权分离是财产所有者将部分产权让渡给其他人，在这个过程中财产权利主体实现了自己的财产价值，也使原本无财产权利的一方获得了部分财产权利，但新的财产权利不会改变原来的财产权利归属关系。[③]

随着土地流转规模不断扩大，农地承包主体和实际经营主体发生分离，原有的农地生产关系发生变化，经营主体的权利诉求越来越强烈。在这种情况下，产权作为生产关系的法律表现，有必要进行改革以满足实际经营者的利益需求。土地产权是由多种权利构成，能够在“两权分离”的基础上进一步细分，即在土地流转过程中可将土地承包经营权细分为承包权和经营权。但细分出的土地经营权并不会改变原本的集体土地所有权和土地承包经营权的权属关系，即农地“三权分置”制度下需要落实集体土地所有权和稳定农户承包（经营）权。

2）西方现代产权理论

吴宣恭在研究西方现代产权理论时，认为亚当·斯密指出了市场机制在资源优化配置中的重要作用，科斯补充了产权对资源配置的重要作用，即在产权明晰的情况下，无论初始产权如何安排，都能使资源最优化配置，达到帕累托最优的状态。[④]阿尔钦认为产权是一个社会实施的选择使用经济品的权利，是一种社会大众认可的使用物品的规则，规定了收益、受损及补偿的规则，并且其主要功能在

---

① 吴易风. 马克思的产权理论与国有企业产权改革[J]. 中国社会科学，1995,（1）.

② 曹钢. 产权经济学新论——产权效用·形式·配置[M]. 北京：经济科学出版社，2001.

③ 顾钰民. 马克思主义产权理论的当代发展——农村集体土地产权制度理论与实践创新[M]//上海市社会科学界联合会. 马克思主义 中国探索与当代价值：上海市社会科学界第七届学术年会文集（2009年度）马克思主义研究学科卷. 上海：上海人民出版社，2009：9.

④ 吴宣恭. 西方现代产权理论的影响和社会实践——从与马克思主义产权理论的比较看[J]. 学术月刊，2000,（2）.

于决定人们交易的收益预期。[①]西方现代产权理论的代表人物之一诺思在其著作中提出，制度通过为人们提供日常生活的规则来减少不确定性，包括正式约束和非正式约束。[②]农地“三权分置”改革其实是一个产权分解过程，通过将经营权从承包经营权中分解出来，进一步界定和明晰农地产权，减少农地各权利主体对未来预期的不确定性。同时，细分出的土地经营权不限定其权利主体，给予新型经营主体平等参与的权利。由市场来调整农地资源的配置，有利于盘活农户闲置、抛荒的承包地，实现土地适度规模经营，提高农业生产效率。

3. 农地“三权分置”的权利性质

在“三权分置”的权利性质认识上，目前存在以下较为一致的观点：土地承包权、经营权和所有权的权利性质不是同一层次，“三权分置”过程中集体所有权和土地承包经营权的性质并没有发生变化；土地承包经营权是用益物权；农户承包权是本集体经济组织的一项成员权；土地经营权是在农地流转情况下从土地承包经营权中独立出来的一项权利。

但对土地经营权的权利性质界定，目前仍存在物权性质和债权性质的争议。有人认为受限于物权法定原则，在现有法律框架下，土地经营权只能是债权，不能进行确权登记[③]；也有人认为土地经营权具有债权性质，其权利内容和存续期间依合同而定，不能对抗第三方，并且在承包权未落实的情况下不宜过早将经营权物权化。[④]有人认为只有把经营权物权化才能实现转让和抵押，保护经营主体的独立诉权，并符合部分地区农民身份固化的实际需要，而如果将经营权确定为债权那么这样的立法或修法就没有意义。[⑤]也有人认为不应拘泥于《中华人民共和国物权法》的现有条款，土地承包权更多地表现在占有权和处置权及其衍生的权益上，而土地经营权重点在于耕作权、经营权和收益权及其衍生的权益[⑥]，两者之间的权利并不矛盾，可以将土地经营权界定为用益物权。[⑦]还有人认为土地经营权因不同流转方式表现出债权和物权两种不同性质，转让、互换具有物权性质，转包、出租具有债权性质，从长远看应对承租人取得的土地经营权实行物权化管理。[⑧]目前

---

① 科斯 R H，阿尔钦 A A，诺斯 E. 财产权利与制度变迁：产权学派与新制度学派译文集[M]. 上海：上海人民出版社，2014.

② 诺思 D C. 制度、制度变迁与经济绩效[M]. 杭行译. 上海：格致出版社，2014：4.

③ 申惠文. 法学视角中的农村土地三权分离改革[J]. 中国土地科学，2015，(3).

④ 李伟伟. “三权分置”中土地经营权的性质及权能[J]. 中国党政干部论坛，2016，(5).

⑤ 孙宪忠，张静. 推进农地三权分置的核心是经营权物权化[N]. 光明日报，2017-2-14.

⑥ 张红宇. 我国农业生产关系变化的新趋势[N]. 人民日报，2014-1-14.

⑦ 孔祥智. “三权分置”的重点是强化经营权[J]. 中国特色社会主义研究，2017，(3).

⑧ 孙中华. 关于农村土地“三权分置”有关政策法律性问题的思考[J]. 农业部管理干部学院学报，2015，(1)；张毅，张红，毕宝德. 农地的“三权分置”及改革问题：政策轨迹、文本分析与产权重构[J]. 中国软科学，2016，(3).

土地经营权性质的界定，仍有待进一步讨论。

4. 农地“三权分置”的权利体系

在农地“三权分置”的权利体系中，三种权利处在不同的权格，不仅存在层层派生的关系，相互间也具有一定的独立性（图 7-1）。

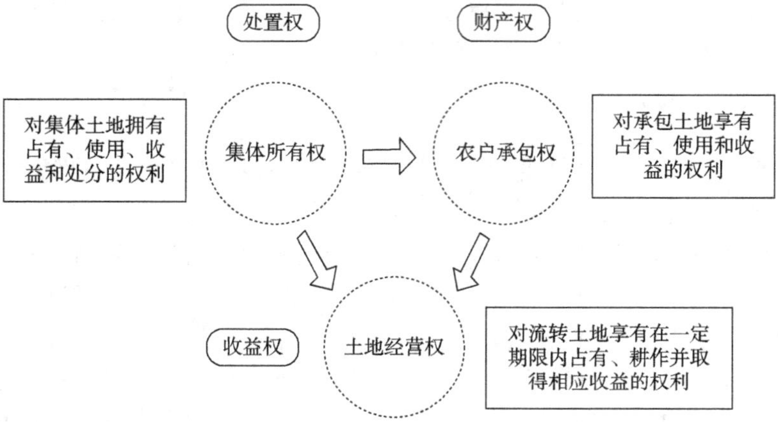

图 7-1　农地“三权分置”的权利体系

集体所有权是承包权和经营权的基础和本位，“三权”关系的核心是保护农户承包权的财产权，重点是发挥土地经营权的要素功能。处置权是集体所有权的核心，即集体可对不规范行使的其他权利进行管控；财产权是农户承包权的核心，即农户承包权仍承担最基本的社会保障功能；收益权是土地经营权的核心，即土地经营权主要在于优化土地资源配置。[①]具体而言，集体土地所有权人对集体土地拥有占有、使用、收益和处分的权利，土地承包权人对承包土地享有占有、使用和收益的权利，土地经营权人对流转土地享有在一定期限内占有、耕作并取得相应收益的权利。

7.2　农地“三权分置”背景下农地集体所有权的落实

积极落实农地集体所有权制度，明晰农村集体土地的产权属性，既是推行农

① 韩长赋. 土地“三权分置”是中国农村改革的又一次重大创新[N]. 光明日报，2016-1-26.

地“三权分置”改革的前提，也是完善我国农村基本经营制度的根本。客观上讲，落实农地集体所有权的核心在于清晰界定农民集体的权能，明晰农村集体土地产权属性，维护农地集体所有权人的合法权益，保障农地集体所有权的根本地位。

7.2.1　农地“三权分置”改革后农地集体所有权落实的实践案例剖析

2016 年 10 月，中共中央办公厅、国务院办公厅印发了《关于完善农村土地所有权承包权经营权分置办法的意见》，明确提出，“不断探索农村土地集体所有制的有效实现形式，落实集体所有权，稳定农户承包权，放活土地经营权”。有的地区进行相应的改革实践，探索出农地集体所有权落实的几种模式。例如，家庭农场制模式——“松江模式”，农村土地股份合作社模式——“肥西模式”，农村集体资产股份合作制模式——“利州模式”等。

1. 农地集体所有权落实的实践案例

目前，各地实践探索出的落实农地集体所有权的模式主要有如下几种。

1）家庭农场制模式

上海市松江区进行创新探索，形成了独具特色的家庭农场制模式，即“松江模式”（图 7-2，案例 7-1）。通过将土地经营权从承包经营权中分离出来，集体经济组织拥有所有权，承包户拥有承包权，农场主拥有经营权，妥善处理好了村集体组织、承包户、家庭农场主及农田之间的关系。集体经济组织通过制定经营权流转方案、审核经营者申请，以及对土地经营权流转协议的监督管理来行使所有者权利，充分落实农地集体所有权制度。

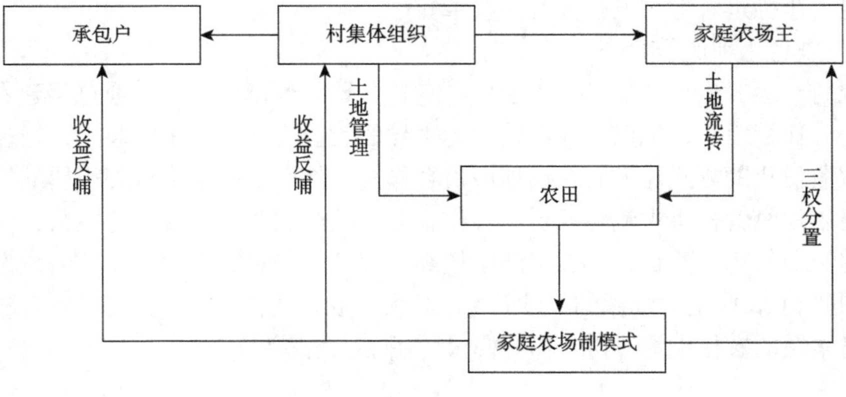

图 7-2　家庭农场制模式——“松江模式”示意图

案例 7-1　上海市松江区家庭农场制模式

为了深入推进“三权分置”改革，更好地落实集体所有权，稳定农户承包权，放活土地经营权，上海市松江区因地制宜进行了创新探索，形成了独具特色的家庭农场制模式，即“松江模式”。松江区通过将土地经营权从承包经营权中分离出来，妥善处理好了村集体组织、承包户、家庭农场主及农田之间的关系，实现农村集体资源的优化配置，丰富了农地集体所有制的实现形式。具体表现在：一是制定经营权流转方案。二是审核经营者申请，村民委员会审核并公示，按得票数确定经营者人选，再签订土地经营权流转协议。三是根据土地经营权流转协议，收取流转费，监督经营者，如遇损坏耕田等问题，立即行使所有者权利，终止流转协议，充分落实农地集体所有权制度。

据调查，截至 2016 年末，松江区共计发展家庭农场 966 户，其流转租赁经营权的土地面积占松江区粮田总面积的 95%（其余粮田主要是种子场、集体经营的镇保田等），家庭农场的经营权合同在五年以上的近 70%，经营权在十年以上的有近 20%。家庭农场主平均经营农地面积达到 143.3 亩；2016 年松江区家庭农场水稻亩产约为 585 千克，亩均净收入达到 973 元、家庭农场主户均年收入达到 12.2 万元。同时，松江区已经逐步实现了粮食播种到粮食入库的全程机械化，松江区的农民也基本实现了职业化，绝大多数农民都会使用各种现代农业机械，已经初步形成了现代都市农业的发展体系。

资料来源：封坚强，王晶. 松江区家庭农场的回顾、展望与思考[J]. 上海农村经济，2017,（7）

由上述案例可以看出，松江家庭农场制模式彻底地将经营权从农地承包经营权中分离了出来，妥善处理好了村集体组织、承包户、家庭农场主之间的权、责、利关系，利用集体经济组织对土地经营权流转协议的监督管理权利，发挥家庭农场规模化经营效益，让农地经营权“活”起来，让村集体组织的农民“富”起来，让农村集体经济组织话语权“强”起来，从源头上夯实农地集体所有权的根本地位，进一步推进农地“三权分置”改革。

2）农村土地股份合作社模式

农村土地股份合作社模式主要以“三权分置”改革为基础，通过组建农村土地股份合作社组织，把以土地经营权为主导的农业生产要素集聚起来，通过土地经营权股份化的方式注入农村土地股份合作社，然后主要采取对外租赁的经营方式，将土地经营权集中流转租赁给合作企业，发展农业适度规模化经营，促进农村土地资源的优化配置，让农民的土地经营权的“权利”变为合作社的股份“收益”，提升了农村土地资源的经营效率，壮大了农村集体经济，如安徽省合肥市肥西县官亭镇的农村土地股份合作社模式（图 7-3，案例 7-2）。

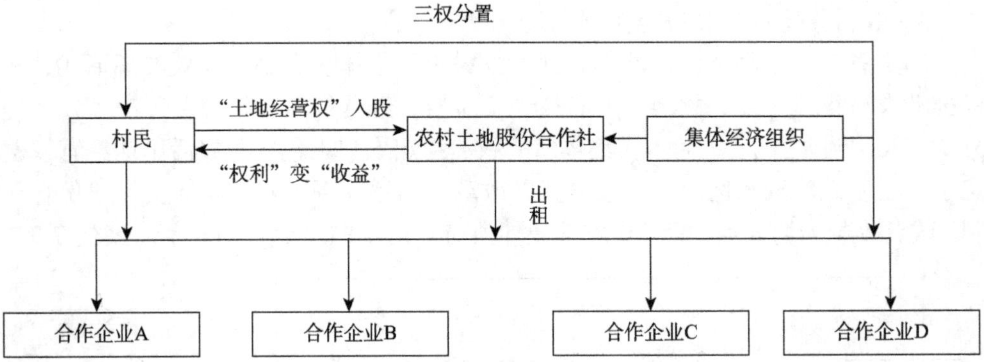

图 7-3 农村土地股份合作社模式——“肥西模式”示意图

案例 7-2 安徽省合肥市肥西县官亭镇新民土地股份合作社模式

新民社区位于安徽省合肥市肥西县官亭镇西部，南邻 312 国道，社区土地总面积约 8.64 平方千米，耕地面积约 4 000 亩，共辖 26 个村民小组，620 户农户，总人口共计 2 780 人。2014 年 12 月，肥西县官亭镇新民社区成立了安徽省首家土地股份合作社——新民土地股份合作社，并在肥西县工商行政管理局进行了注册登记，这是全国第一家通过工商登记注册的土地股份合作社。

新民社区目前有约 10 400 亩土地，村民通过将土地经营权入股土地股份合作社，合作社再把土地经营权流转租赁给合作企业。合作社和企业之间签订土地经营权流转租赁合同，农民与合作社共同参与分红。据调查，目前参与新民土地股份合作社土地经营权流转的企业主要有 5 家，其中，安徽三江园林苗木公司流转租赁了 1 342 亩的土地经营权，金新农林苗木公司流转租赁了 2 862 亩，安徽万利生态园林景观公司流转租赁了 4 042 亩，合肥人杰物流公司流转租赁了 1 200 亩及安徽晟源农业科技公司流转租赁了 495 亩。在新民社区土地股份合作社的模式下，由于参与流转租赁的企业用工较大，带动当地每天 200～300 人的就业。经营权入股合作社之后，相比之前自己种地的年收入，每户农民平均增加了 2.4 万元。

资料来源：洪曙光，部征. 土地入股享分红农民变“股东”[N]. 安徽商报，2015-11-27；王昕. 合作社新模式亟须提升抗风险能力[N]. 西安日报，2015-5-1；查道坤. 安徽土地改革新模式：农民以土地入股 年收入增 2.4 万元[EB/OL]. 凤凰财经，2015-1-20，http://finance.ifeng.com/a/20150120/13442566_0.shtml

由上述案例可以看出，农村土地股份合作社模式——“肥西模式”在于以“三权分置”改革为基础，通过土地经营权股份化的方式，把以土地经营权为主导的农业生产要素集聚起来，进行统一管理、对外流转租赁，这不仅符合现代农业规模经营的发展要求，提高了农业劳动生产效率和经济效益，而且使农民收入持续增加有了保障，进一步夯实了村域集体经济基础，落实了农地集体所有权制度。

3）农村集体资产股份合作制模式

四川省广元市利州区不断创新探索农村土地集体所有制的有效实现形式，积极推动农村集体土地、林地等所有权、承包权、经营权“三权分置”改革，实施分“三权”颁“三证”，为落实集体所有权，稳定农户承包权，放活土地经营权奠定了产权基础。利州区以“三权分置”改革为抓手，以“农村集体资产股份合作制”试点改革为切入点，探索出农地集体所有权落实的新形式（图 7-4，案例 7-3）。

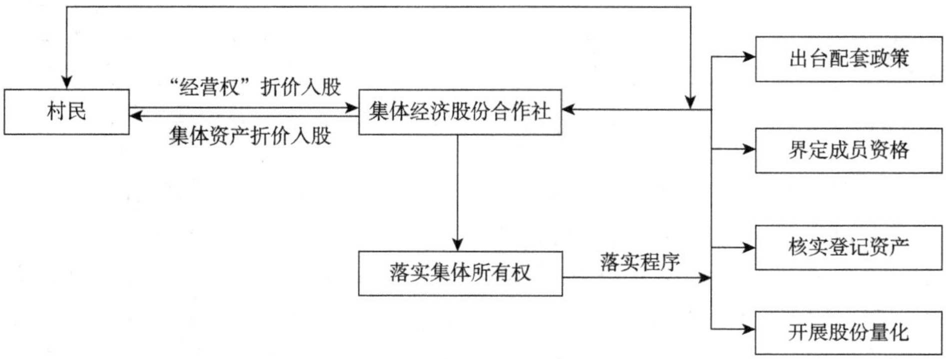

图 7-4　农村集体资产股份合作制模式——“利州模式”示意图

案例 7-3　四川省广元市利州区工农镇小岩村
农村集体资产股份合作制模式

2015 年 3 月，四川省广元市利州区工农镇小岩村以“三权分置”改革为抓手，率先启动农村集体资产股份合作制改革试点，并通过农村集体经济组织成员资格认定、村集体资产和资源的清产核资、分类折股作价及股份量化等程序成立全市首家集体经济股份合作社——广元市利州区工农镇小岩村店子上集体经济股份合作社。

利州区工农镇小岩村严格遵循《农村集体经济组织成员资格认定办法》的规定，核实认定本村集体成员资格共计 299 户，1 147 人，清理查实本村集体资产折价共计 537 万元，土地资源性资产 2 000 余亩，分“三权”颁“三证”，通过村集体资产、土地经营权等的股份量化，使 1 147 位村民变“股民”，理顺了集体经济收益分配关系，促进了集体经济发展壮大和农民财产性收入增加。据调查，2016 年 1～9 月小岩村店子上集体经济股份合作社共计实现收入 13.06 万元，其中，小岩村原村小学、原村民委员会办公房实现出租收入共计 1.6 万元、村集体土地经营权流转收入共计 6 万元、集体荒山经营权流转收入 2.1 万元、相关企业借用村集体道路补偿费收入共计 3.36 万元。2016 年 10 月 9 日，小岩村店子上集体经济股份合作社首次实施村集体股权收益分红。经过股东（代表）大会投票表决，决定让 1 147 位村民以平均每股 50 元（贫困户每股 60 元）享受合作社 1～9 月的集体经济收益的股份分红，分红资金共计 5.841 万元。

资料来源：程文雯. 集体资产股份化农民当股东“劲”来了[N]. 四川日报，2016-10-21

由上述案例可以看出，以“三权分置”改革为抓手，实施确“三权”颁“三证”，开展农村集体资产股份合作制改革，让“农民”变“股民”，农地经营权由“权利”支配变为“收益”（或“股利”）分配，明晰了农村集体资产和资源的产权关系，创新了农村土地集体所有制的有效实现形式，确立了“股民”的主人翁地位，集体经济的发展与“股民”的利益直接挂钩，既保障了农村集体成员的利益，又夯实了集体经济的基础，同时，进一步落实了农地集体所有权制度，推动了“三权分置”改革的深入发展。

2. 农地集体所有权落实模式的经验总结

地域空间、经济水平及经营主体发展程度等方面的差异性，催生了多元化的农地集体所有权落实模式。从地域空间上看，家庭农场制模式以东部沿海地区为主，主要以“三权分置”改革为抓手，积极探索“村集体组织、承包户、家庭农场主”三位一体协调发展的都市现代农业家庭农场发展模式。该模式经济发展水平一般要求较高，经营主体发展程度也比较高，真正实现了“村集体组织、承包户、家庭农场主”三位一体、相互促进。农村土地股份合作社模式在中部平原地区较为常见，充分利用平原地区土地资源丰富的优势，通过“三权分置改革”，放活农地经营权，发挥农村集体土地资源的规模效益，不断壮大农村集体经济。该模式经济发展水平一般要求适中，经营主体发展程度也比较适中。农村集体资产股份合作制模式在西部山区较为普遍，该模式对经济发展水平一般要求较低，经营主体发展程度也比较低，准入条件低，可以充分发挥农村集体资产、资源等要素的经济效益，夯实农村集体经济，落实农地集体所有权（表 7-1）。

表7-1　农地集体所有权落实模式的对比分析

落实模式	代表地区	自然条件	经济水平	经营主体发展程度	优点	缺点
家庭农场制模式	上海市松江区	东部沿海	高	高	“村集体组织、承包户、家庭农场主”三位一体、相互促进	准入条件高，需有实力的经营主体，以及成熟的农村市场
农村土地股份合作社模式	合肥市肥西县	中部平原	中	中	充分发挥集体土地效益，集中力量办大事	“农民”变“股民”，农民权益保护问题严峻
农村集体资产股份合作制模式	广元市利州区	西部山区	低	低	准入条件低，整合集体资产及资源等入股	集体资产、资源全部折价入股，市场风险较大

7.2.2 农地“三权分置”改革后农地集体所有权落实的现实路径

坚持农地集体所有权的根本地位，积极落实农地集体所有权制度一直是党中央推进农地改革中毫不动摇的政策[①]，在农地“三权分置”改革背景下，必须坚持农地集体所有权制度的根本地位，不断探索农地集体所有权落实的现实路径。

1. 通过确权保障集体所有权主体地位

农地确权是当前我国农村土地制度改革最重要的环节之一。一方面，积极推动农村集体土地所有权确权颁证，有效明确农地所有权的产权主体，界定农地的产权属性，保障农地集体所有权主体地位。另一方面，通过对经营权确权颁证，促进农村土地的适度规模化经营，提升农地规模经营效率，壮大农村集体经济，增强农村集体经济组织的话语权，进一步夯实农地集体所有权的根本地位。

2. 构建集体对土地流转的监督管理机制

农地集体所有制是我国农村土地制度的核心。我国农地监督管理机制不健全，流转利用方式较为粗放，农地资源经营利用效率低，使农民的根本利益受到侵害。因此，需要构建农村集体对土地流转的监督管理机制，妥善处理好村集体组织、承包户、经营户之间的关系。集体经济组织可通过制定经营权流转方案、审核经营者的申请及监督管理土地经营权流转协议等措施，参与农地“三权分置”改革后的土地经营权流转，行使农地所有者的监督管理权利，以落实农地集体所有权。

3. 通过入股等形式实现农村集体资源的优化配置

以“三权分置”改革为抓手，实施确“三权”颁“三证”，开展农村集体资源、资产股份合作制改革，让“农民”变“股民”，农地经营权由“权利”支配变为“收益”（或“股利”）分配。明晰农村集体资产和农村集体资源的产权关系，创新农村土地集体所有制的有效实现形式，确立“股民”的主人翁地位，集体经济的发展与“股民”的利益直接挂钩，既保障农村集体成员的利益，又实现农村集体资源的优化配置。

① 韩松. 农民集体土地所有权的权能[J]. 法学研究，2014，(6).

4. 通过夯实集体经济让集体所有权在经济上得以实现

以“三权分置”改革为基础，将以土地经营权为主导的农业生产要素集聚起来，妥善处理好村集体组织、承包户、经营户之间的权、责、利关系。通过促进农地资源的合理流转，充分发挥农地规模化经营的优势，让农地经营权“活”起来，让农村集体组织的农民“富”起来，让农村集体经济组织话语权“强”起来。也就是说，通过进一步夯实集体经济，让集体所有权在经济上得以实现，以实实在在的利益确保农地集体所有权的地位，给予集体承担农村各项公共事务管理、基础设施完善等责任的经济能力。

7.3　农地“三权分置”改革后农户承包权的稳定与承包经营权的退出

稳定农户承包权，保障农户承包权益，既是推进农地“三权分置”的核心，也是完善农村基本经营制度的基础。稳定农户承包权有利于巩固和完善农村基本经营制度，实现农业现代化和加快农民市民化进程，但目前仍面临诸多现实困境。在农村土地闲置撂荒、农民市民化等背景下，推进土地承包经营权退出，可解除进城农户的后顾之忧，盘活农村闲置土地。2014 年，国家将“土地承包经营权退出试点”纳入第二批农村改革试验任务中，其中多地已取得一定的试点成效。

7.3.1　农地“三权分置”改革后农户承包权稳定的实践案例剖析与现实路径

稳定农户承包权能够确保农民土地权益不受损害，起到经济“蓄水池”和社会“稳定器”的作用。[①]“三权分置”改革后，部分地方在农村土地经营权流转实践中，也将农户承包权稳定作为一个重点，在政策文件中做出了明确规定，但仍面临一些现实困境。以前期实践经验为基础，本书提出多条现实路径以进一步稳定农户承包权。

① 张守夫，张少停．“三权分置”下农村土地承包权制度改革的战略思考[J]．农业经济问题，2017，(2)．

1. 农地“三权分置”改革后农户承包权稳定的实践案例剖析

在农地“三权分置”改革后，不少地方将土地经营权流转，实现了农地规模化经营，提高了农地生产效率。为稳定农户承包权，有的地方在土地经营权流转实践中对农户承包权稳定做出了特别的政策规定。例如，四川省崇州市在《崇州市农村土地经营权流转管理实施办法（试行）》文件中，提出如下要求：要以不得损害农民土地承包权益为原则；土地经营权流转期限不得超过承包农户土地经营权的剩余期限，流转合同中不得出现“长期、长久、永久”等表述；土地经营权流转必须符合转出方意愿，并且流转取得的土地经营权再流转必须征得承包方的同意；以转包方式流转的，转包后原有的土地承包关系不变，以出租、互换、转让、股份合作等其他方式流转的，流转双方按合同约定享有相应权利和履行相应义务。杭州市临安区规定经营主体只有办理土地流转经营权证后，其流转获得的土地经营权才具备抵押贷款的权能，并且在向金融机构抵押贷款后，需在农村土地承包（流转）经营权证抵押登记办理处办理抵押登记①，明确土地（流转）经营权抵押和土地承包经营权抵押的区别，有效规避了土地经营权抵押对农户承包权的风险。

尽管各地在实践中已采取一定的措施稳定农户承包权，但“三权分置”改革后农户承包权仍面临政策和法律方面的现实困境，具体如下。

第一，“三权分置”改革后土地承包期延长仍面临争议和矛盾。稳定农户承包权源于“土地承包关系长久不变”的国家政策，但对“长久不变”的理解仍存在争议。从权利性质来看，学术界主要存在“永久不变”的永佃权②、终身制的自物权③和承包期内不变的家庭共有产权④三种不同的观点；从操作方案来看，有人认为“长久不变”是家庭承包的制度不变和运作机制不变⑤，合同期内承包关系不变⑥，承包期限应比二轮承包期更长⑦。2017 年 10 月，习近平总书记在十九大报告中提出“保持土地承包关系稳定并长久不变，第二轮土地承包到期后再延长三十年”，从中可知农户的土地承包经营权至少在未来的三四十年不会做出大的调整。在具体操作上，现有政策虽然能缓和一定的矛盾，但仍未摆脱上述理论争议，如在第

① 帅新亭，钱冰冰. 临安发出第一本农村土地流转经营权证[N]. 钱江晚报，2017-11-10.

② 高圣平. 土地承包经营权权能论纲——以处分权能为中心[J]. 社会科学，2012,（7）.

③ 唐忠. 中国农村土地制度：争议与思考[J]. 世界农业，2015,（1）.

④ 叶兴庆. 集体所有制下农用地的产权重构[J]. 毛泽东邓小平理论研究，2015,（2）；中国社会科学院农村发展研究所“农村集体产权制度改革研究”课题组，张晓山. 关于农村集体产权制度改革的几个理论与政策问题[J]. 中国农村经济，2015,（2）.

⑤ 高帆. 农村土地承包关系长久不变的内涵、外延及实施条件[J]. 南京社会科学，2015,（11）.

⑥ 崔红志. 农村土地承包关系长久不变：内涵、挑战与建议[J]. 农村经济，2016,（10）.

⑦ 孙中华. 关于深化农村土地制度改革的几个问题[J]. 理论学刊，2016,（2）.

三轮承包经营到期后即 2050 年左右，农户的土地承包（经营）权又将面临不确定性。

第二，“三权分置”改革后承包权与经营权权能分割的法律障碍。在现有的法律体系中，土地承包经营权拥有占有、使用、收益的权能，并没有处分权能。根据现有的农地流转政策，由承包农户流转给新型经营主体的土地经营权，可以向金融机构抵押融资，而在土地承包经营权缺乏处分权能的情况下，农户以家庭为单位的权利保障、财产性权利的实现等面临法律风险。另外，关于农户承包权的处分权能设定方案也存在理论争议。例如，唐忠认为在农户整体离农后可赋予农户承包权转让的权能[①]，张守夫和张少停认为在农地“三权分置”制度下可赋予承包权继承的权能[②]，而叶兴庆则认为仅赋予农户承包权退还集体经济组织的退出权能[③]。在“三权分置”改革后，法律层面尚未对农户承包权和土地经营权的权能进行明确规定，稳定农户承包权缺乏法律保障。

2. 农地“三权分置”改革后农户承包权稳定的现实路径

“三权分置”改革提出“落实集体土地所有权、稳定农户承包权、放活土地经营权”的政策要求，其中以稳定为基础、放活为目标，即在稳定现有土地承包关系不变、保证分地公平的基础上，再通过流转土地经营权来实现农地资源的有效配置。同时，农户承包权作为成员权，只能属于本集体经济组织内部，即以家庭承包为主体的农地制度排斥集体经济组织以外的居民获得土地承包权，这可以理解为稳定农户承包权的基本要求。

从各地前期实践情况来看，“三权分置”改革后为进一步稳定农户承包权，可采取以下具体措施：第一，通过限定土地经营权流转期限，明确不同土地权利之间的层次关系，有效避免土地经营权与土地承包经营权或农户承包权之间的权利冲突，从而规避“三权分置”后土地经营权流转给农户承包权带来的权利风险；第二，通过保证土地承包权人的自主参与权、知情权和表决权，避免强迫流转、私下再流转等可能损害农户利益的行为，维护农户承包权应有的权利；第三，通过限定土地经营权的权利，即明确土地经营权流转后，土地承包关系保持不变，土地经营权流入主体的权利和责任由土地经营权流转合同赋予，避免土地经营权权利越界带来的风险；第四，通过土地经营权确权登记发证，明确抵押物为土地经营权，规避土地抵押融资过程中抵押权实现对农户承包权带来的风险；第五，尽早完善相关法律法规，明确“土地承包关系稳定并长久不变”的具体内涵，在法律上清晰界定农户承包权和土地经营权的权能及权利关系。

---

① 唐忠. 中国农村土地制度：争议与思考[J]. 世界农业，2015,（1）.

② 张守夫，张少停. “三权分置”下农村土地承包权制度改革的战略思考[J]. 农业经济问题，2017,（2）.

③ 叶兴庆. 集体所有制下农用地的产权重构[J]. 毛泽东邓小平理论研究，2015,（2）.

7.3.2　农地“三权分置”改革后土地承包经营权退出的实践案例剖析与现实路径

我国现有的法律体系并没有限制本集体经济组织农户之间转让的土地承包经营权退出，并且在十八届三中全会以后不断提出鼓励进城农户自愿有偿退出土地承包经营权的政策。“三权分置”改革后，我国的农地产权由原有的集体土地所有权和土地承包经营权两种权利变成集体土地所有权、农户承包权和土地经营权三种权利。然而农户承包权作为一种成员权，并不是实际的财产性权利，因此在“三权分置”改革后农户的农地权利退出严格意义上仍是指土地承包经营权退出。目前，在土地承包经营权国家试点地区已进行一定的实践探索，但也存在一定困境，需进一步完善土地承包经营权退出政策。

1. 农地“三权分置”改革后土地承包经营权退出的实践案例剖析

目前，国家明确“土地承包经营权退出试点”的市县区主要有淮安市金湖县、内江市市中区、重庆市梁平区和成都市等。其中，成都市、内江市市中区和重庆市梁平区是2014年农业部、中央农村工作领导小组办公室等13部门下发的《关于第二批农村改革试验区和试验任务的批复》中承担土地承包经营权退出试点任务的地区。淮安市金湖县是2016年全国农村土地承包经营权确权登记颁证成果应用的14个试点县之一，承担了土地承包经营权有偿退出试点任务。

1）土地承包经营权退出的实践案例

各试点地区在土地承包经营权退出过程中各具特色，在操作程序、退地方式、补偿资金来源等方面探索了不同的做法。本部分将依次介绍淮安市金湖县、内江市市中区、重庆市梁平区和成都市的土地承包经营权退出试点实践。

（1）淮安市金湖县土地承包经营权退出试点实践。

2016年，淮安市金湖县成功申报农村土地承包经营权有偿退出试点项目，其中银涂镇唐港村一组承担主要试点工作。在试点过程中，金湖县以“群众自愿、利益补偿和合理利用”的原则，鼓励进城落户、有稳定收入来源的农户以家庭为单位退出农村“三权”权利，一次性给予退地农户合理补偿，将退出后的土地通过互换并地置换成连片土地进行合理利用。在退出程序上，由农户提出自愿退出申请，经村组研究确认、镇审核筛选出符合条件的农户，将退地农户的地块信息、成员资格、户籍信息、补偿费用等情况予以公示，无异议后，村民委员会与退地农户签订有偿退出协议，在相关手续完善后发放补偿金，最后由村组干部和村民代表组成工作小组确定互换并地实施方案并协助测绘公司予以落实。[①]其中，退出农村土地权利的农户家庭必须符合有房居住、有养老保障和有生活来源的“三有”标准。在退地补偿上，金湖县将土地承包经营权和集体收益分配权合并补偿，以承包地实测面积为补偿依据，参照承包地30年出租收益将补偿标准定为2.7万元/亩，其中补偿资金源于县国有资产公司、镇国有资产公司和村集体三方以4：4：2的出资比例组建的金港湾农业发展有限公司。农户退出承包地后，金港湾农业发展有限公司获得土地经营权，完成土地平整等农田基础设施工作后对外招租，吸引新型经营主体，发展高档果品生产和相关的休闲观光农业。到2016年10月，已有21户农户签订退地承诺书。12月，村民委员会与退地农户正式签订合同，发放900多万元的补偿款，农户共退出343亩农地。[②]

（2）内江市市中区土地承包经营权退出试点实践。

2014年，内江市市中区承担了土地承包经营权退出试点任务，在龙门镇龙门村、永安镇大庄村和七里冲村等村庄开展具体试点工作。目前，内江市市中区已探索出退地换现金、换股份和换保障三种退出模式。截至2016年10月，内江市市中区已有304户农户退出土地承包经营权、退地面积达416亩，其中大庄村和七里冲村通过承包地换股份模式已退出215户农户的356亩承包地，龙门村通过退地换现金模式在2015年便退出53户农户的60.38亩承包地。[③]

退地换现金模式由农户自愿申请，经村民小组核实、村民代表大会表决同意、乡镇政府审核批准后，退地农户与村集体签订退地协议将承包地退还村集体，并需报区农林局备案。农户可选择长久退出、长期退出和短期退出等多种方式，其中长久退出的农户需满足自愿申请、权属明晰、家庭成员意见一致、稳定就业、有固定住房、不依赖土地为生等基本条件，以承包地土地流转价格2倍、30年期限计算，可大致获得3万元/亩的一次性补偿；长期退出的农户可获得每年850元/亩，补偿二轮土地承包剩余年限的一次性补偿款，如2015年退出的农户可获得14年期限补偿即1.19万元/亩；短期退出的农户可获得相应退出年限的补偿款。补偿资金大部分来自村集体以筹借方式预支市中区财政的改革专项经费和业主土地流转费用。另外，农户在退出土地承包经营权后，只要户籍仍在村集体内，可保留退地村民的选举权、宅基地使用权和集体资产收益分配权。[④]农户承包地的区

① 江苏省农委经管站，江苏省金湖县委农工部. 江苏金湖：探行承包地退出及互换并地[J]. 农村经营管理，2016，（8）.

② 邹建丰. 农民退田，补偿30年租金[N]. 新华日报，2017-2-27.

③ 四川省内江市委改革办，内江市中区区委改革办. 四川内江土地退出“三换”模式[J]. 农村工作通讯，2016，（22）.

④ 四川省内江市委改革办，内江市中区区委改革办. 四川内江土地退出“三换”模式[J]. 农村工作通讯，2016，（22）.

位不同具有不同的土地承包经营权流转价格，在农户退地过程中并无统一的补偿标准，现有的补偿计算方式是与农户协商的结果。①

退地换股份模式是农户将土地承包经营权退还集体，依据土地承包经营权流转价格和农户选择的退出期限计算农户应获得的补偿款，将补偿款折算为集体经济组织股份，实行保底分红，并保留农户征地拆迁收益权和集体经营失败后土地再承包权。大庄村和七里冲村农户在将承包地退还集体经济组织，并经集中整治后流转给农业发展公司建设川南大草原农旅休闲项目，预计分红收益为每户 1 700 元/年。

退地换保障模式是与扶贫攻坚、特殊群体保障相结合而产生的，对自愿退出土地承包经营权的农户，参照城乡居民养老保障办法，通过退出承包地换取社会保障，满足特殊群体的养老保障需求。②

（3）重庆市梁平区土地承包经营权退出试点实践。

作为全国第二批次农村改革负责土地承包经营权退出的试点地区之一，梁平区在屏锦镇万年村和礼让镇川西村开展具体试点工作。2015 年，梁平县③出台了《农村土地承包经营权退出试点实施办法（试行）》和《农村土地承包经营权退出周转金管理办法》两个指导文件。在实施过程中，坚持“农民自愿、民主决策，退用结合、市场运作，守住底线、严控风险”的试点原则，建立了六项运作机制，探索了“整户退出，集中用地”“整片退出，定制用地”“整社退出，统一用地”三种不同的运作模式。

在退地对象上，申请全部退出的农户必须具备稳定职业或收入来源，以及集体经济组织外固定住所，并需提交书面申请材料，而部分退出的农户，退地面积不能超过家庭总承包面积的 50%。在退出程序上，农户自愿提出申请，村民会议讨论同意后，村镇对退地资格审核并张榜公示 15 天，农户与村集体签订协议交割土地并注销农村土地承包经营权证，最后退地相关情况上报县土地承包经营权管理部门备案，其中每个环节均有示范样本。在补偿标准上，依据梁平区经济发展水平，区分不同地类和不同地理位置，综合考虑本轮土地承包期（至 2027 年止）的剩余年限、年均土地流转收益和长久不变等因素，由集体经济组织与退地农户协商，经集体经济组织成员会议民主讨论确定；原则上退地补偿不超过同期同区域国家征地土地补偿标准，其中两个试点村的补偿标准为 1.4 万元/亩，可一次性支付也可分期支付。在补偿资金来源上，集体经济组织负责筹集，渠道有集体经济组织自有资金、退地经营收入、金融机构融资、乡镇财政借支的土地承包经营

① 张啸. 内江市试点承包地有偿退出 村民自愿退出土地承包经营权[N]. 四川日报，2016-4-5.

② 四川省内江市委改革办，内江市中区区委改革办. 四川内江土地退出“三换”模式[J]. 农村工作通讯，2016，（22）.

③ 2016 年，梁平县撤县设区。

权退出补偿周转金、县级财政的周转金补助或融资贷款贴息贴费等，其中退地经营收入应先归还借款。在退出承包地的利用上，将土地以互换、“小并大、零拼整”或“确权确股不确地”等方式集中成片，由集体整理整治后统一经营或发包、出租、入股新型经营主体；原则上集体不再以家庭承包方式发包，而承地业主也需满足一定资质且承接土地面积控制在300亩以内。在保障措施上，退地农户可享受金融信贷、创业服务等就业创业扶持政策，并且鼓励农户参加城镇职工养老保险，允许农户保留集体经济组织成员资格，享受集体分红。①

“整户退出，集中用地”模式，是以农户退地需求为导向，以进城农民市民化为目标，典型案例为礼让镇川西村9组。例如，川西村9组符合条件的15户农户以整户永久退出全部承包地的方式退地82.12亩，镇政府以1.4万元/亩的补偿标准对农户垫资补偿，而退出的土地通过“小并大、零拼整”和“确权确股不确地”的方式进行集中化以吸引农业公司和务农大户。

“整片退出，定制用地”模式，是以业主用地需求为导向，典型案例为蟠龙镇义和村1组和屏锦镇万年村4组。义和村1组以特有山泉水资源优势吸引养殖大户首小江并进行满足其用地需求的退出。在具体操作上，由村民会议决定退地方式及补偿标准后（不同土地类型均为3.45万元/亩），21户农户向村社集体提出自愿永久放弃土地承包经营权的申请，经村民代表大会表决同意后，首小江以“农迁农”方式缴纳3 000元“入户费”将户口迁至义和村，取得土地承包权资格，将补偿款交由村社集体后以“其他方式”承包退地农户的土地，其中退地农户获得3万元/亩的一次性补偿、村社集体获得0.45万元/亩的溢价补偿，双方最后持相关材料到县级机关登记备案。屏锦镇万年村4组因“百里竹海”的区位优势吸引了惠丰现代农业开发有限公司。惠丰现代农业开发有限公司拟占用19.7户农户的土地用于种植大棚果蔬。在与涉地地块承包权的农户和村民小组协商后，该公司以1.4万元/亩的价格对29户永久退出相应土地的农户进行补偿，获得农户原有的土地承包经营权。

“整社退出，统一用地”模式，兼顾了农民退地需求和业主用地需求，解决了土地抛荒闲置、土地权属不清等问题，典型案例为合兴镇护城村1组。在农民离农现象普遍、农地抛荒闲置严重及“中国名柚园”工程占地23亩无法调地的现状下，经威信村民多次组织讨论后，全组36户农户中有34户同意无偿退回承包地，将堡坎、坡地等整合丈量出179亩土地，分别出租给3家农业公司，其中租期为土地承包经营权剩余年限，补偿标准为：田为600斤黄谷／年、地为400斤黄谷／年，补偿收益在原有承包农民110人之间进行平均分配。②

---

① 农村改革试验区办公室. 重庆市梁平县退用结合探索承包地退出机制[N]. 农民日报，2017-3-22.

② 田文生. 不再当命根子：重庆梁平试水部分农民退还承包地[N]. 中国青年报，2016-9-26.

（4）成都市土地承包经营权退出试点实践。

成都市承担土地承包经营权退出试点的工作任务，明确在彭州市葛仙山镇花园村等开展试点工作。在政策设计上，成都市先后印发《四川省成都市土地承包经营权退出试验方案》和《成都市农村土地承包经营权退出价格评估办法（试行）》等政策文件，明确了封闭运行、先行先试、农民自愿和市场化补偿等试点原则。在参与群体上，成都市主要解决具有稳定收入来源、土地撂荒时间长的进城农户的退地需求，而承接土地承包经营权对象需为本集体经济组织成员。在退出程序上，成都市提出规范申请、审查、评估、公证、公示等退出程序。在补偿安置上，成都市以专业评估机构依据土地区位、地块属性和地力等级等因素确定的一定年限的土地承包经营权退出评估价格作为补偿价格，由所在集体经济组织按评估价格对自愿退地农户进行一次性补偿。在补偿资金筹集上，一方面来自集体经济组织自有资金，另一方面来自通过将退出的承包地采取"招拍挂"的形式有偿发包或转让土地承包经营权获得的收益。在保障措施上，成都市退地农户可同等享受养老、就业、医疗、住房和子女就业等城镇居民社保政策。

2015 年 9 月 17 日，彭州市农村发展局在葛仙山镇花园村召开农村土地承包经营权退出试验村民议事会进行前期宣传动员，经条件比对和议事会投票，表决同意刘顺秀等 7 户农户参与，正式启动农村土地承包经营权退出试验。[①]在具体操作上，由符合条件的农户自愿申请，村集体经济组织通过村民议事会讨论同意申请后对外发布土地承包经营权有偿承包信息，在农户表达有偿获取土地承包经营权意愿后，彭州市农村发展局指导镇、村形成退出试点方案，对退出人员和意向人员进行审查，并经村议事会和组集体经济组织同意，公开公示相关信息，以竞拍的方式退出土地承包经营权，其中花园村 3 组在 2016 年 10 月 19 日成功实现一户无力耕种农户的土地承包经营权退出试点。[②]农户退出剩余承包期限的土地承包经营权补偿为 3.1 万元/亩，而征地拆迁补偿为 4 万元/亩、社保费用为 8 万元/亩，现有补偿标准对农户吸引力不足。[③]

2）不同试点地区土地承包经营权退出的经验总结

从各地的土地承包经营权退出政策来看，可大致分为两类，一类是以淮安市金湖县和成都市为代表的土地承包经营权整体退出模式，一类是以内江市市中区和重庆市梁平区为代表的土地承包经营权部分退出模式，各地具体的操作方案见表 7-2。在土地承包经营权整体退出模式中，主要的目的是满足进城落户农户的退

① 彭州市农村发展局. 彭州市农村土地承包经营权退出试验正式启动[EB/OL]. 成都市人民政府网，2015-9-22，http://gk.chengdu.gov.cn/govInfoPub/detail.action?id=1159045&tn=2.

② 彭州市农村发展局. 葛仙山镇花园村成功试点农村土地承包经营权有偿退出[EB/OL]. 成都市人民政府网，2016-10-24，http://gk.chengdu.gov.cn/govInfoPub/detail.action?id=1449405&tn=2.

③ 李果. 探索"十三五"农民增收路径 四川彭州试验农地承包权抵押及退出[N]. 21 世纪经济报道，2016-9-27.

地需求，保障农户的财产性权利，这种模式一般要求农户对农地的依赖性较低且农村集体经济组织拥有较强的经济实力，能够承担农户退地的一次性补偿费用。在土地承包经营权部分退出模式中，主要的目的是解决农地闲置抛荒与农地规模经营、农业现代化的矛盾，农户可选择永久退出、长期退出、短期退出及部分退出等多种方式，除永久退出和全部退出外的其他退出方式，农户只是放弃了一定年限或一定比例并没有完全退出土地承包经营权。

表7-2 土地承包经营权退出试点市县区的基本做法

试点区域	淮安市金湖县	内江市市中区	重庆市梁平区	成都市
退地对象	主要针对进城落户、有稳定收入来源的农户，符合有房居住、有养老保障和有生活来源的“三有”标准	农户符合自愿申请、权属明晰、家庭成员意见一致、稳定就业、有固定住房、不依赖土地为生等基本条件	全部退出农户，具备稳定职业或收入来源，以及集体经济组织外固定住所；部分退出农户，退地面积不能超过家庭总承包面积的50%	具有稳定收入来源、土地撂荒时间长的进城农户
承接对象	无限定集体经济组织内部的新型经营主体	无限定本集体经济组织内部成员的农业经营者	具有一定经济实力的农业大户、农业开发公司等，无限定集体经济组织内部成员	本集体经济组织成员
退地方式	全部退出；永久退出	长久退出、长期退出、短期退出等	全部退出或部分退出；整户永久退出，长期退出	全部退出；永久退出
农户其他权利	一并退出	可一并退出，也可选择性保留	可一并退出，也可选择性保留	未予以明确
退出程序	农户自愿申请，村组研究确认、镇审核筛选符合条件的农户，将退地农户相关情况予以公示，村民委员会与退地农户分别签订有偿退出协议，在完善相关手续后发放补偿金，由村组干部和村民代表组成工作小组确定互换并地实施方案并协助测绘公司予以落实	农户自愿申请，经村民小组核实、村民代表大会表决同意、乡镇政府审核批准后，退地农户与村集体签订退地协议将承包地退还村集体，并需报区农林局备案	农户自愿申请，村民会议讨论同意，村镇对退地资格审核并张榜公示15天，农户与村集体签订协议交割土地并注销农村土地承包经营权证，退地相关情况上报县土地承包经营权管理部门备案	专业评估机构评估补偿标准，公证机构对退地行为、事实和相关文书进行公证，退地信息公示等
补偿标准	将土地承包经营权和集体收益分配权合并补偿，以承包地实测面积为补偿依据，参照承包地30年出租收益，补偿标准为2.7万元/亩	退地换现金模式：长久退出农户以承包地土地流转价格2倍、30年期限计算，可大致获得3万元/亩的一次性补偿。退地换股份模式：采取补偿金折算股份保底分红，预计分红收益为每户1 700元/年	依据当地经济发展水平、不同地类、不同地理位置、本轮土地承包期剩余年限、年均土地流转收益和长久不变等因素，由集体经济组织与退地农户协商决定，原则上不超过征地补偿标准，其中两个试点村为1.4万元/亩，蟠龙镇义和村1组为3.45万元/亩，护城村1组采用的补偿标准为：田为600斤黄谷／年、地为400斤黄谷／年	依据土地区位、地块属性和地力等级等因素的市场化评估价格，如彭州市试点村为3.1万元/亩

续表

试点区域	淮安市金湖县	内江市市中区	重庆市梁平区	成都市
补偿资金来源	县国有资产公司、镇国有资产公司和村集体三方以 4∶4∶2 的出资比例组建的金港湾农业发展有限公司	村集体以筹借方式预支市中区财政的改革专项经费和业主土地流转费用	集体经济组织自有资金、退地经营收入、金融机构融资、乡镇财政借支的土地承包经营权退出补偿周转金、县级财政的周转金补助或融资贷款贴息贴费等	集体经济组织自有资金；采取“招拍挂”的形式有偿发包或转让土地承包经营权获得的收益
适用范围	村集体拥有一定的经济实力，农户的农地依赖程度很低	退出的承包地具有较高的利用价值，村集体需要有一定的经济实力	农户的农地依赖程度低，农地具有很高的利用价值	农地位置偏远、无征地可能性，退地农户非农化稳定就业、有资金需求

总体而言，各地在土地承包经营权退出试点过程中形成了各自的经验。其中，淮安市金湖县的试点经验在于成立金港湾农业发展有限公司对退地农户进行补偿，并注重退出土地的盘活利用，但适用于集体经济组织实力较强、农户对农地依赖性弱的地区。内江市市中区的试点经验在于，给予农户充分的退地方式和补偿方式的选择权，但要求退出的土地拥有较高的利用价值，能够平衡退地过程中的补偿资金。重庆市梁平区的试点经验在于，给予农户部分退出、长期退出的选择方式，并创新设立土地承包经营权退出补偿周转金，拓宽了补偿资金来源，但要求农户对农地的依赖性弱且农地利用价值较高。成都市的试点经验在于，完善土地承包经营权退出的政策设计，并以市场评估价确定补偿标准，但要求农地不具有较大升值潜力，农户非农化就业且具有较强的资金需求。

3）土地承包经营权退出的现实困境

第一，土地承包经营权退出补偿标准制定面临法律障碍。法律层面上的农村土地承包关系退出可分为期内退出、迁徙退出、灭失退出和消亡退出四种类型[①]，但对这四种退出类型《中华人民共和国农村土地承包法》和《中华人民共和国物权法》均未明确提出对失去土地承包经营权的农户进行补偿。随着土地承包经营权用益物权性质逐渐明确，农户对承包地的诉求不仅仅局限于福利保障功能，也期待承包地的财产功能。[②]其一，土地承包经营权退出补偿法律依据的欠缺和农户财产权利诉求的矛盾，使退出土地承包经营权的补偿标准制定工作面临两难的困境。其二，根据十九大报告的最新政策，土地承包经营权的承包期限将延长三十年，而这一政策上升为法律后无疑将增加农户的退出补偿预期，增加协商成本。其三，对已经将土地经营权流转的农户，其土地承包经营权退出在法律上还未做

① 吴兴国. 农村土地承包关系退出法律问题初探[J]. 求索，2012，(2).

② 罗必良. 农地保障和退出条件下的制度变革：福利功能让渡财产功能[J]. 改革，2013，(1).

出规定，使补偿标准制定工作情况更复杂、难度增大。

第二，土地承包经营权整体退出的意愿不高。土地承包经营权退出初衷是为进城农户提供农地权利变现的渠道，但在“三权分置”改革后，承包权和经营权进一步分开，农户更愿意选择土地承包经营权部分退出方式。学者调研发现，重庆市总体上只有8.42%的农户愿意退出承包地[①]；上海、浙江、江苏等相对发达地区只有34.85%的农户愿意退出土地承包权[②]；江苏新生代农民工愿意全部退出土地承包经营权的为5.80%，有56.91%的农户仅愿意退出土地经营权[③]。一方面，农村社会保障体系不完善。目前农户参与社会保障的比例较低，在退出仍具社会保障功能的承包地后，有可能面临失地失业的社会风险。另一方面，农户种地的各种补贴政策待完善。现有的政策优惠并未落实土地的实际经营情况，导致了部分农户宁愿弃耕土地也不愿退出承包地。[④]

第三，土地承包经营权退出面临资金和退地利用等实践难题。其一，集体经济组织的经济实力不足。中西部大部分农村集体经济组织的实力较弱，加之土地承包经营权的资金变现能力较弱，在土地承包经营权退出过程中将面临短期内补偿资金来源问题，以及长期内的补偿资金收支平衡问题。其二，细碎化的土地经营方式使退地利用困难。中国人多地少、土地资源稀缺，尤其是在家庭联产承包责任制改革后，土地进行分割、规模缩小，形成了细碎化经营的生产方式。据统计，1986年户均耕地面积为9.15亩，地块数为8.4块，2008年户均耕地面积下降至7.35亩，地块数为5.7块。[⑤]在农户退地意愿不一致的情况下，村集体经济组织对退出的承包地进行整理利用存在一定的难度，具有较大的协商成本，并且细碎化的承包地很难吸引新型经营主体进行承接。

2. 农地“三权分置”改革后土地承包经营权退出的现实路径

农地“三权分置”改革后，进一步推进土地承包经营权退出，可采取以下现实路径。

第一，尊重农户多样化的退地意愿，对整体退出农户实行资格审查。其一，在土地承包经营权退出时，必须以农户真实退地意愿为前提，不能为满足土地成片经营的需要就强迫农户退出土地承包经营权，损害承包农户的合法权益。其二，

① 王兆林，杨庆媛，张佰林，等. 户籍制度改革中农户土地退出意愿及其影响因素分析[J]. 中国农村经济，2011,（11）.

② 王常伟，顾海英. 城镇住房、农地依赖与农户承包权退出[J]. 管理世界，2016,（9）.

③ 徐美银. 新生代农民工土地承包权处置方式及其影响因素——基于对江苏362份样本的调查[J]. 湖南农业大学学报（社会科学版），2016,（1）.

④ 王建友. 完善农户农村土地承包经营权的退出机制[J]. 农业经济与管理，2011,（3）.

⑤ 何秀荣. 公司农场：中国农业微观组织的未来选择？[J]. 中国农村经济，2009,（11）.

在政策设计时应满足农户多样化的退地需求。不同的农户具有不同的退地意愿，如已具备落户城镇能力的农户希望将土地承包经营权整体退出和全部退出，暂不具备落户城镇能力的农户仅愿意将土地承包经营权部分退出或让渡一定期限，在土地承包经营权退出过程中应兼顾不同农户的退地需求，给予农户多样化的退地方式选择权，但对退出部分或一定期限土地承包经营权的情况也应做出明确规定以稳定农户承包权。其三，现阶段对整体退出土地承包经营权的农户应设置一定的退出门槛。为避免农户非理性退出土地承包经营权，规避其带来的社会风险，应对全部退出和永久退出的农户资格进行严格审查，确保农户在退出承包地后有收入来源和固定住房。

第二，规范土地承包经营权退出程序，完善监管、备案等政策设计。其一，针对各地不同的社会经济发展现状，应因地制宜出台土地承包经营权退出的专项政策文件，做好顶层设计以指导土地承包经营权退出的各项工作。其二，可通过制定各个环节的操作范本，对土地承包经营权退出的各项操作程序进行规范，确保信息公开透明、操作公平公正。其三，积极发挥村民会议和村民代表大会等基层自治组织的作用，加强村镇集体和全体村民对土地承包经营权退出的审核、批准和监管，落实集体所有权的相关权利。其四，完善县级有关政府部门的土地承包经营权退出备案制度，对退出或调整的土地承包经营权，应注销收回或变更土地承包经营权证。

第三，协商确定土地承包经营权退出补偿标准，拓宽补偿资金筹集渠道。其一，不同区位和不同质量的承包地具有不同的利用价值，在土地承包经营权退出时应以土地流转价格、市场化评估价格等为参考依据，考虑土地承包经营权期限延长等因素，与农户协商后确定土地承包经营权退出补偿价格。其二，多渠道筹集土地承包经营权退出补偿资金，除村集体经济组织自有资金、退地经营收入外，地方政府可通过设立土地承包经营权退出补偿周转金、提供金融机构贷款贴息等措施对经济实力较弱的村集体给予支持。其三，法律上应进一步明确土地承包经营权的用益物权性质，尽早对土地承包经营权退出补偿做出具体政策规定，以更好保障农户的财产性权利。

第四，加强退出土地的盘活利用，实现退用结合、资金循环利用。其一，发挥好村民小组联系人、村干部等的联络作用，做好承包农户的思想工作，将农户退出的承包地通过互换并地、“小并大、零拼整”或“确权确股不确地”等方式集中成片，通过土地整理、完善相关基础设施以更好地吸引新型经营主体。其二，充分利用好土地流转服务平台如农村产权交易中心等媒介，及时将农户退出的土地通过服务平台流转出去，加快退出资金的周转利用，尽量实现土地承包经营权退出资金平衡。

7.4　农地“三权分置”背景下农地经营权的放活

加快放活农地经营权，充分发挥农地经营权的要素功能，赋予经营主体更具保障性质的权能属性，既是积极推进农地“三权分置”的重点，也是完善农村基本经营制度的关键。2015 年国家出台的《深化农村改革综合性实施方案》明确提出：“放活土地经营权，就是允许承包农户将土地经营权依法自愿配置给有经营意愿和经营能力的主体，发展多种形式的适度规模经营。”实际上，放活农地经营权的本质，就是要推动土地要素的市场化，而市场化的配置必然驱使农村土地资源与土地经营者的合理匹配，提高土地要素的利用效率，进而促进适度规模经营和现代农业的发展。

7.4.1　农地“三权分置”改革后农地经营权放活的实践案例剖析

有学者指出，农地经营权权能覆盖种植决策权、田间管理权和产品处置权等多个方面①，其核心在于收益权②。事实上，农地经营权是农地作为农业生产要素功能的直接体现，其创新要义在于优化土地资源配置，实现“农地农有、农地农用”。③党的十八届三中全会以来，在农地确权登记颁证工作的基础上，逐步推进农地经营权向新型经营主体流转，并赋予新型经营主体对农地经营权抵押担保的权能。

1. 农地经营权确权的实践案例剖析

农地经营权确权是农地经营权进入市场流转、抵押的先决条件，是推进农地“三权分置”的关键所在，也是完善农村基本经营制度的必然要求。通过农地经营权确权，承包农户能够更有保障地获取农地租金，经营主体也能够通过向银行抵押农地经营权获取农业生产经营的部分资金。在农地“三权分置”的制度架构下，全国各地试点地区积极探索对农地经营权进行定界赋能，并试行为家庭农场、

① 赵鲲. 共享土地经营权：农业规模经营的有效实现形式[J]. 农业经济问题，2016，(8).
② 韩长赋. 土地“三权分置”是中国农村改革的又一次重大创新[J]. 中国农业会计，2016，(3).
③ 韩长赋. 土地“三权分置”是中国农村改革的又一次重大创新[J]. 中国农业会计，2016，(3).

专业大户等新型经营主体颁发农村土地经营权证。截至目前，全国各试点地区在农地经营权确权实践的过程中取得了一些阶段性、代表性的成果（表 7-3）。

表7-3　农地经营权确权代表性成果

试点省份	农地经营权确权试点市县	农地经营权确权成果
四川	成都市、遂宁市、眉山市、巴中市、崇州市等	颁发农村土地经营权证 5 000 余本（截至 2016 年底）；此外，崇州市还出台《崇州市农村土地经营权证管理办法（试行）》等三项实施办法，核发农村土地经营权证
江苏	沛县	颁布《沛县土地经营权证颁发及管理办法》，并颁发农村土地经营权证 510 本（截至 2017 年 1 月）
湖南	新田县	创新设计湖南省新田县农村土地经营权流转证，颁发湖南省新田县农村土地经营权流转证 227 本，涉及流转农户 4 万户，已流转土地 17 万余亩（截至 2017 年 12 月）
山东	潍坊市	颁布《潍坊市农村土地经营权证管理办法（试行）》，核发农村土地经营权证
贵州	普定县	普定县政府向思源现代农业发展有限公司颁发了全省首本农村土地流转经营权证（2014 年 8 月 7 日）
云南	勐海县	勐海县政府向勐海豪扬农业发展有限公司颁发了全县首本农村土地流转经营权证，发证土地面积 123.6 亩（2015 年 12 月 28 日）

资料来源：李淼. 为承包地办“身份证” 四川经验将获全国推广[N]. 四川日报，2017-05-16；蔡友才. 对江苏农村“两权”抵押贷款试点情况的调查[J]. 中国农村金融，2016，(11)；沛县人民政府. 2017 年沛县政府工作报告[EB/OL]. 沛县人民政府网，2017-1-9，http://www.px.gov.cn/govxxgk/014084049/2017-01-06/238b0000-c2e7-4cc6-9cc6-7f5f8e55a1c1.html；新田县人民政府.事业单位法人年度报告书（2017 年度）[EB/OL]. 新田县人民政府网，2018-4-8，http://www.xt.gov.cn/xt/2017nd/201804/aa9fba8c2aba47e582b4325c046dbbbe.shtml；卢姝言. 潍坊市大力积极引导农村土地经营权有序流转[EB/OL]. 齐鲁网，2015-10-11，http://weifang.iqilu.com/wfyaowen/2015/1011/2568195.shtml；吴秉泽. 贵州普定：土地流转经营权 可用以抵押贷款[N]. 经济日报，2014-8-15；胡谢梅，何胜秋. 云南勐海县：颁发首本土地流转经营权证[EB/OL]. 新华网，2016-1-19，http://www.xinhuanet.com/politics/2016-01/19/c_128642232.htm?from=groupmessage&isappinstalled=0

在全国各地开展农地经营权确权颁证的地区中，崇州市在推进“农业共营制”过程中逐步摸索出一套属于自己的确权经验。崇州市制定并实施《崇州市农村土地经营权流转管理实施办法（试行）》《崇州市农村土地经营权证管理办法（试行）》等相关政策，针对以出租、入股等流转方式取得的农地经营权开展确权颁证工作（表 7-4）。截至目前，崇州市已颁发农村土地经营权证共计 262 本，涉及农地面积达 7.8 万亩。[①]该证涉及经营农地基本情况、规模经营主体基本情况、流转方式及流转费支付方式等内容。

① 崇州市人民政府. 崇州多措并举护力农业共营[J]. 农村经营管理，2017，(8).

表7-4　崇州市农地经营权确权颁证条件

流转方式	颁证对象	颁证条件
出租	个体户/工商企业	（1）签订规范的《农村土地经营权流转合同》; （2）已在农村土地承包流转服务机构备案; （3）农地规模经营达到 20 亩及以上; （4）农地流转合同期限连续 5 年及以上; （5）农地经营期满 1 年及以上; （6）按合同约定支付承包农户农地流转价款
入股	土地股份合作社	（1）承包农户自愿加入股份合作社; （2）获得农村产权交易机构颁发的交易鉴证书; （3）已在农村土地承包流转服务机构备案; （4）农地规模经营达到 100 亩及以上; （5）已在工商部门注册登记且经营期满 1 年及以上; （6）按照股份合作社章程，按时向入社农户兑现分红

崇州市的具体做法是：①符合颁证条件的农地规模经营主体持相关申请资料向所在村（社区）提交申请；②乡镇人民政府（街道办事处）对申请资料初审，并进行实地核查；③市农村发展局再审核，并组织人员进行实地抽查；④若审核合格，向农地规模经营主体颁发成都市农村土地经营权证（图 7-5）。

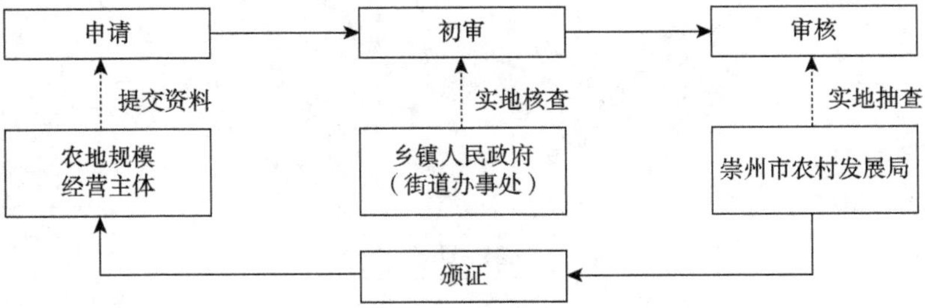

图 7-5　崇州市农地经营权确权流程

2. 农地经营权流转的实践案例剖析

在“三权分置”的制度框架下，土地经营权人对所经营土地依法享有在一定期限内占有、耕作并取得相应收益的权利。鼓励和支持农地经营权流转，既是放活经营权的核心，也是新型工业化、城镇化快速发展和农村劳动力大量转移背景下建设现代农业的客观要求，对实现家庭经营专业化和集约化发展、促进农业适度规模经营具有十分重要的现实意义。在全国各地区的实践中，农地经营权的放活、农地资源优化配置的机制和方式并不是唯一的。农地托管、联耕联种、农地经营权入股、农地经营权互换及农地经营权抵押等多样化的经营权流转形式，都是放活农地经营权、激活农地生产要素及实现规模经营和发展现代农业的有效途径。

1）农地托管模式

农地托管是一种新兴的农业生产经营方式，其实质就是指不愿耕种或者没能力耕种的农户委托土地托管合作社或者其他机构代为从事全部或者部分农业经营活动的一种形式。[①]它是农村基层经济组织根据自身需要和农民实际需求创新出的一种经营方式，如山东济宁市供销社农地托管模式（案例 7-4）。

案例 7-4　山东济宁市供销社农地托管模式

山东济宁市为建立健全农地经营权流转市场，结合扶贫项目开展农地经营权确权工作，按照“自愿托管、服务有偿、共担风险、共享利益”的原则，探索以供销社为基础的农地托管方式。其具体做法是：①承包农户向供销社支付一定的托管费用或者购买农业服务，供销社对托管农地进行农业生产经营管理；②在全托管模式下，供销社直接委托多个社属公司为承包农户在耕、种、收、管、售各环节中提供测土配方、智能配肥、土灌服务、农资经营、农产品深加工和销售，以及粮食代收代储等农业全套服务。③在半托管模式下，供销社直接委托多个社属公司提供承包农户所购买的农业生产环节的部分服务（图 7-6）。

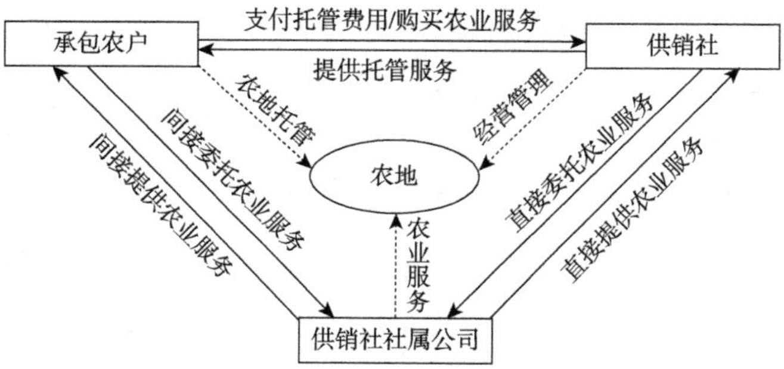

图 7-6　山东济宁市供销社农地托管模式

在农地全托管模式推进过程中，政府给予了一系列保障扶持：第一，鼓励建立多级合作社联合社。一方面，加强与村党支部、村民委员会、新型经营主体的合作，成立粮食种植合作社；另一方面，整合社会农机资源，吸纳优秀农机手，成立农机服务合作社。依托各级供销社和各合作社，成立区域性合作社联合社，逐步扩大农地托管规模。第二，加强合作社联合社与农业、水利等部门合作。通过签订合作协议，加强与农业、水利等政府部门的协同作用，创建农地托管高效的节水灌溉工程建设。

资料来源：乔娟. 山东济宁市社推“土地托管”经验 寻发展新途径[N]. 中华合作时报，2011-6-23；孙逊. 济

① 李登旺，王颖. 土地托管：农民专业合作社的经营方式创新及动因分析——以山东省嘉祥县为例[J]. 农村经济，2013,（8）.

宁市全面打响脱贫攻坚“百日大会战”[EB/OL]. 济宁新闻网，2017-8-5，http://www.jnnews.tv/news/2017-08/05/cms580031article. shtml；张茂富，宫利焕. 山东济宁市社：全力推进土地托管，履行为农服务职责[EB/OL]. 中国供销合作网，2015-4-8，http://www.chinacoop.gov.cn/HTML/2015/04/ 08/99780.html

济宁市在“三权分置”背景下推行农地托管模式以来，相较于“两权分置”也呈现了一些优势：第一，充分利用了农村老人、儿童等闲散、弱质劳动力。相较于传统经营模式，供销社及其社属公司提供的“全保姆式”“半保姆式”的农业生产服务，有效地解决了传统经营模式下闲散、弱质劳动力农业生产力气不足和技术缺失的问题。第二，缓解了农地大量撂荒的问题。承包农户通过向供销社支付一定的托管费用或者购买农业服务，将农地耕、种、收、管、售等环节的农业活动托管给供销社及其社属公司。原本闲置的农地在未改变其承包权的前提下，重新得到耕作，农地撂荒问题得到改善。第三，提升了劳动力资源在城乡之间配置的效应[①]，有利于实现农户增收。农户在进城务工获取的劳务费用的基础之上，还获得了由供销社代为管理的农产品收益，实现了农户收入增长。

当然，农地托管模式在实践过程中也存在一定的局限：第一，自然灾害对供销经营管理有较强的冲击。农业生产具有典型的弱质性，粮食产量受到自然灾害的影响非常明显。如果遇到严重的自然灾害，供销社恐怕难以正常经营，或将面临倒闭的风险。第二，农地托管模式有可能阻碍进城农户脱农的进程，影响农地向具有经营能力的新型经营主体流转，增加其扩大农业生产规模的难度。

2）联耕联种模式

联耕联种是在不改变地权的前提下实现规模经营的农业生产经营方式[②]，承包农户仍然享有全部生产剩余的索取权，其实质是一种“农户+农户+专业合作社”的家庭合作经营模式[③]，如江苏射阳县联耕联种模式（案例 7-5）。

案例 7-5　江苏射阳县联耕联种模式

江苏射阳县为推进以家庭承包方式的农地经营权流转，出台了《省政府办公厅关于促进农村产权流转交易市场健康发展的意见》。2013 年江苏射阳县开始探索农地经营权流转、农业生产经营创新的方式。其具体做法是：①在各承包农户自愿的前提下，村集体统一组织，打破田埂，使原家庭经营模式下的小地、碎地转为新型家庭合作经营下的大地、整地；②在这种家庭合作经营模式下，承包农户合作购买农业生产环节的机械化服务等，实现统一耕种和农业机械化作业（图 7-7）。

---

① 史蕾. 从“两权分置”到“三权分置”：农地产权制度演变的逻辑[J]. 学习与实践，2017，(6).

② 余练. 统分结合视角下土地细碎化治理模式创新——基于江苏 S 县联耕联种的实地调查[J]. 云南行政学院学报，2016，(3).

③ 贺雪峰. 保护小农的农业现代化道路探索——兼论射阳的实践[J]. 思想战线，2017，(2).

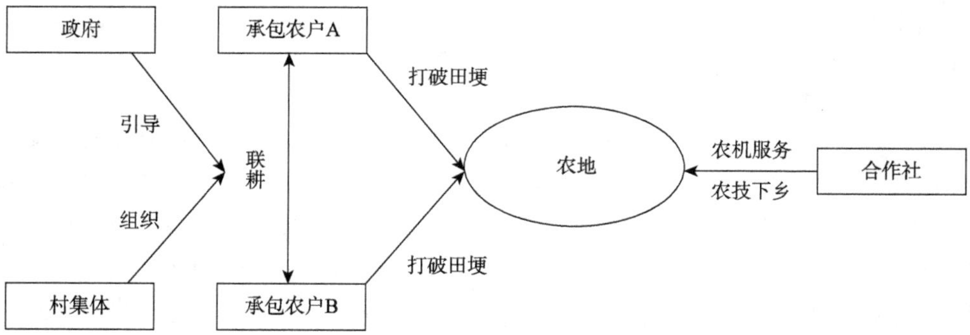

图 7-7　江苏射阳县联耕联种模式

在射阳县联耕联种模式的推进过程中，政府进行了一系列引导：第一，成立联耕联种专项工作小组。射阳县成立联耕联种专项工作小组，由县主要领导担任工作小组组长，任命分管领导为副组长，吸纳相关部门负责人为小组成员，对全县的联耕联种工作进行指导、监督。第二，县政府各部门配合协调联耕联种模式的推广和实现。县政府将农田高产创建项目资金向联耕联种的地区倾斜，并推行农业保险降低自然灾害对农户收益的影响；县国土资源局优先保障专业合作社发展的建设用地需求，土地整理项目向基础薄弱、发展较缓的专业合作社倾斜；县供电局结合农业发展需要，进行电网改造，确保通电到田。

资料来源：倪同坤，王卫军，陈长松. 射阳县推行“联耕联种”实践的探讨[J]. 农村经济与科技，2015,（1）；射阳县人民政府. 关于加快推进农村产权流转交易市场建设的实施意见[EB/OL]. 射阳县农村产权交易中心，2017-4-17，http://shey.jsnc.gov.cn/zcfg/zcfg/2017/04/17163845473.html；贺雪峰. 保护小农的农业现代化道路探索——兼论射阳的实践[J]. 思想战线，2017,（2）；王山，奉公. 中国农地细碎化的治理逻辑与现实路径——对江苏射阳联耕联种模式的考察[J]. 甘肃社会科学，2016,（2）

相较于“两权分置”，射阳县联耕联种模式在行政化推动和市场化运作下显现出一系列优势：第一，明显降低了农业生产成本。与传统家庭分散经营方式相比，联耕联种模式破除田埂格局，破解农地碎片化问题，实现农业机械化运作，明显降低了机械作业成本和农业生产资料成本，实现了农户收入增加。王山和奉公在射阳县实地调研时发现，在联耕联种模式下，小麦耕种机械成本减少 35 元/亩，种子成本减少 47 元/亩。[①]第二，提高了农地质量。联耕联种模式实现农业机械作业，推动秸秆全部还田，增加了农地肥力，减少了农药、化肥使用造成的农业污染，提高了农地质量，打开了“两权分置”下农地细碎化对农业科技发展的桎梏。[②]盐城市农委课题组（2015）实验发现，连续 3 年秸秆全部还田，使农地土壤有机质

① 王山，奉公. 中国农地细碎化的治理逻辑与现实路径——对江苏射阳联耕联种模式的考察[J]. 甘肃社会科学，2016,（2）.

② 史蕾. 从“两权分置”到“三权分置”：农地产权制度演变的逻辑[J]. 学习与实践，2017,（6）.

含量增加了0.2%。[①]

当然，联耕联种模式也存在一些现实困境：第一，无限放大了政府职责。联耕联种模式是政府通过行政力量推动的，在农户传统观念“政府叫我做事，遇到问题自然要找政府”下，政府的责任被无限放大，联耕联种模式的推行充满压力和挑战。第二，容易引发农户间利益纠纷。联耕联种模式虽然破除了田埂格局，传统的“一田一户”变成了“一田多户”，但各承包农户仍然是相对独立的利益个体，容易产生利益纠纷。

3）农地经营权入股模式

农地经营权入股是发展农业经济的一种新型的农地流转形式[②]，是将农地经营权与相关技术、资金等量化为股权，入股股份合作公司或合作社进行农业生产，并按照股份进行利益分配的经营方式[③]，如四川崇州市农地经营权入股模式（案例7-6）。

案例7-6　四川崇州市农地经营权入股模式

为引导农地经营权有序流转，四川崇州市政府接连出台《崇州市农村土地经营权证管理办法（试行）》等多项实施办法，针对符合规定的新型经营主体核发成都市农村土地经营权证。崇州市为解决农地细碎、农民兼业、劳动力弱质等农业问题，逐步试探出以承包农户为核心，以农业职业经理人、股份合作社、社会服务组织等多元主体配合经营的农业共营制。其具体思路是：①政府指导农民以农地经营权入股，建立股份合作社；②股份合作社委托经过培训考核后获得职业资格证书的农业职业经理人，进行农业组织生产管理；③打造一站式的农业服务超市平台，利用“互联网+”的电商营销平台，打造农产品品牌（图7-8）。

崇州市政府为推进农业共营制模式，着力打造职业农民培育的“四大平台”：第一，教育培训平台。以农业专家学者为依托，大力培养有志于农业发展的大学生、返乡农民等的技术、经营和管理能力。第二，认定管理平台。建立健全的农业职业经理人的评定机制、考核机制和退出机制，贯彻初、中、高三级评价体系。第三，团队建设平台。创立农业职业经理人和职业农民“双培训”机制，形成“农业职业经理人+职业农民”的专业化生产团队。第四，扶持平台。制定农业职业经理人的各项补贴，如粮食规模种植补贴、城镇职工养老保险补贴等。

---

① 盐城市农委课题组. 盐城市联耕联种土地规模经营模式的实践与研究[J]. 现代经济探讨，2015，（4）.

② 肖鹏. 土地经营权入股的合伙模式研究[J]. 中国土地科学，2017，（5）.

③ 赵攀奥，陈利根，龙开胜. 土地经营权入股合作社的基本内涵、功能价值与制度构建[J]. 农业现代化研究，2017，（2）.

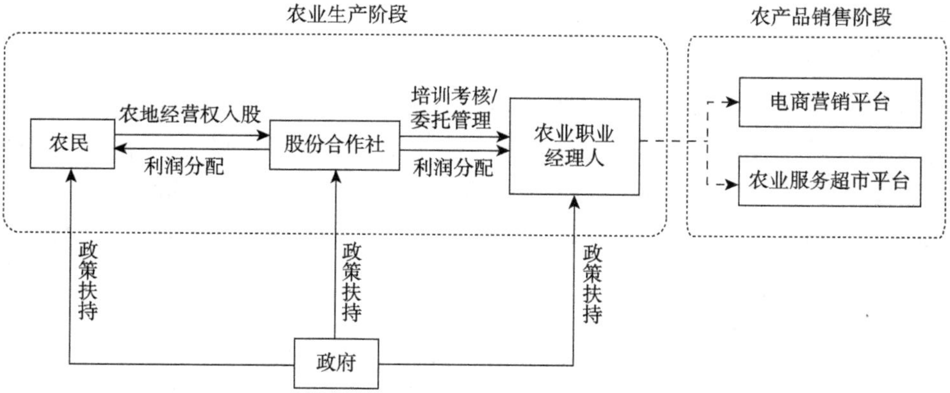

图 7-8 四川崇州市农地经营权入股模式

资料来源：张艳玲. 三问三答解码崇州农业“共营制”[N]. 农民日报，2017-2-22；施新明. 四川崇州市“农业共营制”的经验及启示[N]. 银川日报，2016-7-1；李淼. 农业共营制：转变农业发展方式的崇州实践[N]. 四川日报，2015-7-24

崇州市农地经营权入股模式在“互联网+”的运用下显现了诸多优点：第一，培育了农业职业经理人这种新型的农业经营主体，解除了“两权分置”模式对农户市民化和职业化的束缚①，改善了农业生产分工，提高了农业决策效率。目前，崇州市已培育农业职业经理人共计 7 348 人。②第二，“互联网+”模式的运用极具成效。一方面，在“互联网+”的潮流下，加快推行 O2O（online to offline）模式，利用“互联网+”的电商营销平台，打造“天府牌、成都味”等农产品品牌，解决了农产品销售难的问题；另一方面，崇州市还利用“互联网”，搭建起“农贷通”平台，逐步形成农村产权抵押融资、担保等体系。③截至 2017 年初，已实现农村产权创新贷款共计 1 062 宗、贷款金额高达 17 亿元。④

同时，农地经营权入股模式在实践中也存在一定局限：农业生产统一决策难。在农业共营制背景下，农业职业经理人受土地股份合作社雇用进行生产计划制订、测土施肥、病虫防治及农业机械应用等农业活动，但最初的种植决策权在土地股份合作社的社员手中。众多社员意见难以统一，增加了种植决策的成本。

4）农地经营权互换模式

农地经营权互换是发生于集体经济组织内的农地流转行为，是在承包农户平等、自愿的基础上，交换各自农地的经营权进行农业生产的行为，以达到耕种方

① 史蕾. 从“两权分置”到“三权分置”：农地产权制度演变的逻辑[J]. 学习与实践，2017，(6).

② 陈曦. 成都崇州市推行“农业共营制”探索谁来种地[EB/OL]. 中国青年网，2015-8-21，http://news.youth.cn/gn/201508/t20150821_7030524.htm.

③ 彭向阳. 以“农业共营制”破解三大难题[J]. 湖南农业，2016，(1).

④ 张艳玲. 三问三答解码崇州农业“共营制”[N]. 农民日报，2017-2-20.

便、集体管理、规模生产等目的①，如湖北沙洋县农地经营权互换模式（案例 7-7）。

案例 7-7　湖北沙洋县农地经营权互换模式

沙洋县隶属于湖北省荆门市。2014 年起沙洋县政府在农民自愿的前提下，以村内互换、并地等方式，流转农地经营权，实现“按户连片”耕种（图 7-9）。同时，为尽量避免农地纠纷，沙洋县制定了“先流转划片，再确权颁证”的工作思路。

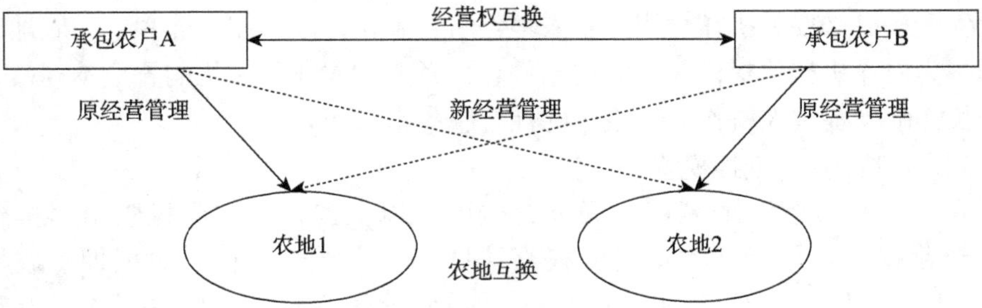

图 7-9　湖北沙洋县农地经营权互换模式

沙洋县政府在农地经营权互换模式的推进中开展了诸多引导工作：第一，成立县镇村三级经营权互换工作小组。镇村工作小组积极推行“先流转划片，再确权颁证”的工作流程，普及经营权互换、成片耕种带来的好处，做好少数农户的思想工作。第二，加紧农业基础设施建设。县政府通过政策倾斜，配合土地整理等项目进行配套沟渠、机耕道等农业生产基础设施的建设。

资料来源：钟欣，何长青. 湖北沙洋首创“按户连片耕种”完整写入中央一号文件[EB/OL]. 中国新闻网，2017-2-6，https://www.chinanews.com.cn/sh/2017/02-06/8141782.shtml；樊涛. 先流转划片再确权颁证 沙洋农民就近种地好处多[EB/OL]. 荆楚网，2015-4-9；http://news.cnhubei.com/xw/hb/jm/201504/t3228027. shtml；何长青. 先流转划片再确权颁证 沙洋推广按户连片耕种新模式[EB/OL]. 中国农业新闻网，2016-9-20，http://www.farmer.com.cn/uzt/hbjm/get/201609/t20160920_ 1241503.htm

农地经营权互换的核心是稳定农户承包方式、面积和期限；适当调整农户经营地块；鼓励经营权连片、不插花地向新型经营主体手中集中。湖北沙洋县农地经营权互换模式在“三权分置”背景下具有诸多的优点：第一，最大限度地实现了农地去细碎化，促进了农业机械化运用。在家庭联产承包责任制下，以家庭人口数为分配标准，以水旱、土质、远近、水源、道路为分配要素平分农地，农地趋近细碎化。沙洋县共有 12.4 万户承包户，约有 107.7 万块承包地，户均面积约为 7.69 亩，户均块数约为 8.7 块，平均每块面积不足 1 亩。②目前沙洋县实现“按

① 张晗，邵彦敏. 欠发达地区农村土地流转模式研究[J]. 经济纵横，2015,（3）.

② 孙邦群，刘强，胡顺平，等. 充分释放确权政策红利——湖北沙洋在确权登记工作中推行“按户连片”耕种调研[J]. 农村经营管理，2016,（1）.

户连片”耕种的农地面积达到 85.3 万亩，占全县农地总面积的 89.6%。[①]第二，降低了农业生产成本，大大地增加了农民流转土地的收益。沙洋县推进“按户连片”耕作模式以来，农地亩均生产成本降低 300 元，土地流转价格由每亩 400 元升至每亩 700～1 000 元。[②]

同时，农地经营权互换模式有一定的现实困境：第一，农地经营权的互换具有随意性、主观性，随着农地互换的次数增加，农地互换成本也大大提高。仅沙洋县鄂冢村农地经营权交换次数便多达 1 000 多次。[③]第二，缺乏社会服务组织为农业生产提供必要的机械化服务。农地经营权互换形成“按户连片”的农地经营格局，为农业机械化提供了有利的条件，但考虑到农业机械化购置成本高及使用周期长，缺少提供农机作业等服务的社会服务组织。

5）农地经营权抵押模式

在“三权分置”的制度格局下，全国各地根据自身实际探索出多样化的农地经营权抵押形式。农地经营权直接抵押、农地经营权入股抵押、农地经营权+土地信用合作社抵押及第三方担保+农地经营权反担保等形式，有利于实现农地经营权的收益权能，满足经营主体多元化、多层次金融服务需求，解决新型经营主体在生产经营中所面临的“融资难、融资贵”的难题，进而促进农业适度规模经营的发展。

（1）农地经营权直接抵押贷款形式。

农地经营权直接抵押贷款形式是指农业经营主体将其所拥有的农地经营权证作为抵押物，直接抵押给银行等金融机构以获取贷款的形式[④]，如常州市武进区农地经营权直接抵押贷款形式（案例 7-8）。

案例 7-8　常州市武进区农地经营权直接抵押贷款形式

常州市武进区位于江苏省南部，该区于 2014 年在全市率先开展了农地经营权抵押贷款的试点工作，并出台了《常州市武进区农村集体经营性建设用地使用权抵押贷款试点暂行办法》，明确规定了抵押贷款对象、贷款利率、贷款期限等内容。同年，武进区政府颁发了一系列规范、明确的土地经营权登记制度，同时也建立了土地经营权登记平台。常州市武进区农地经营权直接抵押贷款具体思路如下：首先，借款农户在农业经济经营管理站等农地经营权的相关部门办好登记手续，随后由评估机构对农地进行现场勘查并开具报告；其次，借款农户将登记证明及

① 张卓，何长青. 湖北沙洋首创“按户连片耕种”完整写入中央一号文件[EB/OL]. 央广网，2017-2-6，http://www.cnr.cn/hubei/bk/jj/20170206/t20170206_523561825.shtml.

② 张卓，何长青. 湖北沙洋首创“按户连片耕种”完整写入中央一号文件[EB/OL]. 央广网，2017-2-6，http://www.cnr.cn/hubei/bk/jj/20170206/t20170206_523561825.shtml.

③ 贺雪峰. 沙洋的“按户连片”耕种模式[J]. 农村工作通讯，2016，(15).

④ 于丽红，兰庆高. 农村土地经营权抵押贷款研究：综述与展望[J]. 农业经济，2013，(8).

评估机构出具的报告提交给农村信用社，并与之签订抵押和借款合同，农村信用社将按照不超过农地经营权评估价值的70%向其发放贷款，若到期未能按时还款，则农村信用社有权将抵押的土地进行拍卖。

具体流程如图 7-10 所示。

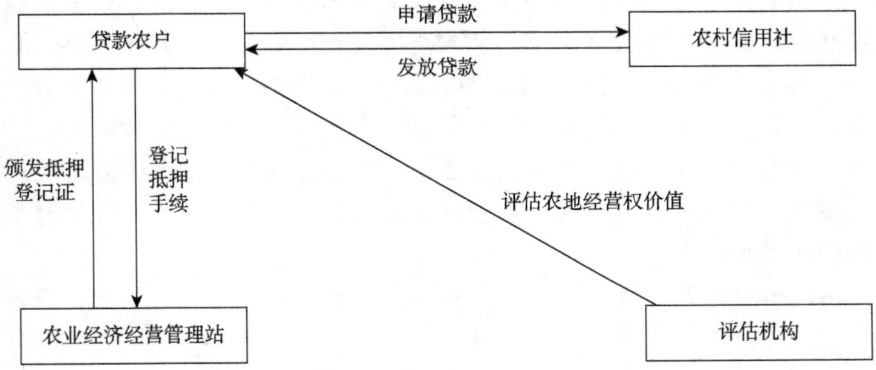

图 7-10　农地经营权直接抵押贷款业务的开展流程

武进区自 2014 年实施试点工作起，已有 5 家金融机构参与了抵押贷款，累计向各类新型农业经营主体发放了 20 笔贷款，数额达 2 060 万元。

资料来源：朱新法. 常州武进土地经营权抵押贷款“破冰”[EB/OL]. 人民网，2014-9-25，http://js.people.com.cn/n/2014/0925/c360301-22427775.html

农地经营权直接抵押贷款形式的优点是具有畅通的信息沟通渠道，但这种形式也存在着以下两点不足：一是农村土地的承包合同等资料有待完善，统计工作较为困难；二是难以掌握抵押贷款的风险。该形式会产生风险积聚效应，若农户未能到期按时还款，农村信用社则需承担资金损失风险及抵押物处置的风险，从而增加了其管理成本。

（2）农地经营权入股抵押贷款形式。

农地经营权入股抵押贷款形式是指土地经营权人凭其所拥有的农地经营权入股农民专业合作社或股份合作社，再通过合作社向银行等金融机构提出贷款申请[①]，如潍坊青州市土地经营权入股抵押贷款形式（案例 7-9）。

案例 7-9　潍坊青州市土地经营权入股抵押贷款形式

青州市位于山东半岛的中部，隶属潍坊市。自青州市于 2015 年 9 月成为全国农地经营权抵押贷款的试点市后，当地政府充分结合实际，印发了《青州市农村土地经营权入股发展农业产业化经营试点方案》和《农村承包土地的经营权抵押

① 肖鹏. 土地经营权入股的合伙模式研究[J]. 中国土地科学，2017，(5).

贷款试点信贷管理办法》，并专门成立了相关领导小组。

为了引导农村土地经营权的有序流转，2015 年，当地政府颁布了《潍坊市农村土地经营权证管理办法（试行）》，为有需求的土地经营主体办理农村土地经营权证书。

青州市土地经营权入股抵押贷款形式具体思路如下：①农户以土地经营权入股合作社，股份由入股年限乘以年租金的数额确定。合作社于每年末按比例提取 10%的公积金及 5%的公益金，并将剩余利润按股份分红；②合作社凭借土地经营权向银行等金融机构申请抵押贷款；③金融机构对所抵押的土地进行价值评估，签订担保合同后，方可发放贷款；④若贷款人到期未能按时还款，则由作为担保人的成员代其还款，在农户还完全部贷款前，担保人可暂时拥有抵押土地的使用权。

具体流程如图 7-11 所示。

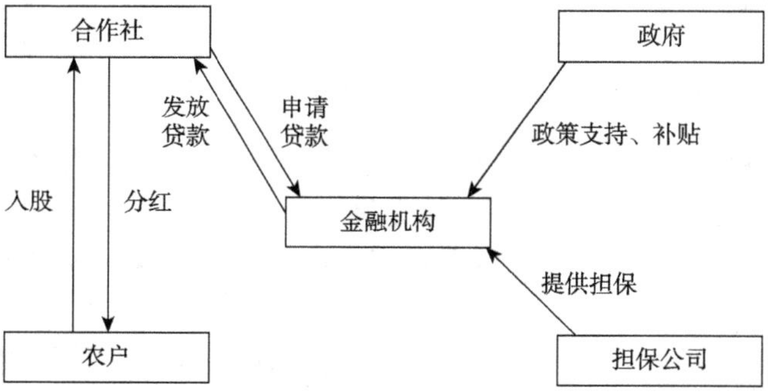

图 7-11　土地经营权入股抵押贷款业务的开展流程

截至 2016 年底，青州市共发放了 362 笔抵押贷款，总金额达 9 986 万元，农户抵押土地总面积共计 2.57 万余亩。

资料来源：卢姝言. 潍坊市大力积极引导农村土地经营权有序流转[EB/OL]. 齐鲁网，2005-10-11，http://weifang.iqilu.com/wfyaowen/2015/1011/2568195.shtml

在青州市农地经营权入股抵押贷款的形式中，由于担保公司为金融机构提供了担保，有效降低了金融机构的贷款风险，从而增大了其放款意愿。同时，也为零散、细碎化的农业经营主体提供了获得贷款的可能。但是该形式的具体过程较为烦琐，经营主体的参与数量也较多，从而带来了部分未知风险。同时，由于该形式主要侧重于短期贷款，限制了土地的流转范围，未能够很好地实现农地经营权的价值，具有一定的弊端。此外，由于该形式需成立土地经营权协会，但其法律地位在我国尚未得到明确，易产生法律纠纷，引起法律风险。

（3）农地经营权+土地信用合作社抵押贷款形式。

土地信用合作社主要进行存贷土地，不办理抵押贷款，其本质是一种土地流转的中介组织，而不是金融组织。[①]农户将土地自愿存入土地信用合作社中，并得到一定的存地费，随后土地信用合作社再将土地贷出并收取一定的贷地费，二者之间的差额即为土地信用合作社的收入，如永州新田县土地经营权+土地信用合作社抵押贷款形式（案例 7-10）。

案例 7-10　永州新田县农地经营权+土地信用合作社抵押贷款形式

新田县地处湖南省南部，是湖南省永州市的下级县市。为了更好地推动农地经营权抵押贷款的试点工作，新田县于 2016 年出台了《新田县农村承包土地的经营权抵押贷款 试点实施方案》，明确规定了贷款利率原则、上浮幅度、土地经营权定价标准及相关风险保障机制。同年，该县发布了永州市《关于开展农村土地经营权确权颁证工作的意见》，创造性地设计了新田县农村土地经营权流转证。2016 年 4 月，《湖南省人民政府办公厅关于开展农村承包土地的经营权和农民住房财产权抵押贷款试点的实施意见》明确了包括新田县在内的 11 个试点地区实现所有权、承包权和经营权的三权分置，并鼓励各试点积极探索对依法采取转让、入股等方式获得的经营权，统一颁发土地经营权证。

新田县农地经营权+土地信用合作社抵押贷款形式的具体思路为：①农户自发在其所在村成立土地信用合作社，并将所持土地存入合作社中；②评估机构对其经营权进行科学的价值评估；③合作社付给农户一定的存地费；④合作社再将存入的农地贷给承包户，从中获得贷地费。

具体流程如图 7-12 所示。

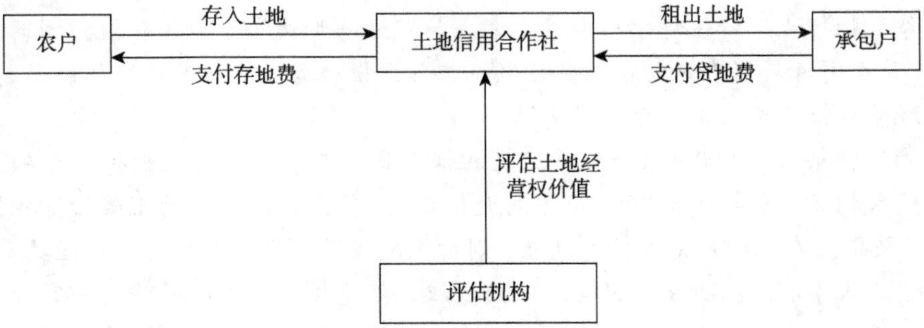

图 7-12　农地经营权+土地信用合作社抵押贷款业务开展流程

试点工作开展两年以来，全县共计 160 个新型农业经营主体获得了新田农村商业银行、邮储银行等金融机构的抵押贷款，贷款金额累计高达 8 593 万元，抵

① 邵传林. 农村土地信用合作社兴起的逻辑——来自宁夏平罗县的个案研究[J]. 农业经济问题，2010，(6).

押土地面积约为 2.8 万亩。

资料来源：汤程安. 新田农村承包土地经营权抵押贷款授信[N]. 永州日报，2016-5-3；孙存准. “贷”出来的“新田模式”——新田县加速推进“农地”试点做活土地融资文章纪实[N]. 永州日报，2017-6-20；刘玉先，徐小彬. 湖南 11 县市试点“两权”抵押贷款 重点支持新型农业主体[EB/OL]. 红网，2016-4-4，https://hn.rednet.cn/c/2016/04/04/3950254.htm

农地经营权+土地信用合作社抵押贷款形式的优点在于，通过引入新的存贷机制，加速了农地的流转，实现了规模化经营，对调整当地产业结构、促进农村经济发展有着重要意义。但同时也存在以下几点弊端：第一，若农户自行耕种土地取得的收益高于贷地方所能支付的最高价格，则农户将不愿把土地贷给合作社，而是选择自种自耕。这样一来，该形式的开展将会受到阻碍，从而影响规模化生产。第二，农户将自身所拥有的土地存入土地信用合作社后，便丧失了对其在一定时期内的使用权，从而降低了农民生产的积极性。第三，表面上看来，该形式有利于提高农地经营权抵押贷款的专业化程度，但也在一定程度上增加了实际运作的成本。此外，由于该地区的土地流转市场发育尚不成熟，一定程度上容易引发抵押物处置风险。

（4）第三方担保+农地经营权反担保贷款形式。

“第三方担保+农地经营权反担保”形式是指借款农户由第三方担保人为其提供担保，土地经营权作为反担保。当农户无力清偿贷款时，第三方担保人为其履行还贷义务，并有权处置抵押土地的经营权（案例 7-11）。①

案例 7-11　宿迁泗洪县第三方担保+农地经营权反担保贷款形式

泗洪县地处江苏省的西北部，位于淮河下游。2014 年 7 月，宿迁泗洪县颁布了《关于推进试点地区农地经营权抵押贷款工作的实施方案》，详细规定了贷款发放对象、抵押土地价值评估标准等内容。为了进一步放活农地经营权，泗洪县于 2014 年 4 月开展了农地的确权登记颁证工作，出台《土地经营权流转协议》，为土地经营权抵押贷款工作奠定了基础。

泗洪县第三方担保+农地经营权反担保形式是在农地经营权抵押的基础上增加自然人担保，通常为 50 万元以上的大额贷款，第三方担保人为汇隆投资担保公司。如果借款农户到期未能按时还款，则由汇隆投资担保公司代其履行还款责任，并且该公司享有对抵押土地经营权的处置权。汇隆投资担保公司作为一家专门从事农业投资等金融投资业务的公司，具有成熟的担保、农村产权交易和农业社会化服务等产业体系。此外，在财政部的大力支持下，金融机构也获得了支农信贷风险补偿基金的保障，以应对可能发生的贷款风险。

① 黄惠春，徐霁月. 中国农地经营权抵押贷款实践模式与发展路径——基于抵押品功能的视角[J]. 农业经济问题，2016，（12）.

具体流程如图 7-13 所示。

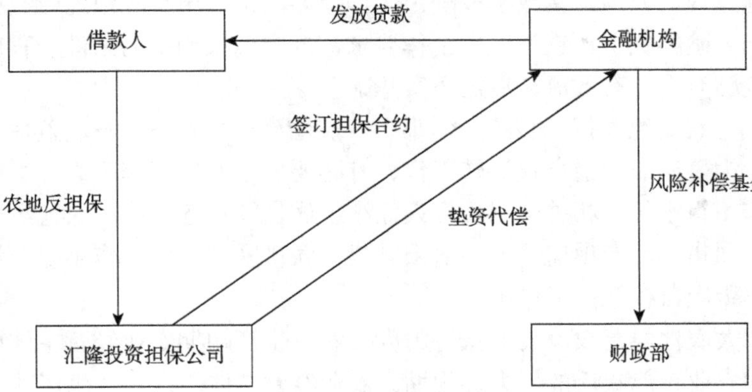

图 7-13　泗洪县农地经营权抵押贷款流程图

截至 2016 年 9 月末，该县农村承包土地经营权抵押贷款业务开办机构达到 12 家，贷款余额为 17 463 万元。

资料来源：王峰. 江苏宿迁创新农地抵押贷款 唤醒农村“沉睡”资产[N]. 金融时报，2016-11-3；邹建丰，朱新法. 确实权颁铁证 土地权益交农民[N]. 新华日报，2017-2-5

泗洪县“第三方担保+农地经营权反担保”形式由于引入了第三方担保机构，极大地提高了农地的利用率，加速了农地流转，减少了农地资源的闲置和浪费。但该形式在很大程度上受制于第三方担保机构的资金实力，具有一定的弊端。此外，在该形式中，抵押关系并不存在于金融机构和贷款农户之间，而是存在于第三方担保机构和贷款农户之间，当债务人无力清偿债务时，极易引发第三方担保风险。

7.4.2　农地“三权分置”改革后农地经营权放活的现实路径

农地既是承包农户赖以生存和发展的农业生产要素，又是其重要的社会保障。放活农地经营权是推进农地“三权分置”、促进农业规模经营的核心。在实践中，我国各地区资源禀赋、经济发展水平等方面的差异，催生了多样化的农地经营权流转模式和多元化的新型经营主体。通过对农地托管、联耕联种、农地经营权入股、农地经营权互换及农地经营权抵押等模式的梳理，总结出各地区在放活农地经营权过程中可复制的经验，提出放活农地经营权的可选现实路径。

一是推进农地经营权确权工作。农地经营权确权是农地托管、联耕联种、农地经营权入股、农地经营权互换及农地经营权抵押等多种流转模式得以实现的前提条件。通过成立农地经营权确权登记工作指导小组，出台农地经营权确权管理办法，明确“确实权、颁铁证”的工作要求，规定确权颁证的条件、程序，为农地经营权能够有序、有效流转奠定坚实基础。

二是成立农地经营权流转的工作小组。农地流转与农户切身利益休戚相关，涉及面广。为落实农地经营权流转工作，有必要成立专项工作小组，可由县主要领导任工作小组组长、相关部门负责人任小组成员，对各地区的农地经营权流转工作进行专项指导、专项监督，如射阳县成立联耕联种专项工作小组、沙洋县成立县镇村三级经营权互换工作小组。

三是加大农地经营权流转的扶持力度。农业生产初期农业经营主体面临资金需求量大和农业技能缺乏的压力，为助力农业经营主体步入农业生产的正轨，有必要出台相应政策加大对农业经营主体的扶持力度。其一，加大政府的财政支持力度。可加强农业经营主体与农业、水利等政府部门的合作，由双方共同出资，完善沟渠等农业生产配套基础设施，以缓解农业经营主体在农业生产基础设施建设上的资金压力，如济宁市创建农地托管的节水灌溉工程建设。其二，加强农业经营主体的技能培训。可通过搭建农业知识技能培训平台，培养农户或致力于农业发展的大学生等农业经营主体在农业技能、农业经营与管理方面的能力，弥补农业经营主体农业技能方面的不足。

四是加强土地经营权流转服务保障机制建设。其一，健全农村土地产权价值评估机制。可通过成本逼近法、基准地价修正法、市场比较法、剩余法及收益还原法等，帮助农户进行地价评估，避免信息不对称的问题。其二，建立健全土地经营权流转媒介。可加强流转服务平台建设，完善农户土地承包经营权流转的业务流程，如青州市成立的齐鲁农村产权交易中心。其三，加强土地经营权流转风险防范机制建设。可成立涉农融资担保体系，为农地经营权抵押贷款提供担保，通过担保与信贷组合，实现贷款风险的分散。

7.5 农地“三权分置”的风险及防范保障机制构建

农地“三权分置”是现实需求与理论探索相融合的结果，是农村基本经营制度自我创新与不断调节的表现。其中，落实土地所有权是坚持农村基本经营制度的根本保证，稳定农户承包权是保护承包农户的财产性权益和社会托底功能的集中体现，放活土地经营权则是为农地经营者优化配置农地资源和盘活农村金融市场提供产权激励和产权保障。但改革具有长期艰巨性和复杂风险性，因此需要我们从制度层面上去构建农地“三权分置”的风险防范与保障机制，以期在更大程度上实现其制度改革所带来的红利。

7.5.1　农地“三权分置”的风险

农地“三权分置”改革源于实践，服务于实践。“三权分置”的重要目的是在不改变农地集体所有基本属性的基础上，实行承包权与经营权分离，平等保护各方利益，推进农地适度规模经营，提高农地利用效率，提升农地经营效益。正是这种制度的创新性，需要我们更多地关注其运行所带来的风险，保障其改革顺利推行。在进一步对农地“三权分置”的风险进行识别和筛选时，我们发现主要存在以下风险。

1. 粮食安全风险

在农地“三权分置”政策导向的背景下，放活农地经营权，实现农地适度规模经营已成为当前农村发展的重要趋势。而随着全国农地流转规模扩大，土地流转用途呈现出“非粮化”倾向。有学者通过对湖北、安徽和四川三省资本下乡的情况调查发现，农业企业等经营主体大多经营经济作物，从事养殖或旅游开发等，种粮比例较低。①从全国范围来看，2014 年农户流转的耕地中，用于种粮的面积仅占流转总面积的 56.8%②，土地流转“非粮化”倾向明显。我们实地调研也证实了这一现象③，在调研区域土地流转前，95%以上的土地都是用于种植粮食作物，而土地流转后用于种植粮食作物的比例仅有 62.07%，土地流转“非粮化”的比例超过了 1/3，用途“非粮化”比例较高。农地“非粮化”倾向一方面源于种粮效益与其他经济作物效益“剪刀差”的存在，另一方面在于种粮的高生产成本，因为农地“三权分置”的制度设计，在一定程度上保障了承包农户的农地收益权，而在农地“禀赋效应”的作用下，承包农户极有可能凭借农地承包权提高租金，导致农地实际经营主体的生产成本提高，进而产生“地租侵蚀利润”的现象。农地

① 贺雪峰. 不要人为推动农业规模经营[EB/OL]. 三农中国，2013-04-21，http://www.snzg.cn/article/html/article_33514.html.

② 农业部经管总站体系与信息处. 2014 年农村经营管理情况统计总报告[J]. 农村经营管理，2015,（6）.

③ 依据本书课题组于 2016～2017 年对四川省部分农村地区（包括四川宜宾市、攀枝花市、南充市、眉山市、泸州市和成都市等地）农户的抽样问卷调查和相关访谈。

“非粮化”倾向将会侵蚀农业的基础地位，从长远来看，这对国家粮食安全产生了严重威胁。

2. 农民权益受损风险

放活农地经营权的过程中，必然会在一定程度上推动土地要素的市场化。而在市场化过程中，容易产生因土地流转主体获取信息的不对称和市场机制的不确定性等问题引发农民权益受损的风险，如参与农地经营权流转的工商资本一般处于强势地位，易挤压农民的利益空间，侵蚀农民权益。再加上资本的逐利性和市场的风险性，如果涉农企业经营不善陷入长期亏损或破产，相关流转出土地的农民的利益就可能会受到严重损害。例如，2014 年河北南宫市寺旺村几十户农户将 100 余亩的农地流转给某药材公司，公司因种植亏本而毁约“跑路”，导致几十户农户利益受到侵害。①

此外，如果相关监管机制不健全，农地资本化流转容易导致农民权益受损的风险：第一，在目前国家鼓励和支持土地经营权流转的背景下，部分基层政府认为土地流转是彰显自身政绩的重要措施，在执行过程中，某些地方政府会给不愿流转土地的农民带来无形的政治压力，迫使不愿流转的村民妥协，最终达到符合自身偏好的流转效果；第二，某些村干部或农村传统富有阶层容易与农地企业相互勾结，形成利益相关群体，挤压弱势农民群体的利益空间，损害大多数农民的权益，加剧农村贫富差距。

3. 社会稳定风险

在农地“三权分置”改革的推进过程中，放活农地经营权，在市场机制的运行下，农地流转纠纷可能会不断增多，进而容易导致社会失稳的风险。随着农村经济的发展和人口流动性的增强，农村土地价值凸显，当经济收益大于其付出成本时，利益参与者就会产生违约的潜在动机，进而带来土地流转利益纠纷，而有相同利益诉求的参与主体极易形成统一群体，进而诱发群体性事件。例如，2014 年，全国土地流转纠纷案件达 9.17 万件，同比上升 2.7%，每万亩土地流转中就存在 2.28 次纠纷。②

4. 农业生态风险

在农地经营权流转过程中，其生态风险主要体现在掠夺式经营破坏农业生态环境的风险。在农地经营权流转下，经营主体对农地享有较为独立的占有、耕作

① 佚名. 邢台现“毁约弃耕”农民土地租金无法兑现[EB/OL]. 中国广播网，2016-5-29，http://finance.china.com.cn/industry/agri/20160529/3744045.shtml.

② 农业部经管总站体系与信息处. 2014 年农村经营管理情况统计总报告[J]. 农村经营管理，2015,（6）.

和收益等权利，正如马克思所说：“资本主义农业的任何进步，都不仅是掠夺劳动者的技巧的进步，而且是掠夺土地的技巧的进步，在一定时期内提高土地肥力的任何进步，同时也是破坏土地肥力持久源泉的进步。”[①]部分工商企业等新型经营主体，为节省成本，实现利益最大化，在农业生产过程中易存在过度使用农药、化肥等掠夺式经营行为，进而引发农药残留等农业面源污染、农地质量下降及农业生态环境遭受破坏等问题。2015 年所发布的《全国土壤污染状况调查公报》显示，我国部分地区土壤污染问题较为严峻，耕地土壤点位超标率达到 19.4%。[②]

7.5.2　农地“三权分置”的风险防范与保障机制构建

农地“三权分置”作为农村基本经营制度的创新与完善，能够在一定条件下处理好现有“两权分离”土地制度所带来的权利主体模糊、产权权能残缺等问题，有利于进一步释放土地发展红利，引领农村土地产权制度变革，为统筹新型城乡一体化发展提供实践与理论支撑。然而，“三权分置”的制度设计，也面临着粮食安全、农民权益受损、流转纠纷增多易导致社会失稳及掠夺式经营破坏农业生态环境等风险。因此，需要明晰农地集体所有权主体，保障农户承包权益，增强对农地经营权流转监管，推进农地流转政策法制化，以及完善农村社会保障机制、加强对农村金融机构的支持、积极培育新型农业经营主体、加大对农田基础设施建设的扶持和农村土地产权制度综合配套改革的衔接等配套保障机制的构建。

1. 明晰农地集体所有权主体，完善所有权相关权能

我国的“农村集体”具有高度模糊化的特征，致使农村土地所有权主体处于实际虚无状态，农民根本无法确实享受到所有权红利。因此，需要在法律层面上明晰集体土地所有权主体的组织与表现形式，构成权责清晰、激励与约束机制共存的所有权格局。同时要完善集体土地所有权的使用与处分权能，实行农村集体土地有偿使用制度，保障集体在法律政策范围内充分自主行使所有权权能，通过多样化的形式实现集体土地所有权。此外还需要健全农村集体土地的监督管理机制，防止相关强势利益主体利用农村集体土地所有权侵犯农民利益的行为产生。

---

① 中共中央马克思恩格斯列宁斯大林著作编译局. 马克思恩格斯全集（第 43 卷）[M]. 北京：人民出版社，2016：531-532.

② 环境保护部，国土资源部. 全国土壤污染状况调查公报[J]. 中国环保产业，2014，(5).

2. 稳定农户承包权，保障农户承包权益

在稳定农户承包权上，要严格保护农民的承包权，赋予农户相应的承包权能，稳定农村现有土地承包关系，给予农民长期稳固的保障预期，保护农户在流转后应获得的土地权益，创新农户承包权的实现方式，解决农户在城镇化进程中的后顾之忧。同时要进一步加快推进现阶段土地确权登记颁证，提高确权登记效率，保证登记颁证质量，通过"确实权、颁铁证"明确产权权属，建立清晰明确的土地权属确认登记管理机制。此外，也需构建农户承包经营权退出管理与保障机制，满足有条件农户在城镇化进程中的多元化需求。

3. 增强对农地经营权流转监管，推进农地流转政策法制化

在放活农地经营权的背景下，一方面要培育第三方中介服务机构，健全土地流转服务体系，规范土地经营权流转程序，完善土地流转市场。另一方面要防范强势主体对农户土地流转行为的干预与控制，预防某些地方政府利用政治压力和群体利益对农户土地流转施加自身偏好，要增强对土地经营权流转行为的监控；同时要强化土地用途管控，建立项目审核、风险保障、资质审查等系列约束准入机制，定期对经营主体的农业经营能力、土地用途等进行监督调查；还要构建农地农用的激励保障体系，如粮食补贴、保护价收购等优惠政策，防止土地利用过度"非粮化"。此外，还应积极推进土地流转政策法制化进程，完善相关法律法规，如出台农村土地经营权流转专门统一的法律，对流转主体的权属内涵、期限、程序及监控机制等内容做出明确规定，为土地经营权流转双方提供稳定的制度依据和保障。

4. 构建农地"三权分置"的配套保障机制

第一，完善农村社会保障机制。建立农地流转风险保障金制度，用于在经营方违约损害土地或者无力支付租金时支付给农户作为补偿，减少农户损失，确保农地经营正常发展。①保障农业政策性保险在相关产业和主要领域实现全面覆盖，降低新型经营主体的经营风险。努力提升农村基本养老保险与医疗保险的层次，缩小城乡在医疗、养老等方面的差距，解决农户在土地承包权退出、农地经营权流转后的后顾之忧。

第二，加强对农村金融机构的支持。构建抵押物管理与处置机制，保障金融机构在维护农户承包权权益的条件下，依法合规采取多样化方式处置抵押物，完善抵押物处置制度。构建土地经营权抵押担保的风险缓释及补偿机制，通过设立土地经营权抵押担保风险基金、扶持政府鼓励的担保公司、运用农村土地产权交

① 段贞锋. "三权分置"背景下农地流转面临的风险及其防范[J]. 理论导刊，2017，(1).

易平台提供担保，以及推进抵押担保模式多元化等途径，进一步分散农村金融机构的贷款风险。同时政府应在税费减免、土地经营权流转、落实外部担保、行政审批等方面为银行等金融机构提供适当政策优惠或便利，为抵押贷款创造有利的外部环境。

第三，积极培育新型农业经营主体。努力提高个体农户的经营与管理水平，鼓励和支持农户在生产经营中加强对技术、资本等要素投入。大力发展多种形式的社会化服务，提升农业经营的专业化和集约化水平。进一步培育多元化农业经营主体，通过外部引进、内部培育及协同经营等方式，积极鼓励承包经营权在公开市场上向家庭农场、农民专业合作社和农业企业等新型农业经营主体流转。同时，相关政府机构要提升对新型经营主体的政策扶持水平与资金倾斜力度，为新型经营主体的发展构建稳定的环境。此外，还要大力培育新型职业农民，完善教育培育体系，着力建设包括农民田间学校、专业农校等多层次、宽领域的培育机构和培育方式，加强对相关农业发展环境与经营主体等情况的了解，使新型农业主体培育与“三农”发展紧密且有效结合。

第四，加大对农田基础设施建设的扶持。要进一步加大对农田基础设施建设的政策支持与资金投入，发挥国家财政投入在农业基础设施建设等方面的核心与引导作用，拓宽“三农”投入渠道，探索采用基建贷款贴息和政府购买服务等多种方式，带动资金要素流向农村，为农地经营权流转、发展适度规模经营提供基础保障。

第五，农村土地产权制度综合配套改革的衔接。农地“三权分置”的制度完善离不开当前农村土地产权制度改革的综合衔接，特别是以农村土地征收、集体经营性建设用地入市与宅基地制度改革为核心的“三块地”改革试点，这既是国家土地管理制度和城乡之间土地资源配置的改革，也对完善农民土地财产权利和农村金融空间发展有着重要意义。因此，要进一步健全农地“三权分置”的制度体系，就必须衔接当前农村土地产权制度的综合配套改革，加强与其他农村土地产权制度改革的对接与配合。

第 8 章　完善农村基本经营制度的基本路径二：加快培育新型农业经营主体

人力资本是生产力中最活跃的要素，中国农业现代化的实现离不开新型农业经营主体。1978～1984 年，家庭联产承包责任制的逐步推进，农村微观经营主体得到重塑，家庭经营在农村生产生活中逐渐占据主导地位。经历了四十多年的发展，我国农村的生产力、基本现实已发生深刻变化，农业经营主体由相对同质性家庭经营向当前多种形式经营主体并存转变。为了协调生产力发展和生产关系的动态变化，有必要对各类经营主体间的利益关系进行再认识，提出适应现实状况的政策建议，解决“谁来种地”的问题。①

8.1　新型农业经营主体的内涵、分类与特征

8.1.1　新型农业经营主体的内涵

总体来说，新型农业经营主体属于农业经营主体范畴。新型农业经营主体的概念与传统农业经营主体相对应，第一次正式出现在中央政策文件中是在 2012 年 12 月 31 日颁布的中央一号文件。新型农业经营主体在 2013～2017 年的中央一号文件中都处于明显位置，关系着我国农业现代化的实现、农民的就业和收入的

① 孔祥智. 论我国农村基本经营制度：历史、挑战与选择[J]. 政治经济学评论，2013，(4).

增长，以及国家粮食安全战略的实施。新型农业经营主体可以定义为：在家庭承包经营基础之上，分化出的适应市场经济和农业生产力发展要求的农业经营组织，其经营方式专业化、集约化，经营形态组织化、社会化。汪艳涛曾就传统农户和新型农业经营主体的区别进行对比。我们可以通过对比两者间的区别来把握其特征，具体见表 8-1。

表8-1　传统农户与新型农业经营主体的主要区别

经营主体	传统农户	新型农业经营主体
类型	普通农户	专业大户、家庭农场、农民专业合作社、农业产业化龙头企业等
特点	（1）自给自足，以家庭为生产、生活的基本单位； （2）农业和家庭手工业相结合； （3）生产出来的产品用来自己消费或缴纳赋税，是一种自给自足的自然经济	（1）集约化； （2）专业化； （3）组织化； （4）社会化
发展条件	（1）具有较多自由； （2）小农经济下的农民，拥有一定的土地、农具或耕畜	在以家庭经营为基础、统分结合的双层经营体制下运行。能运用先进的生产技术和高效率的生产工具，管理方式现代化，经营手段多元化
基本结构	（1）主要耕作工具：铁犁牛耕； （2）主要组织方式：以家庭为单位从事生产劳动，男耕女织； （3）主要生产特点：精耕细作	以家庭经营或雇工经营为主，专业化、集约化、组织化、社会化生产

资料来源：汪艳涛. 农户分化背景下新型农业经营主体培育机制研究[D]. 青岛：中国海洋大学博士学位论文，2015：33

8.1.2　新型农业经营主体的分类

新型农业经营主体的生产目的主要是商品化和产业化。新型农业经营主体可以有多种分类方法：可以按照 2015 年中央一号文件来划分为四种类型，即家庭农场、专业大户、农民专业合作社和农业产业化龙头企业；也有人认为是五种类型，即家庭农场、专业大户、农民专业合作社、农业产业化龙头企业和农业园区；中国社会科学院的《农村绿皮书（2016～2017）》也认为中国的新型农业经营主体主要有五类，包括自我经营的家庭农业、合作经营的农民合作社、雇工经营的公司农业、新农民、农业产业化联合体。也不乏观点认为是家庭农场、专业大户和农业产业化龙头企业这三种类型。还有观点认为是家庭农场和农业企业两种类型。

本书倾向于根据新型农业经营主体的劳动力构成和组织形式不同将其划分为三种类型：家庭型经营主体、合作型经营主体、企业型经营主体。这种分类方式与《农村绿皮书（2016～2017）》中的分类方式比较相近，只不过将农业产业化联合体并入了合作型经营主体的范畴，因为农业产业化联合体是各主体间合作的一种方式，其中肯定有起主导作用的经营主体，为了研究简明，不再将其单独划分为一类。家庭型经营主体包括家庭农场和专业大户，之所以将两者合并为一个整体是因为专业大户与家庭农场是很难严格区分的，两者的基本特征大体相同，都是以家庭作为经营单位、以家庭劳动力为主、主要从事种植业或养殖业等。因此，这种分类方式并不与政策文件中的认定方式相矛盾，只是结合实际对 2015 年的认定方式有了一定发展。此外，新型农业经营主体按照不同的分类标准有不同的划分类型，见表 8-2。

表8-2 新型农业经营主体的划分标准及类型

划分标准	划分类型
组织模式	家庭型经营主体（如专业大户、家庭农场）、合作型经营主体（如农民专业合作社、合作社联社、农业产业化联合体）、企业型经营主体（如农业产业化龙头企业）
产业类别	种植业经营主体、林业经营主体、畜牧业经营主体、水产业经营主体等（每个大类产业都可以再具体细分，如种植业可根据种植品种再细分为粮食作物经营主体、经济作物经营主体等）
经营规模	小规模、中规模和大规模经营主体（不同产业、不同区域的规模划分标准可能有所区别）
收入结构	以农为主的经营主体、以农为辅的经营主体
兼业经营程度	纯农业经营主体、农业兼业经营主体（以农业经营为主，兼营他业）、非农业兼业经营主体（以非农业为主，兼营农业，如联想佳沃猕猴桃、网易味央猪肉）

资料来源：董欢. 中国农业经营主体分化历史与未来[J]. 中州学刊，2017，(3)；董欢. 农业经营主体分化视角下农机作业服务的发展研究[D]. 北京：中国农业大学博士学位论文，2016：14

8.1.3 不同类型新型农业经营主体的特征

如前所述，本书根据新型农业经营主体的劳动力构成和组织形式不同将其划分为三种类型，即家庭型经营主体、合作型经营主体、企业型经营主体，下面对每种类型的内涵和特征做具体阐释。

1. 家庭型经营主体

家庭型经营主体包括专业大户和家庭农场，其关键特征是劳动力来源以非雇用劳动为主。目前的主要区别是是否注册登记和是否具有独立法人的资格。

专业大户统指那些种植或养殖生产规模明显大于当地传统农户的专业化农户。原则上应具备三个条件：一是以户为单位，属于家庭经营性质的。二是专业突出，其产值应占家庭经营总量的 70%以上（也有说法认为应占 50%以上[①]）。三是要有相当的规模，户均经济容量要超过当地平均水平 1 倍以上。[②]

家庭农场应满足以下三点：一是规模适度。规模过小，无法产生适应的激励机制；规模过大，管理难度加倍，所产生的成本急剧上升。二是以家庭劳动力为主，节约劳动成本和监督成本。三是一业为主。[③]家庭农场的管理比专业大户更加规范，再加上登记制度完备并辅以优惠政策，所以专业大户中符合条件的会转化登记为家庭农场。

在农业生产经营活动中，专业大户和家庭农场发挥着保障粮食等重要农产品的总量供给和总产能的基础性作用。通过适当扩展经营规模，提高农业劳动生产效率，可以提高家庭型经营主体的经济收入。在后文新型农业经营主体的发展特征及现状的考察中，因为当前专业大户与家庭农场在实践中还是不同口径，所以两者还是分开讨论的。

2. 合作型经营主体

合作型经营主体包括如农民专业合作社、联户经营、合作社联社、农业产业化联合体等形式，其中以农民专业合作社为代表。

农民专业合作社是指农民在家庭承包经营的基础上按照自愿联合、民主管理原则组织起来的一种互助性生产经营组织。[④]联户经营是把数量不等的农户组成一个联合体，联合起来从事农副业生产。联户经营具有自愿结合、形式灵活、规模不限等特点。[⑤]合作社联社是多家合作社通过横向一体化或纵向一体化组成的联合体，是合作社发展到一定阶段的产物。[⑥]农业产业化联合体是以龙头企业为产业链的构建者，以农民合作社为产业链的服务纽带，以家庭农场为生产单位，形成的集生产、加工和服务于一体的新型农业经营组织联盟。[⑦]

关于农民专业合作社与家庭农场之间的差异。在组织方式上，农民专业合作社是农户的联合，而家庭农场以单户家庭为组织单位。多个家庭农场可以在发起人的带领下，以产业为纽带，形成农民专业合作社。在组织构成上，农民专业合

---

① 孔祥智. 论我国农村基本经营制度：历史、挑战与选择[J]. 政治经济学评论，2013，(4).

② 纪永茂，陈永贵. 专业大户应该成为建设现代农业的主力军[J]. 中国农村经济，2007，(S1).

③ 王征兵. 论新型农业经营体系[J]. 理论探索. 2016，(1).

④ 汪艳涛. 农户分化背景下新型农业经营主体培育机制研究[D]. 青岛：中国海洋大学博士学位论文，2015：63.

⑤ 季星如，蔺子荣. 联户经营是社会主义生产关系的一种具体形式[J]. 东岳论丛，1982，(3).

⑥ 苑鹏.农民专业合作社联合社发展的探析——以北京市密云县奶牛合作联社为例[J]. 中国农村经济，2008，(8).

⑦ 禤燕庆，王斯烈，芦千文. 农业产业化联合体是农村产业融合有效模式——安徽调查与思考[J]. 农村经营管理，2016，(7).

作社的经济主体是农民，合作社是作为农户的合作经营组织，而家庭农场是以家庭劳动力为主的经营主体。

3. 企业型经营主体

农业企业主要有四大类型：一是直接从事种植业、养殖业的企业；二是农业科技企业，如从事种子、种苗生产的企业；三是农产品加工企业；四是将第一、二、三产业融合在一起的企业。这四类企业在界定或统计时会有一定的重合。但这四类企业，其实有很大区别，制定农业企业的补贴政策时需要慎重考量，确保把补贴给最需要扶持、最有带动作用的企业。各类农业经营主体的特征在表 8-3 中进行了归纳。

表8-3 各类农业经营主体的特征比较

比较内容	小农经济	专业大户	家庭农场	农民专业合作社	农业企业
生产的产品是否主要商品化	×	√	√	√	√
是否具有法人资格	×	×	√	√	√
是否以家庭为单位组织生产	√	√	√	√	×
是否需要注册登记	×	×	√	√	√
财务是否独立核算	×	—	—	√	√

注：√代表是；×代表否；— 代表没有严格要求

8.1.4 农业经营主体分化的理论基础

新型农业经营主体形成的过程就是传统农户分化的过程。家庭联产承包责任制实行后，允许农户自主决定种植品种、安排种植结构是我国农业经营主体分化的起点，而农户获得生产经营自主权为打破农业经营主体高度同质化格局奠定了制度基础。市场经济改革后，农村土地承包经营权流转为新型农业经营主体的形成提供了良好契机，少部分有经营眼光的农户通过流转土地逐步发展为规模经营主体。同时，随着城乡人口流动的限制性规定取消、农业劳动力转移规模不断扩大，农业经营主体的分化进一步加深。要素的流动是新型农业经营主体形成的重要前提。

对农业经营主体分化的内在动力，一种可能的解释是，在利润最大化的目标下，不同经营主体根据自身比较优势分化为不同类型的经营主体，其逻辑路径是“不同农业劳动交易费用不同—各类交易费用综合比较—选择某种形式经营主体”。

家庭型经营主体组织结构简单，以家庭成员为主要劳动力，劳动力成本和管理成本较低，适合劳动密集型的生产环节；合作型经营主体把分散的农户组织起来，在规模化经营服务方面具有优势；企业型经营主体可以与市场有效对接。可见，每种农业经营主体都有其存在的土壤，不存在一个任何条件下都最优的均衡结构，所以要求培育多种形式的新型农业经营主体（图 8-1）。[①]

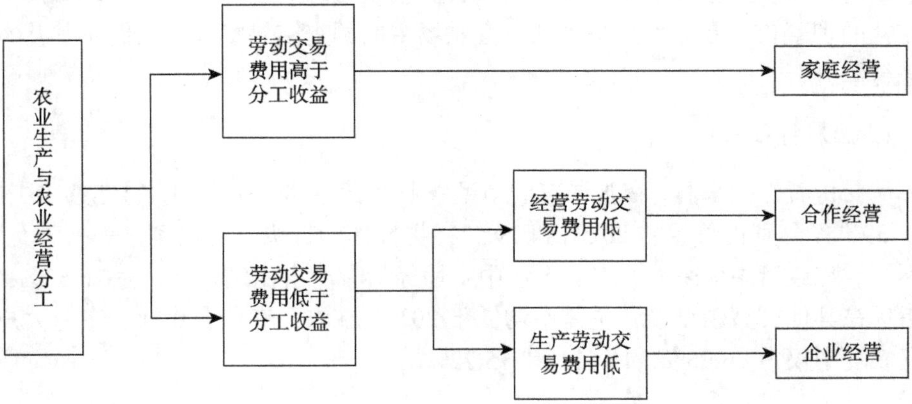

图 8-1 多种经营主体形式共同存在的原因

8.2 新型农业经营主体的基本特征及发展概况

2014～2016 年，本书课题组对新型农业经营主体进行了重点调研。为了与实践中的分类及政府文件结合，本书课题组调研时将新型农业经营主体分为四种类型：家庭农场、专业大户、农民专业合作社和农业企业。这与前文的分类方法没有本质区别，只是将每种类型都具体化了。问卷由以下几部分组成：调查对象基本情况、生产经营情况、土地流转、金融及保险、劳动力及技术运用、社会化服务、内部制度及利益联结等。此外，对合作社额外的合作社管理制度、涉农企业的经营情况进行了深度访谈。调查共收回问卷 287 份，无效问卷 4 份，最终使用有效问卷 283 份，其中，农业企业 49 份，农民专业合作社 59 份，专业大户 46 份，家庭农场 46 份，普通农户 83 份。

① 黄祖辉，顾益康，郭红东. 我国农业产业化经营机制要创新——发挥农户经营、合作经营、公司经营三大制度优势[J]. 农村经营管理，2011，(8).

8.2.1　新型农业经营主体带头人的基本特征

通过对新型农业经营主体带头人即农业企业的总经理（或董事长）、农民专业合作社的理事长、专业大户户主和家庭农场主的调查结果整理，我们对其基本特征进行了分析。

1. 性别特征

从受访者性别来看，在被调查的新型农业经营主体带头人中，男性共 161 位，女性 39 位，分别占总数的 80.5%和 19.5%，男性作为带头人的比例显著高于女性。就不同类型经营主体来看，农业企业中女性经营者所占比例较高，为 26.53%，这一指标在其他类型新型经营主体中均低于 20%，在农民专业合作社、专业大户和家庭农场中仅占 16.95%、19.57%和 15.22%。

2. 年龄特征

从受访者年龄来看，被调查的新型农业经营主体带头人平均年龄为 45.99 岁，最大年龄者为 73 岁，最小年龄者为 24 岁。从表 8-4 中可以看出，年龄在 21～30 岁的带头人占 9.0%，31～40 岁的占 25.0%，41～50 岁的占 31.5%，51～60 岁的占 24.0%，60 岁以上的占 10.5%。通过与第二次农业普查四川的数据对比，可以很明显地发现新型农业经营主体带头人中壮年群体（31～50 岁）的比例 56.5%远高于全省劳动力在该年龄段的平均水平 43.4%，超出 13.1 个百分点。新型农业经营主体带头人中 41～50 岁这个群体比例相对较高。

表8-4　调查样本经营者年龄分布情况

年龄	20 岁及以下	21～30 岁	31～40 岁	41～50 岁	51～60 岁	60 岁以上
调查样本经营者年龄状况	0	9.0%	25.0%	31.5%	24.0%	10.5%
农业普查劳动力年龄状况	4.2%	10.4%	23.7%	19.7%	25.6%	16.3%

注：本部分数据进行过舍入修约，故总和并不总为 100%

资料来源：调查样本经营者年龄状况根据本书课题组 2014～2016 年调研数据整理所得。农业普查劳动力年龄状况数据来自中华人民共和国国家统计局. 中国第二次全国农业普查资料汇编（农业卷）[G]. 北京：中国统计出版社，2009

考察不同类型经营主体带头人的年龄分布，可以发现，各类经营主体中，41～50 岁这一群体均占较大比例，要么最高，要么并列最高（表 8-5），说明新型经营主体带头人总体趋于年轻化。

表8-5　调查样本带头人按经营主体类型划分的年龄分布

年龄		20 岁及以下	21～30 岁	31～40 岁	41～50 岁	51～60 岁	60 岁以上
农业企业	样本数/人	0	6	14	14	10	5
	比例	0	12.2%	26.6%	26.6%	20.4%	10.2%
农民专业合作社	样本数/人	0	5	17	17	14	6
	比例	0	8.5%	28.8%	28.8%	23.7%	10.2%
专业大户	样本数/人	0	3	10	16	13	4
	比例	0	6.5%	21.7%	34.8%	28.3%	8.7%
家庭农场	样本数/人	0	3	10	15	12	6
	比例	0	6.5%	21.7%	32.6%	26.1%	13.0%

注：本部分数据进行过舍入修约，故总和并不总为 100%

资料来源：根据本书课题组 2014～2016 年调研数据整理所得

3. 学历特征

关于带头人的学历，按照经营主体类型划分后发现，新型农业经营主体学历明显高于普通农户群体，最明显的表现就是低学历群体比例低，高学历群体比例高。普通农户小学及以下学历者为 43.37%，而其他各类新型农业经营主体小学及以下学历者均低于 20%，农业企业、农民专业合作社、专业大户和家庭农场的比例分别为 4.08%、13.56%、13.04%和 15.22%（表 8-6），这与我们一般的认知相一致。

表8-6　调查样本带头人按经营主体类型划分的学历分布

学历		小学及以下	初中	高中及中专	大专及以上	样本均值	标准差
农业企业	样本数/人	2	13	12	22	3.18	0.88
	比例	4.08%	26.53%	24.49%	44.90%		
农民专业合作社	样本数/人	8	18	11	22	2.78	1.09
	比例	13.56%	30.51%	18.64%	37.29%		
专业大户	样本数/人	6	26	10	4	2.21	0.77
	比例	13.04%	56.52%	21.74%	8.70%		
家庭农场	样本数/人	7	17	17	5	2.43	0.88
	比例	15.22%	36.96%	36.96%	10.87%		
普通农户	样本数/人	36	33	13	1	1.75	0.75
	比例	43.37%	39.76%	15.66%	1.20%		

注：本部分数据进行过舍入修约，故总和并不总为 100%

资料来源：根据本书课题组 2014～2016 年调研数据整理所得

农业企业经营者学历的均值在所有经营主体带头人中最高，为 3.18，其他三种类型经营主体的学历也均高于 2，即新型农业经营主体的平均学历都在初中及以上。具体来看，四种类型中，农业企业经营者的大专及以上学历比例为 44.90%，是大专及以上学历最集中的群体。四种类型中，农民专业合作社标准差最大，说明农民专业合作社群体学历差异化程度最高。此外，值得注意的是，农民专业合作社带头人曾经或现在在政府相关部门、事业单位工作或者担任村干部的比例达 40.68%，在所有经营者中最高，这与我国现阶段农民专业合作社自上而下的推动方式有关。

4. 培训经历

关于带头人的培训经历，参加过培训的新型农业经营主体带头人有 126 位，占所有新型农业经营主体样本的 63%。其中，农业企业经营者参加过培训的占 71.43%，农民专业合作社带头人参加过培训的占 61.02%，家庭农场主参加过培训的比例为 60.87%，专业大户参加过培训的比例为 58.70%（表 8-7）。与此相对应的普通农户接受过培训的占样本比例的 46.99%，这一比例虽低于新型农业经营主体带头人受训比例，但并不低，说明我国农业培训覆盖面还是比较广的。

表8-7　调查样本带头人按经营主体类型划分的参加培训情况

类型	农业企业		农民专业合作社		专业大户		家庭农场		普通农户	
	样本数/人	比例	样本数/人	比例	样本数/人	比例	样本数/人	比例	样本数/人	比例
参加	35	71.43%	36	61.02%	27	58.70%	28	60.87%	39	46.99%
未参加	14	28.57%	23	38.98%	19	41.30%	18	39.13%	44	53.01%

资料来源：根据本书课题组 2014～2016 年调研数据整理所得

对培训的满意度，专业大户和家庭农场是相对来说认为培训效果好的比例最高的群体，分别为 78.26%和 76.92%（表 8-8）。

表8-8　调查样本对培训的满意度情况

类型	农业企业	农民专业合作社	专业大户	家庭农场	普通农户
效果好	65.52%	68.57%	78.26%	76.92%	58.33%
效果一般	34.48%	22.86%	17.39%	19.23%	33.33%
效果较差	0	8.57%	4.35%	3.85%	8.33%

注：本部分数据进行过舍入修约，故总和并不总为 100%

资料来源：根据本书课题组 2014～2016 年调研数据整理所得

8.2.2　新型农业经营主体的发展概况

新型农业经营主体已成为推进现代农业建设的新主体、新载体，对促进农业产业结构调整、增加农民收入起到了非常重要的作用。截至 2018 年底，全国各类新型农业经营主体总量超过 300 万家，其中，家庭农场近 60 万家，依法登记的农民合作社达到 217.3 万家。①

1. 经营规模情况

农村土地的流转促进了农业规模化经营。以四川为例，截至 2016 年底，全省家庭承包耕地流转总面积达 1 970.3 万亩，比上年增长 21.6%，耕地流转率达 33.8%。在土地流转去向中，流向家庭户（普通农户、专业大户、家庭农场）的面积达 929.0 万亩，占流转总面积的 47.2%；流向农业企业和农民专业合作社的面积为 345.0 万亩和 421.0 万亩，分别占流转总面积的 17.5%和 21.4%，分别比上年提高 0.1 个百分点和 1.9 个百分点。②从表 8-9 中可以看出，被调查的专业大户、家庭农场自身承包面积平均仅为 4.82 亩和 4.65 亩，但平均经营面积达到 557.00 亩和 659.57 亩，其中，经营面积最大的专业大户租赁面积达 17 600.00 亩，最大的家庭农场经营面积达 20 000.00 亩，相当于 2 000 个标准足球场的占地面积。不过由于极值分布会引起偏差，因此同时计算了样本中位数，专业大户的中位规模为 53.65 亩，家庭农场的中位规模为 62.75 亩，而普通农户的平均规模为 4.73 亩，中位规模为 3.15 亩。由此可见，作为新型农业经营主体的专业大户和家庭农场面积远超普通农户。

表8-9　调查样本的经营规模

类型	专业大户		家庭农场		农民专业合作社		农业企业		普通农户
	经营面积/亩	承包面积/亩	经营面积/亩	承包面积/亩	服务面积/亩	带动农户/户	基地面积/亩	带动农户/户	经营面积/亩
平均规模	557.00	4.82	659.57	4.65	1 067.00	156.29	5 160.00	730.65	4.73
中位规模	53.65	4.00	62.75	3.75	456.00	60.00	1 230.00	90.00	3.15
最大值	17 600.00	30.00	20 000.00	15.00	9 036.00	2 110.00	50 000.00	15 000.00	38.80
最小值	0	0	0.20	0	15.00	3.00	0	8.00	0

资料来源：根据本书课题组 2014～2016 年调研数据整理所得

如果说作为家庭经营层次的新型农业经营主体专业大户和家庭农场是在经营规模上完成了突破，那么农民专业合作社则是通过组织模式与利益联结机制的创新，实现农户家庭层次经营上合作经营的规模化。受调查的农民专业合作社平均带动农户 156.29 户，最多的一个合作社社员达 2 110 户，社员平均土地经营规模为 7.6 亩，大于普通农户耕地规模，即参与合作社的成员总体来说经营规模是大

① 新型农业经营主体和服务主体高质量发展规划（2020—2022 年）[EB/OL]. 中华人民共和国中央人民政府网，2020-3-3，http://www.gov.cn/zhengce/zhengceku/2020-03/24/content_5494794.htm.

② 四川省农业厅. 四川省耕地流转大幅提升[EB/OL]. 中华人民共和国农业农村部，2017-3-22，http://www.moa.gov.cn/fwllm/qgxxlb/qg/201703/t20170322_5533666.htm.

于普通农户的，说明规模越大，农户接纳新组织形式的意愿越高。但是合作社的经营中也存在许多问题，之后将会进行详细说明。

就农业企业而言，93.3%被调查的农业企业拥有生产基地，农业企业与农户利益联结机制中，“企业+农户”或“企业+基地+农户”这两种方式占 84.9%，农业企业与农户紧密的利益联结机制既可以保证农业企业原材料的稳定，也可以极大程度地带动农户发展。从调研数据来看，农业企业带动农户的平均规模为 730.65 户，中位数为 90.00 户，创造了可观的社会效益。

2. 家庭型经营主体盈利情况

调查结果显示，新型农业经营主体盈利能力显著强于传统农户。家庭农场与专业大户在盈利能力上表现抢眼，受访主体 2014 年人均净收入分别为 57 022 元和 52 750 元，同期受访的普通农户人均净收入为 12 586 元。查阅相关统计资料，当年四川省农村居民人均纯收入仅为 8 803 元。[①]受访普通农户收入高于全省人均水平的原因一定程度上是因为调研主要目标群体为新型农业经营主体，因此调研地区均为农业在全省范围内相对较发达的地区。

出乎意料的是，农业企业与农民专业合作社的盈利能力并不如预期表现强劲，受访企业 2014 年净利润平均值仅为 193 720 元，甚至不如家庭农场和专业大户户均收入水平，分别为 238 687 元和 216 739 元。企业盈利能力水平也低于其他学者的调研结果。仔细分析调研数据，我们认为造成这一现象的原因可能有两个方面，一方面是因为调研的农业企业以市县级小型农业企业为主，另一方面，由于近几年来，猕猴桃、柑橘等特色优势经济作物行情普遍走高，这些经济作物不太适宜超大规模经营而适宜中等规模经营，从而使家庭型经营主体的收益普遍较高，对比之下，显得农业企业盈利能力不够强劲。

3. 农业企业带动农业农村发展成效

农业企业带动农业农村发展的直接效益表现在三个方面。

第一，提高农产品的质量安全保障。从调研结果来看：所访企业中，农产品平均优质率为 87%，其中，31.2%的企业农产品优质率达 100%。农产品合格率全部在 80%以上，平均合格率为 97.6%，64.7%的企业农产品合格率达 100%，合格率 95%以上的占了近 80%；平均可溯源率为 91.0%，65.2%的能实现 100%可溯源；平均标准化率为 93.5%，占 61.3%的企业实现 100%标准化，标准化率在 80%以下的比例占 12.9%。[②]

---

① 李森. 2014 年全省农民人均纯收入 8 803 元[N]. 四川日报，2015-2-8.

② 蒋永穆，鲜荣生，张尊帅. 工商资本投资农业的现状、问题及对策建议——一个基于四川省省际调研的样本分析[J]. 农村经济，2015，(4).

第二，农业企业有较强的投资农村基础设施的积极性。从表 8-10 中可以比较明显地发现，农业企业投资小型水渠灌溉系统和塘堰的比例比较高，分别为 31.00%和 33.33%。这与水利设施的经济学属性有很大关系，骨干水利工程具有很强的正外部性，因此应由政府主导建设；而小型水利设施受益主体相对较明确，有条件实现排他性或部分排他性，因此农业企业有投资塘堰、小型水渠灌溉系统的动机。这也在客观上提高了我国农村基础设施的建设水平。

表8-10　农业企业投资公益性农业的经营范围

公益性农业类型	比例
小型水库	13.33%
小型水渠灌溉系统	31.00%
塘堰	33.33%
乡镇或区域性农技推广	13.33%
动植物疫病防控	6.67%
小流域水利、基层林业等公共服务机构	6.67%
社会福利	6.67%
公共服务设施	6.67%
农村公共事业	36.67%

资料来源：根据本书课题组 2014～2016 年调研数据整理所得

第三，直接拉动农民增收。调研分析，农业企业下乡前，农民的收入主要包括务农收入、外出务工收入和财产性收入，年均收入 3.5 万元。农业企业下乡后，农民收入构成中可增加租金收入、产业工人工资收入、入股分红收入，即农民收入的构成更加多元化，具体可以分为以下几个部分：土地租金收入、产业工人工资收入、入股分红收入及外出务工收入等。总体来看，年均收入总计为 5 万元，提高了近 50%。

此外，农业企业的生产资本可以带动农村地区公共品的投入和新农村建设中的要素集聚，促进劳动力在各部门间的合理流动，优化资源配置，有助于农村社会化服务管理体系和基础设施的改善。

8.3　新型农业经营主体存在的问题

虽然我国目前已形成以农业企业、农民专业合作社、专业大户、家庭农场四大主体为重点的新型农业经营主体，但各类主体互动不充分、经营规模不够合理、利益联结机制不紧密、发展质量不高等问题仍比较突出，影响新型农业经营主体的长远发展。

8.3.1 各类经营主体之间互动不充分

新型农业经营主体之间的有效互动可以促进生产关系的改善。各类新型农业经营主体并非独立存在，而是各有优劣，需要配合和协作，如家庭农场、专业大户联合形成的农民专业合作社，在购买农资时可以提高谈判能力；单个主体依托合作社能降低建立农产品品牌的成本；在病虫害防治方面，相互合作，产生外部效应；家庭农场、专业大户与农业企业签订农产品收购合同能够克服"小生产、大市场"的弊端，为企业提供稳定货源，也可以缓解家庭层次经营主体销售农产品的困难。

各类经营主体耦合机制不健全，首先表现在经营主体多为独立生产，社会化服务采用率低。调研中，本书课题组将社会化服务根据生产顺序分为种子繁殖、种苗培育等产前环节，播种、植保、灌溉、作物收割等产中环节，农产品储藏、加工和销售等产后环节，以及农田水利、机耕道路等基础设施建设维修四个环节了解经营主体社会化服务采用情况。根据调研结果，独立完成农产品储藏、加工和销售等产后环节的经营主体占 91.17%，独立完成播种、植保、灌溉、作物收割等产中环节的经营主体达 78.45%，而经营主体自己完成种子繁殖、种苗培育等产前环节的占 68.55%。这与发达国家农业社会化服务高度发达形成了鲜明对比，农业生产服务的规模效应还有很大的潜力可挖。

其次，新型农业经营主体作为社会化服务供给主体功能不强。理论上，农业专业合作社和农业企业是农业社会化服务的重要供给力量，但实际中，农业专业合作社和农业企业提供种子繁殖、种苗培育等产前环节服务的仅占 1.67%，提供播种、植保、灌溉、作物收割等产中环节服务的比例为 31.84%，提供农产品储藏、加工和销售等产后环节服务的占 17.59%。不难看出，新型农业经营主体的社会化服务供给主体功能还比较弱。

最后，普通农户与新型农业经营主体之间互动不畅。从调研结果来看，普通农户从供销合作社、农民专业合作社获得服务的仅占 7.23%，与农业企业有过互动的普通农户仅占调研对象的 4.82%，直接与专业技术协会有过对接的仅占 1.2%。村民社会化服务的主要来源还是村集体和农技推广机构，分别为 84.22%和 32.07%。之所以从村集体获得服务较多，主要原因是因为村集体在农田水利、机耕道路等基础设施建设维修等方面发挥的作用。

8.3.2　经营规模不够合理

从四川的调研结果来看，受访新型农业经营主体平均经营规模达 609 亩，就国内人多地少的资源禀赋来说，这个规模确实比较大。但是，土地经营规模不一定越大越好，规模太大会引起管理成本上升，而且不乏非农企业利用其自身雄厚的经济实力以投资农业之名行囤地之实。从调研来看，最大的农业企业经营面积为 50 000 亩，如果是完全市场化的行为，不能说这有什么问题，但如果超大的规模只是为了领取补贴，那么确实是不值得鼓励的。以一个家庭农场经营 100 亩土地为例，50 000 亩的土地可以分成 500 个家庭农场，设一户 2 个劳动人口，5 个居住人口，那么这些土地至少可解决 1 000 个就业岗位，令 2 500 人安居乐业。大面积的流转兼并土地会产生“挤出效应”。调研中，也不乏超大规模的家庭农场和专业大户，最大的家庭农场经营面积为 20 000 亩，最大的专业大户经营面积为 17 600 亩。单说家庭农场，20 000 亩的面积在四川丘陵地区，必然完全靠雇用劳动经营，这样的家庭农场是有违鼓励家庭农场建立的初衷的。

同时，土地用途也存在“非粮化”和“非农化”倾向。调研数据显示，通过出租、股份合作等形式流转的耕地中，40%以上不种粮，而被用作发展优质经济作物、反季节作物、水产养殖等高附加值农业。还有相当比例的业主在经营地域内以“建设配套生产设施”之名过度占用耕地，变相建高尔夫球场、农业庄园等，这不利于现代农业发展和国家粮食安全。

此外，还不应忽视的是，新型农业经营主体经营面积平均值虽然很高，但不乏本身经营面积不大但“被平均”的新型农业经营主体。以家庭农场为例，还有 34.78%的家庭农场经营面积是小于 20 亩的，也就是说，家庭农场平均经营面积 659 亩是被那些有着成千上万亩土地的农场拉高的，经营面积极不均衡，这也从侧面反映了当前家庭农场认定及管理都还不够规范。

8.3.3　利益联结机制不够紧密

我国 280 万家新型农业经营主体经营的耕地占总耕地的 40%左右，另外 60%的耕地由剩下的两亿多农户耕种。[①]小农户与现代农业的有机衔接离不开新型经营主体的带动。然而现实中，新型农业经营主体与农户的利益联结机制还不够紧密。

① 林远. 新型农业经营主体支持意见将出[N]. 经济参考报，2017-4-6.

从合作社与农户来看，部分农民专业合作社内部制度不健全，运作管理随意性大。实践中，在占主导地位的“核心社员+联系社员”模式中，普通农户与少数企业、大户等核心社员处于不对等的地位，该模式面临能人治社与民主决策的困境。调研数据显示，涉及社员向合作社提供什么样的产品、如何定价等问题时，31.25%的合作社是采用主要负责人商议表决的方式。虽然核心成员决议可以提高效率，但也会导致合作社异化成为代表大股东而非全体社员的合作社，导致成本和收益分配不清，经营成果可能被少数负责人占有等问题。同时，利益分配上没有规范建立按照交易量（额）返还盈余的分配机制，社员从合作社得到直接返利的实惠较少的问题普遍存在。

从龙头企业与农户的关系来看，龙头企业主导与基地农户建立产销合作关系比较常见，企业与农户之间还是简单的农产品买卖关系，虽然对农业发展的作用很大，但也存在着机制体制上的先天障碍，企业资本强势和生产农户弱势的问题比较突出。受访对象中，仅有 21.8%的农业企业采取了订单方式与当地农户合作，即使实行了订单联结方式，履约率也不高，只有 40.2%。在与农户的联结方式中，除了订单关系，实行利润返还（16.4%）、股份分红（19.4%）所占的比例较低，农户参与现代产业化经营的主要形式是作为土地流出者和产业工人（30.9%），很难分享农产品加工流通的增值收益。部分地区甚至出现了农业产业化发展越快，产业化发展效益背离农民、农业和农村的倾向越严重的问题。①

8.3.4 新型农业经营主体发展质量有待提高

当前新型农业经营主体在数量规模上已卓有成效，但发展质量和经营水平还有很长的路要走。就家庭型农业经营主体而言，一方面，家庭型农业经营主体经营管理水平与发展不相适应。文献研究表明，国外农场主以拥有农业大学学位的技术人才为主，而在国内农场主的素质参差不齐。从调研结果来看，将专业大户和家庭农场带头人作为一个整体统计，大专及以上学历者仅占 9.78%，高中及以上学历者占 39.13%，不到四成（表 8-11）。另一方面，家庭型新型农业经营主体销售渠道单一，抗风险能力弱。从家庭农场和专业大户的销售渠道来看，普遍只采用一种至两种销售渠道出售产品。销售渠道成员主要为加工企业、合作社、经纪人、商贩。从经营范围来看，家庭农场主要以种养业为主，第一、二、三产业联动不明显。在销售过程中，专业市场信息判断能力的缺乏导致农产品不可避免

① 孙永朋，顾益康. 加快构建新型农业双层经营体制的战略思考[J]. 农业经济，2014，(4).

地出现同质化现象，农产品价格波动剧烈，“卖难”现象时有发生。

表8-11　家庭型新型农业经营主体的学历分布情况

学历	小学及以下	初中	高中及中专	大专及以上
比例	14.13%	46.74%	29.35%	9.78%

资料来源：根据本书课题组 2014～2016 年调研数据整理所得

就合作社型经营主体而言，调研数据显示，28%的合作社资本规模年增长率小于 10%，利润率小于等于 0 的占 20.18%，在 0～0.1 的占 16.51%。合作社带动农户在 100 户以下的占 58%，101～300 户的占 15%，也就是说，73%以上的合作社社员规模不超过 300 人。同时，合作社的实际参合率和参合质量低，虽然入社社员登记率高，但实际只是形式上的入社。

就企业型经营主体而言，其最突出的问题体现在盈利能力不强。2014 年农业企业平均利润额为 19.3 万元，平均利润率仅 2.3%，低于全行业平均利润率，这反映出投资农业的企业运营艰难。盈利能力不强的原因主要来自两个方面。第一，经营成本大幅增加。近年来，农产品生产资料价格波动较大，劳动力要素价格也持续上涨。从调研的数据来看，农业企业的平均员工人数为 99 人，男性员工平均工资为 2 810 元/月，女性员工平均工资为 2 423 元/月。此外，企业经营还面临着雇工难度加大的问题。在调查过程中，有 72.2%的受访对象反映当前劳动力雇用难易程度为困难，其中，78.3%的人认为雇工困难的原因在于本地青壮年劳动力不足。可见，雇工成本的不断上升和雇工难度的持续增加使农业企业面临较大的经营压力。第二，农业经营流动资金需求量大且投资周期长。有研究指出，农业固定资金与流动资金的比例约为 2∶8。[①]工业产品可以边生产边卖，或者低价处理一部分产品救急，而动植物均按自己的生长规律生长，需到成熟时节才可出售，中间持续投资不能间断。农业投资周期长一方面是由作物生长周期决定的，另一方面是由于农业生产不确定因素多造成的。不确定因素有自然因素，也有人为因素。自然因素如天灾，2012 年，全国有 37 443 万亩农作物受灾，其中，成灾 17 212.35 万亩，绝收达到 2 739.45 万亩。[②]人为因素如土地流转不顺，耽误种植季节，一旦耽误动辄便是一年半载。这些不确定因素势必导致投资主体回收期延长。

---

① 魏延安. 农业企业的五个现实问题[EB/OL]. 中国价值网，2015-3-16，http://www.chinavalue.net/Management/Blog/2015-3-16/1161886.aspx.

② 魏延安. 农业企业的五个现实问题[EB/OL]. 中国价值网，2015-3-16，http://www.chinavalue.net/Management/Blog/2015-3-16/1161886.aspx.

8.4 积极培育新型农业经营主体的对策建议

8.4.1 引导新型农业经营主体多元融合发展

要解决各类主体互动机制不充分的问题，就需要引导新型农业经营主体多元融合发展。一方面，培育农业产业化联合体，鼓励建立行业协会和产业联盟。首先，政府可以搭建信息平台，为产业化联合体提供信息服务沟通交流的平台，促进要素流动，为主体提供政策、供求、技术等方面的信息和咨询渠道；其次，搭建“科技下乡”平台，推动高校技术、经济管理等各类专家和技术人员以联合体为通道，为农业经营主体提供服务，解决实际生产中的困难，也提高技术人员对农村发展的了解。

另一方面，鼓励农业企业和农民合作社提供种苗培育、作物收割、农产品储藏、加工流通的社会化服务。通过实现农机作业、统防统治、集中育秧、加工储存等生产性环节的专业化来实现规模效应。构建多元化农业社会化服务主体，为家庭农场和专业大户提供农技指导、信用评价、保险推广、产品营销等公益性、综合性农业服务。

此外，提高普通农户自身的发展能力。鼓励各类经营主体以生产要素（如土地、资金、技术、劳动等）为纽带，积极合作和联合，依法组建农民专业合作社，实现生产、供销、信用“三位一体”综合合作。支持新型农业经营主体带动普通农户连片种植、规模饲养，并提供专业服务和部分生产环节托管等服务。

8.4.2 引导新型农业经营主体适度规模经营

面对当前我国部分新型农业经营主体经营规模不够合理的现状，应着力引导新型农业经营主体适度规模经营。要引导新型农业经营主体适度规模经营，首先，应对各类新型农业经营主体的适度规模有清醒认识，区别对待不同规模级别的主体。根据当地的主要种植作物及种植方式，以家庭农场收入和城市务工收入相齐平或者略高于务工收入的规模，确定适度规模经营的水平，从经验来看，为50～300亩。对上千亩的家庭农场或者上万亩的企业，在市场起决定性地位的前提下，我们没有理由去阻止这种行为，但为了社会整体福利，也不可盲目给予补贴。补贴应发放到真正勤勤恳恳从事农业生产并有利于整体福利提高的经营主体手中。

其次，应注意引导新型农业经营主体集群集聚发展，关注“一村一品”“一县一业”等特色优势产业和乡村旅游基地建设，因地制宜，找准自身定位。参照国家相关规划，积极与粮食生产功能区、特色农产品优势区，以及现代农业产业园、农业产业化示范基地等项目对接。按照比较优势和国家的战略统筹规划，实现农业专业化布局和规模化生产。

此外，必须关注到还有很大一部分已经成为或者期待成为新型农业经营主体的群体，其适度规模的土地要求还无法满足。应在农村土地确权登记颁证的基础上，坚决贯彻落实“三权分置”，放活土地经营权。应完善土地流转平台，多渠道发布土地供求信息，为要素流动提供渠道。鼓励农民按照依法自愿有偿原则，流转土地经营权，促进经营主体适度规模经营。

8.4.3　引导新型农业经营主体多模式完善利益分享机制

从实践来看，典型的经营模式有合作社+基地+农户、龙头企业+合作社+农户+基地、龙头企业+联合社+农户、合作社+家庭农场+农户+基地、大园区+小业主、农民产业园等。经营模式的创新，归根结底无外乎提高组织化的程度，让农民分享我国农业现代化进程中的红利。

就经营业态来说，农业生产用地应向多种功能转变。在确保产能的前提下，开发农业多种功能，以生态农业带动深度旅游，发掘新产业新业态，实现第一、二、三产业的融合。在农村集体经济方面，给小农户入股的机会，提供享受财产性收入的渠道，增进社会公平。

同时，支持龙头企业与农户共同设立风险保障金。受自身发展能力、农业产业弱质性及复杂多变的国内外经济形势影响，并非所有规模经营主体都能很好地从事农业生产经营活动、获得充足的资金流量、保证较高的经营收益。由于缺乏经营能力的资格审查评估制度和流转准入机制，当经营主体面临运营困境倒闭破产时，不仅不能及时兑现农户土地流转租金，还有可能导致流转土地难以复耕，导致风险转嫁给了农民和政府，可能引发一系列社会问题。

8.4.4　引导新型农业经营主体多形式提高发展质量

要提高新型农业经营主体发展质量，应在坚持家庭经营为基础的前提下，分门别类，有针对性地引导新型农业经营主体多形式提高发展质量。

就家庭农场而言，在生产中，逐步提升家庭农场主的经营水平，鼓励其使用规范的生产记录，提升农业标准化经营水平。在经营中，尽可能对财务收支进行准确记录，提高家庭农场的经营管理水平。支持家庭经营层次主体从事大宗农产品生产、保障商品农产品供给，充分发挥家庭经营成员利益高度一致、劳动监督成本低的优势。

就农民专业合作社而言，引导其加强民主管理、民主监督，发挥成员积极性。健全合作社的财务管理、内部监督、收益分配等制度，建立合作社专门账户，要鼓励发展多元化、多类型的新型合作社，规范开展土地股份合作、内部信用合作、加工流通业务和发展联合社，不断拓宽合作领域，创新合作方式，让合作社成员完成从“形式上”入社到“实质上”入社。①

就农业企业而言，鼓励农业企业通过兼并重组，建立现代企业制度，实现转型升级。第一，优化农业企业的产品结构，利用龙头企业先进的技术装备、资金实力和管理水平，提高高附加值农产品生产份额，提升农产品质量安全水平，引领现代农业发展。第二，强化品牌建设，发展高端农产品，推动企业集群发展。第三，鉴于农业企业投资回收期长的特点，在金融贷款方面给予倾斜考虑，提高龙头企业市场竞争力。

① 张红宇. 深入实施培育新型农业经营主体重大战略[J]. 农村经营管理，2016,（9）.

第 9 章　完善农村基本经营制度的基本路径三：统一经营组织化与社会化

我国党和群众充分发挥首创精神，在各地实践中逐渐探索出了农村基本经营制度的不同实现形式。在不同的实现形式中，统一经营组织化与社会化都发挥了重要的作用。统一经营组织化主要是指农民的组织化，以集体经济组织和各类新型农业经营主体为依托将农民组织起来进行农业生产，改变一家一户单打独斗的生产方式。统一经营社会化主要是指构建新型社会化服务体系，为农业生产提供产前、产中、产后全过程综合配套服务的体系，解决统一经营的后顾之忧。本章将主要对统一经营组织化与社会化的实现途径进行阐述。

9.1　发展壮大农村集体经济

农村集体经济是指主要生产资料归农村社区成员共同所有，实行共同劳动，共同享有劳动果实的经济组织形式。农村集体经济是建立在农村土地集体所有制的基础上的，充分体现了农村基本经营制度质的规定性。同时，发展壮大农村集体经济对完善家庭经营、推动适度规模经营、维护农民权益等具有重要意义，是完善农村基本经营制度的必然要求。但当前发展壮大农村集体经济还需要解决不少的矛盾和困境。

9.1.1 发展壮大农村集体经济的现实意义

1. 发展壮大农村集体经济有利于提高农业生产规模效益

以农村集体经济组织为基础进行农业生产可以改变一家一户小规模生产模式生产成本较高的状况，形成规模经济。具体体现在三个方面：一是降低成本。分散的家庭经营中农户从产前到产中再到产后大多亲力亲为，生产成本较高，而集体经济可以对生产资料和服务在一定程度上进行统一供给，大大降低了农户的生产成本。二是提高专业化程度。组织化的农业生产可以提高农业生产的专业化程度，而专业化程度直接关系到生产效率。这里的专业化程度有两层意思，既指专业的农业生产将农村转移人口和农业人口区分开，减少兼业型农民，让留在农村的一部分人口加入合作组织后有能力进行农业生产；又指农业生产内部的专业化，农业生产规模提升后，会带来产业内部的分工，让不同的生产者集中进行某一项工作，改变现在所有农户都进行“一条龙”式生产的现状。三是提高机械化程度。毛泽东同志曾精辟地指出：农业的根本出路在于机械化。[①]但分散的家庭经营受到劳动单元分散和土地细碎化制约，往往难以应用大型机械，构建多元化的组织体系可以在连片的土地上集中进行生产，为农业机械化提供可能。

2. 发展壮大农村集体经济有利于解决信息不对称

在分散的家庭经营中，每一户农户和农产品经销商都要直接面对市场，存在严重的信息不对称，农产品供给方和需求方所面临的外生交易费用都较高。具体来说，一方面，分散经营的农户是有限理性的小农。有限理性体现在：一是独立生产导致的生产活动落后于市场变化；二是个别行为容易导致集体的非理性行为。另一方面，农产品经销商在收购农产品时也存在信息不对称导致的交易成本。由于供给主体较多，农户行为对其长期收益和关联收益的影响较小，“声誉对于供给者的影响较小”。在以集体经济组织为基础的农业生产中，一方面，组织化的农业经营主体增强了市场双方的对等性，增强了其行动的一致性和协调性。另一方面，化解了农户和市场的衔接问题，降低了农产品的供给成本。

3. 发展壮大农村集体经济有利于抵御风险

在信息不对称部分我们对市场风险进行了阐述，实际上除了市场风险外，农业往往会受到气候、自然灾害、农业技术、国家政策、农业成本等不确定性因素

---

① 杨少垒，蒋永穆. 中国特色农业现代化道路的科学内涵[J]. 上海行政学院学报，2013，(1).

影响，而这些因素大多无法人为控制，导致农业生产具有较高风险。同时，我国农业保险品种不丰富且覆盖面不够广，政策性农业保险在制度上还不完善，导致农业生产对风险的抵御能力较弱。在分散的家庭经营中，农户不得不单打独斗，气候剧变、病虫害流行、成本提高等危机往往会对生产带来毁灭性打击。在组织化的农业生产中，第一，由农业组织统一进行风险评估和防范将大大降低生产成本，可以更好地未雨绸缪；第二，当危机到来时，农业组织有更强的人力、物力来进行对抗；第三，组织相对于个人能够提供更好的信誉保障、实物抵押、谈判资本，有利于金融与保险支持向农业生产倾斜。

4. 发展壮大农村集体经济有利于增强农业管理与服务

农村集体经济组织在增强农业管理服务方面，同样起到了重要作用。一是对农村集体经济组织内部的农业经营者进行管理和服务。二是将管理和服务辐射到农村集体经济组织周围的农业生产。由于长时间以来农村的行政管理机构如村民委员会等和农村集体经济组织在组织建设上有所重合，即“一套人马，两套班子”，所以农村集体经济组织对当地农村还肩负起了提供无偿公共服务的使命。具体来说，发展壮大农村集体经济有利于促进农村公共产品集体供给体制的形成，改善当前农村公共产品缺失的情况。同时发展壮大农村集体经济还有利于促进政府以其为载体，进行农业社会化服务的统一供给。

9.1.2　农村集体经济存在的问题

农村集体经济在农业组织化经营中应起到基础性作用。现阶段我国农业生产社会化程度较低，通过集体经济将农民组织起来发展生产、提高生产组织化程度和现代化程度，对做好“统”这一层次的农业生产具有重要意义。但由于市场经济的冲击和城镇化的虹吸，不少集体经济组织开始萎缩衰落，“空壳化”情况不断加剧。具体表现在以下几个方面。

1. 农地集体所有权落实困难

一是农地集体所有权主体不明。农地集体所有权的主体表现为“村组农民集体—村级农民集体—乡（镇）级农民集体”三级主体层层包含、相互并存。哪一级为权利主体？是村组农民集体、村级农民集体，还是所在的乡（镇）级农民集体？迄今为止，还没有法律法规对此进行明确的界定。农地集体所有权主体的模糊性和多元性，导致农民的土地权益无法得到科学有效的保护，甚至出现“一权多主”的现象[①]，可能导致“公地悲剧”。并且三级“农民集体”之间“你中有我，我中有你”，一旦大集体与小集体产生利益矛盾，可能导致小集体的利益受损。

二是农地集体所有权权能虚化。由于农地集体所有权主体呈现出典型的模糊性和多元性特征，使农地所有权主体之间权、责、利关系无法清晰界定，最终可能导致农地集体所有权主体权能虚化，具体表现为：第一，使用权能不完整。使用权能的实现主要是通过发包权来实现的，确权之后村集体组织将失去对集体土地的发包权，农地集体所有权权能面临虚化的风险。第二，收益权能不完整。农地所有权的实现形式在于是否拥有较为完整的收益权能。然而，众所周知当前农地集体所有权的收益权能被严格限制，因为农地所有权主体无法直接在二级土地市场上进行交易，因此，农地集体所有权的收益权能不完整。第三，处分权能不完整。农地集体所有权权能的核心在于处分权的实现，然而我国农地集体所有权的处分权能也受到了严格的限制，不能随意处分农村集体经济组织所有的土地。

三是农地监督管理混乱，农民根本权益受到侵害。农地集体所有制是我国农村土地制度的核心，我国农地监督管理机制不健全、利用方式较为粗放，农地集体所有权权能弱化与虚置，使农民的根本权益受到侵害。首先，农地监督管理机制不健全。虽然法律规定农地集体所有权主体属于农民集体，但还没有法律法规对此进行明确的界定，也没有明确规定“村组农民集体—村级农民集体—乡（镇）级农民集体”三级主体的监督管理组织。其次，集体建设用地利用较为粗放。例如，农村宅基地使用管理混乱，其中农村一户多宅、宅基地面积严重超标、宅基地闲置浪费等问题较为普遍。最后，农地集体所有权权能弱化与虚置，农地监督管理混乱导致农村集体土地征用不规范、不科学，农民的土地根本权益受到严重侵害。

2. 组织化程度较低且缺乏支撑

农村集体经济组织本来应存在多种组织形式，如各种联合社、合作社等。但相当长一段时期以来，农村集体经济组织主要以商业协会和专业合作组织的形式存在。其原因既包括自身发展能力的不足，也包括农业经营制度的制约。组织形式单一导致最明显的后果就是组织程度较低且存在“空壳化”情况。农村集体经济组织在组织体系及制度规范方面都存在很多缺陷，组织经营者渐渐被村党支部和村民委员会成员兼任。村党支部和村民委员会成员成为集体经济资源的经营者、管理者和分配者，这就带来了经济行为行政化、资本难以升值甚至变相流失的问题。集体经济组织的组织化程度不高与“空壳化”导致了其在农业组织化经营第一线的缺位。农村集体经济在农村公共基础设施、农田水利建设、村民福利保障

① 蒋南平. 中国农村土地集体所有权问题研究[J]. 经济学动态，2009，(9).

等方面本应发挥重要作用，但现实情况是，我国许多农村集体经济组织空有其名，提供管理服务及发展经济和积累的各项功能难以实现。①

同时，我国不少集体经济缺乏支撑。集体经济组织往往难以将集体资产盘活，经营性收入始终难以占据主要地位，财政转移、补助收入和租赁管理收入成为集体经济收入的主要来源，收入来源相对较窄。一些发达地区经营性收入有所提高，但仍难以挑起大梁。以 2015 年江苏省的一项调查报告为例，综合 49 个行政村，财政转移和补助收入成为村集体经济收入的重要来源。按照各项收入占总收入比重由高到低排列，位列第一的是财政转移和补助收入。②

3. 经营管理不完善

农村集体经济组织的管理不完善体现在三个方面。第一，农村集体经济组织成员组成复杂，管理难度较大。其成员大多较为分散，合作意识、法治意识等较为淡薄，不少成员只是在集体经济组织中挂名，并未实际参与生产，导致管理难度较大。第二，农村集体经济组织管理人员参差不齐，凭经验、人情进行管理仍然是农村集体经济组织管理的主要形式，这必然导致管理的不规范和低效。第三，农村集体经济组织管理机构不完善，一些如监事会、理事会等机构设立不完善或在功能上存在缺位。这就导致了集体经济的财务管理往往存在财务制度不健全或执行不严格、集体资产与财务账目管理混乱等问题，导致集体经济运行效率较低。突出体现就是集体经济组织的负债问题。全国相当一部分村集体都存在不同程度的债务问题，而西部地区更加严重，集体经济的负债已经具有普遍性。③

4. 法律规范不到位

农村集体经济组织离不开法律和制度的支撑和保障，但目前我国农村集体经济组织还存在很多法规建设方面的缺陷。一是农村产权不明晰。我国农民集体所有的土地虽然明确规定属于集体所有，但乡镇、村级、村民小组等在集体资产所有权上还存在一定的交叉和重叠。二是组织功能不明晰。一般来说，村民委员会与农业经营主体一个是行政主体，一个是市场主体；一个偏重社会事业与社会服务，一个偏重生产经营与市场竞争，二者应该有明确的界限，但我国集体经济组织往往兼具这两类主体的功能和职责。《中华人民共和国宪法》第十七条规定："集体经济组织在遵守有关法律的前提下，有独立进行经济活动的自主权。"但《中华人民共和国民法通则》《中华人民共和国农业法》等规定："农民集体所有的土地依法属于村农民集体所有的，由村集体经济组织或者村民委员会经营、管理。"这

① 梁昊. 中国农村集体经济发展：问题及对策[J]. 财政研究，2016，(3).

② 包宗顺. 村级集体经济运转情况分析[J]. 江苏大学学报（社会科学版），2015，(5).

③ 陈亚东. 西部地区村级债务形成与化解研究——以重庆市为例[J]. 理论与改革，2014，(4).

一功能和职责的重叠导致了集体经济组织的低效和集体资产被侵蚀。

5. 政府扶持和引导不够

政府在引导农村集体经济组织的建设中应扮演重要的角色，但实际上，当前某些地方政府还未能较好地完成职责。一方面是某些地方政府的支持体现得不充分。如有的地方政府未能提出行之有效的支持政策，有的地方政府虽然出台了政策，却在实施中难以落到实处或缺乏配套政策。这种支持的不充分体现在信贷服务、信息技术服务、供销服务等集体经济组织进行农业生产的关键环节。另一方面是某些地方政府的引导方式不够完善。在农村集体经济组织的发展过程中，政府应更多地扮演支持者、监管者的角色，在具体过程中应以引导为主，加强市场的作用。但在实际操作过程中，一些官员在思想上较为滞后，在行动上出现偏差，导致某些集体经济组织在组织和运行上出现了偏差，甚至有用强制代替引导的行为，使某些集体经济组织囿于村集体的权力之中。

6. 农民合作意识欠缺

当前，我国农民的合作意识欠缺也是农村集体经济组织发展落后的体现之一。这一现象源于多方面原因。一方面，农民对集体经济组织缺乏信任。从农民的角度来看，农民参与组织合作时，首先考虑的是自己的利益和短期的利益。因此在进行具体合作时，当短期内无法获得预期收益或所需成本高于他们的预期成本时，农民就会选择不与集体经济组织合作，甚至出现违约行为。从集体经济组织的角度来看，不少集体经济组织在构建时没有切实考虑农民的收益和产业的发展，只是为了成立集体经济组织，因而没有形成紧密的利益联结方式，不易获得农民的信任。从政府的角度来看，存在宣传推广不到位的情况。农民自身受教育程度较低，对新事物的接受能力相对较差，如果政府不能及时将集体经济组织的优势、运行方式、收益进行宣传和推广，广大农民就难以接受集体经济组织的多种形式，也就更谈不上对其的信任了。另一方面，农村集体经济组织合作发展的能力还有待提高，其经营方式过于单一，缺乏与外部合作，产生了小生产与大市场之间的矛盾，也产生了集体经济组织之间相互隔绝的问题。

9.1.3 发展壮大农村集体经济的政策建议

完善农村基本经营制度需要发展壮大农村集体经济，发挥农村集体经济组织的功能作用。面对现实的困难和窘境，需要优化农村集体经济组织发展的内外部环境，并在现实基础上实现其发展壮大和跨越升级。①

1. 加快产权制度改革

农村集体产权制度改革，需要集体经济组织在坚持农民集体所有的前提下，创新承包耕地产权、集体经营性建设用地产权、宅基地产权、林权、水权等的实现形式，同时按照股份合作制的原则，将集体资产折股量化到人，由农民共同所有转变为农民按份共有的产权制度改革。经过不断探索，各地在落实农地集体所有权的实践中形成了一些典型模式。

一是村域龙头企业带动型模式。村域龙头企业较多发源于早期的一些初具规模的村办集体企业。经过集体改制，这些村办集体企业彻底从村级组织中独立出来实现市场化运营改革。然而，村域龙头企业与民营企业有本质的区别。由于村域龙头企业发源于村办集体企业，发展初期常常受到村域所在地方政府的财政扶持，如农村建设用地的供给支持、税收方面的优惠。发展壮大后又开始通过利润反哺村域集体经济组织，税收反哺地方政府发展，岗位反哺农村剩余劳动力就业，并且将企业高效的运营管理模式与村集体组织自治管理相结合，形成村域龙头企业与农村集体组织共同发展、互帮互助的带动型模式，如江苏省张家港市永联村村域龙头企业带动型模式——永联模式（案例 9-1）。

案例 9-1　江苏省张家港市永联村村域龙头企业带动型模式——永联模式

永联村是江苏省综合实力最强的村庄之一，也是江苏省远近闻名的"首富村"。永联村位于江苏省张家港市东北部，村域综合实力排名全国第三，经过几十年的改革发展，逐步形成了以永钢集团为主导的村域龙头企业带动型模式——永联模式。

改革开放以来，永联村坚持党的领导，确立了"以钢兴村、以钢强村"的战略发展定位，形成了以村域龙头企业——永钢集团为带动的集体经济发展模式。永钢集团源起于 1984 年永联村党支部创办的村办集体企业——永联钢铁厂。发展初期，受到了村域所在地方政府的大力扶持，如为永联钢铁厂厂房建设提供了充裕的农村集体建设用地支持，给予了永联钢铁厂税收上的优惠等。经过近十年的发展，1993 年永联钢铁厂重组升级为江苏永钢集团，并且分配了 25%的股份给永联村集体经济组织，由村域集体内的 10 400 名村民共同持有。永钢集团通过利润反哺永联村集体经济组织，税收反哺永联村所在的地方政府，推动地方经济发展；就业岗位反哺永联村农村剩余劳动力，有效解决了农民再就业问题；并且将永钢集团高效的运营管理模式与村集体组织管理相结合，提升了永联村集体组织

① 王守智. 集体经济组织在新一轮农村改革发展中的功能、困境及出路[J]. 长江论坛，2009，(3).

管理的水平，进一步夯实了农村集体经济（图 9-1）。

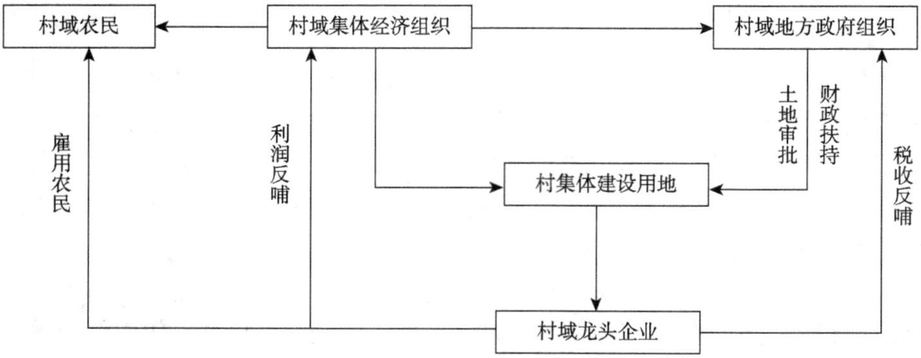

图 9-1　村域龙头企业带动型模式示意图

资料来源：王子强. 苏州市农村集体经济发展模式与村庄规划创新[D]. 苏州：苏州科技学院硕士学位论文，2012：33

村域龙头企业带动型模式是以村域龙头企业为载体，通过村企共享农村集体土地，共建农村集体经济来落实农村集体所有权，进一步夯实村域集体经济基础，该模式的核心在于村域龙头企业资本的有效运作，因此该模式一般适合于经济发展水平与开放程度较高且村域企业发展较好的东部沿海地区。

二是村域（或社区）物业租赁主导型模式。随着城镇化进程的不断加快，地处中心城镇城郊村域（或社区）受到产业升级转移及中心城市扩张的辐射，在坚持农地集体所有性质不变的情况下，通过“增减挂钩”置换集体建设用地指标，成立村域（或社区）股份合作社，吸纳村域（或社区）集体内的村民闲散资金，由村域（或社区）集体经济组织牵头，科学规划投资建设标准化的村域（或社区）商用厂房、农村贸易市场、中小型购物中心、居民公寓楼等，着力发展中心城镇城郊村域（或社区）物业租赁主导型经济，进一步夯实农村集体经济，如湖北省孝感市孝南区村域（或社区）物业租赁主导型模式——沙沟模式（案例 9-2）。

案例 9-2　湖北省孝感市孝南区村域（或社区）物业租赁主导型模式——沙沟模式

湖北省孝感市孝南区位于湖北省北部，共辖 449 个建制村（或社区），该区域地理位置较为优越，尤其是城郊村域（或社区）经济发展较好。孝感市孝南区城郊村域（或社区）结合自身优势资源，逐渐形成了独具特色的村域（或社区）物业租赁主导型模式——沙沟模式，使村域（或社区）集体经济不断夯实。孝南区沙沟社区就属于典型的城郊村域（或社区）。

近年来，沙沟社区充分利用自身的地理位置优势，在坚持农地的集体所有权性质不变的情况下，通过“增减挂钩”置换集体建设用地指标，由沙沟社区的股份合作社组织或沙沟社区“能人”牵头，在符合法律法规的前提下，科学规划投资建设标准化的村域（或社区）商用厂房，将厂房租赁给招商引资企业，按年取得物业租赁收益分红；投资建立了蔬菜批发市场，为孝感周边城区菜商菜农的蔬菜交易提供交易平台和服务；因地制宜整合闲置资产，建立中小型百货超市，推动第三产业的发展（图9-2）。

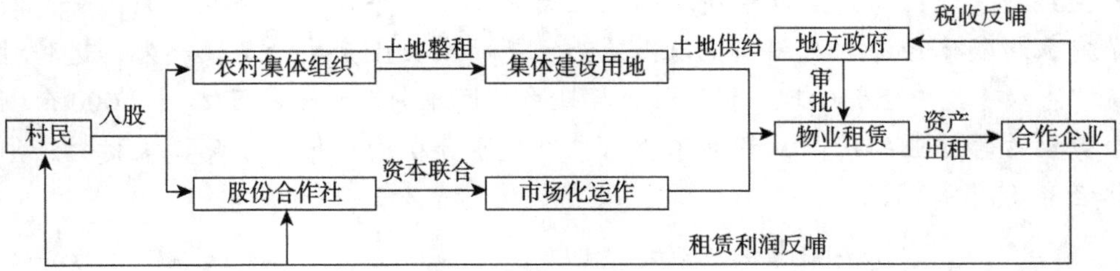

图9-2　村域（或社区）物业租赁主导型模式示意图

资料来源：龚旭辉. 关于村级集体经济发展壮大的思考——以湖北省孝感市孝南区为例[D]. 武汉：华中师范大学硕士学位论文，2014：56

村域（或社区）物业租赁主导型模式在于将农村集体建设用地在不违背国家法律政策的前提下置换成建设用地指标，通过科学的资本化运作，深入发展物业租赁经济，进而促进村域（或社区）集体经济的发展，村民（或居民）收入的提高，实现农地集体所有权的落实。但一般该模式适合地理位置较为优越，靠近城郊的中心村（或社区）发展。

三是村域股份合作主导型模式。村域股份合作主导型模式必须坚持以“合法、合规、自愿、有偿”为基础，以农地集体所有的性质不变为前提，以村域农民土地承包经营权入股为抓手，通过组建村域股份合作社组织，把以土地为主导的农业生产要素集聚起来，以折价入股的方式注入村域集体经济组织，同时吸纳部分社会资本和村域农民个人闲散资金入股，选聘村域“能人”进行职业化经营管理，因地制宜打造村域股份合作社或股份合作企业，进一步夯实村域集体经济基础，如贵州省六盘水市盘州市股份合作主导型模式——莫西里模式（案例9-3）。

案例9-3　贵州省六盘水市盘州市股份合作主导型模式——莫西里模式

莫西里村位于贵州省六盘水市盘州市坪地乡，全村共计1 366户农民，大约4 756人。十年前，莫西里村属于典型的集体经济“空壳村”，在全县范围内村域经济发展相对比较落后，属于典型的贫困山村。

近年来，莫西里村积极坚持以市场为引领，通过组建村域股份合作社组织，把以土地为主导的农业生产要素集聚起来，以折价入股的方式注入村域集体经济组织，选聘村域“能人”进行职业化经营管理，进一步发展壮大莫西里村集体经济，让过去的“空壳村”变成如今的“小康村”。以坪地乡莫西里村等地为代表，坚持以“合法、合规、自愿、有偿”为基础，以农地集体所有的性质不变为前提，统一规划农村集体土地约 650 亩，组建村域土地股份合作社组织，选聘村域“能人”进行农村集体土地职业化集中经营管理，主要经营管理方式有：一是合作社自主经营管理；二是发包给村域的农业大户；三是合作社与企业共同经营；四是建立村集体经济创业园。把以土地为主导的农业生产要素集聚起来，选聘村域“能人”集中经营管理。据统计，坪地乡莫西里村共计解决了本村 2 000 余剩余劳动力再就业的问题，带动了全村农民致富奔小康，振兴了莫西里村村级集体经济（图 9-3）。

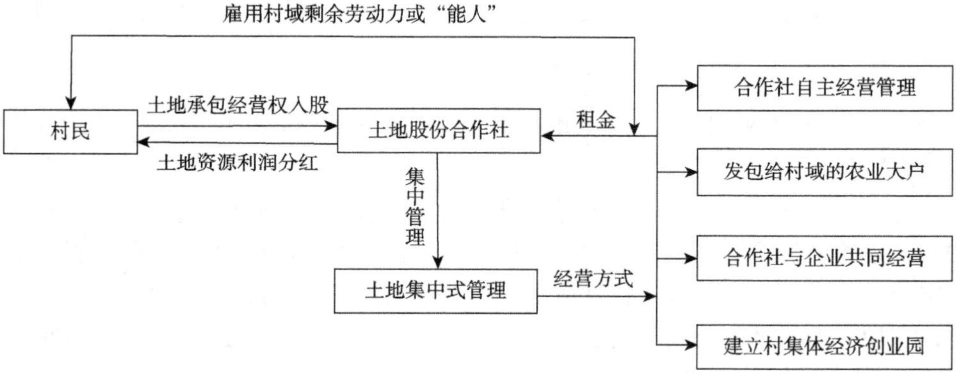

图 9-3　村域股份合作主导型模式示意图

资料来源：薛德顺. 六盘水市村级集体经济发展研究[D]. 武汉：华中师范大学硕士学位论文，2015：45

村域股份合作主导型模式在于以土地经营权为核心，通过入股等流转方式，把以土地为主导的农业生产要素集聚起来，将土地等农业生产要素科学合理地匹配到新型经营主体手中，实现土地农业生产要素的市场化优化组合，结合自身优势，因地制宜开展农业适度规模经营，发展农村集体经济，落实农地所有权。

这三种实现模式各有利弊，其对比如表 9-1 所示。

表9-1　集体经济发展模式的对比分析

模式	代表地区	自然条件	经济水平	经营主体发展程度	优点	缺点
村域龙头企业带动型	张家港市永联村（东部）	沿海	高	高	村域龙头企业带动作用强，企业与农村共同发展	准入条件高，需要发挥规模效益，要求具备较强经济基础

续表

模式	代表地区	自然条件	经济水平	经营主体发展程度	优点	缺点
村域（或社区）物业租赁主导型	孝感市孝南区（中部）	平原	中	中	建厂房、农贸市场等，推动招商引资，收益高	地理位置选择至关重要，市场风险大，成本高
村域股份合作主导型	六盘水市盘州市（西部）	山区	低	低	准入条件低，发挥土地效益，集中力量办大事	农民变股民，农民的权益保护问题严峻

2. 完善管理体制

第一，要进一步完善农村集体经济组织的制度和章程，使组织运行、决策方式等实现制度化、规范化，维护集体经济组织的形象和利益。第二，构建集体经济组织内部的利益联结机制，维护其中各主体的利益。第三，加强监督监管，提升集体经济组织各类事务尤其是财务事务的透明度。第四，优化组织形式，推动组织升级。

3. 促进法律规范

发展农村集体经济组织，必须有良好的法制环境来保障。农村集体经济组织的法律规范有两个重点，一是确定农村集体经济组织独立的法人资格，只有法人资格得到确立，才能明确其在进行经济活动时的权利和义务。《中华人民共和国农民专业合作社法》明确规定了农村集体经济组织应具有独立的法人资格。但随着国情和农情的不断变化，农村集体经济组织的方方面面必将发生比较大的变化，这就要求对农村集体经济组织法人地位的认识和确立必须不断丰富和完善。二是在确定其法人地位的基础上，促进其规范运行。比如在组织上，农村集体经济组织作为一个市场主体必须保证其成员在加入和退出上享有充分的自由和民主，其管理经营者必须民主产生。再比如要依法规范其产权关系，明晰产权归属，细化利益联结，保证其功能正常发挥。

4. 加强政府引导和支持

当前农村集体经济组织在发展过程中还存在政府引导和支持不到位的情况。对此，首先需要加强政府的管理和服务能力，在金融服务、用地、税收等方面给予农村集体经济组织更多政策支持。其次对农村集体经济组织进行一定的资金补贴，以补齐农村集体经济组织发展的现实短板，鼓励其加快发展。在此，无论是优惠政策还是直接支持，都需要政府将其落到实处，坚决贯彻这一系列政策，使其切实地发挥作用。

同时，政府的引导和支持重在树立一批有经验、有能力、能带动的集体经济组织，通过这些农村集体经济组织的带动，促进其他农村集体经济组织在组织构建方式、生产经营方式等方面加强自身的发展。

5. 鼓励农民合作

农民是农村集体经济组织最主要的成员，也是农业生产最基本的单元，发展壮大农村集体经济组织离不开农民的合作。但当前农民的合作意识并不强，对此，要加大宣传教育的力度，让农民了解农村集体经济组织的优势和好处，进而促进二者合作。一方面要加强对农村集体经济组织法律地位和在农业生产上的优势的宣传，加强农民对其的认同。另一方面要通过树立和宣传农村集体经济组织案例，激发农民参与农村集体经济组织的热情。

从农村集体经济组织的角度而言，要加强自身发展，实现自身力量、管理水平和宣传能力的提升，加强农村集体经济组织的经济实力和吸引力，增强农民的合作意愿。

9.2 构建紧密型的统一经营利益联结方式

除农村集体经济组织外，广大农户和新型农业经营主体也是组织化统一经营的主体。在农业生产中，由于各主体之间存在利益交叉，统一经营的利益联结方式就显得尤为重要。但当前这些主体之间的利益联结还存在一些问题，使其利益受到损害，农业生产受到不良影响。促进统一经营的组织化就必须构建紧密型的统一经营利益联结方式。在统一经营的实践中，各类主体间有合作社+基地+农户、龙头企业+合作社+农户+基地、龙头企业+联合社+农户、大园区+小业主及农民产业园等多种联结方式，但其基本主体是农户、新型农业经营主体、农村集体经济组织，本节主要围绕这三类主体间的利益联结方式进行研究。

9.2.1 构建紧密型的统一经营利益联结方式的现实意义

紧密型的统一经营利益联结方式是农业经营组织之间的纽带，促使不同主体更好地发挥作用。

1. 保障农户收益

利益是人们进行经济活动的出发点，而获取收益是人们进行经济活动的目的。农户在参与统一经营组织化过程中表达出明显的利益诉求，组织化的过程归根到底就是把分散经营的单个农户家庭组织起来，让农民在农业规模化经营中更多地受益。但事实上农户与农民专业合作社、农业企业打交道时往往处于弱势地位，利益可能受到侵害，如得不到返利分红等。构建紧密型的统一经营利益联结方式体现了生产资料共同所有或生产过程共同参与，客观上要求收益共享的基本原则。通过制度建设和法治建设可以保障农户的收益，提高农户参与统一经营组织化的积极性。

2. 保障新型农业经营主体的利益

松散的利益联结方式不仅会损害农户的利益，在很多情况下还会损害新型农业经营主体的利益，对统一经营造成危害。新型农业经营主体与农户之间利益联结机制的外在表现是两者之间的利益联结形式，内在含义是两者之间利益分配的规则。新型农业经营主体与农户之间的利益联结机制有多种形式，如合同式、合作式、企业化式、股份制等，不同联结形式的松紧程度、双方主体风险承担、交易费用均存在差异，在较松散的利益联结形式中，农户契约意识较弱的特点被凸显，对新型农业经营主体的利益带来了直接损害。构建紧密型的统一经营利益联结方式，在能够获得合理利润的前提下，形成新型农业经营主体与农户之间利益共享、风险共担的有机结合，这对保障新型农业经营主体的利益，实现双赢具有重要意义。

3. 有助于统一经营组织规范发展

分工明确是现代经济组织的一个重要特点，而困扰农业组织经营主体的一个重要问题就是机构不全、管理不清。构建紧密型的统一经营利益联结方式需要农业组织经营主体的决策机构、监督机构和经营机构各司其职，这有助于统一经营组织规范发展。以农民专业合作社为例，具备紧密型的统一经营利益联结方式的合作社一般设有理事会和监事会。理事会多对合作社的组织形式、财务、人事等进行规划和管理。监事会则对合作社的业务经营情况、理事会成员的履职情况、合作社的财务收支执行情况进行监督，并按章程规定向合作社社员大会提交年度监察报告。①

---

① 申云，贾晋. 土地股份合作社的作用及其内部利益联结机制研究——以崇州“农业共营制”为例[J]. 上海经济研究，2016，(8).

9.2.2 构建紧密型的统一经营利益联结方式的问题

当前我国统一经营中，农户、新型农业经营主体、农村集体经济组织之间在利益联结上还存在一定矛盾，冲突时有发生，紧密型的利益联结方式还有待形成。

1. 不同主体间存在对立

农业企业与农户在一定程度上存在对立。中国特殊的农情决定了中国不能建立欧美国家式的公司制大农场，因此当前我国农户和农业企业之间的联结方式主要还是以契约和订单为主。在契约和订单尚不够发达的现在，这一联结方式容易导致一些问题，最主要的就是农民和企业之间在一定程度上的对立。例如，农民更关注自身的利益和短期的利益，在与企业合作时容易出现不规范的生产行为，导致企业要付出较高的监督成本。又如企业单纯地追求利益与效益，在与农民合作的过程中容易忽视农民的合法权益和经济利益，也难以通过多种方式激发农民的生产热情。①

2. 主体行为不规范

农户与新型农业经营主体在合作之间均存在机会主义行为。农户和新型农业经营主体具有一个相同的特点，即既是追求个人利益的理性“经济人”，又存在非理性特点，因而容易导致各种违规行为。例如，在农户与新型农业经营主体进行市场交易的过程中，经常出现一些不执行合同协议，或缺斤少两、掺杂使假的现象；另外，一些新型农业经营主体缺乏诚信，在利益发生矛盾时只顾自身利益，以低价压缩农户利益来减少自身亏损。②这些违规行为严重影响了集体经济组织的健康运行。

集体经济组织缺位。一方面，集体经济组织中介职能有待完善。集体经济组织或其领办的合作社很多时候扮演了农户与其他新型农业经营主体间中介的角色，形成以分散的经营农户为基础，中介组织为依托，以“中介组织+农户”或“公司+中介组织+农户”的组织模式，围绕某一项产业或一个品种的统一经营。但实际上这类中介组织发展缓慢，空壳化情况严重，经常起不到应有的纽带作用。另一方面，集体经济组织内部利益失衡。集体经济组织领办的合作社作为农户与农业企业的中介机构，在实际运行过程中，多采用合作社代理人的

① 廖祖君，郭晓鸣．中国农业经营组织体系演变的逻辑与方向：一个产业链整合的分析框架[J]．中国农村经济，2015，(2)．

② 肖静，刘小芬．企农利益联结模式研究[J]．农业经济，2013，(6)．

形式与企业交涉。代理人表面上是为达到农户和合作社的利益最大化，但由于不同代理人具有不同要素禀赋差异，导致不同情况下目标出现差异，并且合作社代理人与普通社员之间存在明显的信息不对称，使其不能很好地行使权力，起不到协调利益的作用。

3. 缺乏长期稳定的利益联结

农业组织化经营中现有的利益联结一般分为两类，一类是以农户和集体经济组织或农民专业合作社之间的利益联结方式为代表，即农户以土地或生产资料的产权入股的较紧密的联结方式，这类联结易出现收益固化，造成农户资产的无形损耗。同时这类联结多出现在专业合作社中，大多数合作社没有建立起成员账户制度和财务制度，利益分配上没有规范建立按照交易量（额）返还盈余的分配机制，社员从合作社得到直接返利的实惠较少的问题普遍存在。[①]

另一类是以农户和农业企业之间的利益联结方式为代表，即农户与农业企业通过建立产销合作关系而建立的较为松散的经营利益联结方式，简称“企业+农户”的经营利益联结方式，当前企业与农户间的利益联结方式包括价格联结型、价格与服务联结型、价格与返利联结型等具体形式。价格联结型包括保证价格与保护价格两种形式，保证价格是指企业与农户在契约中约定未来某一时期农产品收购的价格，保护价格是指企业与农户在契约中规定未来收购农产品的最低价格。价格与服务联结型是指企业与农户之间在达成价格协议的基础上，进一步约定企业向农户提供农资、技术、信息等服务。价格与返利联结型是指企业与农户在根据契约价格完成商品购销后，企业在每一期生产期末将部分利润按照农户提供产品的数量和质量等标准返还给农户，部分企业还将部分利润用于帮助农户进行生产设施建设等，保证农户与企业分享加工、流通环节的利润。总的来说，新型农业经营主体与农户之间还是简单的农产品买卖关系，利益结合不紧密，新型农业经营主体强势和生产农户弱势的问题比较突出。在本书课题组针对四川省龙头企业的调查中，受访对象中仅有 21.8%的农业企业采取了订单方式与当地农户合作，即使在实行订单联结方式的关系中，履约率也不高，只有 40.2%。在与农户的联结方式中，除了订单关系，实行利润返还（16.4%）、股份分红（19.4%）所占的比例较少，农户参与现代产业化经营的主要形式是土地流出者和产业工人（30.9%），很难分享农产品加工流通的增值收益，部分地区甚至出现了农业产业化发展越快，产业化的发展效益背离农民、农业和农村的倾向越严重的问题。

① 陈泳. 难题与破解：农村土地“三权分置”的实现路径探析[J]. 福建论坛（人文社会科学版），2017,（10）.

4. 外部监管存在缺陷

紧密型的利益联结方式需要规范的外部监管。但目前针对农业统一经营的监管还很不完善。首先，是对传统农业生产环节如农产品加工、流通销售等的工商质检较到位，但对企业和农民的失信、不正当竞争等新出现的市场行为则监管不到位。其次，对新型农业经营主体的经营缺乏法律依据，新型农业经营主体属于新型事物，同时在农业生产中也较容易违约，但当前我国对新型农业经营主体的监管缺乏专门法律法规。

9.2.3　构建紧密型的统一经营利益联结方式的政策建议

构建紧密型的统一经营利益联结方式需要从主体建设、体制建设和外部监管三个方面协同发力。

1. 引导相关主体规范发展

政府充分尊重市场经济发展规律，在统一经营中明确权责边界，通过履行服务性职能，引导农户、农民专业合作经济组织和农业企业等主体规范发展。

加强对农户的教育与培训，培育其契约精神，让其充分意识到与各类新型农业经营主体合作时应该享有的权益，以及应该承担的义务，使利益联结更加稳定，实现农户为组织创收益，组织为农户谋利益。

加强对农民专业合作经济组织的引导。引导农民专业合作经济组织对产权做进一步明晰，创新劳动入股、产品入股等参股方式，颁发股金证、股金账户等形式的产权凭证，夯实利益分配的产权基础。引导农民专业合作经济组织规范内部治理，推行理事制度、监事制度，加强组织内部决策的科学性。引导农民专业合作经济组织发挥中介功能，发展专业合作社、农业协会等作为农户与企业的中介组织，建立起农户和新型经营主体间的桥梁和纽带，解决新型农业经营主体与单个农户之间对接困难，易产生误解、矛盾的地方，在双方发生利益冲突时积极发挥作用，协调农户与新型农业经营主体间的关系。

加强对农业企业的引导。形成企业完整的管理体系，如建立完善的现代法人治理结构，建立严格的内部监督约束机制，明确企业的性质、经营范围、经营目标等。

2. 创新利益联结的体制机制

创新利益联结的体制机制的核心在于围绕共同利益的增长来实现不同主体间的利益联结。因此，创新利益联结机制首先就要增加共同利益的增长部分。通过主体之间的合作，增加可获得的利益总和，至少应大于不同主体分散生产时可获得的利益。如何实现利益的增加呢？主要的途径是发挥各自的优势，降低不同主体的内部交易成本，同时利用主体联合形成的规模效益，降低总的生产成本。

以贡献大小来确定统一经营中的利益分配结构。围绕共同利益的增长部分，按照不同主体在生产共同部分中贡献的大小来决定利益分配结构。例如，按照产前、产中、产后的不同环节，来测定工作量和贡献度。尽量使利益分配在公平公正的同时提高统一经营的质量和效益。

加强维护农户利益。在统一经营组织化的过程中，推行保护价收购、利益兜底等做法，让农户直接受益；推行利润返还、收益分成等做法，让农户充分受益；推行股份制、股份合作+保底分红等做法，让农户持续受益。

建立统筹兼顾的利益联结机制。当前，合作社、企业与农户之间的关系契约往往是一种松散的非稳定契约，农户违约率很高。因此，需要从企业、政府、农户三方的博弈中，寻求合适的“中国式”契约制度，兼顾各方利益。将利益联结机制制度化，规范各类主体间契约的签订，进行必要的监督和公证。各类主体加强内部管理，确保契约的实施，维持制度的严肃性，维护各方利益。

3. 增强政府的协调能力

建立健全协调组织。协调组织一方面要尽量满足各主体的利益诉求，尽量做到公平公正。另一方面要积极发挥职能，就统一经营过程中的各种问题进行协调和沟通。

引导建立风险保障基金。鼓励组织经营内部建立风险基金，如鼓励农民合作组织或龙头企业建立风险基金，从经营利润中提取一定比例的风险保障金，减少利益联结出现问题时的损失，保护自身利益。

加强外部监管。建立健全有关法律法规。针对组织经营中的违约行为，尽快完善有关法律法规，如健全公证、鉴证、合同制度等，为统一经营组织化创造良好的政策法治环境。司法、工商等监管部门加强对组织经营的法律化管理。例如，公证机关积极发挥其职能，强化服务与监督意识；司法机关在司法过程中充分维护当事人利益，同时为组织经营主体提供司法建议、调查研究等法律服务。为建立紧密型的利益联结方式营造良好的外部环境。

9.3 构建多元化社会化服务方式

实现统一经营社会化的重点内容就是构建多元化社会化服务方式，社会化服务方式包括社会化服务的资金来源、内容构成、提供途径、效果反馈等方面。党的十七届三中全会提出：“建设覆盖全程、综合配套、便捷高效的社会化服务体系，是发展现代农业的必然要求。”在这一精神的指导下，同时在市场这一“看不见的手”的引导下，我国农业社会化服务的方式不断发生变化。一是多元化地提供社会化服务，除技术、资金、供销、储藏、加工、运输服务等传统领域外，逐步涉及土地流转、产品认证、广告宣传、冷链物流、金融保险等全新服务领域。二是公益性服务与经营性服务出现分化，公益性服务多涉及水利、种苗、农机、农技等农业生产所必需的基础性服务，而产品加工、包装物流、广告宣传等服务多为有偿服务，还有一类服务其是否收取费用是由农户与服务主体间的利益联结机制决定的。三是根据地区差异提供社会化服务。我国幅员辽阔，不同地区农业生产条件和对社会化服务的需求有较大差别。在不断变化的形势下，明确构建多元化社会化服务方式的现实意义，发现构建多元化社会化服务方式的问题，探索构建多元化社会化服务方式的路径显得十分重要。

9.3.1 构建多元化社会化服务方式的现实意义

构建多元化社会化服务方式对保障服务资金、提高农业经营主体的满意程度、畅通反馈渠道具有重要意义。

1. 为构建新型社会化服务体系提供了资金保障

构建新型社会化服务体系是坚持和完善农村基本经营制度的重要内容，同时具有相当的艰巨性和复杂性，需要社会合力共同推动。构建多元化社会化服务方式要求坚持政府投入在社会化服务中占据重要地位、要求市场在资源配置中的作用不断深化、要求金融机构加强投入、要求社会力量积极参与，这为构建新型社会化服务体系提供了资金保障。

2. 提高了农业经营主体的满意程度

在我国，农业、农村和农民问题难以分开。农业经营的自主性较强，农户在其中起到了关键性作用，反过来发展农业很大程度上也是为了提高广大农民的生活水平。因此在社会化服务的供给中必须考虑农业经营主体的满意程度问题。构建贴近群众、便捷高效的社会化服务方式，一方面有助于提高农业经营主体的收入水平；另一方面更易于被农业经营主体所接受和应用。

9.3.2　构建多元化社会化服务方式的问题

当前我国的社会化服务方式存在供给不足、供需脱节、反馈不畅等问题。

1. 供给不足

面对家庭农场、农民专业合作社、专业大户等新型农业经营主体蓬勃发展的现实状况，农业社会化服务出现了明显的供给不足。首先表现为社会化服务组织数量较少，尤其是基层服务组织数量不足，当前公共服务机构主要集中在县一级，乡村社会化服务的“最后一公里”问题得不到解决，而经营性社会化服务机构目前还难以完全满足对社会化服务的庞大需求。根据本书课题组于 2016 年进行的调研，就农资供应服务、农技服务、信息服务、运输服务、机械服务、金融保险服务的供给进行了调查，如图 9-4 所示，30.8%的农户接受过农资供应服务，27.6%的农户接受过信息服务，其他服务的接受率均低于 25%。同时供给主体较为单一，如图 9-5 所示，以接受程度较高的农资供应服务为例，92.1%的农资供应服务来自村集体、各级农技推广机构和农民专业合作社，市场化的供给主体如专业服务公司、龙头企业等提供的服务十分有限。其次是人才匮乏，农业专业技术人才总量较少，加之乡镇机构改革以来基层政府编制减少，很多地方出现数个乡镇共用一名农业技术推广员的窘境，对一些边远地区或民族地区则情况更甚。再次是服务范围较窄，农业社会化服务涉及范围较广，所有类型的服务难以兼顾，再加上综合性服务组织较少，每类服务组织大多负责某一特定领域的服务，在服务主体缺位的地区，往往出现某一类社会化服务供给严重不足的现象。

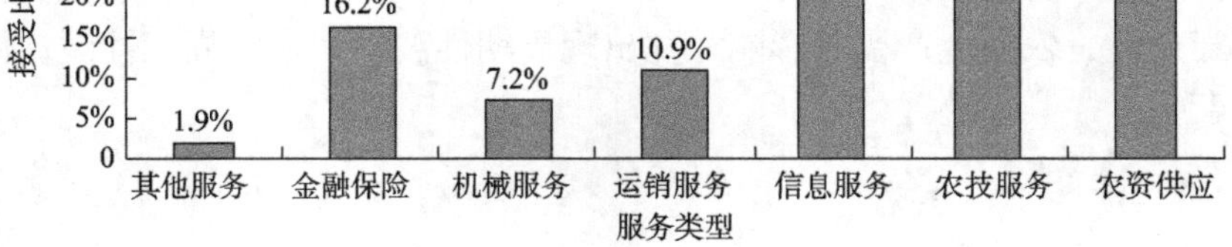

图 9-4　各类社会化服务接受比例

资料来源：根据本书课题组 2016 年调研数据整理所得

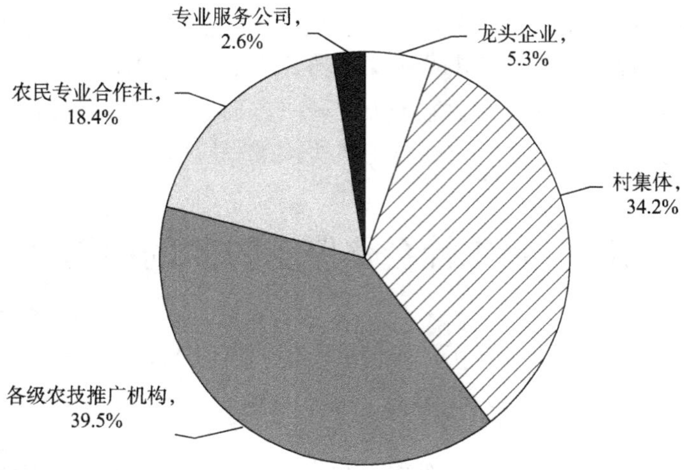

图 9-5　农资服务供给主体分布

资料来源：根据本书课题组 2016 年调研数据整理所得

2. 供需脱节

本书课题组于 2016 年进行的有关农技培训的调查显示，49.0%的当地农户认为培训存在的问题在于理论性过强或内容过时，不符合生产实际；36.0%的农户认为培训缺乏针对性（图 9-6），可以想见这类农业技术培训对农业生产很难起到促进作用。政府和市场是决定社会化服务供给行为的两大因素。某些地方政府在决定供给时容易出现三个问题，一是容易脱离生产实际，照搬其他地区的服务经验，导致实际操作性较差；二是容易热衷政绩而忽略农民的实际需求，服务流于形式，导致资源的浪费而农民的实际需求得不到满足；三是服务手段往往较为单一，一些地区还处在以简单地发放农资、发布信息为主要服务内容，甚至仅凭一张嘴开展服务的阶段，远达不到农户的生产需求。市场在决定供给时同样也存在不足，一是由于资本的逐利性社会化服务的供给往往出于盈利考量而忽略农户的现实利益和农业生产的现实需求。以农业保险服务为例，现行的农业保险大多是政策性农业保险，对水果种植、水产养殖等风险较大而非政策性保险范围内的险种，农户基本上投保无门。本书课题组的调查显示，87%的当地农户没有参加农业保险，86%的农户表示没有投保的主要原因是没有相应险种。二是市场调节有明显的盲目性与滞后性，农业生产受其影响往往出现周期性波动，这种周期性波动同样会影响经营。

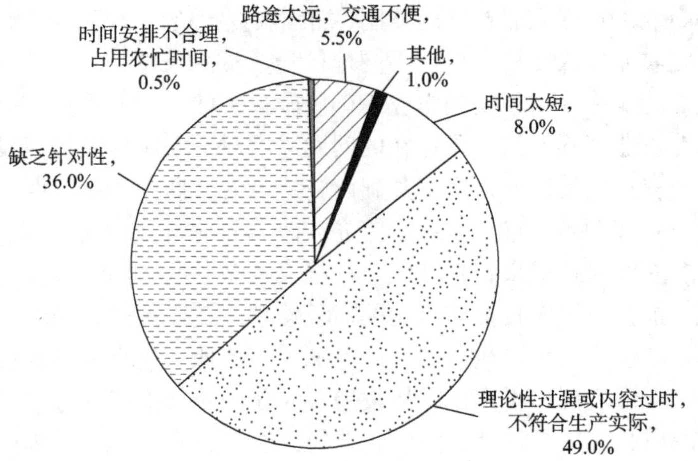

图 9-6　农技培训中存在的问题

资料来源：根据本书课题组 2014～2016 年调研数据整理所得

3. 反馈不畅

农户对社会化服务的反馈是改善农业社会化服务的重要环节。一般来说，市场化的社会化服务供给出于对利润的追求，往往对服务的反馈比较敏感，但当前市场在农业社会化服务供给中起到的作用还比较有限，公益性的社会化服务往往缺乏获得反馈的动力，导致社会化服务方式不当、农户在社会化服务需求得不到满足时无法有效进行反馈。

反馈不畅容易导致很多现实问题，使农户的现实需求得不到满足、科学意见得不到采纳。本书课题组 2016 年的调查显示，89.2%的农户对目前的社会化服务不够满意或有额外的服务需求，其需求主要集中在农资供应、农技的创新与推广、水利灌溉与农机的提供上，与当地社会化服务的供给内容有一定错位，可见农户的反馈并没有在服务的供给中得到体现。

9.3.3　构建多元化社会化服务方式的路径建议

构建多元化社会化服务方式需要在政府和市场的协同作用下进一步创新。

1. 加强政府投入

在基础设施建设、科技服务等领域加强政府投入，为构建多元化、社会化服务方式提供物质保障。

一是加强农村基础设施建设投入。一方面深化农业投资管理体制改革，建立农业主管部门统一管理农业投资的体制，加强农业投资的统筹协调和调控职能。[①]另一方面优化农业投入结构，根据不同地区自然资源条件、农业基础设施现状和现代农业发展的实际水平，明确农业基础设施投资的目标、重点和顺序，有针对性地解决当地农业基础设施建设存在的问题，同时，系统地制订建设规划，合理地安排建设内容和建设进度，提高基础设施建设的合理性和系统性。[②]

二是完善农技创新与推广体系。首先，改革农业科技创新机制。加强农业科技原始创新、农业科技成果转化及农业科技人才激励的体制建设。其次，完善农技推广体系。加强乡镇农技推广机构的建设管理；逐步推进在岗农技推广人员工资与基层事业单位平均水平相衔接，以保障工资待遇、提高人员素质；健全基层农技推广人员考评机制。再次，支持发展多元化的农技推广服务组织。引导高等院校、科研院所、农民合作社、涉农企业等组织成为新时期农技推广服务队伍中的重要力量，构建一元为主、有机结合、互为补充的农技推广服务体系。

三是试点政府购买服务。首先，通过科学的综合评价选择政府购买服务的试点。其次，通过多种方式购买、支持、鼓励有能力的社会化服务机构进行社会化服务。再次，政府可根据实际情况，对困难地区或薄弱环节进行支持。

2. 加强市场作用

一是明确政府和市场的权责。公共服务机构应主要负责技术推广、制定标准、质量监督、政策宣传等工作，剩余的工作应更多地交由市场来完成。

二是培育市场主体。在政府的资金和政策扶持下，培育以农户与各类服务组织为基础的经营性社会化服务主体。

三是搭建服务平台。一方面要组建起服务超市，将社会化服务打包为商品，以市场化的方式运作，主要面向规模农业经营主体（表 9-2）。[③]另一方面要搭建政府购买公共服务平台，鼓励各方力量共同构建新型社会化服务体系，鼓励和引导社会力量参与，促进社会化服务供给多元化。

表9-2　农业社会化服务市场化典型案例

典型区域	主要做法	服务效果
四川省崇州市	多种服务组织联结形成农业服务超市，成为多种服务主体提供服务的平台。在市场化运作下，各主体根据具体需求提供社会化服务	农业区域化、标准化、规模化、设施化、市场化发展进一步推进，第一产业增加值和农村居民人均收入均实现两位数增长

① 蒋永穆，赵苏丹．“五位一体”型新型农业经营体系构建[J]．内江师范学院学报，2014，(9)．

② 蒋永穆，赵苏丹．“五位一体”型新型农业经营体系构建[J]．内江师范学院学报，2014，(9)．

③ 蒋永穆，周宇晗．农业区域社会化服务供给：模式、评价与启示[J]．学习与探索，2016，(1)．

续表

典型区域	主要做法	服务效果
四川省射洪市	按照“政府引导扶持，企业自主经营，规范运作管理，覆盖生产全程，农民自愿选择”的原则建立了 4 家农事服务超市，为农户广泛提供技术服务、农机服务、农资服务等	有效破解了“耕地撂荒，农民增收节支困难”等难题，农业生产能力稳步提升，全县实现农业总产值突破 50 亿元，农村居民人均纯收入实现两位数增长
江苏省常熟市	江苏省以“农民和市场相结合”作为出发点，整合农业科技服务要素成立了多家“农村科技服务超市”，其常熟市分店借鉴现代商品超市理念为农户提供具有科技特色的产前、产中、产后的全程服务	规模不断壮大，服务能力不断提升，成为全省“农村科技服务超市”的典型示范店，辐射带动大量农户，加速了农业科技成果的转化，整合了农业科技服务资源，实现了政府、市场、农民的多赢效果

资料来源：《四川农村年鉴（2014）》《遂宁年鉴（2014）》；许竹青，毕亮亮. 构建新型农业社会化服务体系的探索——以江苏农村科技服务超市为例[J]. 中国延安干部学院学报，2015，(3)；蒋永穆，周宇晗. 农业区域社会化服务供给：模式、评价与启示[J]. 学习与探索，2016，(1)；杨佩. 发展农事服务超市助农增收节支[J]. 四川农业与农机，2016，(1)

3. 创新供给方式

一是推进社会化服务入户。加强科技推广、运输销售、人才培训和信息咨询等服务的入户，构建“县级为中心、乡镇为主体、农业社会化服务组织为补充”的基层服务体系，建设“公共服务机构为支撑，市场服务机构为补充”的服务队伍，建立健全社会化服务人员监督、评价机制，做到基层服务深入“最后一公里”。

二是实现社会化服务信息化。加强信息化与农业现代化的协同发展。加快如安全追溯、物联网、农村电商、信息服务等对农业社会化服务的支持。

三是加强供需双方互动交流。首先，打通农业经营主体的反馈渠道。其次，强化对农业社会化服务市场的监管，建立供需双方互动交流机制，将农户反馈纳入监督范围。最后，充分调动农户的维权意识，保证反馈信息的真实性。

9.4 构建多元化社会化服务模式

十七届三中全会曾指出公共服务机构、合作经济组织、龙头企业、其他社会力量是社会化服务体系的重要组成部分，每一类主体都扮演了自己的角色。但同时，我国不同地区社会化服务情况差异较大，社会化服务供给主体发展不平衡，很难有一个地区能同时保证这几类社会化服务供给主体同时充分发挥作用。这时就需要在不同地区构建多元化的社会化服务模式。农业社会化服务模式是指多种社会化服务供给主体相互协调、配合，共同提供社会化服务的模式。

9.4.1 构建多元化社会化服务模式的现实意义

构建多元化社会化服务模式的现实意义集中体现在有助于社会化服务的区域实现。我国幅员辽阔，不同地区在资源禀赋上的差别使农业生产条件及社会化服务状况也各具特色。资源禀赋的相对差异，一方面影响社会化服务主体在提供社会化服务时的成本，另一方面影响农业生产过程中对社会化的需求，因而不同地区将选择成本较低且效果较好的社会化服务模式。以东北平原为例，东北平原主要位于东北三省境内，其耕地面积占全国耕地面积的 14.1%，粮食产量约占全国粮食总产量的 1/7，并且其地域辽阔，土地肥沃且连片，非常适宜大中型机械耕作、农业技术集中推广、农田水利统一修建。政府公共服务组织在为大宗产品生产提供社会化服务时具有实力强、范围广、效果好等特点。但经营性服务主体在投入大宗农产品生产时难以获得较高利润，因此该地区形成了以公共服务为主，以经济实力较强的政府公共服务部门为主导，其他服务主体进行配合的社会化服务模式，公共服务部门主导型农业社会化服务供给更加追求公益性，可以对市场供给的空缺进行补充；同时，公共服务部门供给社会化服务大多具有明确具体的任务和指标，也具有财政投入上的保障，因此能够在服务范围上有所保障，能够整合资源、集中力量，保证大宗粮食高效地生产。可见，在特定地区构建适宜的多元化社会化服务模式，达到社会化服务的区域实现，对提高服务效能、降低服务成本、改善服务效果具有重要意义。

9.4.2 构建多元化社会化服务模式存在的问题

当前，社会化服务模式的构建还没有得到普遍重视，很多地区还没有形成自身的服务模式，模仿式和放任式的服务还广泛存在。

1. 服务供给主体亟待发展

目前我国已初步形成“一主多元”的社会化服务体系。但各组织之间定位模糊、管理不清、协调困难的状况还普遍存在。以农民专业合作经济组织为例，农民专业合作经济组织有农民领办、村集体领办、企业开办等多种组织形式，有经营性和公益性等多种性质，在实践中，这类服务组织将如何审查登记，如何监管，主要实现什么功能，与集体、企业等以什么方式联结等都有可能成为棘手的难题。除此之外，基层服务组织管理不清、体制不畅、职能交叉；集体经济组织定位模糊、能力不足；龙头企业监管不严、意识缺乏等，都是构建科学、高效的农业社会化服务体系必须解决的问题。

2. 政府主导地位有待加强

在农业社会化服务领域，市场的作用还不足以带动社会化服务模式的形成，政府需要在其中扮演更加重要的角色。我国东北平原、华北平原、长江中下游平原等地区大多形成了因地制宜的较为固定的社会化服务模式，但农业发展相对落后的地区如西部地区，不同市县社会化服务的发展程度参差不齐，发展模式未完全形成。一方面，一些地区政府直接财政投入不足，一些需要政府兜底的基本社会化服务没有得到保障，同时政府购买社会化服务的模式刚刚兴起尚未普及，对社会化服务市场化的带动作用比较有限。另一方面，一些地区政府没能为社会化服务主体的公开公平创造良好环境，既缺乏完善的法律法规，也缺乏市场化的交易平台。

3. 服务模式有待创新

本书课题组在前期研究的基础上提出了我国农业社会化服务现有的五种模式，即公共服务机构主导型、集体经济组织主导型、合作经济组织主导型、农业企业主导型和农户主导型农业社会化服务模式。但这五种模式远不能满足我国复杂的农业社会化服务需求，一方面新的社会化服务模式亟待开发，另一方面现有模式之间的融合互补还需要探索，我国不同地区间的资源禀赋和农业生产条件千差万别，单一的农业社会化模式往往难以满足一个地区内农业生产的需要，这五种服务模式也不可能完全适用于不同地区的社会化服务。实际生产中，往往需要在不同领域将几种模式供给加以整合，使其协调互补以达到最佳的服务效果。

9.4.3　构建多元化社会化服务模式的政策建议

构建多元化社会化服务模式需要正确处理好政府与市场的关系，明确不同主体的功能定位，针对不同地区的农业生产特点，做到因地制宜。

1. 营造社会化服务模式的良好运行环境

第一，要注重制度设计和整体推进。做好涉及多个领域的系统规划，同时促进不同主体和参与者之间的协调配合。第二，要正确处理政府与市场之间的关系。政府应更多地提供规则与环境，扮演服务者与监督者的角色；而市场则应在社会化服务的资源配置上，起到决定性作用。第三，要加强土地流转。通过土地的适度规模经营，为社会化服务的统一供给提供土壤。

2. 培育多元的社会化服务主体

社会化服务主体与农业经营主体有所交叉又有所区别，培育社会化服务主体一方面指培育社会化服务超市、专业社会化服务公司等专门主体，另一方面指健全农业经营主体的社会化服务功能。首先要合理配置资源，促进各类主体的协调发展，一般农户、合作经济组织、集体经济组织、社会化服务超市、专业社会化服务企业和政府服务机构各有分工不可偏颇，要引导各类资源合理高效地流向各类服务组织。其次要建立起各主体间健康的联结机制，让各主体产生合力，协同作用：一要明确现有各主体间的归属关系和权责边界，保证其各司其职，监管得当，在自己权责范围内最大限度地发挥作用；二要为各主体搭建合作平台，加强其合作与交流，使其互相促进，提高服务能力；三要勇于创新，发展新形式的经营性社会化服务主体，适当放宽新主体的市场准入条件，利用市场培育诸如社会化服务超市等新型社会化服务主体。

3. 引导形成差异化的社会化服务模式

尊重不同地区的资源禀赋，在政府和市场的协同作用下形成适宜的社会化服务模式。在土地资源、政府财政涉农资金资源及人力资源相对丰裕的广大传统农业地区建立各级政府公共服务部门在规划、资金方面进行主导，各相关部门、事业单位、市场主体高度配合，其他农业社会化服务组织进行补充的公共服务部门主导型农业社会化服务模式（表 9-3）。

表9-3　公共服务部门主导型农业社会化服务模式案例及服务效果一览表

典型区县	主要做法	服务效果
吉林省长春市榆树市	政府争取国家专项资金，重点在水利、农机、科技等领域进行投入，建设农业科学院与农业科技试验示范基地，推进水利工程改造，大量购置农业机械	大宗农产品生产能力尤其是粮食生产能力大幅提高。作为一个县级市粮食产量达到全省的 1/10，全国的 1/180，是全国现代农业示范区之一
辽宁省铁岭市昌图县	主要由政府进行投资，建立覆盖农机、农技等服务的三层服务网络	基层服务能力较强，粮食生产条件不断改善，综合生产能力不断提高。粮食总产量不断达到新高
吉林省长春市农安县	政府在国家实施农机购置补贴政策后，积极推动农机推广工作，引进配套农机，壮大农机推广队伍	农业机械化生产能力明显提高。农机总动力达 200 万千瓦时，主要粮食作物机械化率达 90%
黑龙江省齐齐哈尔市龙江县	针对当地对机械化服务需求较高的现状，政府重点投入基础设施建设、大型机械装备优化和大中型农机购置补贴等服务	农田水利等基础设施服务能力显著提升，农业综合机械化率明显提高，粮食生产能力全国领先，粮食总产量稳居全省第一

资料来源：《吉林年鉴（2014）》《齐齐哈尔年鉴（2014）》；赵明，孙鸿. 榆树市发展农村经济的举措与成效[J]. 当代生态农业，2013，(Z1)；蒋永穆，周宇晗. 农业区域社会化服务供给：模式、评价与启示[J]. 学习与探索，2016，(1)

在农业自然资源、集体经济组织农业资金资源较丰裕，农业生产基础较好的地区建立在联动其他经济组织的基础上，以集体经济组织作为主导进行社会化服务的模式（表9-4）。[①]

表9-4　集体经济组织主导型农业社会化服务模式案例及服务效果一览表

典型区县	主要做法	服务效果
江苏省苏州市吴江区	集体经济组织主要依托供销社创新组建了为农服务合作社，以自身提供服务为主体，整合多方面社会化服务资源，为农户提供高水平社会化服务，保证公益性的同时逐渐向兼顾经营性转变	集体经济组织得以不断壮大，带动农户能力不断提升，农业综合生产能力也有所提升，粮油、家禽、渔业等产量都明显提高
浙江省绍兴市上虞区	集体经济以基层社的形式积极参与社会化服务，开展“农超对接”和“农市对接”，增强了以集体经济组织为核心的服务能力	农业生产总量不断扩大，产品质量得到提升，建成多个省级现代农业综合区、主导产业示范区、特色农业精品区等
浙江省嘉兴市嘉善县	村集体进行土地流转并成立专业合作社，以合作社为载体，整合资源，提供科技、机械、田间管理等服务	农业技术推广效果显著，农业生产能力不断提升，农民人均纯收入大幅增长，荣获“全国农技推广示范县”称号
浙江省嘉兴市平湖市	村集体抱团成立实体公司增强自身实力，进而成立为农服务合作社，提供机插机收、统防统治等生产服务，并创建服务示范点，拓宽服务范围，提升服务质量	农业社会化服务资源得到整合，社会化服务效果大幅提升，农民人均收入显著提高。荣获全国首批“农业农村信息化示范基地”称号，成功创建为“全国蘑菇、西瓜农业标准化综合示范县”

资料来源：《吴江年鉴（2014）》《浙江年鉴（2014）》《嘉善年鉴（2014）》《平湖年鉴（2014）》；蒋永穆，周宇晗. 农业区域社会化服务供给：模式、评价与启示[J]. 学习与探索，2016，（1）

在土地资源、农业资本较为丰富，同时土地产业化、组织化经营经验较丰富的中东部相对发达地区建立合作经济组织，并以此为纽带开展社会化服务的合作经济组织主导型农业社会化服务模式。

在物种资源、气候资源、人力资源相对丰裕的地区建立以涉农企业为主体，主要面对企业内农户进行服务并辐射周边地区的农业企业主导型社会化服务模式。

在气候条件较好、物种资源和人力资源较丰富，但土地细碎化程度较高、涉农服务资金不足的地区建立农户按照自身的农业生产需求，选择性地为自身提供服务，或者在一定范围内相互提供社会化服务的农户主导型社会化服务模式。

① 蒋永穆，周宇晗. 农业区域社会化服务供给：模式、评价与启示[J]. 学习与探索，2016，（1）.

第10章　坚持和完善农村基本经营制度的保障措施

坚持和完善农村基本经营制度需要系统、有力的保障措施，主要包括大力加强物质条件的改善，加大农业科技创新和推广的力度，建立健全要素机制，完善农村社会保障体系，加强农村基本经营制度的法制建设和改善党的领导。

10.1　大力加强物质条件的改善

坚持和完善我国基本经营制度就是在家庭经营的基础上推进农业现代化建设，而家庭经营物质条件的改善是保证农业现代化建设的根本前提。家庭经营物质条件主要取决于两方面：一是基础设施，如道路、水利等，完善的基础设施建设为家庭农业生产提供良好的外部环境，是改善家庭经营条件的客观保证；二是设施化水平，如农业机械、设施农业等，较高农业机械化水平是实现家庭经营专业化的前提，较高的农业设施化水平为家庭经营培育持久的内生动力，是实现家庭经营集约化的路径。推进基础设施建设、提高设施化水平能够为家庭经营提供全面的物质保障，更好地实现家庭经营集约化、规模化，提高农业水平。我国农村基础设施与农业设施化建设已经取得了一定成效，家庭经营物质条件不断提高。但在实际生产经营过程中，仍然存在基础设施建设力度不足、机械化推广运用难度大、设施农业的发展要求高等一系列亟待解决的现实问题。本部分将重心放在如何改善家庭经营物质条件上，具体从基础设施、设施化水平两方面展开分析。

10.1.1　坚持农业家庭经营方式，做好农业基础设施建设

家庭经营是我国农村双层经营体制的基础，发展现代农业必须坚持以家庭经营为主体、主力和主导。坚持家庭经营不动摇，是在逐步扩大土地经营规模的过程中，积极发展多种形式的适度规模经营，推动农业的现代化发展。要在坚持基本经营制度的前提下，大力加强家庭经营物质条件的改善，推进农业基础设施的建设。农村基础设施是农业家庭经营的物质基础，是实现农业产业现代化发展的重要前提。为完善农业基础设施建设，从以下几方面提出实现路径。

1. 完善支农资金管理体制，打造多样化投资模式

农业基础设施建设资金存在投入总量不足、来源渠道单一、管理分散化的现象，资金使用率低。我国农业基础设施财政资金的使用涉及多个部门，每个部门内部又涉及了不同的司局。完善支农资金管理体制，需要强化政府人员服务意识，大力发展县域经济，提升地方政府投入农业基础设施建设的能力，主要包括以下几方面。

（1）支农资金信息需要公开透明，受到严格的监督。尽管国家加大了对农业的投入，但各地财政用于农村基础设施建设的资金基本仅来自国家、市级项目的配套资金，不足以支撑农村基础设施建设的资金需求。一般来说，中央在基础设施方面的财政投资占总投资 30%～40%，地方（包括省、市、县）负担 60%～70%的配套投入，但我国地方政府以不到 50%的财政收入支撑着高达 70%的财政支出，不能满足农村基础设施建设投资的需求，资金来源堪忧。由于农业基础设施建设资金流动数额大、所经程序多、涉及范围广，因而必须构建起财政监督、立法监督、社会监督和审计监督相结合的完整的监督体系，让受益于农业基础设施建设的农民参与监督，使农业基础设施建设充分体现农民的真实需求。

（2）农业基础设施建设融资需要多元化的渠道，具体包括政府拨款、集体集资、金融机构信贷、社会募集等形式，打造个人、集体、国家三者结合的投资格局。以政府投入为主体，坚持中央和地方政府在农业基础设施建设中的主导作用，加大财政支持力度，维持合理的农业基础设施建设投资比重，承担起大中型农业基础设施的建设任务。完善农业基础设施投融资机制，规范投融资行为，降低投资成本，缩减投资周期，优化投资服务，调整投资结构，提升投资效益，坚持“谁投资谁受益”的原则，以鼓励社会各界对农业基础设施投资的热情，鼓励更多民间资本的流入，拓宽各种资金渠道的深度和广度，建立资金投入的长效机制。

2. 改善农业基础设施存量结构，因地制宜推进农业基础设施建设

2016年，为保障农村居民的饮水安全，国家投入资金40亿元，2 000万农村居民受益于饮水安全工程；为保证农村能源充足，国家投入资金25亿元，增加建造250万口户用沼气池；为实现农村运输通达，国家投入资金170多亿元，改建新建乡村公路18万公里。[①]但某些供给主体出于自身政绩考核、职位升迁及经济利益考虑，对供给总量、结构的规划往往倾向于功利性，造成了在农村基础设施建设中出现"政府失灵"的现象，农村基础设施的供求结构失衡，即部分农村基础设施的供给与家庭经营集约化的现实需求发生错位。

（1）改善农业基础设施存量结构，因地制宜推进农业基础设施建设。我国农村基础设施存量结构不合理，难以满足家庭经营集约化、专业化的需求，直接影响和制约农村经济的发展，加大农民增收的难度。农村基础设施建设容易偏重工程性项目，对基层小农户需求有所忽视。要充分认识农业基础设施在农业和农村经济中的重要地位，认识农业基础设施建设是利国利民的工程。在进行农业基础设施建设时，各部门、各地区应坚持和贯彻因地制宜的原则，抓住重点，认清农村居民主体地位，坚持群众治理路线，提升农业基础设施建设效果的持久性、惠民性，增强农业综合生产能力。

（2）因地制宜，找出当地农业发展的主要瓶颈，实现重点突破。农业基础设施建设应旨在解决当地发展瓶颈：在易旱地区，重点加强水利工程建设，保障人畜饮水、农业生产用水；在生态恶化的地区，重点实施生态治理，保障水土保持工程的推进；在交通闭塞的地区，重点布局农村交通网络，促进村落对外交流。

3. 建立农业基础设施管控机制，保障有效监管

在农业基础设施建设过程中，对农村基础设施建设的项目承包商或施工单位缺乏考察，往往出现资历不足，技术欠缺，或管理上人员分工不明确的情况，重建设投入、轻管理投入的现象也普遍存在，难以实现服务家庭经营集约化、专业化发展的作用。交通运输部数据显示，2015年全国实现通硬化路面的乡（镇）比率达98.62%，全国通公路的建制村比率达99.87%，其中，通硬化路面的建制村占全国建制村的比率达94.45%。[②]农村基础设施建设后期维护体系的缺失，造成资源浪费，阻碍了农业生产发展，干扰了当地居民的正常生活，严重影响投资者和群众的积极性。

（1）建立农业基础设施的项目管控机制，保障农业基础设施建设的有效监管。

---

① 李克强. 政府工作报告[EB/OL]. 中国政府网，2015-3-5，http://www.gov.cn/zhuanti/2015lh/ premierreport/.

② 交通运输部. 2015年交通运输行业发展统计公报[EB/OL].搜狐网，2016-5-6，https://www.sohu.com/a/73750459_372606.

要明确农业基础设施建设是一项长期且复杂的工程，在具体实施过程中充满不确定性，涉及多方利益关系，必须对项目进行有效的管理，减少不必要的损失。为此需要针对农业基础设施建设制定项目管控机制，主要体现在识别项目风险、确立项目计划、评估项目进度、收集项目反馈等。具体来说，从项目的审批到最后的实施一系列过程都伴随管理与控制，对项目实施中的各个环节要进行系统性、客观性的分析和总结，评估项目设计是否合理，项目设置的各项指标是否体现预期效果，项目建设是否达标，项目风险是否在控制范围，通过分析找出问题并及时解决，同时总结经验教训为未来项目的实施提供指导和建议。

（2）要加强项目交接和后续管理维护。确保项目能够按时交到使用者手中，并且保证使用者能够正确使用，实现带动农业经济发展的预定目标，同时使项目为投资者带来相应的经济效益。

10.1.2　改善农业物质技术装备，提高设施化水平

提高农业设施化水平有利于改善家庭经营物质条件。从宏观层面来看，提高设施化水平是发展我国现代化农业的必然要求，是转变农业经济结构、拉动农村经济增长的主要动力；从微观层面来看，提高设施化水平有利于提高农产品质量，保证农产品数量，丰富农产品结构，增加农民个体收入，带动相关经营主体的发展。与发达国家相比，我国的设施化水平总体较低，存在着科技水平低、资金及人才缺乏等问题。为解决上述问题，从以下几方面提出提高设施化水平的实现路径。

1. 完善经营管理机制，强化政府主导作用

2016 年我国农业机械化率已达 65%，农业机械总动力持续增长，达到 11.44 亿千瓦时，同比增长 2.42%（图 10-1）。2015 年我国农业机械总动力为 11.17 亿千瓦时，同比增长 3.33%，机耕水平达 76.00%，机播水平为 48.78%，机收水平为 48.15%。[①]整体上看，在提高设施化水平的过程中普遍存在某些地方政府“重建轻管”，盲目扩大设施农业规模的现象，再加上设施农业本身生产管理落后、生产技术不配套、信息化技术支撑不够，没能做到标准化生产，使大量的投资没有获得实际的经营收益[②]，并存在以设施农业为名进行非农建设破坏耕地的现象，后期监管力度不够。政府要强化组织领导、加强政策引导，完善农业经营管理机制，

① 李伟国. 农机化发展进入机遇期[N]. 农资导报，2017-3-10.

② 徐茂，邓蓉. 国内外设施农业发展的比较[J]. 北京农学院学报，2014，（2）.

全面做好统筹协调工作，还要做好以下几方面工作。

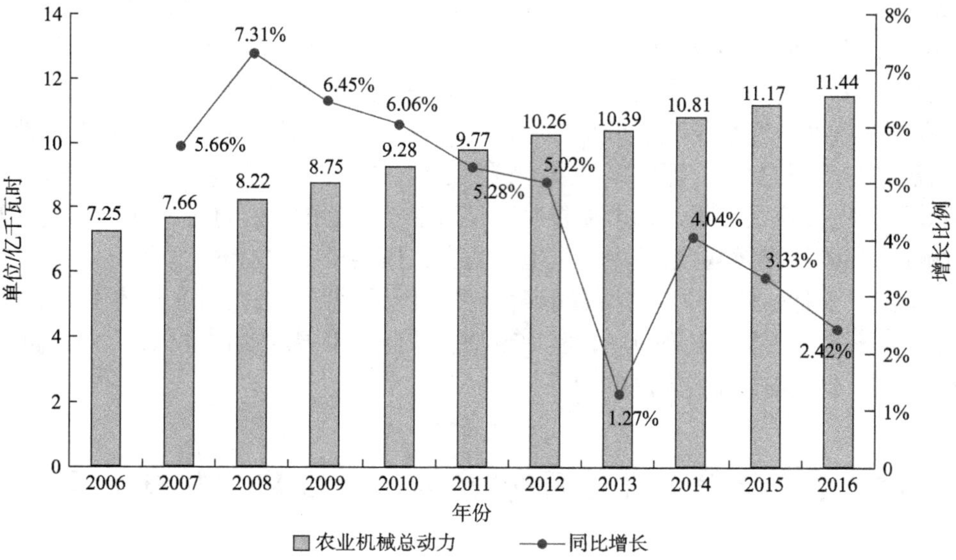

图 10-1　2006～2016 年中国农业机械总动力及增速

资料来源：根据 2007～2017 年《中国统计年鉴》整理计算所得

（1）进行科学发展规划。立足于家庭经营特征和农业设施可持续发展全局，严格根据各地的自然资源禀赋和经济发展水平确定各地的发展重点，不盲目扩大规模，促进专业化良好发展，提高设施化水平，实现家庭经营的集约化。

（2）创造宽松的政策环境。制定合理的金融、税收和财政等方面的优惠政策，将设施农业技术装备全面纳入国家的购机补贴目录，并相应加大对购买先进技术装备、农业机械的补贴力度，以提高设施农业的装备水平、机械化水平，进一步改善各地农业发展的物质条件，为农业设施的发展建立一个良好的政策环境。

（3）建立风险保障机制。完善设施农业专项风险保障制度，加大以保险为主的抗灾保障扶持力度，降低投入风险和经营风险，激发从业人员工作积极性；完善农业机械推广工作机制，合理地推广农业机械及设置农业机械维修点，减少购机者的后顾之忧，并加强对农户的后期培训及管理，充分发挥政府的公共服务职能。

2. 加大资金投入，拓宽融资渠道

设施农业发展资金投入不足且融资渠道狭窄。设施农业是一种高投入、高产出的现代农业模式，工程造价较高，尽管各级财政部门增加了对设施农业的投入，但政府的补贴范围及标准有限，资金的后期监管不够，出现财政资金落实不到位的现象。设施农业前期投入较大，农业机械的价格和农业机械使用成本（农业机械购置成本、作业成本和维护成本）较高。农民难以满足担保和抵押的条件，贷款门槛始终较高、手续烦琐，并有贷款金额小、利息高等问题。农业机械融资成本较高、难度大，无法满足农户购置农机具、发展设施农业的资金需求。资金不足制约农业设施化水平的提高，是当前农户家庭经营中面临的普遍问题。加大农业设施资金投入力度、缓解农户融资难的现状，要从以下几方面着手。

（1）优化财政投入政策，加强资金监管。扩大国家投入资金总量，放宽政府的补贴范围及标准；建立完善的资金使用监管机制，促使有限的财政资金全部落到实处，切实提高农业设施发展资金的实际使用效率。

（2）引入企业融资，加大社会投入。实施金融调控手段，通过项目审批、贷款、税收等方面的政策倾斜，引导企业发展设施农业，加大对农业设施、技术装备的投入，以及后续装备的持续供给，保证农业设施和机械的充分利用。

（3）优化信贷方式，完善农村金融服务市场。优化担保、抵押等信贷方式，提高对设施农业、农业机械购置的优惠贷款，积极推进融资租赁；政府可通过担保贴息、补助和税费减免等方式对专项贷款项目进行支持；降低贷款门槛和利率，提高农民的贷款额度，对符合条件、有贷款需求的农户发放贷款，保证经营主体有足够的资金开展集约化经营活动。

3. 加大科技研发力度，提高科技含量

我国设施农业的科技总体水平较低，科研开发力度不足，缺少专业技术人才和服务机构。我国的设施园艺以日光温室和塑料大棚为主，科技含量低；技术装备水平目前仍然停留在简单技术阶段，装备技术水平低是设施农业发展的瓶颈；农业机械老化严重、农机作业配套机具少，主要以中小型机械为主，2016 年小型拖拉机产量为 135.50 万台，而大型拖拉机数量约为 6.30 万台[①]（图 10-2），农业机械装备结构不均衡；科研开发力度不够，影响农业可持续发展的关键技术没有得到解决，许多重要方面的机械化生产还处于空白状态。设施农业科技含量的提高，要求加大科技的创新及研发力度，提高科技成果的推广及转化率，主要从以下几方面着手。

（1）加强科研开发力度，提升农业生产科技含量。加强国际交流与合作，引进国外先进技术，在此基础上进行自主创新能力建设；研发配套技术和装备，优化设施结构，提高机械化水平；积极加强产学研合作，鼓励科研机构和高校技术人员参与规划并深入一线考察，攻克技术难题。

（2）培养和引进专业技术人才，增强生产技术的推广和应用。农业院校等开

① 中国拖拉机、收获机 2016 年产量持续下降[EB/OL]. 央广网，2017-2-16，http://news.cnr.cn/native/city/20170216/t20170216_523604037.shtml.

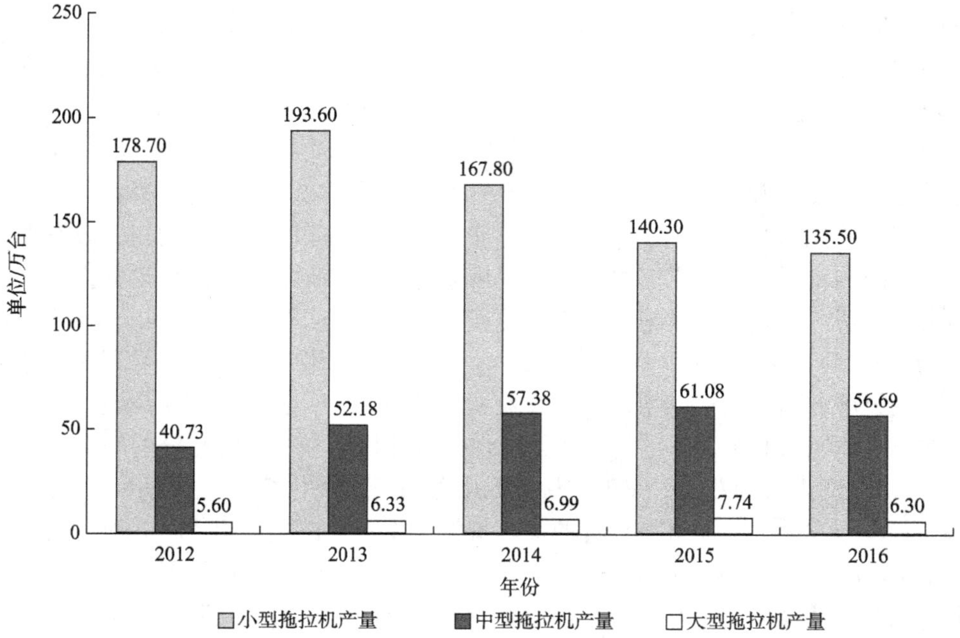

图 10-2　2012～2016 年全国大中小型拖拉机产量

资料来源：根据 2013～2017 年《中国统计年鉴》整理所得

设设施农业专业或与之相关的课程，培养一批高素质设施农业专业人才；强化制度建设，重视农业技术推广人员队伍的建设，扩宽农业技术人员的引进通道，并完善激励机制和社会保障配套措施，提高科技推广人员的工作积极性。

（3）培育新型农业经营主体，提高经营主体整体素质。新技术的运用及推广需要农业生产"中坚"队伍起到良好的示范作用，需加大人才队伍的建设。

10.2　加大农业科技创新和推广的力度

长期来看，我国农村基本经营制度面临着各种挑战，促进家庭经营向集约化、专业化转变是完善农村基本经营制度的根本方向。加大农业科技创新、转化与推广力度是实现家庭经营向集约化、专业化转变的必要路径。2016 年，李克强总理主持召开国务院常务会议，强调鼓励国家设立的研究开发机构、高等院校通过转让、许可或作价投资等方式，更好地发挥科技创新对稳增长、调结构、惠民生的支撑和促进作用。

实现家庭集约化经营更要依靠科技实现农业技术的进步及技术创新，农业科技创新与推广对坚持与完善农村基本经营制度具有以下重要意义：第一，加大农业科技创新的力度对提高农业劳动生产率意义重大，有助于推动家庭经营集约化进程；第二，加大农业科技创新的力度有利于突破农业资源瓶颈，提高家庭经营综合能力；第三，加大农业科技推广的力度有利于提高生产技术水平，促进家庭经营专业化生产；第四，加大农业科技推广的力度有利于促进科技成果转化，提高农民收入水平。坚持和完善农村基本经营制度，要加快转变方式，更要依靠科技实现农业技术的进步及技术创新，促进农业质量、效益和竞争力不断提升。

10.2.1 加大农业科技创新的力度，发挥科技创新引领作用

自我国实施创新驱动发展战略促进农业科技发展以来，农业科技创新步伐明显加快，科技已逐步成为农业农村经济稳定发展的决定性力量。[①]农业科技在实现家庭集约化经营、专业化生产、规模化种植进程中起到了举足轻重的作用。农业科技创新是农业现代化发展的重要途径。数据显示，2015 年我国农业科技进步贡献率已达到 56%[②]，农业科技创新成果逐年增加，农业技术得到大范围推广，对推动我国家庭经营集约化、专业化发展起到了至关重要的作用。

1. 培育农业科技创新型主体

我国共有全国地区以上（含地区）全民所有制独立研究与开发机构的农业科研院所约 1 200 个；其中，部属科研机构 59 个，省属科研机构 430 个，地区属科研机构 700 多个[③]。科技创新主体主要包括企业、科研机构、政府等，科技创新体系则主要包括中介组织、管理组织、保障体系等。但我国农业科技创新工作涉及部门多、层次多，科技资源分散，有限的财政资金使用不尽合理，吸引社会投资不足。培育农业科技创新主体应主要从以下几方面开展。

（1）要扶持农业科技企业。扶持农业科技企业示范科技创新成果，并推广到新型农业经营主体群体中。培育农业科技企业是改变政府主导的农业技术创新效率低的重要途径。

（2）大力发展农业科技园区。农业科技园区有利于改善农业科技体制不适应

① 陈少雄，刘月秀. 新农村建设背景下农业院校创业教育策略研究[J]. 高教探索，2017，（8）.

② 乔金亮. 我国农业科技进步贡献率达 56%[N]. 经济日报，2015-4-10.

③ 国家统计局. 2015 年国民经济和社会发展统计公报[EB/OL]. 国家统计局网站，2016-2-29，http://www.stats.gov.cn/tjsj/zxfb/201602/t20160229_1323991.html.

经济发展需求的现状。政府与企业合作，以农业园区作为科技推广的有效载体，使企业也能通过政府获得相应的人才、信息等，进一步开发高新科技。

（3）促进新型农业经营主体和职业农民的发展。新型职业农民是科技转化过程中的重要角色，新型农业经营主体是农业科技推广的重要渠道。通过信息反馈、市场交易等，新型农业经营主体可以将农户需求的技术反馈给科研机构和政府部门，提高农户的家庭生产经营能力，减少技术推广费用和降低农户使用新技术的风险，进一步带动农业技术创新主体的创新积极性。

2. 强化农业科技创新金融支持

农业科技是促进农业农村经济发展的重要力量。农业科技进步贡献率从 2010 年开始已经超过了土地、劳动力及物质投入要素的贡献份额。然而，资金投入不足长期以来制约着农业科技的创新。经费来源渠道单一，经费投入远达不到全球的平均线，经费投资总量不足。自 2013 年以来，中央财政每年安排基层农技推广体系改革与建设的补助项目资金为 26 亿元，政府拨款占 89%[①]（图 10-3）。强化金融方面农业科技创新政策的支持，主要从以下几方面实施。

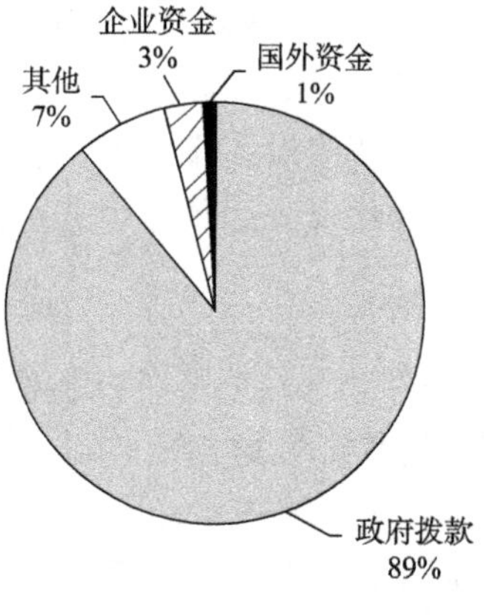

图 10-3　我国农业科技经费来源分布

资料来源：根据《2015 年全国科技经费投入统计公报》计算整理所得

（1）充分体现金融扶持政策对农业科技创新的支持效用。政策性金融能够表达国家的政策意图，充分带动商业金融机构发挥作用。因此，应最大限度地发挥政策性金融的作用。

（2）发挥市场活力，加大商业银行科技金融服务和产品创新。商业银行应该制定适宜现代农业科技创新的服务体系，鼓励农业创新，优先为农业创新提供更

① 财政部. 财政部：中央财政安排 26 亿元支持基层农技推广[EB/OL]. 中华人民共和国中央人民政府网，2013-5-9，http://www.gov.cn:8080/govweb/gzdt/2013-05/09/content_2398967.htm.

快捷、更充足的信贷，以更好的金融服务推动农业科技进步。

（3）有效缓解信息不对称，减轻政策性金融支持的风险。在科技创新过程中，积极鼓励有助于农业企业科技创新的多种担保体系，尤其是在科技金融扶持方面发展多种形式的融资渠道，支持民间、企业等非财政资金融入科技创新，同时各类金融机构加快推出更适合农业科技创业的金融产品和服务。

3. 发挥政府引领农业科技创新的作用

我国农业历来存在科技基础薄弱、农业科研人员不足、相关法律机制不健全等问题。根据统计数据可知，近年来我国农业科技研究从业人员从 2010 年到 2014 年减少了近 4 000 人，基本上呈逐年减少趋势（表 10-1）。由于农业科研不被重视，从事农业的科研人员数量不足、结构不合理现象突出。高校大学生从农意识淡薄，农业创新开发计划在整体规划中地位较低，资源不能得到充分利用的同时人才流失，导致农业科技创新后劲不足，在农业科技应用领域难以取得突破。农业科技创新法律制度尚不健全，现行法律规范也不够明确。在农业科技创新过程中，政府培育科技企业、农业企业，加大对相应主体的培育政策，优化政策培育环境，将技术选择权交给市场。政府在农业科技创新中发挥主导作用主要从以下几方面着手。

表10-1　2010～2015年我国农业研究与开发机构及科研人员统计

年份	2010	2011	2012	2013	2014	2015
机构数/个	1 254	1 222	1 222	1 215	1 212	1 100
从业人员/人	99 636	98 241	98 365	97 175	95 987	93 156
科技活动人员/人	75 704	45 865	49 239	50 528	58 876	54 284

资料来源：根据 2011～2016 年《中国科技统计年鉴》相关数据整理所得

（1）完善农业科技创新支持政策。政府在制定农业科技创业相关政策时，为保证政策的时效性，需要全方位考量科技创新活动和政策之间的关联度和契合度，保证政策效果。此外，还需加大对农业科技创新的补助，完善科技税收政策。

（2）强化种业科技创新，支撑“种植强农”建设。不断完善健全商业化育种服务体系，培育一批“育繁推”一体化的现代种子企业，加快良种商业化应用和产业化开发。

（3）优化社会化管理机制，推动全国农业科技创新创业。发挥国家农业科技园区协同创新战略联盟作用，建立政府和市场间有效的组织沟通渠道，推动技术创新、机制创新和商业模式创新融合，探索一条创新驱动农业农村发展和城乡一体化建设的新路径。

10.2.2　加大农业科技推广的力度，推动农业规模化发展

农业技术服务组合和推广组织是科研成果转化为现实生产力的中间力量，关系着科技成果的延伸和再创新，联系着科研、教育与生产的纽带，在农业生产中促进农业技术进步与增强农业竞争力，支撑着农村经济的发展。农业技术服务组织作为桥梁，在科技推广中不仅能指导农户还能有效带动生产。当前我国农业科技服务组织形式、结构简单，应不断推进农业技术服务组织创新，健全农业科技推广体系。

1. *发展多种农业科技推广模式*

我国农业科技推广机构可以分为种植业、畜牧业、水产、农业机械化及农业经营管理五大系统。我国农业推广体系庞大，涉及机构众多，管理体制存在双重性。截至 2015 年底，全国种植业农业科技推广体系共有省、地、县、乡四级机构 41 757 个；编制内农业技术人员约有 32 万人。[①]分析发现推广机构呈现出总量多，但越到基层越均量严重不足，管理体制越不健全的现象。农业科技推广机构上级对下级的业务指导权缺乏相应的行政约束，上级只能对下级机构推广活动进行指导或建议。在双重管理体制存在的前提下，很多农业科技推广机构从人力和精力上很难保证正常技术服务工作的开展，影响了农业技术推广工作的顺利开展。农业科技的推广需要构建多元化、多层次的农业科技推广与服务模式，主要通过以下措施进一步为农户农业生产经营提供技术支持。

（1）政府搭台，高校专家和基层骨干对接服务。高校、科研院所与人民政府合作，通过在产业示范高地共建试验示范站，专家组常驻产区，与基层的农业技术骨干合力，为当地产业提供“上门”“入地”的服务。通过这种方式，专家可以有效指导农户解决产业发展中遇到的问题。除此之外，还可以示范推广良种选择、测土配方施肥、整枝留果、多层覆盖等系列新技术，扩大产业的种植面积和提高效益。

（2）媒体宣传，传统媒体和新媒体合力多元推广。通过媒体可以让农业科技在更大范围内推广，惠及更多群众。例如，充分利用以服务“三农”为办报宗旨的农业期刊和电视的农林卫视传播宣传农业科技，通过开发农业科技信息服务网

① 陈生斗. 陈生斗主任在全国农技推广体系建设工作会议上的讲话[EB/OL]. 全国农技推广网，2016-7-11，https://www.natesc.org.cn/news/des?id=16bf1dfb-6d8f-4880-89c5-e5c0882b8e69&Category.

站、建立远程视频系统、发送手机短信等方式，建设起综合农业科技信息服务体系，为农民提供信息支持。

（3）农户观摩，组织农户参加农村实用技术推广，实地教学观摩，以此带动农户学习科学技术。举办科普展览，利用乡镇集市向农民散发农业实用技术资料，组织人员走乡串户开展宣传工作。

2. 建立农业科技推广保障机制

通过调研发现，我国农业科技在推广过程中存在忽略技术需求者的主体地位，对基层农业技术推广人员缺乏激励等问题。在对基层农业技术推广人员的保障与激励方面，各地虽然建立了形式多样的管理制度和激励奖惩制度，但受人事管理制度、人员队伍建设、财政保障能力等方面制约，缺乏增强农业技术推广人员工作动力的行之有效的手段，难以付诸实施。部分地方即便是建立了考评制度，在具体执行中，由于受各地实际情况、执行者素质等因素影响，随意性大，很难落实到位，通常未把推广绩效纳入个人绩效工资和晋升奖罚的考核范围，奖罚制度难以兑现，不利于提高农业技术推广人员的工作热情。科技成果的推广及运用依赖于健全的保障机制，主要从以下几方面加以保障。

（1）继续完善相应的科技成果转化、推广法律保护机制。继 1996 年《中华人民共和国促进科技成果转化法》后，2015 年全国人民代表大会常务委员会进行了修改，进一步完善了激励科技人员和转化人员转化科技成果的制度措施。通过法律机制保障科研人员、农业技术推广人员的各方面，促进农业科技顺利开展。

（2）要建立有效的科技成果转化、推广激励机制。人才资源是第一资源，而稳定人才，建立适度宽松的政策体制，勇于探索和试点，加大对科研成果转化核心团队的奖励和激励，对农业技术推广人才的推广成果衡量奖励，提高其工作积极性，将成果转化所得收益的大部分用于奖励成果所有者团队及相关人员。

（3）要制定相应的扶持政策，加大科技建设以凝聚人才。不断加强科技人才思想政治教育，创造良好的文化氛围，坚持关爱优秀人才，加强正面宣传和畅通推优渠道，梳理优秀典型，提升科技人才队伍建设的水平。

10.2.3　提高农业科技转化率，将科技成果转化为生产力

科技成果转化是科技成果从产生到应用的整个过程，受多方面制约，因而科技成果转化不仅仅只是政府单方面的工作，需要多方协调配合。科技成果转化力度不够、工作受阻等问题长期存在，主要从以下几方面进一步解决与完善。

1. 完善科技成果转化多维度评价机制

据统计数据分析，我国科技成果的转化率仅为10%，农业科技成果的转化率只有30%～35%，而发达国家已达到70%～80%。[①]造成这一结果的原因主要有二：一是科技人员想把成果转化为生产力的激励低；二是农民想使用新技术的需求低，导致农业实用技术的入户率和技术到位率不高。同时，受农民科技文化素质低、农户经济能力弱和农业比较效益低等因素的影响，农业科技成果转化缺乏市场驱动力，所创造的生产技术操作不便且应用成本高，与农民、农村的技术需求不相适应，导致供给的技术无法为农户所接纳。因此，完善科技成果转化多维度评价机制主要应从以下几方面进行完善。

（1）在建立科技成果转化多维度评价体系时，要全面反映成果转化过程中的多个环节，应考虑科技转化主体及形式的多样化特点。科技成果转化是一项复杂耗时并受多方面因素影响的工作，首先要从客观实践出发，多维度评价科技成果转化效果。以结果为导向，找出这一过程中可能存在的问题，并及时解决，这样才能出台更有针对性的相关政策。

（2）在评价指标体系中拓宽检测指标，在建立和拓宽指标体系时结合国内国际指标的可比性和可衔接性，同时完善统计的基础数据。鉴于此，我国在评价二级成果转化时应借鉴国际经验，建立多维度评价体系，综合衡量科技成果转化效果，要客观认识科技成果转化的特点与规律。研究建立科技成果转移转化评价指标体系应多视角观测，多方位评价，从而制定更适宜的政策，保证科技成果转化工作的顺利进行。

2. 改进农业科技成果处置和收益管理

科技成果的定价是科技成果转化的重要环节，也是科技成果转化中的一个难题，建立科技成果市场化定价机制是破解这一难题的“钥匙”。据了解，专利转化后所得奖金，税率按梯度计算，为5%～45%，即100万元的奖励，需要交几十万元的税，税率高进一步导致科研人员成果转化难度大。农业科技成果处置能有效促进农业科技的转化及应用，健全的农业科技成果转化及收益分配机制对促进科技成果的推广有至关重要的作用，改进农业科技成果处置及收益管理机制需要从以下几方面着手。

（1）继续完善科技成果处置和收益管理制度。高校和科研机构面临科技成果转让需审批、收益需上缴、审批程序复杂、周期长等问题。科技成果转化审批难，直接挫伤了高校科研人员的积极性，导致不少人在获得教授职称后，便对发明专利不再维护，对发明创造也失去动力，最终导致高校发明专利总量开始减少。完

① 翟金良. 中国农业科技成果转化的特点、存在的问题与发展对策[J]. 中国科学院院刊，2015，（3）.

善农业科技成果处置和收益管理制度，需要政府出台相应管理制度，使科研人员对自身持有的科技成果，可以自主决定转让或者作价投资。

（2）增加科研人员成果转化收益，以奖励、补贴等多种形式鼓励更大范围的创新活动，凡是在科技工作中有贡献的人都应该享有相应的收益。加大对知识产权的保护力度，严格实施国家科技转化相关的法律法规，让有真才实学的科技人员合法致富。

（3）企业、政府、科研单位在与科技人员约定收益标准时，必须严格按照国家有关科技成果的规定，不能刻意压低甚至拖延补助发放，应该推广“高薪纳人才”的政策，充分调动科技人员的积极性。

10.3　建立健全要素机制

要素机制对坚持和完善农村基本经营制度的作用主要体现在三点上：其一，家庭经营要向采用先进科技和生产手段的方向转变，这就要求完善技术、资本、劳动力等生产要素的投入机制，作为提高集约化水平的有力保障[①]；其二，健全要素流动机制，有利于推进城乡要素平等交换和公共资源均衡配置；其三，探索关键要素特别是土地要素合理、有序退出，能够在很大程度上避免造成土地要素资源浪费，提高土地资源使用效率。

10.3.1　完善关键要素投入机制

关键要素是指一般生产能力的实现过程中不可或缺的资源禀赋，包括资金、技术、劳动力等。在以家庭承包经营为基础、统分结合的双层经营体制下的农村生产过程中，关键要素投入不足是阻碍农村生产经营提高集约化水平的主要因素，其中资金要素投入问题尤为突出。完善资金要素投入机制，不仅需要公共财政发挥主体作用，还需要农村金融机构的大力支持。

1. 完善财政资金投入机制

农村的发展建设亟须资金支持，作为责任主体的公共财政应持续增强支出力

① 中共中央关于推进农村改革发展若干重大问题的决定[EB/OL]. 中华人民共和国中央人民政府网，2008-10-19，http://www.gov.cn/jrzg/2008-10/19/content_1125094.htm.

度，优化资金投入结构，稳步促进农村可持续发展。但是，从现阶段财政支农资金的现状来看，还存在投入力度不足与结构不合理等问题。因此，应当从加大财政资金支农比例和优化财政资金支农结构两个方面完善财政资金投入机制。

（1）加大财政资金支农比例，保证支农支出持续增长。财政支农资金主要源于中央财政拨款。在财政收入逐年增长的情况下，财政支农资金占财政总支出的比例却不增反减，2010 年占比约为 4.39%，2014 年降至 3.83%①。农村生产经营对资金的需求长期得不到满足，政府应该在财政支出能力的范围内，在不降低支出规模的同时逐步增加支农支出，保证投入规模稳定增长。当前可以从两个方面着手：其一，在现行《中华人民共和国农业法》的原则性指导下，加快制定有关财政支农的具体细则，细化支农投入增长的方向和规定，这将有利于提高财政支农政策的执行效率；其二，耕地占用税税率提高带来的财政增收，应严格按规定全部投入农业生产经营②，扩大支农支出比例。

（2）优化财政资金支农结构，增加对基础设施建设的支出。完善的农村基础设施是提高农村经济水平的前提条件，现阶段应当也有能力增加对农村基础设施建设支出的比例，尤其是水利等基础设施。《中华人民共和国农业法》将加强农业基础设施建设的工作摆在财政支农的第一位，足见其重要性。③我国农村水利设施普遍落后，财政支农资金应倾向于发展大型节水灌溉公共设施，落实好基础设施的更新和重复利用等工作。当农村生产性基础设施得以完善之后，也就为投资主体进入农业生产经营塑造了良好的外部环境，势必能极大调动农户参与农业生产的积极性和热情，提高农业生产力。

2. 深化农村金融制度改革

由于农业自然风险大、农民抵押资产少、农村信贷成本高等特点，农村金融机构陷入商业化与服务化难以兼得的两难困境。一方面，农村金融机构具有追求利润的内在冲动，商业化是其可持续经营的前提；另一方面，农村金融机构承担着支农惠农的外在要求，服务化是其扎根于农村的基础。因此，农村金融本身存在对冲性矛盾，必须深化农村金融制度改革，提高金融机构对农业的资金供给能力和服务能力。

---

① 马晓河，刘振中，郭军. 财政支农资金结构性改革的战略思路与对策[J]. 宏观经济研究，2016，(7).

② 耕地占用税管理规程（试行）[EB/OL]. 国家税务总局网，2016-1-15，http://www.chinatax.gov.cn/n810341/n810765/n1990035/n1990067/c2185750/content.html.

③《中华人民共和国农业法》第三十八条第二款，各级人民政府在财政预算内安排的各项用于农业的资金应当主要用于：加强农业基础设施建设；支持农业结构调整，促进农业产业化经营；保护粮食综合生产能力，保障国家粮食安全；健全动植物检疫、防疫体系，加强动物疫病和植物病、虫、杂草、鼠害防治；建立健全农产品质量标准和检验检测监督体系、农产品市场及信息服务体系；支持农业科研教育、农业技术推广和农民培训；加强农业生态环境保护建设；扶持贫困地区发展；保障农民收入水平等。

（1）深化农村信用合作社改革，重构产权制度。农村信用社产权的法律定位为社员所有，但经济学意义上的产权包括所有权、使用权、收益权、处分权和控制权等在内的一系列权利，因此农村信用社的产权是模糊的，其产权结构不清晰直接导致治理结构不合理，从而影响其对农业的资金供给能力和服务能力。基于我国小农经济的特征和家庭联产承包责任制的基本经营制度，应主要发展合作制和股份合作制，随着城镇化进程的加快，未来可以考虑股份制。

（2）深化商业性金融组织改革，优化农村金融市场竞争环境。投资农业生产经营并不一定代表经营亏损[①]，农村同样具有广阔的发展前景，关键在于优化农村金融市场环境，为大型商业银行面向"三农"建设的可持续发展提供基础。中国目前县域金融改革的主要缺陷在于体制机制不健全，农民信用评估机制、担保抵押机制和农业保险机制等亟须完善。第一，加快推进农村信用体系建设，降低信用风险。商业银行应主动建立严密的信用评级系统，搜集客户资源，梳理优质资产，搭建多维度的风险控制机制；第二，各地方政府应稳妥、规范推进试点改革，继续创新多样化担保机制，建立全国农业信贷担保体系[②]，全面激活农村金融市场，扩大对农户的抵押贷款覆盖面；各商业性金融机构应积极响应国家试点政策，加强贷款风险控制，构建抵押贷款与信用贷款共同发展的资金服务体系；第三，大型商业性金融机构应利用自身品牌优势，协助保险机构加大宣传力度，建立长效合作机制，创新农业保险产品，分散农业风险。

（3）深化新型农村金融组织体系改革，引入更多市场竞争主体。在农村金融市场中引入更多新型市场竞争主体，深化农村金融制度增量改革，使市场竞争结构充分多元化，非法与劣质金融形式必然自觉退出，金融机构对农业的资金供给能力和服务能力将会提高。首先，深化村镇银行增量改革，必须全面放开村镇银行的股东限制[③]，吸引更多民间资本流入农村市场；村镇银行应结合地区经济特点，创新适合于农业经营者的产品和服务，提高可持续发展能力，有效发挥支农作用。其次，民营银行审批权限下放地方和申办常态化，有利于带动民间资本和社会资本流入银行业。未来民营银行发展必须精准把握市场定位，为农业经营提供更具

---

① 截至2015年底，中国农业银行"三农"业务税前利润为754.02亿元，占比32.7%；总资产为6.38万亿元，占比35.9%；发放贷款及垫款总额为2.86万亿元，占比32.1%，同比增长7.9%；吸收存款余额5.80万亿元，占比42.8%，同比增长9.2%。参见：中国农业银行股份有限公司2015年资本充足率报告[EB/OL]. 中国农业银行网，2016-4-14，https://www.abchina.com/cn/AboutABC/investor_relations/regulatory_capital/ratio_reports/201604/P020160414542512270678.pdf.

② 李克强. 政府工作报告[EB/OL]. 中华人民共和国中央人民政府网，2016-3-5，http://www.gov.cn/guowuyuan/2016-03/05/content_5049372.htm.

③ 关于金融支持经济结构调整和转型升级的指导意见[EB/OL]. 中华人民共和国中央人民政府网，2013-7-5，http://www.gov.cn/zwgk/2013-07/05/content_2440894.htm.

针对性和便利性的优质金融服务[①]；进一步完善存款保险制度和市场监管体系，避免产生系统性风险。最后，小额信贷公司为民间资金提供了投资渠道，很好地弥补了民间借贷的缺陷，有利于提高对农业的金融供给能力和服务能力。在深化农村金融制度改革的背景下，小额信贷公司必须创新金融产品，提高合规经营和风险管理能力，发展成为竞争性的农村金融市场主体。

10.3.2 健全要素流动机制

坚持和完善农村基本经营制度，应当推进城乡要素平等交换，促进生产要素合理流动，优化土地、资本和劳动力等要素在城乡之间的配置方式与配置效率。受经济发展制度安排的影响，当前城乡要素流动过程中存在一些问题：农村土地要素非市场化流入城市，造成财富分配不公平、不合理；农村资本要素单向流入城市，农业生产经营对资金的需求难以得到满足；农村劳动力要素向城市大量转移，使农村遗留劳动力素质普遍较低，甚至部分地区鲜有农民参与农业生产。这些问题的解决，有赖于要素流动机制的建立健全。要素流动机制主要包括土地要素流动、资本要素流动和劳动力要素流动三个方面，关于资本要素流动机制前文已有所论及，在此不再赘述。

（1）盘活农村土地要素，建立与完善城乡要素平等交流机制，实现土地要素流动市场化。这样一来，不仅能够解决城镇化过程中土地供应严重不足的难题，而且农民可以获得合理补偿和社会保障。当前农村大量人口流入城市，常住人口逐步减少，这为盘活农村土地要素提供了历史机遇。当前可以通过完善农村征地补偿制度和土地资源流动制度，盘活农村土地要素；通过借鉴并吸收全国各地农村改革试点中的农户土地流转经验，完善土地城乡要素平等交流机制，可以将农村土地以不同方式交流到城市或者非农产业，提高土地资源使用效率。当然在这一过程中，应当具体考虑当地的经济与社会条件，充分尊重农民的意愿，保障农民的社会和政治权利，尤其要确保农民取得合理补偿。

（2）促进农民实现市民化，吸引城市人才流向农村，使劳动力要素实现有序、稳定的流动。一方面，农村劳动力涌入城市，实现市民化转型，针对这部分群体，政府相关部门和社会组织应当全面建立培训机制，尽可能解决他们的基本生存与就业问题，同时加快户籍制度改革，促进农民实现真正市民化；另一方面，农村劳动力要素向城市大量转移，农村生产经营需要劳动力要素填补，唯一的办法只

① 关于促进民营银行发展的指导意见[EB/OL]. 中华人民共和国中央人民政府网，2015-6-26，http://www.gov.cn/zhengce/content/2015-06/26/content_9980.htm.

有吸引青壮年劳动力流入农村。这就需要农村各地区挖掘当地优势产业，吸引资本投资，发展新型农业经营主体，形成规模经营，增加农业经营收益，提高农村劳动力市场的竞争力。

10.3.3　探索要素退出机制

随着我国工业化及城镇化的加速，农村劳动力向城镇和非农产业转移是一个国家转型的长期趋势，由于土地要素在空间上的不可转移性，其过程必然伴随着部分农民和土地相互分离的现象。由于我国土地要素退出机制尚处于起步阶段和探索时期，土地要素有偿退出途径有限，使耕地资源使用效率大大降低，同时离农农民基本生活缺少保障。为有效解决这些问题，必须在坚持农村基本经营制度的前提下，逐步建立健全农村土地要素退出机制。

1. 土地要素退出机制的价值

农业现代化的实现过程中必然伴随着农业生产力的提高，这就在客观上要求部分农民离开农村进入城市，我们必须处理好这部分农民群体与土地之间的关系，否则会阻碍农业生产效率的提高和城镇化进程的顺利推进。具体来讲，建立与完善土地要素退出机制的价值主要体现在以下两个方面。

（1）有利于提高土地使用效率，促进农业经营规模化。外出务工或进城落户的农户由于无法经营农地，往往会选择将农地流转出去，但有时会因找不到合适的转入方而无法获得充分、稳定的流转补偿，甚至部分农户不得不将土地抛荒。如果建立了土地要素退出机制，则有利于理顺农地承包关系，使农地的承包方与使用方尽量统一，促进其在农地上的长期投资，提升农业经营规模，提高农业经营效率。

（2）有效缓解进城农民生活压力，缩小城乡差距。尽管目前可以通过农地流转来实现对农村土地要素的处置，但对一部分已在城市获得稳定工作和收入的农民工或者新生代农民工来说，他们或许更希望将土地彻底转让出去，即实现土地要素退出。如果进城落户的农民能够有偿退出农村土地，这能够帮助他们解决转移过程中产生的经济问题，缓解生活压力，缩小城乡差距。

2. 土地要素退出机制的构建

土地要素退出机制的构建对优化土地资源配置效率，提升农业经营规模化水平具有重要意义，是城镇化过程中部分农民与农地分离趋势下的必然选择，但退出过程中会面临不少风险，因此，土地要素退出机制的实施必须积极且稳妥地进行，基于此，提出以下三点政策建议。

（1）充分尊重农民的意愿。离农农民、进城落户农民毕竟只是农民群体中的一部分，并且各地区各农户家庭具体情况存在差异，农户个体对土地退出的意愿不同。本书课题组的调研数据显示，调研区域土地退出农户为 39 户，占样本总数的比例为 15.17%（表 10-2）。由此可见，农户个体基于家庭具体情况出发，对土地退出的接受程度不同。既然土地要素退出的本质是一种选择权，是出于保障离地农民权利的初衷，那么在实行土地要素退出机制时，应当充分尊重农民的意愿。

表10-2　调研区域农户土地退出情况

土地退出情况	是	否
样本户数/户	39	218
占样本总数的比例	15.17%	84.83%

资料来源：根据本书课题组 2016 年调研数据整理所得

（2）建立最低补偿标准，促进土地退出市场化。在充分尊重农民意愿的前提下，鼓励土地要素有偿退出，退出的对象与方式、土地要素的价格等应由双方协商确定。离地农民中可能会存在一部分弱势群体，为保障其在土地要素市场化交易过程中的合法权益，不同区域应结合当地具体经济情况，建立土地要素退出的最低补偿标准，缓解离地农民在再就业或进城落户过程中的经济压力。

（3）统筹推进“三权退出”。对有意愿且有能力退出农村土地的农户，应适时统筹推进“三权退出”，因为农民所享有的土地承包经营权、宅基地使用权与集体成员身份权具有整体性与统一性，不能人为割裂它们之间的紧密联系，只有统筹推进“三权退出”，才能为这些农户彻底离开农村、进城落户提供完备的制度安排，否则必然会减弱土地要素退出机制的政策效果。①

10.4　完善农村社会保障体系

随着工业化和城镇化的迅速推进及农业劳动力的大规模流动，我国农业经营格局已经并将持续发生重大的变化，农业生产方式也已经由传统小农生产进入向社会化大生产加快转变的新时期新阶段。农村的社会保障制度是可以通过对自然风险、市场风险及社会风险的化解，来保持农业经营者收益的稳定，从而是促进我国农业生产方式发生转变的重要的保障形式。然而，现阶段我国的农村社会保

① 刘同山，孔祥智. 参与意愿、实现机制与新型城镇化进程的农地退出[J]. 改革，2016，（6）.

障体系发展不完善，没有相配套的保障措施，无法给农村居民提供足够的生产和生活保障，无法带动农村劳动力继续从事农业生产、发展规模化专业化农业的积极性。因此，坚持和完善农村基本经营制度需要完善农村的社会保障体系，促进农村地区经济和社会的发展。

首先，完善农村社会保障体系是当前农村土地保障功能弱化的必然要求。我国长期实行的是城乡二元保障体制。对大多数农民来说，土地承担着生产和保障的双重功能，是他们赖以生存的最主要的生产资料和保障基金的最重要来源。但是，农村土地的保障功能呈现逐渐弱化的趋势，由于家庭经营的小规模和分散化经营特征在短时期内难以改变，土地细碎化在所难免，农村土地的机会成本过高，比较效益低，尤其是农村贫困地区，很多农户受经济条件的限制，无法从土地上获得充分的生活保障，极易因疾病、意外伤害等事件而陷入生存困境，不利于维持农村社会的稳定。在这样的前提下，需要进一步完善社会保障制度来保障农村居民的基本生活，弥补农业比较效益下降给他们带来的冲击，同时也可起到鼓励部分农村居民返乡务农的作用。

其次，完善农村社会保障体系也是农业规模化、专业化发展的必然要求。农业的规模化、专业化经营要求农村土地不断地向种田能手、专业大户转移，以形成农业的规模化经营。但目前农村社会保障体系不完整，农业规模化和专业化经营遭遇困境。

一方面，农村居民因缺乏稳定的社会保障而不愿意进行土地流转。对土地流出方而言，他们最大的担心就是土地流转后是否能取得稳定的收入，以使自己在遭遇失业、疾病、意外等情况时保证基本生活。《2014 年度人力资源和社会保障事业发展统计公报》数据显示，截至 2014 年底，中国共有农民工 27 395 万人，但仅有 5 472 万人参加了城镇职工基本养老保险，仍有大量的农民工未被纳入该保障体系。同时，农民工所从事的工作多数不固定，没有稳定的收入来源，尤其是无地或者少地的农民，再加上社会保障的缺失，使他们不敢轻易放弃自己所拥有的土地，这都不利于农村闲置土地向农业经营能手集中，不利于实现农业的规模化和专业化经营，从而给完善农村基本经营制度带来了不小的挑战。

另一方面，农业的规模化和专业化经营会进一步放大自然、市场、失业等风险，要求配套的社会保障体系提供强有力的保障措施。对土地转入方而言，为了取得预期的规模效益，他们经营着流转而来的成片土地，从事规模化和专业化的生产经营，为此投入了大量的人力、财力和物力。但他们依然面临着非人为可控的自然和市场双重风险，既有遭遇自然风险的可能，也会面临市场上农产品市场价格不稳定、市场供求失衡等方面的冲击，商品在市场上有可能存在销售不出去的情况，从而遭受损失，无法实现其预期利益目标。这无疑会给土地转入方带来沉重的打击，影响他们从事农业生产的积极性。

同时，对土地流出方而言，农村地区尚未建立起失业保险制度和工伤保险制度。一方面，资本代替劳动及大规模的机械化生产成为家庭承包制度下农业规模化和专业化经营的最明显特点。另一方面，农村地区通过转让土地的使用权和入股等手段实现了生产资料和生产者的分离，传统的农民开始向拥有正式劳动关系的产业工人转变，并且该种劳动形式必将因农业规模化和专业化生产的不断发展而成为一种固定的劳动关系。①可以说农业的机械化、规模化和专业化生产催生、集聚和放大了人们所面临的工伤、失业、疾病等风险。并且具有新型劳动关系的产业工人必将面临各方面的社会风险，如工伤风险和失业风险等。这是由于农业规模化和专业化生产而出现的问题，更多的是整个社会的问题，不能也不应该仅由个人及其家庭承担。因此，农业的规模化和专业化经营亟须国家从制度层面为产业工人提供保障。然而，我国农村地区目前仍没有建立起包含失业保险和工伤保险的完善的社会保障制度②，不利于实现农业的规模化和专业化经营。因此，需要通过建立健全农村社会保障制度，对土地转入方因严重的自然灾害和因市场价格变动造成的损失予以保障，对土地流入方可能遭遇的工伤、失业等风险予以保障，以相应提高他们的生产积极性。

此外，农村地区教育救助缺失。农村地区教育救助的缺失和生产技能培训的缺乏，直接导致农村地区生产者的素质较低，农业的规模化和专业化经营缺少相应专业技术人才的支持，进而导致我国的农产品形式单一，第一产业缺乏核心竞争力，第二产业和第三产业落后，农业规模化和专业化发展程度不高。因此，为提升农业生产者的素质和专业技能，必须及时建立和完善农村地区的教育救助制度和农业生产技能培训制度。

基于上述内容，我们可以知道，坚持和完善农村基本经营制度需要大力发展和完善农村社会保障体系，建立城乡统一、范围覆盖城乡全体居民的公共服务体系，包括教育、医疗、养老、住房等，让农民平等享受“国民待遇”，以创造良好的外部环境③，能够使广大农民获得足够的生活保障，解决他们的后顾之忧，以激发农村劳动力从事农业生产的主动性、积极性和创造性，从而继续保持家庭承包经营的基础地位不变，同时促进农业规模化专业化发展，发挥农村基本经营制度更大的生命力和活力。

---

① 郑毅敏. 中国农业经营方式创新及其对农村就业结构的影响[J]. 西安财经学院学报，2004，(3).

② 张尧. 农业生产方式变迁视域下农村社会保障体系的完善[J]. 探索，2015，(6).

③ 翟涛，胡俊，孙哲，等. 我国农村基本经营制度的制度潜力与实现路径[J]. 农业经济，2016，(2).

10.4.1　扩大社会保障覆盖面

首先，积极完善农村的社会养老保险制度和新型农村合作医疗制度，整合城乡居民基本养老保险制度、基本医疗保险制度，并不断提高其统筹层次。其次，立足于农村基本经营制度发展规模化和专业化农业的前提，建立农村失业保险和工伤保险。再次，特别注重农村社会救助制度的发展和完善，逐步建立健全医疗救助制度、农村低保救助制度、困难户住房救助制度和教育救助制度，推进城乡最低生活保障制度统筹发展，从而扩大农村社会保障制度的覆盖面，以完善的社会保障体系对农民生活进行制度兜底以保障他们的基本生活。同时，需建立起农村相关社会保障制度的衔接机制，从而保障参保者的保险在城乡及不同社会保障制度中的转移和续接。最后，要在广大农村地区进行积极的宣传活动，增强农民群体的参保意识，将农村地区未参保人群如失地农民和农民工群体等纳入社会保障体系。

10.4.2　拓宽社会保障资金来源

社会保障资金有三个主要来源：一是国家各级财政按比例提取；二是村集体和企业的收入中按比例提取；三是个人收入中交纳的一部分。但是，各级政府目前对农村社会保障事业的投入力度远远不够，村集体提供的资金也非常有限，个人缴纳的部分也远不足以保障其生活。因此，需要拓宽社会保障资金来源。首先，要健全社会保障财政投入制度，完善社会保障预算制度，给予农村更多的财政支持，加大中央政府、省级财政对基层财政的农村社会保障转移支付力度，对那些经济较为落后、农村人口较多的县级地区在社会保障各项目上给予更多的补贴。其次，可以通过征缴社会保障税、发行社会保障彩票及发行地方债券等形式筹集农村社会保障资金。最后，以个人储蓄积累为主体，鼓励和引导农民积极参保，充分发挥农民个人保障的积极性，在一定程度上增加社会保障资金来源。此外，还可以动员社会力量的积极参与，鼓励其对农村事业的发展进行捐助，以缓解农村社会保障资金不足的问题。

10.4.3　完善农村社会保障管理体系

管理体制方面，目前我国没有一个专业的管理农村社会保障资金的机构，仍存在严重的多头管理和条块分割的现象。管理机构方面，“多龙治水”现象严重，有些地区由劳动部门负责和管理农村职工的社保，卫生部门和农村职工所在单位或者是村集体负责和管理医疗保障，民政部门负责和管理农村居民的养老保险和救济，甚至有些乡镇地区自行一套，形成乡镇的社保管理办法。[①]因此，为了保证农村社会保障事业的顺利进行，首先，应建立一个统一的管理农村社会保障事业的机构，其他部门辅助和配合其工作的开展。[②]其次，建立农村社会保障事业的监管体系，监督相应保障法律法规和政策的实施情况，以及社会保障基金的征缴、管理和发放等具体事项。最后，加强管理队伍的建设，积极吸收优秀农村劳动力加入农村社会保障事业的建设，并引进专业人才，提高管理队伍的素质和能力。

10.4.4 建设农村社会保障制度法律体系

目前，我国政府没有出台一部专门的关于农村社会保障的法律，尽管在实践过程中，形成了一些条例和法规，但都没有形成完整的法律体系。各地区也往往因地制宜，内容不尽相同。这就导致我国农村的社会保障工作无法可依，缺乏规范性，尤其是在社会保障基金的管理上缺乏约束。因此，要建设农村社会保障制度法律体系，在立法体制方面，应形成以“农村社会保障法”为核心，以国务院的条例为主体，以地方性法规、规章为补充的法律体系。[③]具体来说，首先，需要制定诸如“新型农村合作医疗法”“社会养老保险法”等专项法规，在制度内容、保障对象、保障标准，以及资金的筹集、增值及管理等方面做出具体规定，增强实际可操作性。其次，各地方政府应依据自身发展情况制定相应的实施办法，及时做好普法工作，加大宣传力度，提高农民的法律意识，鼓励他们积极参加农村社会保险。

10.4.5 促进城乡社会保障体系一体化

由于我国长期以来实行的户籍制度，形成了独有的城乡二元结构，使城乡地区的经济发展出现了明显的差距，社会保障制度也出现了明显的城乡差异，城镇地区的社会保障制度相对健全和完善，而农村地区仍主要是以土地保障和家庭保障为主体，社会保障明显不足，很多农村居民仍然游离在社会保障体系之外，无法跟城镇居民同等地享受社会保障的待遇。但随着社会经济的发展、户籍制度改

① 陈秋静. 城镇化发展中构建农村社会保障体系研究[J]. 农业经济，2013,（12）.
② 叶金国，仇晓洁. 中国农村社会保障财政资源配置问题及对策研究[J]. 河北学刊，2015,（4）.
③ 唐霞，徐仁际，王泽玉. 城乡统筹背景下的新农村社会保障体系研究[J]. 中国经贸导刊，2009,（19）.

革的推进及“工业反哺农业、城市支持农村”方针政策的实施，促进城乡社会保障的一体化成为发展社会保障事业的新的目标。因此，需立足于我国当前经济发展所处的阶段，根据城镇和农村社会保障制度发展的不同程度，深入研究如何加强和完善社会保障理论及实践的宏观问题，统筹发展社会保险、社会福利及社会救助等事业①，加快建立统筹城乡发展的社会保障制度，在完善社会保障制度的过程中，增强其普适性、公平性和可持续性，分步骤有层次地实现城乡社会保障的一体化，以保障不同区域和不同群体的基本生活。

10.4.6　建设现代信息技术管理系统

“大数据”的普及和应用，对深入发展我国的社会保障制度可谓意义重大。因为我国的社会保障事业起步晚，统筹层次偏低，并且制度本身是针对不同群体设计的，实行分块管理，具体的实施各区域也有所不同，这就使参保人群的相关社会保障数据的统计规模小，无法实现有效的共享和整合，不利于社会保障事业的发展。因此，要统筹和发展社会保障事业大数据的研发工作，需侧重提高政府对社会保障的基金征缴、待遇的发放及社会保障基金运营和收益等方面进行管理的能力，保证公民能够及时了解和掌握我国社会保障基金的运营情况。②实现资源的全国共享，以建立统一、全面的社会保障网络，进而确保各地区信息和标准的一致性。同时，还需建立一套科学的、动态的人口信息管理系统，以一人一个社会保障代码制度为基础。政府通过对社会保障信息的管理就可以掌握人口的数量、结构、教育、分布及流动迁移等基本情况。此外，还可以推行电子政务，实现社会保障信息的公开和共享，以实现公众对社会保障的监督，提升社会保障的效率。

10.5　加强农村基本经营制度的法制建设

10.5.1　农村家庭承包经营法律制度的完善

坚持和完善农村基本经营制度的法律运行机制，必须将稳定和完善农村家庭

① 袁文全，张卫国. 统筹城乡社会保障体系建设的经验启示与实践向度[J]. 学海，2010，(6).
② 孙洁. 应对大数据时代要求，加快社会保障信息资源整合[J]. 广西社会科学，2014，(7).

承包经营法律制度作为关键环节。纵观我国当前法律,《中华人民共和国民法通则》《中华人民共和国土地管理法》《中华人民共和国农业法》《中华人民共和国农村土地承包法》《中华人民共和国物权法》《中华人民共和国担保法》等诸多基本法均对农村家庭承包经营有所规定，体系不可谓不完备。但是，随着经济社会的发展，农村土地资源配置状况、农业生产经营主体和生产经营体系都发生了深刻变化，农村家庭承包经营制度完善和创新的空间主要集中在土地承包经营权的分割和调整方面，这就亟须进一步完善农村家庭承包经营法律制度。

首先，完善农村土地承包经营权的概念界定及权利构造。实行农地所有权、承包权与经营权“三权分离”的改革思路更多地体现了经济学意义上产权分离的制度构想，不能想当然地转化为法律权利的分离。据此，重新界定“农地承包权”“农地经营权”的法律概念，制定、完善相应的法律规范，实属必要。我国现行相关法律使用的是“土地承包经营权”这一法律用语。尽管学术界对这一承包经营权的概念充满争议，但从《中华人民共和国物权法》的“土地承包经营权人依法对其承包经营的耕地、林地、草地等享有占有、使用和收益的权利，有权从事种植业、林业、畜牧业等农业生产”这一规定来看，土地承包经营权包含了占有、使用、收益三项权能，其实质是物权属性的“土地利用权”。由于土地承包经营权不同于“土地所有权”，没有“处分”权能，这实际上从法律层面否定了土地承包经营权进入流转的可能性。当前，法学界对农地“三权分离”最大的质疑源自物权法“一物一权”原则，“承包权”与“经营权”的分离将导致一项用益物权再次分离为两项，使本来就不完整的权利更加残缺。“三权分离”政策要求在法律上突破原有的法律渊源，为农地流转提供法律依据。建议立法明确规定：①承包权是一种农民集体经济组织成员专有的、承包经营集体所有的农地的资格[①]，具有明显的社区封闭性和不可交易性[②]。农户家庭通过与集体经济组织签订承包合同而取得承包经营权，其中，承包权始终与农户的身份相依附，主体具有身份限制，必须是农村集体经济组织的成员，即农户家庭。承包权的内容包括监督承包地的使用、到期收回承包地、再次续保承包、有偿推出、限制性流转等。[③]承包权是土地承包经营权的根基，稳定承包权便是稳定了农民的土地权益，进而维护和落实了集体土地所有权，体现了农地的社会保障功能。②经营权是一种由承包权派生出的可以流转的债权，权利人对土地享有占有、使用、收益的权利，受流转合同的保护，具有财产价值。经营权的主体具有多样性，除了集体经济组织成员以外，可以是通过流转方式继受取得经营权的非农主体，如农民专业合作社、专业大户、家庭

① 楼建波. 农户承包经营的农地流转的三权分置——一个功能主义的分析路径[J]. 南开学报（哲学社会科学版），2016,（4）.

② 张红宇. 从“两权分离”到“三权分离”[J]. 法学研究，2014,（4）.

③ 张力，郑志峰. 推进农村土地承包权与经营权再分离的法制构造研究[J]. 农业经济问题，2015,（1）.

农场或者农业企业等。经营权一方面可以保障承包农户的财产性收益，另一方面有利于获得经营权的主体对农地的利用和经营，确保其对农地的权利预期。现行法律应当尽快明确承包权与经营权的内涵、主体、内容，构建完备的承包权与经营权再分离的法构造，为“三权分离”政策提供基础的法律依据。

其次，尽快为农村土地承包经营权的流转提供明确法律依据。《中华人民共和国农村土地承包法》规定“通过家庭承包取得的土地承包经营权可以依法采取转包、出租、互换、转让或者其他方式流转”。我国法律关于土地承包经营权及其流转均有所规定，但是土地承包经营权流转的条件、方式及流转后的权利行使等实践问题尚无法可依。第一，农地流转时，流转的是土地承包权还是土地经营权？2014 年中共中央《关于全面深化农村改革加快推进农业现代化的若干意见》提出，“在落实农村土地集体所有权的基础上，稳定农户承包权、放活土地经营权，允许承包土地的经营权向金融机构抵押融资”。2015 年 2 月，中共中央、国务院印发的《关于加大改革创新力度 加快农业现代化建设的若干意见》指出，“引导土地经营权规范有序流转”“引导农民以土地经营权入股合作社和龙头企业”。解读上述政策，谈及流转问题，使用的均是“土地经营权”概念表述。因此，相关法律应尽快在条文中明确可流转的权利类型，农地流转不影响农户家庭土地承包权的稳定，以契合“三权分离”改革精神。第二，明确土地经营权流转的合法方式，消除当前实践中的尴尬。在现行《中华人民共和国农村土地承包法》和《中华人民共和国物权法》的规定下，土地经营权流转较受限制，以土地承包经营权设定抵押权的行为被明文禁止。为了规避法律，各地纷纷推出农村金融创新产品，以发挥土地承包经营权的资产价值。[①]但是这些创新产品存在不同程度的法律风险，亟须法律制度的完善与保障。由于农地流转仅限于土地经营权，抵押权效力亦仅及于承包土地的经营权这一债权性财产权利。当抵押权人行使抵押权时，可通过获得利用土地、经营土地的收入来收回资金，不会危及农户家庭的土地承包权。可见，以具有债权性质的土地经营权进行抵押，是可以在法律上得到保护的。建议立法原则上允许土地经营权抵押，并在以下基础上予以适当限制：①法律继续重申“不得改变土地的农用目的”这一基本底线，确保土地经营权抵押不违背保护耕地的基本原则；②通过流转取得土地经营权的主体用该经营权抵押融资的，必须取得土地承包权主体的同意；③土地经营权的流转期限不得超过土地承包的剩余期限，超过部分无效。

最后，完善农村土地承包经营权确权登记法律制度。农村土地承包经营权

---

① 例如，《重庆市人民政府关于加快推进农村金融服务改革创新的意见》（2010 年 11 月 23 日）、《吉林省土地收益保证贷款试点暂行办法》（2012 年 6 月）、《四川省农村土地流转收益保证贷款试点工作方案》（2014 年 1 月）等试点规定。

是一项法定的不动产物权，该权利的确权颁证对确认和保障农户家庭的土地权利、保护土地经营权流转具有非常重要的作用。①我国现有关于农村土地承包经营权颁证及登记的立法包括《中华人民共和国土地管理法》《中华人民共和国农村土地承包法》《中华人民共和国农村土地承包经营权证管理办法》《林木和林地权属登记管理办法》等，条文较分散、规定较原则，有必要建立健全统一的颁证登记体系，对确权、登记所涉及的各方主体、程序、登记效力等法律问题做出明确、具体的规定。②统一农村土地承包经营权颁证及登记机构。尽管农用地因用途不同而存在不同类型，由不同主管机关分管，但是为了构建不动产物权法定公示的权威性与统一性，克服分别登记带来的功能局限，由同一个行政部门对不同用途的农地承包经营权予以登记。③明确登记的法律效力。农户家庭取得土地承包经营权的必经手续是与集体经济组织签订承包合同，承包经营权自承包合同生效之日设立。同时，我国采取登记对抗主义，即登记的法律效力在于公示，未经登记，不得对抗善意第三人。因此，当承包经营合同的内容与登记的内容不一致时，就存在效力协调问题。建议区别对待承包经营权的内外效力，对内，以承包经营合同内容为准，合同双方当事人有权依据合同内容主张修改登记事项；对外，则以登记的承包经营权内容为准，不得以合同内容对抗善意第三人。

10.5.2　农村集体经济组织法律制度的完善

农村集体经济组织是我国农村基本经营制度的重要组织基础，是统一经营的重要主体，是农地集体所有制的组织载体。农村集体经济组织的法律重塑和制度更新是我们完善农村基本经营制度的重要法律保障。

首先，应制定一部专门的农村集体经济组织基本法。目前，《中华人民共和国宪法》《中华人民共和国农业法》《中华人民共和国物权法》《中华人民共和国村民委员会组织法》等数十部基本法，以及若干的行政法规和部门规章，均对农村集体经济组织有所涉及。但是，尚未形成完备的农村集体经济组织的法律体系，尤其欠缺一部专门调整农村集体经济组织的基本法。建议我国尽快制定“农村集体经济组织法”，对农村集体经济组织的定义、性质、法律地位、成员资格、组织制度等实体性法律关系，以及设立、变更、终止等程序性法律关系，做出系统、明确的法律规定。

其次，明确界定农村集体经济组织的法律性质。农村集体经济组织属于民事主体抑或商事主体，亟须明确。当前，我国各地均在大力推进农村集体经济组织产权制度改革，改革的目标是通过对农村生产关系的变革形成产权明晰的法人组织，使社员拥有完整的个人产权。因此，集体经济组织的运行和经营是以集体经济组织及其成员利益最大化为目标的，应将其法律性质定位为商事主体，主要采用股份合作制的制度设计。我们可以将农村集体经济组织产权股份合作制界定为合作制和股份制的一种结合，它是在对农村集体资产量化到成员的基础上，以资产联合为主、劳动联合为辅的生产组织形式。[①]产权制度改革后的集体经济组织享有独立的法人财产权，以其全部财产对其债务承担责任，是有权参与市场经济的商事法人。根据我国商事主体法定原则，农村集体经济组织的商事主体资格应符合法律规定的设立条件和设立程序，最终由国家法律予以确认。因此，国家工商行政管理部门应将农村集体经济组织的注册登记纳入其行政许可的范围，依法登记。

最后，重塑集体经济组织的职能及内部治理结构。第一，商事法人的法律定位决定了农村集体经济组织应当走向市场经济，其原有职能应当与基层自治职能适当分离，不再承担基层的社区自治、公益事业、文教卫生等职责。作为商事主体，农村集体经济组织承担集体资产管理、为农民经济活动提供服务、村庄基础设施建设和维护等职能。[②]第二，集体经济组织的商事法人地位还决定了其内部治理结构应体现股份制和合作制的特点，依法制定组织章程，构建完善的法人治理结构，确保集体成员在集体经济组织中的分红权、表决权、知情权等股东权利。

10.5.3　农民专业合作经济组织法律制度的完善

农民专业合作经济组织是在家庭承包经营的基础上，由农户自愿联合起来的互助性经济组织，已成为双层经营体制中“统一经营”层面不可或缺的力量。现行法律对农民专业合作经济组织的制度供给不足，还需进一步完善相关立法。

首先，农民专业合作经济组织的概念具有较大的包容性，亟须对其形态法定化。根据农业农村部对农业专业合作与联合组织的定义，“两个或两个以上的个人或单位，为了共同的利益或目的，根据自愿互利的原则，以自己的劳动、技术或生产资料，联合起来进行生产、经营、咨询、服务的组织”[③]。不仅包括农民专业合作社，还包括遵循合作社原则的其他农民专业合作经济组织，如农民专业技术

① 刘畅. 推进农村集体产权股份合作制改革[N]. 光明日报（理论版），2014-8-9.

② 张云华. 关于制定《农村集体经济组织法》的思考——以四川省都江堰市的探索为例[J]. 农业经济问题，2010,（5）.

③ 农业部农村合作经济研究课题组. 1990：中国农村土地承包经营制度及合作组织运行考察[J]. 农业经济问题，1991,（8）.

协会。我国现行《中华人民共和国农民专业合作社法》的调整对象是从事经营活动的实体型农民专业合作经济组织，并没有将只为成员提供技术、信息等服务，不从事经营活动的专业合作经济组织纳入适用范围，无法适应我国农民专业合作经济组织形式不断创新的需求。当前，我国还存在农村专业技术协会、农户资金互助组织、合作社联合社等新型的联合与合作形式，法律对其组织形态、法律地位、运行机制等缺乏明确规定，导致其组织形态、基本特征等得不到法律确认，实践中很多经营活动和权益得不到法律保障。因此，确实有必要完善立法对农民专业合作经济组织的统一，将农民专业合作社以外的其他组织形态纳入法律调整范围，并对其性质和法律地位给予明确界定。同时，修改完善《社会团体登记管理条例》等程序性法律法规，对农民专业合作经济组织的设立、变更和终止等问题做出具体规定，保障其形态的法定化。

其次，进一步完善农民专业合作社立法。第一，《中华人民共和国农民专业合作社法》的调整范围较为狭窄，并没有将合作社联合社这一合作经济组织发展到一定阶段的必然产物纳入其中，可谓一大遗憾。合作社联合社是农民专业合作社为提升竞争力、稳定市场地位而自愿参加或成立的联合经济组织，其法律地位、组织安排、责任类型等基本法律问题亟须明确。第二，完善保障社员利益的机制。农民专业合作社之所以能获得《中华人民共和国反垄断法》豁免，是因为其设立宗旨在于通过互助共营，保障在市场中处于弱势的合作社社员，以实现社员利益最大化。然而，实践中如何防止农民专业合作社异化为纯粹追求外部市场利润，而并非为社员服务的“伪合作社”，仍缺乏法律的有效监管。建议我国以立法的形式明确规定合作社与社员的交易额不得低于其与非社员的交易额，甚至可以规定一个更高的比例[①]，以此确保农民专业合作社真正成为谋求全体成员共同利益的合作组织。第三，完善保障交易相对人利益的机制。农民专业合作社是法人性质的组织，社员仅以其出资额和公积金份额为限对合作社承担责任，合作社以其全部财产对债务承担责任。对交易相对人而言，合作社的全部财产是其债务的担保，若合作社的法人财产权减少，则意味着其债权担保能力减弱，增加交易相对人权利实现的风险。建议参照公司法对公司注册资本维持原则的相关规定，一方面强制规定合作社提取的法定公积金比例，以确保有足够的准备金应对风险；另一方面应对社员退社做出一定限制，在社员履行义务的期限、退社的许可条件等方面做出明确规定，进而维护合作社拥有足够的资信能力。

---

① 谭贵华. 农村双层经营体制法律制度完善研究[D]. 重庆：西南政法大学博士学位论文，2012：129.

10.6　改善党的领导

10.6.1　通过扎实的组织建设推动农村改革

要强化组织建设，首先要建设基层服务型党组织。随着我国经济社会的不断发展，农民的需求不断增加。特别是新时代以来，广大农民要求共享改革的红利。面对新形势新任务，要坚持党委总揽全局、协调各方，全面从严管党治党，落实“三严三实”要求，充分发挥各级党委（党组）领导核心作用。基层党组织要加强服务意识，从群众的角度出发开展工作。

其次要落实责任制。建立健全党委统一领导、党政齐抓共管、农村工作综合部门组织协调、有关部门各负其责的工作机制。建立农村改革工作区（县）委书记、区（县）长负责制，将深化农村改革工作列为督查考核内容，市农业和农村体制改革专项小组要加强统筹协调，督促有关部门进一步树立改革事项，细化责任分工，强化督查指导，并集中力量推进。要充分发挥基层党组织和乡镇村基层干部队伍的前沿阵地作用，扎实有效推进农村改革。

最后要深化干部人事制度改革，完善政绩考核评价体系和奖惩机制。加强党的组织建设，尤其是基层组织建设，充分发挥其战斗堡垒的作用。严明党的纪律和规矩，加强权力运行制约和监督，加强党风廉政建设的监督，将权力关在笼子里，着力维护风清气正、崇廉尚实、干事创业、遵纪守法的良好政治生态。

10.6.2　通过过硬的队伍建设实现人才兴农

建立健全人才支农制度。坚持选派优秀机关干部到乡镇挂职任职，注重在农村致富能手、农业专业合作社负责人、外出务工返乡农民中选拔村干部。加大涉农干部的教育培训力度。

形成组织培育新型职业农民和新型农业经营主体领办人制度。培养更多的农村改革发展带头人，要引导有成就的农村籍企业家把资金和技术带回家乡“二次创业”，引导农村外出务工人员回乡投资兴业。

通过科技、医疗等项目的实施，鼓励特派员到基层创新创业和提供支持。组织城镇相关人才深入基层开展创新创业和技术服务。结合农民的切实需要，加强农业技术的基础创新和成果转化。

10.6.3 通过健全的制度体系提升农村治理水平

加快完善农业农村制度体系，同步推进城乡治理，提升“三农”领域的治理能力现代化。同时要善于发挥乡规民约的积极作用，把法治、德治、自治有效结合起来。

要在法律服务、户籍管理、综合治理等方面改革创新，进一步提高政法部门服务农村改革发展的能力。要加大打击涉农违法犯罪活动，全力维护农村社会治安稳定。特别是在土地承包经营权流转中，切实保护好主体合法权益不受非法侵害，要进一步完善县（区）、镇（乡）两级政府多元纠纷调解机制，加强农村的法律服务和法制宣传教育，依法促进和保障农业产业化经营，依法推进农村基层民主和村民自治组织建设。

10.6.4 通过强大的舆论保障发挥导向作用

宣传工作既无形又有形，但农业农村创新发展的重大事业一定要将宣传工作作为提升事业形象、展示事业风采的关键环节。

坚决贯彻党的群众路线，一方面加强组织群众的能力，在解决“三农”问题时注意加强宣传、加强组织。另一方面要加强农民的主人翁意识，让广大农民认识到自己的权责，充分激发其积极性。

各级宣传部门和新闻媒体应开辟“三农专栏”注重宣传好经验、好典型，坚持典型引路，调动各方面参与支持改革。“比学赶超”推动农村发展的积极性。要努力营造鼓励创新、宽容失败，形成想改、敢改、会改，通过改革充分激发农业农村发展活力的良好氛围。

参 考 文 献

一、中文著作

薄一波. 1993. 若干重大决策与事件的回顾[M]. 北京：中共中央党校出版社.

蔡昉，王德文，都阳. 2008. 中国农村改革与变迁：30 年历程和经验分析[M]. 上海：格致出版社.

曹钢. 2001. 产权经济学新论——产权效用・形式・配置[M]. 北京：经济科学出版社.

陈锡文. 1993. 中国农村改革：回顾与展望[M]. 天津：天津人民出版社.

陈锡文，赵阳，罗丹. 2008. 中国农村改革 30 年回顾与展望[M]. 北京：人民出版社.

陈锡文，赵阳，陈剑波，等. 2009. 中国农村制度变迁 60 年[M]. 北京：人民出版社.

程恩富，周肇光，陶友之. 2006. 马克思主义经济思想史（经典作家卷）[M]. 上海：东方出版中心.

程漱兰. 1999. 中国农村发展：理论和实践[M]. 北京：中国人民大学出版社.

德姆塞茨 H. 1999. 所有权、控制与企业[M]. 段毅才，等译. 北京：经济科学出版社.

邓小平. 1993. 邓小平文选（第 3 卷）[M]. 北京：人民出版社.

杜润生. 2002. 当代中国的农业合作制（上、下）[M]. 北京：当代中国出版社.

杜润生. 2003. 中国农村制度变迁[M]. 成都：四川人民出版社.

菲吕博腾 E G，平乔维奇 S. 2014. 产权与经济理论：近期文献的一个综述[M]//科斯 R H，等. 财产权利与制度变迁：产权学派与新制度学派译文集. 刘守英，等译. 上海：格致出版社.

顾龙生. 1993. 毛泽东经济年谱[M]. 北京：中共中央党校出版社.

顾钰民. 2009. 马克思主义产权理论的当代发展——农村集体土地产权制度理论与实践创新[M]//上海市社会科学界联合会. 马克思主义 中国探索与当代价值：上海市社会科学界第七届学术年会文集（2009 年度）马克思主义研究学科卷. 上海：上海人民出版社.

国家统计局. 1985. 中国统计年鉴（1985）[Z]. 北京：中国统计出版社.

国家行政学院经济学教研部. 2017. 中国经济新方位[M]. 北京：人民出版社.

国务院发展研究中心农村经济研究部课题组. 2013. 稳定与完善农村基本经营制度研究[M]. 北京：中国发展出版社.

海金玲. 2005. 中国农业可持续发展研究[M]. 上海：上海三联书店.

何增科，周凡. 2008. 农业的政治经济分析[M]. 重庆：重庆出版社.
胡绳. 1991. 中国共产党的七十年[M]. 北京：中共党史出版社.
贾根良. 2015. 演化经济学导论[M]. 北京：中国人民大学出版社.
康芒斯 J R. 1962. 制度经济学（上册）[M]. 赵睿译. 北京：商务印书馆.
柯武刚，史漫飞. 2000. 制度经济学：社会秩序与公共政策[M]. 韩朝华译. 北京：商务印书馆.
科斯 R H，等. 2014. 财产权利与制度变迁：产权学派与新制度学派译文集[M]. 刘守英，等译. 上海：格致出版社.
孔祥智. 2014. 农业经济学[M]. 北京：中国人民大学出版社.
李达. 2014. 唯物辩证法大纲[M]. 北京：人民出版社.
李乾元. 2011. 第三个春天——中国农业的合作之路[M]. 北京：人民出版社.
列宁. 2013，2017. 列宁全集（第 3、5、6、30、33、35、36、40、43 卷）[M]. 北京：人民出版社.
林毅夫. 2014. 制度、技术与中国农业发展[M]. 上海：格致出版社.
刘仁荣，方小年. 2004. 毛泽东思想的理论创新研究[M]. 北京：人民出版社.
卢现祥，朱巧玲. 2012. 新制度经济学（第 2 版）[M]. 北京：北京大学出版社.
罗必良. 2014. 中国农业经营制度：理论框架、变迁逻辑及案例解读[M]. 北京：中国农业出版社.
马克思. 2001. 路易·波拿巴的雾月十八日[M]. 北京：人民出版社.
毛泽东. 1991. 毛泽东选集（第 1、3 卷）[M]. 北京：人民出版社.
毛泽东. 1996. 毛泽东文集（第 3 卷）[M]. 北京：人民出版社.
诺思 D C. 2016. 制度、制度变迁与经济绩效[M]. 杭行译. 上海：格致出版社.
恰亚诺夫. 1996. 农民经济组织[M]. 萧正洪译. 北京：中央编译出版社.
斯密 A. 1972. 国富论[M]. 郭大力，王亚南译. 北京：商务印书馆.
宋洪远. 2008. 中国农村改革三十年[M]. 北京：中国农业出版社.
苏星. 1980. 我国农业的社会主义改造[M]. 北京：人民出版社.
王贵宸. 2006. 中国农村合作经济史[M]. 太原：山西经济出版社.
温铁军. 2009. “三农”问题与制度变迁[M]. 北京：中国经济出版社.
吴汉全. 2015. 中国现代政治史（中卷）[M]. 北京：人民出版社.
武力. 2008. 中华人民共和国经济简史[M]. 北京：中国社会科学出版社.
习近平. 2014. 摆脱贫困[M]. 福州：福建人民出版社.
杨德寿. 1990. 中国供销合作社史料选编（第 2 辑）[G]. 北京：中国财政经济出版社.
杨素群. 2002. 中国农业现代化重大关系研究[M]. 北京：中国人民公安大学出版社.
杨小凯. 1998. 经济学原理[M]. 北京：中国社会科学出版社.
姚洋. 2004. 土地、制度和农业发展[M]. 北京：北京大学出版社.
张红宇. 2002. 中国农村的土地制度变迁[M]. 北京：中国农业出版社.
张红宇. 2014. 新型城镇化与农地制度改革[M]. 北京：中国工人出版社.
张曼茵. 2010. 中国近代合作化思想研究[M]. 上海：上海书店出版社.
张五常. 1996. 企业的契约性质[M]. 上海：上海三联书店.
张五常. 2015. 经济解释卷四：制度的选择[M]. 北京：中信出版社.

张晓山，李周. 2008. 中国农村改革 30 年研究[M]. 北京：经济管理出版社.
张晓山，李周. 2013. 中国农村发展道路[M]. 北京：经济管理出版社.
中共中央马克思恩格斯列宁斯大林著作编译局. 1956～1985. 马克思恩格斯全集（第 1～50 卷）[M]. 北京：人民出版社.
中共中央马克思恩格斯列宁斯大林著作编译局. 2009. 马克思恩格斯文集（第 2、5、7 卷）[M]. 北京：人民出版社.
中共中央马克思恩格斯列宁斯大林著作编译局. 2012. 马克思恩格斯选集（第 1～4 卷）[M]. 北京：人民出版社.
中共中央马克思恩格斯列宁斯大林著作编译局. 2012. 列宁选集（第 1、3、4 卷）[M]. 北京：人民出版社.
中共中央文献研究室. 1986，1988. 十二大以来重要文献选编（上、下）[G]. 北京：人民出版社.
中共中央文献研究室. 1993. 十三大以来重要文献选编（下）[G]. 北京：人民出版社.
中共中央文献研究室. 1995. 建国以来重要文献选编（第 11 册）[G]. 北京：中央文献出版社.
中共中央文献研究室. 2000. 十五大以来重要文献选编（上）[G]. 北京：人民出版社.
中共中央文献研究室. 2005. 十六大以来党和国家重要文献选编（上 1）[G]. 北京：人民出版社.
中共中央文献研究室. 2014. 十八大以来重要文献选编（上）[G]. 北京：中央文献出版社.
中国农村发展研究中心，中国农业科学院农业经济研究所选编组. 1983. 马克思、恩格斯、列宁、斯大林、毛泽东关于农业若干问题的部分论述[M]. 北京：人民出版社.
中华人民共和国国家农业委员会办公厅. 1981. 农业集体化重要文件汇编（1958～1981）[G]. 北京：中共中央党校出版社.
周恩来. 1959. 伟大的十年[M]. 北京：人民出版社.
周其仁. 2004. 产权与制度变迁：中国改革的经验研究[M]. 北京：北京大学出版社.
Gide C. 1931. 英国合作运动史[M]. 吴克刚译. 北京：商务印书馆.

二、中文期刊

北京天则经济研究所《中国土地问题》课题组. 2010. 土地流转与农业现代化[J]. 管理世界，(7).
蔡立东，姜楠. 2015. 承包权与经营权分置的法构造[J]. 法学研究，(3).
蔡伟，杜丹. 2014. 德国农业经营体系研究[J]. 世界农业，(7).
柴智慧，赵元凤. 2013. 拉美地区的农业保险：实践、挑战与启示[J]. 世界农业，(9).
长子中. 2011. 浅析稳定家庭承包经营与适度规模经营的关系[J]. 中国经贸导刊，(20).
陈吉元，韩俊. 1994. 邓小平的农业“两个飞跃”思想与中国农村改革[J]. 中国农村经济，(10).
陈明，武小龙，刘祖云. 2014. 权属意识、地方性知识与土地确权实践——贵州省丘陵山区农村土地承包经营权确权的实证研究[J]. 农业经济问题，(2).
陈锡文. 1999. 把握精神实质落实基本政策——学习十五届三中全会《决定》关于农村基本经营体制的论述[J]. 农业发展与金融，(1).
陈锡文. 2014. 关于解决“三农”问题的几点考虑——学习《中共中央关于全面深化改革若干重大问题的决定》[J]. 中共党史研究，(1).

陈泳. 2017. 难题与破解：农村土地“三权分置”的实现路径探析[J]. 福建论坛（人文社会科学版），（10）.
党国英. 2005. 当前中国农村土地制度改革的现状与问题[J]. 华中师范大学学报（人文社会科学版），（4）.
董欢. 2017. 中国农业经营主体分化历史与未来[J]. 中州学刊，（3）.
窦祥铭. 2012. 中国农地产权制度改革的国际经验借鉴——以美国、日本、以色列为考察对象[J]. 世界农业，（9）.
杜青林. 2006. 强化社会主义新农村建设的产业支撑——以科学发展观为指导，推进现代农业建设[J]. 国家行政学院学报，（2）.
杜润生. 2008. 土地家庭承包制的兴起[J]. 中国合作经济，（10）.
杜鹰. 2013. 认真学习党的十八大精神，贯彻落实中央决策部署，进一步做好新时期的“三农”工作——在全国发展改革系统农村经济工作会议上的讲话（摘要）[J]. 中国经贸导刊，（6）.
段贞锋. 2017. “三权分置”背景下农地流转面临的风险及其防范[J]. 理论导刊，（1）.
冯献，李宁辉，郭静利. 2014. “四化同步”背景下我国农业现代化建设的发展思路与对策建议[J]. 农业现代化研究，（1）.
高富平. 2016. 农地“三权分置”改革的法理解析及制度意义[J]. 社会科学辑刊，（5）.
高强，孔祥智. 2013. 我国农业社会化服务体系演进轨迹与政策匹配：1978～2013年[J]. 改革，（4）.
葛扬，侯祥鹏. 2012. 《资本论》研究的文献计量分析[J]. 南京大学学报（哲学·人文科学·社会科学），（6）.
郭庆海. 2015. 当前农村改革的若干重大问题[J]. 当代经济研究，（2）.
郭正林. 1995. 论政府与市场结合的基本模式[J]. 中山大学学报（社会科学版），（2）.
国鲁来. 2013. 农村基本经营制度的演进轨迹与发展评价[J]. 改革，（2）.
韩长赋. 2016. 土地“三权分置”是中国农村改革的又一次重大创新[J]. 农村工作通讯，（3）.
韩俊. 1999. 中国农村土地制度建设三题[J]. 管理世界，（3）.
韩松. 2014. 农民集体土地所有权的权能[J]. 法学研究，（6）.
何兰生. 2016. 摸着石头过河和加强顶层设计是辩证统一的[J]. 学习时报，（8）.
何秀荣. 2009. 公司农场：中国农业微观组织的未来选择？[J]. 中国农村经济，（11）.
贺雪峰. 2008. 农村土地何以成了问题[J]. 调研世界，（10）.
胡春生，蒋永穆. 2011. 以利益协调促资源富集区经济增长方式转变：基于利益相关者的分析[J]. 经济体制改革，（4）.
胡钧. 2014. 科学定位：处理好政府与市场的关系[J]. 经济纵横，（7）.
黄佩民，孙振玉，梁艳. 1996. 农业社会化服务业与现代农业发展[J]. 管理世界，（5）.
黄群慧. 2013. 中国的工业化进程：阶段、特征与前景[J]. 经济与管理，（7）.
黄宗智. 2006. 中国农业面临的历史性契机[J]. 读书，（10）.
黄祖辉，徐旭初. 2003. 大力发展农民专业合作经济组织[J]. 农业经济问题，（5）.
黄祖辉，顾益康，郭红东. 2011. 我国农业产业化经营机制要创新——发挥农户经营、合作经营、公司经营三大制度优势[J]. 农村经营管理，（8）.
纪永茂，陈永贵. 2007. 专业大户应该成为建设现代农业的主力军[J]. 中国农村经济，（S1）.

简新华. 2013. 中国农地制度和经营方式创新研究——兼评中国土地私有化[J]. 政治经济学评论，(1).
姜栋，胡碧霞. 2013. 中国农村集体土地产权制度改革研究综述[J]. 生产力研究，(5).
蒋南平. 2009. 中国农村土地集体所有权问题研究[J]. 经济学动态，(9).
蒋永穆. 2017. 积极探索农村基本经营制度的多种实现形式[J]. 社会科学辑刊，(3).
蒋永穆，刘承礼. 2006. 公平与效率组合模式的选择问题研究[J]. 当代经济研究，(1).
蒋永穆，赵苏丹. 2014. "五位一体"型新型农业经营体系构建[J]. 内江师范学院学报，(9).
蒋永穆，周宇晗. 2016. 农业区域社会化服务供给：模式，评价与启示[J]. 学习与探索，(1).
蒋永穆，鲜荣生，张尊帅. 2015. 工商资本投资农业的现状、问题及对策建议———个基于四川省省际调研的样本分析[J]. 农村经济，(4).
孔祥智，刘同山. 2013. 论我国农村基本经营制度：历史，挑战与选择[J]. 政治经济学评论，(4).
孔祥智，徐珍源，史冰清. 2009. 当前我国农业社会化服务体系的现状、问题和对策研究[J]. 江汉论坛，(5).
郎秀云. 2013. 家庭农场：国际经验与启示——以法国、日本发展家庭农场为例[J]. 毛泽东邓小平理论研究，(10).
郎秀云. 2015. 确权确地之下的新人地矛盾——兼与于建嵘、贺雪峰教授商榷[J]. 探索与争鸣，(9).
李达. 1978. 掌握辩证规律反对形而上学——《唯物辩证法大纲》一书选刊[J]. 社会科学战线，(1).
李海玉. 2012. 河南省工业化·城镇化·农业现代化协调发展研究[J]. 安徽农业科学，(5).
李尚蒲. 2013. 农村基本经营制度：在稳定的前提下不断完善——"中国农村基本经营制度学术研讨会"综述[J]. 中国农村经济，(4).
李伟. 2015. 新常态下，以创新加快培育经济增长新动力[J]. 中国发展观察，(1).
李伟伟. 2016. "三权分置"中土地经营权的性质及权能[J]. 中国党政干部论坛，(5).
梁昊. 2016. 中国农村集体经济发展：问题及对策[J]. 财政研究，(3).
梁小民. 1985. 舒尔茨及其《改造传统农业》[J]. 世界经济，(11).
廖祖君，郭晓鸣. 2015. 中国农业经营组织体系演变的逻辑与方向：一个产业链整合的分析框架[J]. 中国农村经济，(2).
林子力. 1982. 论联产承包责任制——中国社会主义农业合作经济的新形式[J]. 中国社会科学，(6).
刘德娟，周琼，曾玉荣. 2015. 日本农业经营主体培育的政策调整及其启示[J]. 农业经济问题，(9).
刘芳. 2015. 马克思关于个人利益与集体利益关系的文本解读[J]. 云南大学学报（社会科学版），(3).
刘荣材. 2007. 关于我国农村土地产权制度改革与创新的探讨[J]. 经济体制改革，(1).
刘守英. 1993. 中国农地制度的合约结构与产权残缺[J]. 中国农村经济，(2).
刘守英. 2017. 分析土地问题的角度[J]. 学海，(3).
刘同山，孔祥智. 2016. 参与意愿、实现机制与新型城镇化进程的农地退出[J]. 改革，(6).
楼建波. 2016. 农户承包经营的农地流转的三权分置———个功能主义的分析路径[J]. 南开学

报（哲学社会科学版），（4）.
罗必良. 2013. 农地保障和退出条件下的制度变革：福利功能让渡财产功能[J]. 改革，（1）.
罗必良，李玉勤. 2014. 农业经营制度：制度底线、性质辨识与创新空间——基于“农村家庭经营制度研讨会”的思考[J]. 农业经济问题，（1）.
马雯秋. 2013. 美国发展家庭农场的经验及对我国的启示[J]. 农业与技术，（7）.
农业部经管总站体系与信息处. 2015. 2014年农村经营管理情况统计总报告[J]. 农村经营管理，（6）.
农业部农村合作经济研究课题组. 1991. 1990：中国农村土地承包经营制度及合作组织运行考察[J]. 农业经济问题，（8）.
潘俊. 2014. 农村土地“三权分置”：权利内容与风险防范[J]. 中州学刊，（11）.
庞明川. 2013. 资源配置效率与公平视野的“强政府-强市场”目标模式[J]. 改革，（11）.
普金霞. 2015. 农村土地三权分离法律思考——基于权能分割和成员权视角[J]. 人民论坛，（26）.
齐曼 E. C. 1978. 突变理论[J]. 科学译刊，（2）.
申惠文. 2015. 法学视角中的农村土地三权分离改革[J]. 中国土地科学，（3）.
沈志群. 2009. 中国农村土地制度创新研究综述[J]. 现代经济探讨，（3）.
石菲. 2014. 机器人革命[J]. 中国信息化，（7）.
时悦. 2015. 美国家庭农场发展经验及其启示[J]. 世界农业，（3）.
四川省社会科学院课题组. 2015. 新常态下四川“三农”发展形势研判及应对[J]. 农村经济，（8）.
孙中华. 2009. 关于稳定和完善农村基本经营制度的几个问题（上）[J]. 农村经营管理，（5）.
谭贵华. 2014. 改革开放以来农村基本经营制度的内涵演变[J]. 农林经济管理学报，（4）.
谭小芍. 2015. 坚持和完善农村基本经营制度的新思考[J]. 农业经济，（11）.
汪洋. 2016. 落实发展新理念，全面做好农业农村工作[J]. 求是，（8）.
王长江. 1986. 考茨基和德国社会民主党的土地问题争论[J]. 国际共运史研究资料，（3）.
王红旗，许洁，吴枭雄，等. 2017. 我国土壤修复产业的资金瓶颈及对策分析[J]. 中国环境管理，（4）.
王立新. 2017. 论全面深化改革的协同推进[J]. 南京社会科学，（7）.
王丽娟，黄祖辉，顾益康，等. 2012. 典型国家（地区）农地流转的案例及其启示[J]. 中国农业资源与区划，（4）.
王武瀛. 2009. 中国农村基本经营制度再创新的现实必然性与路径依赖[J]. 云南社会科学，（4）.
王兆林，杨庆媛，张佰林，等. 2011. 户籍制度改革中农户土地退出意愿及其影响因素分析[J]. 中国农村经济，（11）.
魏宪朝. 2008. 改革开放三十年的农村集体经济[J]. 理论前沿，（24）.
温思美，张乐柱. 2009. 建国60年农村经济发展轨迹及其愿景[J]. 改革，（8）.
温铁军，朱守银. 1996. 中国农业基本经营制度研究[J]. 经济研究参考，（1）.
吴菊安，祁春节. 2016. 农业经营方式的理论与方法：一个文献综述[J]. 世界农业，（10）.
吴玲，王晓为，梁学庆. 2006. 人民公社阶段的农地产权制度变迁及其绩效[J]. 中国农学通报，（11）.
吴易风. 1995. 马克思的产权理论与国有企业产权改革[J]. 中国社会科学，（1）.
夏玉莲. 2016. 农村土地“三权分离”背景下的农业经营体制研究[J]. 理论与改革，（1）.

徐建青. 1988. 恰亚诺夫《农民经济理论》简介[J]. 中国经济史研究,(4).
徐美银. 2016. 新生代农民工土地承包权处置方式及其影响因素——基于对江苏 362 份样本的调查[J]. 湖南农业大学学报(社会科学版),(1).
徐美银,钱忠好. 2009. 我国农地制度变迁的内在逻辑[J]. 江苏社会科学,(3).
杨朝飞. 2008. 深刻理解“统筹兼顾”的正确含义 妥善处理“重点突破”和“全面推进”的关系[J]. 环境保护,(1).
杨少垒,蒋永穆. 2013. 中国特色农业现代化道路的科学内涵[J]. 上海行政学院学报,(1).
叶兴庆. 2015. 集体所有制下农用地的产权重构[J]. 毛泽东邓小平理论研究,(2).
尹成杰. 2015. 三权分置是农地制度的重大创新[J]. 农村工作通讯,(16).
于丽红,兰庆高. 2013. 农村土地经营权抵押贷款研究:综述与展望[J]. 农业经济,(8).
于洋. 2015. 马克思主义地租理论视域下的新时期土地承包经营权入股政策研究[J]. 东北大学学报(社会科学版),(3).
余欣荣. 2013. 我国现代农业发展形势和任务[J]. 行政管理改革,(12).
余正琨. 2009. 党的组织工作必须坚持统筹兼顾的根本方法[J]. 求实,(8).
喻海东,卢亮,赵娟娟. 2015. 改革开放 30 年中国农村居民收支结构发展趋势及收支定量关系研究[J]. 中国农学通报,(10).
袁文全,张卫国. 2010. 统筹城乡社会保障体系建设的经验启示与实践向度[J]. 学海,(6).
苑鹏. 2017. 关于农村统分结合的双层经营体制的若干问题探究——习近平总书记关于稳定和完善农村基本经营制度的重要思想[J]. 农村经济,(10).
翟金良. 2015. 中国农业科技成果转化的特点、存在的问题与发展对策[J]. 中国科学院院刊,(3).
翟涛,胡俊,孙哲,等. 2016. 我国农村基本经营制度的制度潜力与实现路径[J]. 农业经济,(2).
张红宇. 1998. 中国农村土地产权政策:持续创新——对农地使用制度变革的重新评判[J]. 管理世界,(6).
张红宇. 2013. 农业规模经营与农村土地制度创新[J]. 中国农村发现,(2).
张红宇. 2014. 从“两权分离”到“三权分离”[J]. 法学研究,(4).
张红宇. 2014. 三权分离、多元经营与制度创新——我国农地制度创新的一个基本框架与现实关注[J]. 南方农业,(2).
张红宇. 2015. 牢牢把握现代农业发展新常态[J]. 中国农村金融,(4).
张红宇. 2016. 深入实施培育新型农业经营主体重大战略[J]. 农村经营管理,(9).
张力,郑志峰. 2015. 推进农村土地承包权与经营权再分离的法制构造研究[J]. 农业经济问题,(1).
张士杰,曹艳. 2013. 中国特色现代农业发展中的农村双层经营体制创新[J]. 马克思主义研究,(3).
张守夫,张少停. 2017. “三权分置”下农村土地承包权制度改革的战略思考[J]. 农业经济问题,(2).
张晓山. 2006. 浅析农民专业合作组织的发展与农业基本经营制度的创新[J]. 中国党政干部论坛,(6).
张晓山. 2012. “入世”十年:中国农业发展的回顾与展望[J]. 学习与探索,(1).
张晓山. 2016. 统筹谋划城乡发展深化农业领域改革——学习习近平同志关于“三农”问题重要论述的粗浅体会[J]. 中国农村经济,(10).

张晓山. 2017. 大力培育新型农业经营主体[J]. 农村实用技术，(2).
张尧. 2015. 农业生产方式变迁视域下农村社会保障体系的完善[J]. 探索，(6).
张毅，张红，毕宝德. 2016. 农地的“三权分置”及改革问题：政策轨迹、文本分析与产权重构[J]. 中国软科学，(3).
赵鲲. 2016. 共享土地经营权：农业规模经营的有效实现形式[J]. 农业经济问题，(8).
郑新立. 2008. 稳定和完善农村基本经营制度——认真贯彻落实党的十七届三中全会《决定》[J]. 求是，(21).
中国农村发展问题研究组. 1985. 国民经济新成长阶段和农村发展[J]. 经济研究，(7).
钟水映，李春香. 2012. 农地私有化的神话与迷思[J]. 马克思主义研究，(2).
周诚. 1997. 论我国土地产权构成[J]. 中国土地科学，(3).
朱道林，王健，林瑞瑞. 2014. 中国农村土地制度改革探讨——中国土地政策与法律研究圆桌论坛（2014）观点综述[J]. 中国土地科学，(9).

三、年鉴与学位论文

董欢. 2016. 农业经营主体分化视角下农机作业服务的发展研究[D]. 北京：中国农业大学博士学位论文.
吉林省地方志编纂委员会. 2014. 吉林年鉴（2014）[Z]. 长春：《吉林年鉴》编辑部.
嘉善县地方志编纂委员会. 2014. 嘉善年鉴（2014）[Z]. 北京：方志出版社.
平湖市地方志编纂委员会. 2014. 平湖年鉴（2014）[Z]. 上海：中华书局.
齐齐哈尔市档案馆. 2014. 齐齐哈尔年鉴（2014）[Z]. 哈尔滨：黑龙江人民出版社.
谭贵华. 2012. 农村双层经营体制法律制度完善研究[D]. 重庆. 西南政法大学博士学位论文.
汪艳涛. 2015. 农户分化背景下新型农业经营主体培育机制研究[D]. 青岛：中国海洋大学博士学位论文.
《吴江年鉴》编纂委员会. 2014. 吴江年鉴（2014）[Z]. 北京：中央文献出版社.
吴玲. 2005. 新中国农地产权制度变迁研究[D]. 哈尔滨：东北农业大学博士学位论文.
寻广新. 2007. 统筹城乡视域中的社会主义新农村建设研究[D]. 北京：中共中央党校博士学位论文.
张红宇. 2001. 中国农村土地制度变迁的政治经济学分析[D]. 重庆：西南农业大学博士学位论文.
浙江年鉴编纂委员会. 2014. 浙江年鉴（2014）[Z]. 杭州：浙江年鉴社.

四、中文报纸

蔡道利. 2013-11-26. 加强顶层设计和摸着石头过河相结合[N]. 广西日报.
郭晓鸣. 2016-4-14. “三权分置”改革必须构建三大制度支撑[N]. 社会科学报.
李伟. 2015-1-26. 深刻理解新常态推动经济发展迈上新台阶[N]. 中国经济时报.

刘畅. 2014-8-9. 推进农村集体产权股份合作制改革[N]. 光明日报（理论版）.
乔金亮. 2015-4-10. 我国农业科技进步贡献率达 56%[N]. 经济日报.
张红宇. 2015-3-16. 把握新常态下农业发展的趋势性变化[N]. 人民日报.
张红宇. 2017-7-29. 从“两权分离”到“三权分置”[N]. 农民日报.
张军扩. 2015-7-13. 促进经济增长阶段平稳转换[N]. 人民日报.
张艳玲. 2017-2-22. 三问三答解码崇州农业“共营制”[N]. 农民日报.

五、网络文献

高雅. 2017-2-25. 韩俊：培育农民增收新动能 破解增收难题[EB/OL]. 央广网，http://country.cnr.cn/gundong/20170225/t20170225_523621392.shtml.
国务院. 2016-12-15. “十三五”国家信息化规划[EB/OL]. 中华人民共和国中央人民政府网，http:// www.gov.cn/zhengce/content/2016-12/27/content_5153411.htm.
韩俊. 2013-1-20. 城镇化不能建立在剥夺农民土地的基础之上[EB/OL]. 新华网，http://www.chinanews.com.cn/cj/2013/01-20/4503626.shtml.

六、英文文献

Cheung S N S. 1970. The structure of a contract and the theory of a non-exclusive resource[J]. Journal of Law and Economics，Vol. 13.
Cheung S N S. 1983. The contractual nature of the firm[J]. Journal of Law and Economics，Vol. 26.
Coase R H. 1937. The nature of the firm[J]. Economica，Vol. 4.
Hoppe R A，Banker D E. 2010. Family farm report：Structure and finances of U.S. farms[J]. Economic Information Bulletin，Vol. 66.
USDA. 2016. Farms and land in farms[J]. 2015 Summary National Agricultural Statistics Service，Vol. 2.